Morris Vollmann
Freud gegen Kant?

Morris Vollmann (Dr. phil.) lehrt Philosophie an der Technischen Universität Dresden und forscht derzeit zur Ethik des Alter(n)s.

Morris Vollmann

Freud gegen Kant?

Moralkritik der Psychoanalyse und praktische Vernunft

[transcript]

Bibliografische Information der Deutschen Nationalbibliothek
Die Deutsche Nationalbibliothek verzeichnet diese Publikation in der Deutschen Nationalbibliografie; detaillierte bibliografische Daten sind im Internet über http://dnb.d-nb.de abrufbar.

Umschlagkonzept: Kordula Röckenhaus, Bielefeld
Lektorat & Satz: Morris Vollmann
Druck: Majuskel Medienproduktion GmbH, Wetzlar
ISBN 978-3-8376-1360-5

Gedruckt auf alterungsbeständigem Papier mit chlorfrei gebleichtem Zellstoff.

Besuchen Sie uns im Internet: *http://www.transcript-verlag.de*

Bitte fordern Sie unser Gesamtverzeichnis und andere Broschüren an unter: *info@transcript-verlag.de*

Inhalt

Vorbemerkung

Die vorliegende Studie ist die geringfügig veränderte Fassung meiner Dissertationsschrift, die im Sommersemester 2009 von der Philosophischen Fakultät der Technischen Universität Dresden angenommen wurde. Die Arbeit wurde wesentlich durch ein vom Freistaat Sachsen gewährtes Graduiertenstipendium ermöglicht.

Mein Dank gilt meinem Betreuer Prof. Thomas Rentsch, der das Thema dieser Arbeit angeregt und mich während der Jahre der Abfassung stets unterstützt hat, sowie meinen Gutachtern Prof. Ludwig Nagl und Prof. Johannes Rohbeck.

Constanze Demuth, Kay Malcher und Nele Schneidereit haben die Arbeit intensiv mit mir diskutiert. Dank ihrer Korrekturen, wertvollen Hinweise und konstruktiven Kritik konnte ich das Grundanliegen der Arbeit deutlicher herausstellen: Meine *Kritik* ist keinesfalls durch eine *Ablehnung* der Freudschen Psychoanalyse motiviert, sondern sucht die produktive *Auseinandersetzung* mit ihren normativ-ethischen Implikationen. Sie distanziert sich von der vielerorts in Erscheinung tretenden Mode des Freud-*bashings* und folgt dem Programm einer ›Rückkehr zu Freud‹. Entscheidende Anregungen für das Verständnis der Philosophie Kants erhielt diese Arbeit auch in intensiven Diskussionen mit Prof. Hardy Neumann Soto und den anderen TeilnehmerInnen des Oberseminars am Lehrstuhl für Praktische Philosophie und Ethik. Schließlich hat Christoph Henning mit zahlreichen Ratschlägen geholfen.

Bei Jörg Burkhard vom transcript Verlag möchte ich mich für die hervorragende Zusammenarbeit bei der Drucklegung bedanken. An der Abfassung des Buches hat Robert Vollmann einen wichtigen Anteil, weil er mir seine rettenden programmiertechnischen Hilfen für das Satzprogramm LaTeX in ausgedehnten nächtlichen *chat sessions* zugute kommen ließ.

Meiner Familie und Anett Bauer verdanke ich mehr, als ich hier sagen kann. Ihnen ist diese Arbeit gewidmet.

Dresden, im Januar 2010

Einleitung

Dasjenige aber, was deine Neigung auf die Bedingung einschränkt, dieser Glückseligkeit zuvor würdig zu sein, ist deine Vernunft, *und daß du durch deine Vernunft deine Neigung einschränken und überwältigen kannst; das ist die Freiheit deines Willens.*
(Immanuel Kant, *Die Metaphysik der Sitten*, S. 481)

Wenn schon von Ethik die Rede sein soll, so bekenne ich mich zu einem hohen Ideal.
(Sigmund Freud an Oskar Pfister, 9. Oktober 1918)

Mit Sigmund Freud und Immanuel Kant stehen zwei der wirkungsmächtigsten Aufklärer im Fokus dieser Arbeit, obwohl diese Bezeichnung für beide in sehr unterschiedlicher Weise zutrifft. Es erscheint auf den ersten Blick fraglich, inwiefern Freud gerade Kant an die Seite gestellt werden kann. Was verbindet den moralphilosophischen Aufklärer des 18. Jahrhunderts, dessen kategorischer Imperativ dem Menschen sehr viel abverlangt, um ihm als freiem Vernunftwesen Autonomie zuschreiben zu können, mit dem ›Vater‹ der Psychoanalyse, der an der Schwelle zum ›Zeitalter der Extreme‹ (Eric Hobsbawm) mit seiner Theorie des Unbewussten eindringlich auf die bewusstseinstranszendierende Macht der verdrängten Sexualität und Aggression hingewiesen hat? Es lassen sich, so die These dieser Arbeit, Intentionen aufzeigen, die beiden Autoren gemeinsam sind und die zum Ausgangspunkt philosophischer Reflexion gemacht werden können. Diese Interpretationen können einen systematischen Beitrag zum *aufklärerischen Projekt methodischer Selbst- und Welterkenntnis* leisten.

Einer dieser Bereiche ist die tatsächliche Bezugnahme Freuds auf das Kantische Konzept des kategorischen Imperativs. Dass Freud diesen moralphilosophischen Begriff in seine Theorie der Gewissensgenese einholen will, gibt bereits das grundlegende Thema vor, auf das die Überlegungen dieser Arbeit Bezug nehmen. Genauer werden zwei ›Ausschlussverfahren‹ dieser Autoren gekennzeichnet: Kants kritische Moralphilosophie bestreitet die moralphilosophische Relevanz des Strebens nach Glückseligkeit, während Freuds Moralkritik vorgibt, die Kantische Vorstellung von Moralität phylo- und ontogenetisch erklären und aufheben zu können. Obgleich Kant darin gefolgt werden kann, das Glück in gewisser Hinsicht aus der begriffsphilosophischen Bestimmung von Moralität auszuschließen, bleibt diese Thematik doch für weiter gefasste Überlegungen zur Ethik des guten Lebens unverändert von Bedeutung.[1] Und auch wenn Freud darin zuzustimmen ist, dass pathologische Verzerrungen Teil der sittlichen Praxis im weitesten Sinne sind, wird der Tendenz widersprochen, Moralität *per se* als ein pathologisches Symptom zu identifizieren.

Durch den dergestalt systematischen Zugriff auf die Aufklärungsprojekte Kants und Freuds versteht sich die vorliegende Arbeit zunächst einmal als Beitrag zur praktischen Philosophie und näherhin zu der genuin ethischen Debatte um das gute, gelungene oder glückliche Leben, wie sie (nicht erst) seit den frühen Platonischen Dialogen und der Aristotelischen Ethik bis heute nicht verstummt ist. Dass auf die Frage nach dem guten Leben[2] keine einfache ›Lösung‹ im Sinne etwa einer allgemeingültigen Handlungsanweisung erwartet werden kann, davon zeugt das reichhaltige Spektrum der möglichen Ausgänge, zu der die vielen Antwortversuche geführt haben. An ihrem Anfang steht zum einen der emphatische Ernst in der Aufbietung mythischer Bilder, mit denen Sokrates am Ende des *Gorgias* den Kallikles überzeugen will, sein egoistisches Streben nach Bedürfnismaximierung und unbedingter Befriedigung aufzugeben, das sich schon begrifflich nicht als Erfüllungsgestalt der Glückseligkeit (εὐδαιμονία) begründen ließ. Da ist zum anderen die Aristotelische Hervorhebung der sittlich-politischen Lebensform, obwohl auch diese tugendhafte Lebensform (βίος) die *eudaimonia* unter allzu widrigen äußeren Umständen nicht *garantieren* kann. Da wird schließlich der zum lustvollen Gesamtzustand beitragenden Unerschütterlichkeit des Gemüts (ἀταραξία) in der Epikureischen Ethik die stoische Empfehlung der gleichmütigen Beherrschung der Leidenschaften (ἀπάθεια) gegenübergestellt.

Bereits diese Stichworte zeigen, wie die ethischen Reflexionen zum guten Leben um Vernunft und Leidenschaft, Sittlichkeit und Sinnlichkeit, Kontrolle

1 | Diese Bedeutung hat Kant indes gesehen, sie wird auch in seinen moralphilosophischen Texten nicht vollständig ausgeblendet und vor allem in den anthropologischen Abhandlungen erörtert. Dies hebt Martin Seel hervor, der dem Eindruck widerspricht, dass Kants Ethik keine aussichtsreichen Antworten auf die Frage nach der richtigen Lebensführung hätte: »auf der Basis seiner Moralphilosophie gibt Kant durchaus Hinweise, wie eine nicht allein moralisch *richtige*, sondern eine für das einzelne Individuum *günstige* Lebensführung aussehen könnte. Auch Kants Philosophie enthält eine Ethik des *guten* Lebens«, vorzugsweise in seiner *Anthropologie in pragmatischer Hinsicht*« (M. Seel: »Rhythmen des Lebens. Kant über erfüllte und leere Zeit«, S. 181; für dessen weiterführende Reflexionen vgl. ders.: *Versuch über die Formen des Glücks*).

2 | Vgl. D. Fenner: *Das gute Leben.*

und Ausschweifung kreisen und diese unentwegt auf verschiedene Weise in ein dem menschlichen Dasein zuträgliches Verhältnis zu setzen versuchen.[3]

Diese Linie gelangt schließlich zu Kant, der bezüglich der Glückseligkeit als Moralphilosoph Kritik an den von ihm als ›eudämonistisch‹[4] interpretierten Ethiken übt und sie grundsätzlich für untauglich hält, ein Kriterium moralischen Handelns abzugeben. Die vernünftige moralische Orientierung ist jedoch für Kant die unverzichtbare Bedingung einer freien und autonomen Existenz. Erst am moralischen Handeln erweise sich, wer überhaupt *würdig* sei, ein glückliches Leben zu führen. Damit unterscheidet Kant auf dem Gebiet der ethischen Fragestellung scharf zwischen Moral und Glück, die sich für die Begründung dessen, was eine Handlung zur *moralischen* macht, nicht zusammen denken lassen. Traditionelle Weisheitslehren und die Lebensklugheitslehren hätten es nicht geschafft, allgemeine, von subjektiven Neigungen ›bereinigte‹ Handlungsprinzipien aufzustellen, die allein den Ansprüchen einer radikalen Kritik der praktischen Vernunft genügen können.

Freud wiederum bezieht sich bei seiner Definition des ›Zwecks des Lebens‹ in Anlehnung an die von ihm hoch geschätzte *Nikomachische Ethik* auf das ›Streben nach Glück‹. Dieses Streben sieht Freud durch sittliche, insbesondere moralische und religiöse Anforderungen übermäßig beeinträchtigt.

---

3 | Der Verweis auf die antike Philosophie ist auch mit Blick auf das Verständnis der Freudschen Moralkritik nicht willkürlich gewählt (und wird an einigen Stellen der Arbeit ausblickhaft fortgeführt): Wie die Erwähnung von ›Ödipus‹, ›Elektra‹, ›Logos‹, ›Ananke‹, ›Eros‹ und ›Thanatos‹ in der psychoanalytischen Theoriebildung unschwer erkennen lässt, steht Freud stark unter dem Einfluss antiker Literatur – das betrifft nicht nur die Tragödiendichtung, sondern auch die Philosophie (vgl. J. Le Rider: *Freud – von der Akropolis zum Sinai. Die Rückwendung zur Antike in der Wiener Moderne*; vgl. auch unten S. 45). Weniger vordergründig, aber nicht minder wichtig für die Ausarbeitung zentraler Konzepte der Psychoanalyse ist als literarische Quelle das Werk William Shakespeares (vgl. P. Gay: »Freud und der Mann aus Stratford«).

4 | Der Gebrauch dieses Begriffes erfolgt bei Kant allerdings nicht einheitlich. Und obwohl seine Zurückweisung beispielsweise egoistischer Tendenzen moralphilosophisch gerechtfertigt ist, können begriffsgeschichtliche Untersuchungen zeigen, dass Kants Kritik schon auf die antike Ethik nicht ohne weiteres zutrifft: »Gleichwohl enthält schon die ›Nikomachische Ethik‹ Ansätze zur Auffassung der Ethik als einer *unmittelbar* der *Sittlichkeit* geltenden Lehre« (H. Reiner: Art. »Eudämonismus«, S. 821). Überhaupt liegen Verbindungsmöglichkeiten zwischen Aristotelischer und Kantischer Ethik näher, als es auf den ersten Blick scheint: »Sowohl Aristoteles als auch Kant entwickeln eine auf metaphysikfreie Weise metaphysische Ethik, nämlich eine von ihrer theoretischen Fundamentalphilosophie weitgehend unabhängige, genuin praktische Fundamentalphilosophie« (O. Höffe: »Ethik ohne und mit Metaphysik. Zum Beispiel Aristoteles und Kant«, S. 420). Thomas Rentsch hält in seinen Reflexionen zum »Sinn des Eudämonismus« sogar eine »systematische Synthese der Ethiken von Aristoteles und Kant« für möglich (ders.: *Die Konstitution der Moralität. Transzendentale Anthropologie und praktische Philosophie*, S. 288, vgl. auch ebd. §§ 28–29).

Freud steht, gleich Friedrich Nietzsche, in der Tradition von Versuchen der ›Aufhebung der Ethik‹, welche die psychoanalytische Destruktion mit ihrer Entschleierung der »Triebgeschichte der Vernunft«[5] auf ihr wahres Fundament zurückführen will. Damit projiziert die Psychoanalyse jedoch einen Teilbereich der menschlichen Praxis – die psychologisch-wissenschaftliche Erforschung des Menschen – auf das *ganze* normative Fundament. Sie leitet gleichsam die in ihrer Totalität uneinholbare Praxis aus der durch diese erst ermöglichten spezialisierten Perspektive ab. Mit diesem Ergebnis kann sich eine kritische und vor allem selbstkritische Moralphilosophie nicht begnügen. Weder kann diese reduktionistische Aufhebung anerkannt werden, noch lässt sich aber der Versuch Freuds mitsamt seiner moralkritischen Intention im Ganzen zurückweisen; denn Formen pathologischer Normativität und ideologischer Doppelmoral sind *faktische* Aspekte der lebensweltlichen Praxis, die insofern des kritischen Einspruchs, der radikalen Aufklärung und der methodischen Anleitung zur reflexiven Selbstvergewisserung ständig bedarf.

Für Rentsch hat Freuds klassischer Versuch der ›Aufhebung der Ethik‹ deswegen als ein »kritisches Korrektiv und Medium der Reflexion der vielfältigen Begrenztheit und Relativität normativer ethischer Ansprüche [...] bleibende Bedeutung«.[6] Genau diese Bedeutung soll in der vorliegenden Arbeit herausgearbeitet werden.[7] Sie verortet sich damit ausdrücklich innerhalb der Tradition der kritisch-produktiven Aufnahme der Freudschen Psychoanalyse und distanziert sich von naturalistischen und szientistischen Vereinnahmungen oder verflachenden, ideologisch unkritischen Revisionen[8] der Psychoanalyse genauso wie von dem ›Freud-*bashing*‹ der populärwissenschaftlichen Diskurse.[9] Es wird dabei dafür argumentiert, dass der Ausschluss

5 | Th. Rentsch: »Aufhebung der Ethik«, S. 46.

6 | Ebd., S. 76–77.

7 | In diese Richtung zielt auch die Untersuchung der Funktion radikaler Moralkritik, die Winfried Schröder am Beispiel der Sophistik, von Karl Marx, Søren Kierkegaard und Friedrich Nietzsche vornimmt (vgl. ders.: *Moralischer Nihilismus. Radikale Moralkritik von den Sophisten bis Nietzsche*). Dort wird Freud allerdings nur in einer Fußnote erwähnt (vgl. ebd., S. 255).

8 | Vgl. Th. W. Adorno: »Die revidierte Psychoanalyse«.

9 | Das *bashing* beschreibt Jonathan Lear in seinem Aufsatz: »The Shrink is in (Prozac oder Psychoanalyse?)«, wo er auch einseitige medizinische Therapieansätze kritisiert. Thomas Köhler hat einige, teils sonderbare Erscheinungen der Anti-Freud-Literatur gesammelt und analysiert in: *Abwege der Psychoanalyse-Kritik. Zur Unwissenschaftlichkeit der Anti-Freud-Literatur*. Die prominenteste empiristische Kritik der Psychoanalyse wurde von Adolf Grünbaum vorgebracht (vgl. ders.: *Psychoanalyse in wissenschaftstheoretischer Sicht. Zum Werk Sigmund Freuds und seiner Rezeption*; *Die Grundlagen der Psychoanalyse. Eine philosophische Kritik*). Tendenziell antisemitisch motivierte Kritik, wie die des Freud-Schülers Carl Gustav Jung, ist sicherlich die unerfreulichste Variante des Angriffs (vgl. M. Vollmann: »›Jüdische Wissenschaft‹ – Psychoanalyse im Fokus von Fremdzu-

des Glücksstrebens aus der moralphilosophischen Reflexion zwar berechtigt ist, dass damit aber erst der Perspektive des Glücks in ihrer Bedeutung für die Ethik zu ihrer berechtigten Geltung verholfen werden kann.

Das thematische Feld ist somit abgesteckt als eine Reflexion auf das für die Ethik bedeutsame Verhältnis von *Moral und Glück*. Kant und Freud werden beide als Moralkritiker verstanden, wobei versucht wird, die unterschiedlichen Perspektiven einer kritischen Philosophie der Moral und der moralkritischen Psychoanalyse systematisch zu hinterfragen: Kann sich Moralkritik als ›Aufhebung‹ und Destruktion von Moral richtig verstehen? Wenn die Freudsche Kritik der Kantischen Moralphilosophie selbst kritisch zurückgewiesen werden muss, hat sich damit psychoanalytische Moralkritik erledigt? Wenn nicht: Worin erweist sich ihr berechtigter Geltungsanspruch, und welchen kritischen Beitrag leistet sie für die moralphilosophische Reflexion? Inwiefern kann also eine Moralkritik eine kritische Moralphilosophie in der Aktualisierung dieses kritischen Potentials stärken oder gar zur Radikalisierung bereits eingenommener Positionen bewegen? Für die Freudsche Psychoanalyse stellt sich die noch konkretere Frage: Erweist sich ihr Glücksbegriff, den sie gegen moralische Forderungen in Stellung bringt, als inhaltlich positiv bestimmte Vorstellung, die einen prinzipiellen Anspruch erhebt? Oder treibt die psychoanalytische Bestimmung des Glücksbegriffs ihre kritische Desillusionierung auch auf diesem Gebiet voran, vielleicht sogar mit größerer systematischer Berechtigung als die zuerst erwähnte Moralkritik als Destruktion der Moral an sich?

Forschung

Dass die Forschungsbeiträge zu Kant und ebenso zu Freud mittlerweile unüberschaubar geworden ist, dürfte niemanden überraschen. Da Freud sich in seinem Werk auch einige Male auf Kant bezieht, liegt es nahe, möglichen historischen und systematischen Anknüpfungspunkten nachzugehen. Die hier vollzogene Auswahl der Forschungsliteratur soll sich auf diesen Bereich beschränken und charakteristische Positionen vorstellen.

Um Kant und Freud miteinander in Beziehung zu setzen, bietet sich ein weites Feld möglicher Forschungsaufgaben an:

schreibung und Entstehungskontext«), noch fragwürdiger mutet der Versuch an, gerade diese zu verteidigen (vgl. H. F. Ellenberger: *Die Entdeckung des Unbewußten: Geschichte und Entwicklung der dynamischen Psychiatrie von den Anfängen bis zu Janet, Freud, Adler und Jung*, S. 906f.); für eine Kritik an Grünbaums Kritik und Ellenbergers Darstellung der Psychoanalyse vgl. H. Strotzka: »Freud und die Philosophie«, S. 83–90. Beispiele für zu kurz greifende aber auch für produktive Kritik stellt Ludwig Nagl vor in: »Freud in der zeitgenössischen sprachanalytischen Philosophie und im Umfeld der Frankfurter Schule«.

Ästhetische Untersuchungen wenden sich etwa der Bezugnahme auf *Geruch* und *Geschmack* bei beiden Autoren zu[10] oder stellen Verbindungen zwischen dem Kantischen *Erhabenen* und dem Freudschen *Unheimlichen* her[11]; was sehr nahe liegt, nehmen doch Freud und Kant die Dimension ästhetischer Erfahrung zum Anlass, weiter reichende Gedanken über Grenzsituationen und Überwältigungserfahrungen der menschlichen Existenz in der Welt anzuschließen.[12]

Aus *religionsphilosophischer Perspektive* wird der Versuch unternommen, die religionskritischen Aspekte bei Kant und Freud zu vergleichen. Dabei bietet es sich an, die emanzipativen und aufklärerischen Anstrengungen beider Denker produktiv miteinander zu verbinden und zu stärken, auch wenn aus religionsphilosophischer Perspektive eine Einseitigkeit der psychoanalytischen Religionskritik konstatiert werden kann.[13]

In den ästhetik- und religionsphilosophischen Diskursen bestehen systematisch viele Anschlussmöglichkeiten, die Kantischen und Freudschen Ansätze auf einander zu beziehen, doch gerade im Bereich der *praktischen Philosophie* und *Ethik* erscheint dieser Versuch durch die explizite Bezugnahme von Freud auf Kant vielversprechend. Die meisten namentlichen Erwähnungen des Philosophen der Aufklärung im Werk des Begründers der Psychoanalyse gehen mit der Erwähnung des kategorischen Imperativs einher und treten diesem äußerst kritisch entgegen, da Freud dieses Konzept als pathologisches Phänomen versteht und eine psychoanalytische Herleitung und therapeutische Überwindung dieses Konzepts für möglich hält.

Cord Friebe führt seinen Vergleich von Kant und Freud denn auch explizit anhand des kategorischen Imperativs durch. Er geht allerdings davon aus, dass es Kant nicht gelungen sei, die moralische Verpflichtung des Men-

10 | Vgl. R. Rother: »›Geruch ist gleichsam ein Geschmack in der Ferne‹«.

11 | Vgl. K. Mladek: »Es spukt. Im eigenen Haus. Unheimliches, Schuld und Gewissen. Zum Einbruch der ethischen Frage bei Kant, Freud und Heidegger«. Es ist allerdings fraglich, inwiefern sich Freud dabei *direkt* auf den »Spuren Kants« bewegt (vgl. ebd., S. 131), was im Falle Martin Heideggers als gesichert gelten kann.

12 | Zur Konzeption des Erhabenen bei Kant vgl. M. Vollmann: *Das Erhabene. Zum kritischen Potential einer ästhetischen Kategorie.*

13 | Vgl. J. DiCenso: »Kant, Freud, and the Ethical Critique of Religion«. Dabei steht James DiCenso mit seinem Anliegen auf dem Gebiet der Religionsphilosophie der Intention der vorliegenden Arbeit hinsichtlich der Moralphilosophie sehr nahe: »I am interpreting Freud, and juxtaposing him with Kant, so as to present them together as outlining an approach to religion that is compatible with historicity and with autonomous ethical reflection. The goal they share, along with a variety of other theorists, is to engage religion in a way that brings out its potential to further human well-being, rather than to work against it« (ebd., S. 178). Eine ähnliche Position vertritt auch Paul Ricœur mit seinen Reflexionen zu »Wert und Grenzen einer Psychoanalyse der Religion« (vgl. ders.: *Die Interpretation. Ein Versuch über Freud*, S. 543–563).

schen argumentativ überzeugend zu begründen und dass seine Moralphilosophie, ähnlich wie etwa die Zehn Gebote des Christentums, allein auf metaphysisch-dogmatischen Prämissen beruhe.[14] Diesem Urteil kann widersprochen werden, sieht doch Kant selbst das zentrale Anliegen seiner *Kritik* in der Erschütterung und Destruktion dogmatischer, metaphysisch-*überschwänglicher* Glaubenssätze. Mit dem ›kritischen Geschäft‹ der Aufklärung will Kant die Metaphysik letztlich nicht ›zermalmen‹, sondern praktisch unhintergehbare Vernunftideen freilegen. Dass damit wiederum eine kritische Metaphysik begründet wird, ist nicht mit einem Rückfall in den Dogmatismus gleichzusetzen. Friebes Zugriff auf die Problemstellung unterscheidet sich von dem hier im Folgenden zu entwickelnden auch deswegen, weil er im Großen und Ganzen eher *erkenntnistheoretisch* ausgerichtet ist.

Direkt in den *Bereich der Ethik* führt die Analyse von John R. Silber, der sich fragt: »1. Wie beschreiben Kant und Freud die moralischen Phänomene, d.h. die Erfahrung von Pflicht und Schuld? und 2. Welche Erklärung geben sie dafür?«[15] Silbers Ansatz ist allerdings repräsentativ für eine in dieser Arbeit kritisierte, psychologistisch verzerrte Lesart der Kantischen Moralphilosophie, wenn er schreibt:

»Nach Kant ist die Begegnung des individuellen Willens mit dem moralischen Gesetz eine grundlegende menschliche Erfahrungstatsache. Die Begegnung kann auftreten als Erfahrung der Pflicht, *durch die* man *spürt*, daß man dem Gebot des moralischen Gesetzes gehorchen soll, oder als Schuldgefühl, *durch das* man sich dessen Nichtbefolgung eingesteht. Diese Erfahrung von Pflicht und Schuld ist ein alltägliches Vorkommnis im Leben des Menschen und bildet die Grundlage für die ethische Theorie«.[16]

Dies läuft indes den grundsätzlichen systematischen Intentionen von Kants *Grundlegung zur Metaphysik der Sitten* zuwider, mit der sich Kant dezidiert gegen eine Begründung der Moralität durch Bezugnahme auf Neigungen, einen *moral sense*, bloße Konventionen, Glücksstreben oder psychische Gewissensphänomene (aber auch religiöse Offenbarung) positioniert. »Ob eine Handlung überhaupt recht oder unrecht sei, darüber urtheilt der Verstand, nicht das Gewissen«, schreibt Kant in seiner *Religionsschrift*.[17] Ein systemati-

14 | Vgl. C. Friebe: »Der Kategorische Imperativ bei Kant und Freud«, S. 192. Vgl. auch meine Bemerkungen unten auf S. 45.

15 | J. R. Silber: »Die Analyse des Pflicht- und Schulderlebnisses bei Kant und Freud«, S. 299.

16 | Ebd. (Hervorh. von mir, MV).

17 | I. Kant: *Die Religion innerhalb der Grenzen der bloßen Vernunft*, S. 186. An dieser Stelle möchte ich erwähnen, dass im ersten Kapitel keine Rekonstruktion des Gewissens-

scher Vergleich zwischen Kantischer Moralphilosophie und psychoanalytischer Moralkritik muss zumindest – soviel lässt sich aus Silbers Ansatz lernen – die Grundbedingung erfüllen, beide Ansätze angesichts ihrer systematischen Differenzen nicht zu vermengen.[18]

Diese Differenz zwischen moralphilosophischer Begriffsreflexion und psychologischer Phänomenbeschreibung übergeht Silber jedoch. Indem er der Kantischen Moralphilosophie zuschreibt: »Die Nichtbefolgung des kategorischen Imperativs führt zur Erfahrung von Schuld in Form von Gewissensbissen oder als Gefühl moralischen Unwerts«[19], gelangt er schließlich zu einer Gleichsetzung von moralischem Gesetz und Über-Ich.[20] Eben diese Identifikation, zu der auch Freud neigt, wird im ersten Kapitel dieser Arbeit zurückgewiesen. Sie lässt sich systematisch nicht begründen und führt moralphilosophisch betrachtet zu Ergebnissen, die die kritischen Potentiale sowohl des Kantischen als auch des Freudschen Denkens verschenken. So schlägt Silber etwa vor, die Psychoanalyse solle neben dem Über-Ich noch eine zweite Instanz, ein *moralisches* Über-Ich postulieren. In der Ethik gelte es den Rationalismus zu überwinden, den Kant mit der Forderung der Reinheit des Sittengesetzes vorgegeben habe, und auch unbewusste Schuldgefühle, sowie *unbewusste* Pflicht und Verantwortung zu berücksichtigen. Indem Freud den Sadismus des Über-Ichs bewiesen habe, ergäbe sich als Konsequenz für

begriffs *bei Kant* vorgenommen wird. Es geht lediglich darum zu untersuchen, ob der Freudsche Gewissensbegriff mit dem kategorischen Imperativ identifiziert werden kann. Es ist dafür ausreichend, um die aus dem zitierten Satz ersichtliche Kantische Unterscheidung zu wissen, obgleich eine weiterführende Untersuchung des bei Kant eher spärlich verwendeten Gewissensbegriffs sicherlich von Interesse ist (vgl. S. Hoffmann: »Gewissen als praktische Apperzeption. Zur Lehre vom Gewissen in Kants Ethik-Vorlesungen«).

18 | Silbers Missverständnis liegt wohl darin begründet, dass er in seiner Bezugnahme auf den Kantischen Text sehr frei verfährt. Seine angeblich nach Kant zitierte Behauptung, nach welcher Pflicht und Schuld ein alltägliches Vorkommnis im Leben des Menschen sei und die Grundlage für die von Silber so genannte ›ethische Theorie‹ Kants abgebe, kommt in dieser Form an der angegebenen Stelle im Kantischen Text nicht vor. Silber verweist auf die letzte Seite der *Vorrede* zur *Grundlegung*, wo Kant über seine Methode Auskunft gibt »vom gemeinen [sittlichen, MV] Erkenntnisse zur Bestimmung des obersten Princips desselben« voranzuschreiten (I. Kant: *Grundlegung zur Metaphysik der Sitten*, S. 392). Weder ist an dieser Stelle von ›Pflicht‹ die Rede, noch überhaupt in der ganzen *Grundlegung* von einem ›Schuldgefühl‹. Und wenn Kant seinen Ausgangspunkt bei der gemeinen sittlichen Erkenntnis nimmt, also der ethischen Alltagspraxis, so meint er, dass auch schon dort moralisch gehandelt wird, dass aber die »Aufsuchung und Festsetzung des *obersten Princips der Moralität*« (ebd.) gerade die von der philosophischen Reflexion zu bewältigende Aufgabe ist, die nicht von der »allgemeinen praktischen Weltweisheit« (ebd., S. 390) geleistet wird.

19 | J. R. Silber: »Die Analyse des Pflicht- und Schulderlebnisses bei Kant und Freud«, S. 300.

20 | Vgl. ebd., S. 307.

die Kantische Moralphilosophie »daß das moralische Gesetz unmoralisch werden kann«.[21] Mit diesen Äußerungen bleibt Silber hinter den kritisierten Positionen zurück; sein verfehlter Ansatz liefert ein Beispiel dafür, wie wichtig es ist, die fundamentale Differenz zwischen moralischem Urteilen und psychologischen Beschreibungen zu wahren.

Helmut Dahmer und Rudolf Heinz untersuchen aus einer soziologisch erweiterten Perspektive mit ideologiekritischem Anspruch die von David Rapaport[22] bemerkte Verwandtschaft zwischen Kantianischer Philosophie und psychoanalytischer Metapsychologie. Auch sie konzentrieren sich dabei vor allem auf die erkenntnistheoretischen Gemeinsamkeiten, bei denen sich Freud selbst in Übereinstimmung mit Kant gesehen hat, widersprechen allerdings einer ›Kantianisierung‹ der Freudschen Psychoanalyse. Gerade an neukantianischen Tendenzen von späteren Psychoanalytikern wie Heinz Hartmann, Carl Müller-Braunschweig und zeitweise auch Otto Fenichel kritisieren Dahmer und Heinz eine »Ontologisierung des Unbewußten«, die die Psychoanalyse zu einer enthistorisierten und unkritischen »Wissenschaft des Seelischen«[23] verkommen lasse. Diese Kritik hat Dahmer auch in weiteren Arbeiten ausgebaut und damit eindrucksvoll bewiesen, welchen produktiven Beitrag die Aufnahme der Freudschen psychoanalytischen Impulse für eine kritische Sozialforschung zu leisten im Stande ist.[24]

Heinz unternimmt, stark von Jacques Lacan beeinflusst, von diesem Punkt aus eine gründliche Darstellung von »Freuds Kritik der Moralkonzeption Kants«[25], bei der er allerdings die Freudsche Kritik nun nicht nur gegen neu-

21 | Ebd., S. 309.

22 | Vgl. D. Rapaport: *Dynamic Psychology and Kantian Epistemology*, S. 289–298. Auch Stanley Cavell fragt, inwiefern sich Freud vor allem in der *Traumdeutung* seiner Kantianischen Voraussetzungen bewusst war. Dabei ist spannend, dass Cavell Freuds ambivalente Haltung gegenüber der Philosophie mit der Ludwig Wittgensteins und Martin Heideggers vergleicht, deren Philosophiekritik die philosophische Reflexion nicht abschaffen, sondern radikal wandeln will (vgl. S. Cavell: »Psychoanalysis and Cinema: The Melodrama of the Unknown Woman«, S. 205f.).

23 | H. Dahmer; R. Heinz: »Psychoanalyse und Kantianismus. Ein Beitrag zur Theoriegeschichte«, S. 161. Vgl. dazu auch J. Cremerius: *Die Rezeption der Psychoanalyse in der Soziologie, Psychologie und Theologie im deutschsprachigen Raum bis 1940*; für eine Rezeptionsgeschichte innerhalb der Philosophie bis zum beginnenden Zweiten Weltkrieg vgl. C. E. Scheidt: *Die Rezeption der Psychoanalyse in der deutschsprachigen Philosophie vor 1940.*

24 | Vgl. etwa H. Dahmer: *Libido und Gesellschaft. Studien über Freud und die Freudsche Linke* und diverse Aufsätze in seinem Sammelband: *Pseudonatur und Kritik. Freud, Marx und die Gegenwart.*

25 | Vgl. R. Heinz: *Psychoanalyse und Kantianismus*, S. 70–104. Daneben untersucht Heinz auch die Kritik Adornos an Kant und Freud (vgl. ebd., S. 105–116) und – wieder aus kritischer sozialhistorischer Perspektive – die wechselseitige Beeinflussung von Neukantianismus und verschiedenen psychoanalytischen Autoren (vgl. ebd., S. 117–160).

kantianische Psychoanalytiker, sondern gegen Kant selbst wendet. Dabei neigt er, ähnlich wie es im Folgenden für Freud zu zeigen ist, zu einer Psychologisierung der Kantischen Philosophie und der Moralphilosophie überhaupt, indem er die Verbindlichkeit des kategorischen Imperativs auf eine ›Mystik‹ Kants zurückführt und dessen Moralphilosophie wie folgt komprimiert:

»Extrapolierte Emotionsgegebenheiten als Indizien eines metaempirischen, doch selbstverständlichen und selbstgerechtfertigten Geltungsbestands, und dessen Erfahrungsverschlossenheit die Garantie einer maßgebenden Motivbedeutung, – so in Kürze also die moralische Lehrmeinung Kants«.[26]

In dieser ›Kürze‹ wird allerdings die Kantische Moralphilosophie auch um ihren systematischen Grundgedanken *verkürzt* und das ›*Gefühl* der Achtung‹ zum entscheidenden Symptom und Ausgangspunkt der Moralität ›zurechtdekonstruiert‹. Kants ›Faktum der Vernunft‹ soll auf diese Weise von seinen angeblichen emotionalen Voraussetzungen tendenziell masochistischer Prägung eingeholt werden. Entgegen dieser psychologistischen Engführung soll in der vorliegenden Arbeit Kants Moralphilosophie als begrifflich-systematische Reflexion des moralischen Urteilens rekonstruiert werden, deren kritisches Kernargument gerade in der *Unableitbarkeit* der Kriterien besteht.

Heinz ist allerdings darin Recht zu geben, dass keine *direkte* Linie von Kant zu Freud angenommen werden sollte:

»Was, von Freud in groben Zügen rezipiert, dazwischen liegt, ließe zwanglos wohl sich als Abbauprozeß der Kantschen Adaptionspotenzen dartun, an dessen Ende Freud dann, das Fazit ziehend, stünde: ein Thema, das noch bearbeitet werden müßte«.[27]

An der Darstellung dieses ›Abbauprozesses‹ wurde freilich mittlerweile mit großem Aufwand und in vielen historischen und systematischen Einzelanalysen gearbeitet. Der fachliche oder auch persönliche Einfluss etwa von Johann Friedrich Herbart, Gustav Theodor Fechner, Theodor Meynert, Ernst von

Seine in einem späteren Aufsatz zum Verständnis des kategorischen Imperativs geäußerte These verfehlt allerdings den moralphilosophischen Geltungsanspruch der Kantischen Philosophie: »*Der ›Kategorische Imperativ‹ ist ein Medieneffekt, Wirkung nämlich des in sich zirkulär sich steigernden und verbrauchenden Sprach- und Schriftwesens* [...]. *Und er sagt / schreibt dies restlos selbst seinem Inhalt / Kerygma nach*« (ders.: »Das Geschlecht des ›Kategorischen Imperativs‹ Kants. Vorüberlegungen zu den Verfehlungen von Ethik und Psychoanalyse«, S. 102).

26 | R. Heinz: *Psychoanalyse und Kantianismus*, S. 81.

27 | Ebd., S. 103.

Brücke, aber auch Franz Brentano[28], die Lektüre von Ludwig Feuerbach, Arthur Schopenhauer und Friedrich Nietzsche – um nur Einige anzugeben – hat auf die eine oder andere Weise auch (neu-)Kantianisches Gedankengut an Freud vermittelt.

Für eine praktische Philosophie, welche die in vielerlei Hinsicht wichtigen und weitreichenden Freudschen Kritikpunkte an gängigen Moralvorstellungen ernst nehmen oder sogar rechtfertigen will, stellt sich allerdings die Frage, ob es der richtige Weg ist, dabei gerade der Freudschen Kritik an *Kant* und dessen moralphilosophischer Konzeption zu folgen. Wenn Freud, wie auch Heinz zugesteht, Kant hinsichtlich der Erkenntnistheorie nur bruchstückhaft und vermittelt wahrgenommen hat, dann kann dies auch für die moralphilosophischen Texte gelten. Es sollte also nicht überraschen, wenn Freud mit seinen Einwänden gegen Kant nicht zwingend im Recht wäre. Wer etwa, wie im ersten Kapitel diskutiert wird, die Freudsche Diagnose ernst nimmt, derzufolge der kategorische Imperativ nichts weiter als das ontogenetische Erbe des archaischen *Tabus* ist, der verkennt damit recht eigentlich den Status moralischer Urteile, die mit der zwanghaften Angst vor der Verletzung des Tabus, Gewissensbissen, übersteigerten Schuldgefühlen aber auch Mitleidsempfindungen nicht auf einer begrifflichen Ebene stehen. Wer diese fundamentale Differenz des kategorischen Imperativs übersieht und Kants Moralphilosophie ob der Trennung des moralischen Urteils von der Sphäre der Sinnlichkeit als rationalistisch und sinnenfeindlich verwirft, wird Schwierigkeiten haben, seine normativen Geltungsansprüche *vernünftig* und nicht bloß unter Rekurs auf Emotionen, neuronale Zustände oder sonstige Meinungen über das Gute zu begründen. Ganz abgesehen von der Frage, ob es denn überhaupt eine moralphilosophische Position gibt, die vor der psychologisierenden Reduktion gefeit wäre: Die Beweislast für die so oft vorgebrachten Idealismus- und Rationalismusvorwürfe gegen Kant liegt doch zuallererst bei denjenigen, die Kant auf diese reduktionistische Lesart festlegen und die kritischen Intentionen der Kantischen Philosophie nicht erkennen.

Gesetzt, die Einschätzung der Kantischen Moralphilosophie als metaphysisches Residuum wird nicht geteilt und die von Kant geforderte ›Reinheit‹ der praktischen Vernunft wird nicht als zu analysierendes Symptom betrachtet, sondern als begriffliche Bestimmung: Leistet dann die Kantische Perspektive nicht ebenso wie die Freudsche Kritik der konventionellen Moralvorstellungen eine methodisch durchgeführte, substanzielle Kritik verfehlter Moralvorstellungen? Kann entsprechend die Freudsche Moralkritik von ihrer

28 | Vgl. die beiden wichtigen Sammelbände: L. Nagl; H. Vetter; H. Leupold-Löwenthal: *Psychoanalyse und Philosophie* und H. Vetter; L. Nagl: *Die Philosophen und Freud. Eine offene Debatte*; für weitere Literaturangaben vgl. unten S. 41 sowie S. 46.

›Fixierung‹ auf die Kantische Moralphilosophie gelöst werden, so wäre das kritische Potential einer Pathologie der Moral gerade für den moralphilosophischen Diskurs von Nutzen. Es würde weniger, wie Silber meint, mit Freud die ›Unmoral des Moralgesetzes‹ Kants bewiesen werden. Im Gegenteil: Konventionelle sittlich-normative Geltungsansprüche, die psychoanalytisch unter Verdacht stehen, repressiv und pathogen zu wirken, können gerade durch die moralphilosophische Reflexion *begründet* zurückgewiesen werden.

Mit Blick auf die konkrete sittliche Praxis ist zuzugestehen, dass von der Kantischen Moralphilosophie die Möglichkeit einer eingehenden Kritik hypermoralischer Übertreibungen nicht ausreichend behandelt wird; dies kann jedoch auf der Grundlage psychoanalytisch-klinischer Erfahrungen in Angriff genommen werden.[29] Diese Möglichkeit entspricht einem Verständnis, nach dem sowohl Kant als auch Freud in ihrem jeweiligen Aufklärungsanspruch zwar verschieden auftreten, aber letztlich mit guten Gründen gegen dieselben Schwundformen des normativen und gesellschaftlichen Selbstverständnisses vorgehen und so zur radikalen Kritik undurchschauter Praxis und eines vorreflexiven menschlichen Selbst- und Weltverhältnisses beitragen.

Methodische Vorüberlegungen

Wie lässt sich ein solcherart von Kant *und* Freud ausgehender Ansatz durchführen? Kann die Thematik des Glücks in die ethische Diskussion eingeholt werden, ohne den Kantischen Ausschluss des Glücksstrebens aus der Bestimmung der Moralität rückgängig zu machen? Dass die praktische Philosophie gegenüber den Lebenskunst- und Weisheitslehren eine kritische Funktion ausübt, darf nicht als generelle Legitimierung der Disqualifikation des Glücksstrebens für die ethische Reflexion verstanden werden.[30] Zwar ist die klassische griechische Philosophie *zum Teil* durch eine Einheit von

29 | Freilich weiß Kant um diese Problematik, erwähnt sie allerdings nur nebenbei: »Die wahre Stärke der Tugend ist *das Gemüth in Ruhe* mit einer überlegten und festen Entschließung ihr Gesetz in Ausübung zu bringen. Das ist der Zustand der *Gesundheit* im moralischen Leben [...]. Phantastisch-tugendhaft aber kann doch der genannt werden, der keine in Ansehung der Moralität *gleichgültige Dinge* (*adiaphora*) einräumt und sich alle seine Schritte und Tritte mit Pflichten als mit Fußangeln bestreut und es nicht gleichgültig findet, ob ich mich mit Fleisch oder Fisch, mit Bier oder Wein, wenn mir beides bekommt, nähre; eine Mikrologie, welche, wenn man sie in die Lehre der Tugend aufnähme, die Herrschaft derselben zur Tyrannei machen würde« (ders., *Die Metaphysik der Sitten*, S. 408). Im Schlusskapitel der vorliegenden Arbeit wird diese ›Tugendtyrannei‹ am Beispiel der Sexualmoral mit der psychoanalytischen Forderung nach Reformen konfrontiert.

30 | Zur antiken Lebenskunst vgl. Ch. Horn: *Antike Lebenskunst. Glück und Moral von Sokrates bis zu den Neuplatonikern* und zu einer aktuellen Kritik einer philosophischen Reaktualisierung derselben vgl. den Sammelband: W. Kersting; C. Langbehn: *Kritik der Lebenskunst*.

Philosophie und Lebenskunst gekennzeichnet[31], die heute in dieser Form nicht mehr zu finden ist, doch es ist sehr vereinfachend zu behaupten, dass im Verlauf der geistesgeschichtlichen Entwicklung die Philosophie »den alltagshermeneutischen Zugriff auf die Dinge des menschlichen Lebens aufgegeben«[32] habe. Selbst wenn diese Beschreibung auf einige Tendenzen der zeitgenössischen Philosophie zutrifft, bleibt doch methodenkritisch zu fragen, inwiefern diese Entwicklung als vernünftig und sinnvoll zu rechtfertigen ist. Eine wissenschaftsaffine Tendenz, die Wolfgang Kersting im Zuge seiner Lebenskunstkritik der Philosophie zuschreibt, ist selbst nur *ein* mögliches Paradigma zeitgenössischer Moralphilosophie, dem allerdings zu widersprechen ist:

»Die moralphilosophischen Standardtheorien der Neuzeit haben nichts mehr mit den Weisheitslehren der klassischen und hellenistischen Philosophie gemein. [...] Die Lebenskunsttradition ist dem Wissenschaftlichkeits- und Allgemeingültigkeitsanspruch der neuzeitlichen Moralphilosophie zum Opfer gefallen; und es ist nicht vorstellbar, daß dieser Traditionsbruch geheilt werden und die Lebenskunst in der Moralphilosophie der Moderne wieder eine konzeptuelle Heimat finden könnte«.

Kersting ist dagegen folgender Auffassung:

»Ein von den Gezeiten philosophischer Moden und Methoden gänzlich unabhängiges Interesse der Menschen am Gelingen ihres gewöhnlichen Lebens hat sie am Leben erhalten. Und weil dies Bedürfnis existiert, etabliert sich ein Literaturmarkt, der es auf vielfältige Weise bedient. Die Lebenskunst bedarf nicht der Philosophie«.[33]

Eine vernünftige Lebensführung bedarf, so ist zu erwidern, *allerdings* der philosophischen Reflexion, die ja nicht auf den akademischen Kontext begrenzt ist und die durch philosophische und theologische *Surrogate* allein nicht gewährleistet ist. Die Beobachtung, *dass* sich ein solcher Markt für psychologische und transzendenzbezogene Trivialliteratur faktisch herausgebildet hat, kann allenfalls aus einer abstrakt-systemtheoretischen Perspektive als Kompensationsfunktion bezeichnet werden. Damit ist allerdings ein Orientierungsbedürfnis erst einmal erwähnt; aber das Urteil darüber, ob diese Orientierung auch vernünftigen Kriterien genügt, bleibt – gerade aus moralphilosophischer Sicht – unentbehrlich.

Die Funktion der Moralphilosophie wäre unterbestimmt, wollte man sie nur auf das Paradigma wissenschaftlicher Erkenntnis und Kategorisierung be-

31 | Vgl. P. Hadot: *Philosophie als Lebensform. Antike und moderne Exerzitien der Weisheit.*

32 | W. Kersting: »Einleitung: Die Gegenwart der Lebenskunst«, S. 43.

33 | Ebd., S. 43f.

schränken. Wirkungsmächtige Strömungen der Philosophie, etwa die Phänomenologie Edmund Husserls, die Fundamentalontologie Heideggers und die sprachphilosophischen Untersuchungen Wittgensteins haben die Irreduzibilität der lebensweltlichen, alltagssprachlichen und (sprach-)pragmatischen Bedingungen menschlichen In-der-Welt-Seins aufgewiesen. Diesen Positionen zufolge ist es ausgeschlossen, dass die Philosophie – zumal die Ethik – ein anderes, etwa *nur* naturwissenschaftlich beschreibbares Fundament jenseits der menschlichen Praxis aufsuchen könnte. Die vernünftige, das heißt methodische *und* kritische Klärung des humanen Selbst- und Weltverhältnisses bleibt der Anspruch dieser Art von Philosophie. Die Einschätzung Kerstings steht dem entgegen:

»Die Vorstellung, daß die Philosophie keinem anderen Zweck als der Ermöglichung einer rationalen Lebensführung dienen soll, ist dem neuzeitlichen Denken fremd geworden. Neuzeitliche Philosophie ist ein Unternehmen der Erkenntnisgewinnung und sucht die stete Zusammenarbeit mit den Naturwissenschaften. Und auch dann, wenn sie sich mit praktischen Dingen des menschlichen Lebens beschäftigt, bleibt die Philosophie in der Moderne dem Erkenntnisparadigma verpflichtet«.[34]

Natürlich ist die Nähe der praktischen Philosophie zu gesicherten Erkenntnissen natur- und sozialwissenschaftlicher Praxis absolut unverzichtbar und ohne dieses empirische Material nicht durchführbar. Und doch muss zum einen gefragt werden, ob hier der ›Allgemeingültigkeitsanspruch‹ der Philosophie nicht zu schnell mit dem ›Wissenschaftlichkeitsanspruch‹ kurzgeschlossen wird. Schon Husserl betont in seiner *Krisisschrift* den fundamentalen Unterschied zwischen der *Exaktheit* der naturwissenschaftlichen Methode und der *Strenge* philosophischer Reflexion. Zum anderen mag es durchaus sein, dass die Philosophie selten mit explizit alltagspraktischen Lebensweisheiten aufwartet. Allerdings kann daraus nicht gefolgert werden, dass insbesondere die Moralphilosophie irgend eine systematische Berechtigung oder Möglichkeit hätte, ›den Bereich der gewöhnlichen Lebensalltäglichkeit‹ uneingeschränkt zu verlassen. Sie darf nicht übersehen, dass die Lebenswelt der Ort ist, von dem aus die philosophischen Abstraktionsleistungen und Stilisierungen ihren Ausgang nehmen, zu dem sie auch ständig in unlösbarer vermittelter Beziehung stehen. Es sind die Probleme und Interessen der konkreten alltäglichen Praxis, die die philosophische Reflexion erfordern, ermöglichen und bedingen.

Das primäre Fundament aller menschlichen Praxis – die Wissenschaften und die Philosophie eingeschlossen – ist die menschliche Lebenswelt.

34 | Ebd., S. 64.

Zweifellos haben sich hochkomplexe Praxisformen ausdifferenziert, die anspruchsvolle Fachsprachen und Symbolsysteme verwenden, die für den ›gewöhnlichen Alltagsvestand‹ nicht ohne Weiteres zugänglich sind. Doch auch diese sprachlichen Stilisierungen nehmen ihren Ausgang von der alltäglichen Sprachpraxis und werden – in der Moralphilosophie (auch und gerade bei Kant) etwa durch paradigmatische Erläuterungen – an diese zurückgebunden. Die normative Annahme, Philosophie habe sich der (natur-)wissenschaftlichen Theoriebildung anzunähern und sich im bereits geleisteten Vollzug dieser Aufgabe gleichsam im geschichtlichen Fortschritt von der Lebensberatung zur wissenschaftlichen Erkenntnis hochgearbeitet, begünstigt unzutreffende Vorstellungen von Moralphilosophie. Im Gegensatz zur Lebenskunst, die nicht theoriefähig sei, gäbe es »unterschiedliche normative Moraltheorien, die sich aus dem metaethischen Begriffstableau systematisch entwickeln lassen«, so Kersting.[35] Diese Konzeption unterschlägt die Einsicht, dass der Entstehungskontext moralischer Praxis und Bewertung die humane Lebenswelt ist, von der alle ›Theorien‹ und ›Begriffstableaus‹ abkünftig sind. Daneben gibt es keinen theoretisch ausgezeichneten Ort, von dem aus Regelwissen deduziert werden könnte.

Sicherlich gab und gibt es Bestrebungen in der Philosophie, die ›Lebensfragen‹ aus dem Bereich der vernünftigen Reflexion auszuschließen, wofür beispielsweise Rudolf Carnap votiert. Doch schon Wittgenstein, der auch dem ›Wiener Kreis‹ angehörte, lässt sich so verstehen, dass er nicht das Ziel verfolgt, die philosophische Rede über das Gute gänzlich ›zum Schweigen‹ zu bringen, wie es der letzte Satz des *Tractatus logico philosophicus* nahezulegen scheint. Vielmehr will Wittgenstein darauf hinaus, dass ethische Fragen und Antworten einen anderen Status haben als Fragen hinsichtlich der objektsprachlich beschreibbaren Gegenstände der Naturwissenschaften. Wenn er sagt, wir fühlten, »daß selbst wenn alle möglichen wissenschaftlichen Fragen beantwortet sind, unsere Lebensprobleme noch gar nicht berührt sind«[36], dann transzendiert er damit selbst schon seine im *Tractatus* angelegte Identifizierung von Wissenschaft und Philosophie. Der Sinn seines Buches, so betont Wittgenstein im Vorwort, sei ein *ethischer* – und dieser Impuls kann produktiv weiterentwickelt werden. Wenn ›das Mystische‹ darin besteht, ›*dass* die Welt überhaupt ist‹[37], dass sich dieses ›dass‹ nur *zeigt* und dass im An-

35 | Ebd., S. 12.

36 | L. Wittgenstein: *Tractatus logico-philosophicus*, S. 10 und Sätze 6.4312, 6.52. Das in Satz 6.54 erwähnte Bild, nach dem die Sätze des *Tractatus* mit einer Leiter verglichen werden, die man wegwerfen könne, sobald man auf ihr hinaufgestiegen ist, könnte Wittgenstein von Schopenhauer entlehnt haben, dessen Philosophie auch für Freuds Denken von Bedeutung ist (vgl. A. Schopenhauer: *Die Welt als Wille und Vorstellung*, Bd. II, S. 95).

37 | Vgl. L. Wittgenstein: *Tractatus logico-philosophicus*, Sätze 6.44 und 6.522.

schluss daran Sätze der Ethik und Ästhetik gerade nicht *wissenschaftlich sagbar* sind, dann erfordern diese Bereiche andere Modi der Artikulation, die aus der Sicht der streng naturwissenschaftlichen Einstellung ›Unsinn‹ sind.[38] Auch wenn diese Arbeit nicht mit Wittgenstein argumentiert oder seine sprachphilosophische ›Terminologie‹ verwendet, so steht sie doch der so rekonstruierten Auffassung von Philosophie nahe. Es geht darum, den praktischen, lebensweltlich erfahrbaren Sinn philosophischer Reflexionen sowie psychologischer Thesen und Modelle zu erläutern und daraus Vorschläge zur vernünftigen Orientierung abzuleiten, um zum aufklärerischen Projekt methodisch-kritischer Selbstverständigung und -erkenntnis beizutragen.

Im Anschluss an Wittgenstein und Heidegger fällt das Erkenntnisinteresse der Philosophie nicht unmittelbar mit dem der Naturwissenschaften zusammen. Dieses spezifische Erkenntnisinteresse findet sich auch bei Kant, der die Fragen der Philosophie – was zu wissen, zu tun und zu hoffen sei – in der Frage nach dem Wesen des Menschen gipfeln lässt. Damit artikuliert Kant die genuine(n) Grundfrage(n) der Philosophie. Rentsch interpretiert bereits

> »die Abfolge der drei Fragen als eine rangbezogene Steigerung: Das theoretische wird vom praktischen und religiösen Erkenntnisinteresse über- und umgriffen; schließlich münden alle Erkenntnisinteressen in dem an einer vernünftigen Weltorientierung des Menschen. Um sie zu erreichen, sind wir auf die gemeinsame Selbsterkenntnis angewiesen. Das Philosophieren läßt sich daher im Kern als Anthropologie in praktischer Absicht bestimmen«.[39]

Praktische Philosophie muss der Vorstellung kritisch gegenüberstehen, eine bloße ›Theorie der Moral‹ zu generieren. Eine systematische Gliederung faktischer Normensysteme kann nur veranschaulichende Funktion für weitere Geltungsreflexionen haben. Die Philosophie als methodisch-kritische Reflexion auf moralische Geltungsansprüche kann keine normative Enthaltsamkeit üben. Sie würde in diesem Falle nur kontingente, faktisch-normative Werte legitimieren und darin ideologisch verfahren. Insofern kann die Philosophie sich gerade nicht als ordnende Verwalterin von naturwissenschaftlichen Aussagen verstehen. Im Gegenteil, sie muss Tendenzen der Neuropsychologie, der ›Gehirnwissenschaft‹, der Biologie oder der soziologischen Systemtheorie gegenüber kritisch bleiben, *insofern* diese moralische Wertvorstellungen auf Tatsachen des von ihnen empirisch erforschten Gegenstandsbereiches reduzieren wollen. Der Sinn von Wissenschaftskritik ist nicht, die naturwis-

38 | Vgl. Th. Rentsch; M. Vollmann: Art. »Zeigen«.
39 | Th. Rentsch: *Die Konstitution der Moralität*, S. 61.

senschaftliche Forschung einzuschränken, sondern deren Ergebnisse vor kategorialen Missverständnissen zu bewahren.

Für *diese* reduktionistischen Versuche gilt vielmehr Wittgensteins Diktum aus dem *Tractatus*, dass wir davon schweigen müssen, wovon wir nicht sprechen können. Normative Geltungsansprüche der Ethik, der Kunst, der Religion transzendieren den Horizont des naturwissenschaftlich Beschreib- und also Sagbaren. Dass aus dem Sein kein Sollen folgt, bestreitet nicht, dass die soziale Praxis nicht schon faktisch normativ geprägt ist, sondern damit wird behauptet, dass dieses Sollen systematisch anders begründet werden muss als naturwissenschaftlich aufweisbare Gesetzmäßigkeiten. Das Sollen folgt nicht aus einem objektsprachlich beschreibbaren Sein, sondern ergibt sich aus den in die menschliche Praxis konstitutiv eingelassenen impliziten und expliziten Geltungsansprüchen und der von jedem Handlungssubjekt reflexiv zu leistenden Anerkennung. Wenn die vernunftgemäße Begründbarkeit bestimmter Normen in Frage gestellt wird, ist zur diskursiven Klärung und Legitimation nur die *moralphilosophische Reflexion* geeignet. Geltungsansprüche lassen sich zwar empirisch oder statistisch aufweisen und systematisch ordnen, sie lassen sich aber nur diskursiv und rational begründen. Dass sie faktisch anders durchgesetzt werden können, etwa mit Gewalt, ist kein Gegenargument, sondern erfordert eine konsequente Kritik dieser Verhältnisse. Mit der gewaltsamen Durchsetzung partialer Interessen wird die diskursive Verhandlung der Geltung verunmöglicht und von einer moralischen Begründung kann nicht mehr die Rede sein – ganz gleich, ob es sich dabei um Willkürherrschaft oder Tugendterror handelt.

Die Philosophie hat es also immer schon nicht ausschließlich mit der nur gegenständlichen Welt zu tun, sondern ebenso mit den kulturellen Überformungen beziehungsweise mit der Tatsache, dass uns die Welt nur als (im weitestmöglichen Sinn) kulturell konstituierte überhaupt gegeben ist. Wissenschaftliche Forschung und theoretische Abstraktionenen sind der Erkenntnis nützliche Hilfsmittel und – im besten Fall – für einen guten praktischen Zweck verwendbar. Die Ergebnisse der Stilisierungen und Abstraktionen können allerdings die primär erfahrbare Lebenswelt nicht ersetzen und theoretisch letztbegründen. Philosophie soll, allgemein gefasst, das Verhältnis des Menschen zur Welt klären; diese Welt als Totalität des Seins transzendiert allerdings das diskursiv endliche Erkenntnisvermögen des Menschen und kann eben gerade nicht vollständig ›abgebildet‹ werden. Es ist deswegen systematisch und vernunftgemäß notwendig, positiv bestimmte Ansprüche der Weltanschauungsphilosophien und -metaphysiken und ihrer Substitute – etwa szientistischer Reduktionismen – zurückzuweisen. Wenn Philosophie die Erkenntnis der Welt als ihr Geschäft versteht, kann sie dies nur betreiben, indem sie die methodisch-kritische Beförderung der Selbstreflexion über das menschliche Selbst- und Weltverhältnis und -verständnis betreibt. Auf dieses Ziel, die Klärung der menschlichen Praxis, bleiben noch die spezialisiertesten philosophischen Teildisziplinen – etwa die Logik – bezogen, auch wenn sie diesen Anspruch keinesfalls ständig artikulieren müssen; allerdings dürfen sie ihn auch nicht verwerfen. Philosophie als strenge Disziplin gibt es nur als »Philosophie der humanen Welt«.[40]

Um die Thematik des Verhältnisses zwischen Moral und Glück und zwischen praktischer Philosophie und Lebenskunstlehren näher untersuchen zu können, muss von dem hier beschriebenen Verständnis von Philosophie ausgegangen werden. Für die vorliegende Untersuchung bietet sich als grundlegendes Paradigma moralphilosophischer Reflexionen die *Moralphilosophie Kants* nicht nur deswegen an, weil Freud sich auf Kant bezieht (auch wenn diese Bezugnahme der Auslöser der Diskussion ist). Kant entwickelt eine Perspektive, die den Primat der praktischen Vernunft nicht nur anerkennt, sondern deren methodischer Fortgang von der *Kritik der reinen Vernunft* über die *Kritik der praktischen Vernunft* diese Forderung auch gut begründen kann. Diese beiden Kritiken Kants stehen für zwei grundlegende methodisch-kritische Weichenstellungen:

1. Die *Kritik der reinen Vernunft* nimmt ihren Ausgangspunkt bei der empirischen Erfahrung, deren Bedingungen sie erkenntnistheoretisch aufweisen will und deren Erkenntnisanspruch sie letztlich verteidigen und in angemessenen Grenzen verweisen will. Dabei gelangt Kant zu der kritischen Einsicht, dass die Bedingungen der Erkenntnis durch Anschauung nicht selbst der Anschauung entnommen werden können, woraus sich eine grundlegende Kritik aller metaphysischen Dogmen ergibt, zu denen letztlich auch Paradigmen zählen, die jede Form von Metaphysik zu überwinden glauben – wie Empirismus und Positivismus. Kant verteidigt damit die naturwissenschaftliche Erkenntnis, indem er sie von metaphysischen Dogmen befreit, die aus ihren eigenen unreflektierten Spekulationen erwachsen.
2. Die *Kritik der praktischen Vernunft* betrachtet die menschliche Situation aus der Perspektive der praktischen Orientierung, die Menschen selbst leisten müssen, da sie sich in ihren Handlungsentwürfen weder als determiniert erkennen noch erleben können. Alle Versuche, die problematische Möglichkeit der menschlichen Freiheit theoretisch zu widerlegen (oder zu beweisen), scheitern daran, dass von empiri-

40 | Vgl. F. Kambartel: *Philosophie der humanen Welt. Abhandlungen*; Th. Rentsch: »Wie ist eine menschliche Welt überhaupt möglich? Philosophische Anthropologie als Konstitutionsanalyse der humanen Welt«.

schen Anschauungen ausgehende Ergebnisse naturwissenschaftlicher Forschung spekulativ mit den sie eigentlich bedingenden und daher empirisch nicht erkennbaren transzendentalen Erkenntnisvermögen kurzgeschlossen werden. Praktische Vernunft kann ihre Handlungsprinzipien gerade nicht aus empirischen Anschauungen ableiten, und insofern sie sich an durch sich selbst gegebenen Gesetzen handelnd orientiert, beweist sie die Realität der Begriffe der *reinen* praktischen Vernunft.

Für die Zwecke dieser Arbeit bietet sich die Kantische Philosophie also deswegen an, weil sie einerseits vernünftigerweise am Eigenrecht und dem Nutzen der empirischen Wissenschaften festhält und sie gerade durch die notwendige Erkenntniskritik von unnötigem metaphysischem Ballast sowie naturwissenschaftlich nicht zu beantwortenden Fragestellungen, wie: ›Ist der Mensch frei?‹ (modischen Strömungen gemäß mit Funktionsbeschreibungen des *Gehirns* zu beantworten) entlastet; weil sie also nicht anti-wissenschaftlich sondern *antiszientistisch* ist. Und weil sie andererseits an der Forderung der vernünftigen Orientierung des Menschen in der Welt festhält, daran, dass wir uns erst durch den Gebrauch der Vernunft zu einem autonomen Handlungssubjekt entwerfen müssen, ohne dass wir die vernünftige Orientierung des Handelns dem Schicksal oder der Natur oder ähnlichen Großsubjekten überlassen können. Kant mag viele dieser Probleme nicht immer mit *der* Konsequenz angegangen sein, die – für uns im Nachhinein ersichtlich – dem Gegenstandsbereich angemessen gewesen wäre; doch unbestreitbar hat er weiter gehende Korrekturen und konsequente Fortführungen[41] systematisch nicht verhindert, sondern ermöglicht. Insofern bleibt Kants Philosophie in allen wichtigen Fragen anschlussfähig.

Die *Freudsche Psychoanalyse* kann mit Jürgen Habermas als kritische Wissenschaft gelten, die »als das einzige greifbare Beispiel einer methodisch Selbstreflexion in Anspruch nehmenden Wissenschaft relevant«[42] ist. Obwohl Freud die Psychoanalyse als materialistische Naturwissenschaft charakterisiert, ist sie von Beginn an durch (tiefen-)hermeneutische Elemente und daran anschließende erkenntnis- und interpretationskritische Selbstreflexionen geprägt, die wiederum auf die Entwicklung der therapeutischen Praxis und die theoretische Entwicklung zurückgewirkt haben. Die Psychoanalyse

41 | Gedacht wird an Hegel, der die antinomische Struktur der Vernunft in seiner Vorstellung von Dialektik auf alle Bereiche des menschlichen Selbst- und Weltbezuges erweitert, nicht etwa nur auf die Fragen der *metaphysica specialis*, die Kant dafür vorsah; weiterhin wird an Wittgenstein gedacht, der über die Geschichtlichkeit der Vernunftorientierung hinaus die sprachliche Verfasstheit allen Welt- und Selbstbezugs noch radikaler thematisiert.

42 | J. Habermas, *Erkenntnis und Interesse*, S. 262.

hat als Idee einer emanzipativen und kritischen Praxis insofern wenig gemein sowohl mit der historischen Psychologie vor Freud als auch mit zeitgenössischen naturwissenschaftlich-psychologischen Ansätzen im Fahrwasser des Behaviorismus und Positivismus.

1. Freuds therapeutische Methode zielt auf eine Bewusstwerdung frühzeitig erlernter infantiler Verhaltensmuster, die zur Bewältigung der Realität ungeeignet sind, und von deren zwanghafter und undurchschauter Wiederholung der Patient sich emanzipieren soll.
2. Freuds in steter Entwicklung befindliche Theorie leistet kritische Reflexionen auf die Grenzen des Verfügbaren, Erklärbaren, Erinnerbaren. Die Unerkennbarkeit des Unbewussten und auch die Unmöglichkeit einer vollständigen und sicheren Deutbarkeit jedes Traumes sind konstitutive Grenzerfahrungen, die die transzendentale Bedingung für die tiefenhermeneutische Deutungsarbeit bilden. Die psychoanalytische ›Anthropologie‹ zeichnet sich wesentlich durch den Aufweis existentiell-negativer Bedingungen des menschlichen Daseins aus.
3. Freuds Verständnis der Psychoanalyse als ›Technik‹ schließt nicht nur eine Reflexion, sondern auch eine bewusste Anerkennung der Grenzen des Mach- und Verfügbaren ein. Die Psychoanalyse setzt sich schließlich, das zeigt ihre historische Entwicklung, gerade von suggestiven Techniken wie der Hypnose, der kathartischen Methode oder rein medikamentöser Behandlung ab. Freud hat es stets von sich gewiesen, als ›Trostspender‹ aufzutreten; ausgehend von einem skeptischen Verständnis von ›Heilung‹ erklärt er den autonomen Umgang mit den eigenen Symptomen und den realen Bedingungen zum therapeutischen Ziel und weist die Vorstellung einer erlösenden ›Reinigung‹ als illusionär zurück.[43]
4. Von Bedeutung für den normativen Diskurs ist, dass Freuds weites Verständnis der Sexualität eine Aufhebung der biologistischen und aus ethischer Perspektive repressiven Grenzen zwischen Normalität und Pathologie impliziert.

Das Bild des Menschen, das sich aus der Freudschen Psychoanalyse ergibt, basiert ebenso wie das der Kantischen Philosophie wesentlich auf der Thematisierung der konstitutiv begrenzten Möglichkeiten der Selbst- und Welterkenntnis. Erst durch die Reflexion auf diese Erkenntnisbedingungen ist menschliche Praxis als vernünftige möglich. Und erst durch die Reflexion auf die konkrete sittliche Praxis aus der Perspektive der Moral und aus der

43 | Vgl. M. Vollmann: Art. »Psychoanalyse«.

Perspektive menschlichen Glücksstrebens ist eine vernünftige Orientierung und normative Legitimation möglich.

Diese einleitenden Überlegungen beschließt der folgende Ausblick auf die Ziele und die Durchführung der vorliegenden Untersuchung.

Vorhaben

Entsprechend dem Anliegen dieser Arbeit, aus der Gegenüberstellung der vermeintlichen Antipoden Freud und Kant neue Impulse für das systematische Verständnis des Zusammenhanges von Moral und Glück zu gewinnen, ergibt sich der folgende Aufbau:

Im ersten Kapitel wird ein ›produktives Missverständnis‹ Freuds zum Anlass genommen, den psychoanalytischen Beitrag zur Ethik kritisch zu würdigen. Diese Themenstellung bringt es mit sich, dass im Rahmen der vorliegenden Arbeit Grenzen gezogen werden müssen, ohne die Ergebnisse nicht zu erwarten sind.

Zunächst einmal beschränkt sich im Folgenden die Bezugnahme auf die Psychoanalyse auf die Schriften Freuds. Neben dem zu bewältigenden Textvolumen ist diese Wahl auch dadurch motiviert, dass viele ›Revisionen‹ der Psychoanalyse versuchen, grundlegende Annahmen Freuds, etwa die Rolle der Sexualität, abzuschwächen und damit tendenziell die Psychoanalyse ihrer (sozial-)kritischen Stoßrichtung berauben. Es ist jedoch nicht zu sehen, inwiefern eine Position der bloßen Anpassung an den gesellschaftlichen *status quo* als kritischer Gesprächspartner für einen moralphilosophischen Diskurs geeignet wäre.[44] Außerdem weisen gerade die Weiterentwicklungen der Psychoanalyse bei Freud eine Vielzahl von Momenten auf, die die Intentionen und Motivationen der Freudschen Theoriebildung klarer hervortreten lassen: die Absetzbewegung von der konventionellen Psychologie und hypnotischen Therapie; die Kritik der Weltanschauungen, der Religion und der Moralphilosophie; die methodischen Neuerungen und die Suche nach angemessenen Modellen und Beschreibungsformen und natürlich nicht zuletzt die kulturkritischen Essays, in denen Freud sein psychoanalytisches Wissen und seine klinischen Erfahrungen für die Diagnose gesellschaftlicher Zustände nutzt.

Eine weitere Eingrenzung wird vorgenommen, indem diese Arbeit einen systematischen Beitrag zu einer methodischen Reflexion des humanen Selbst-

44 | Selbstverständlich gibt es innerhalb der psychoanalytischen Diskurse auch kritische Stimmen, die derartige ›Verflachungen‹ zurückweisen. Doch diese versuchen gerade wieder, die Freudsche Perspektive aufzunehmen und produktiv weiterzuentwickeln. Ein hervorragendes Beispiel dafür ist der Philosoph, Psychoanalytiker und Sozialwissenschaftler Cornelius Castoriadis, dessen ›Rückkehr zu Freud‹ unter der Bezugnahme auf Kant und Aristoteles sicherlich zu den beeindruckendsten Leistungen auf diesem Gebiet zählt.

und Weltverhältnisses versucht, dabei aber nicht bestrebt ist, den geistesgeschichtlichen Hintergrund des Freudschen Denkens zu erkunden.[45] Das oben bereits angeführte ›produktive Missverständnis‹ Freuds, das im ersten Kapitel verhandelt wird, besteht darin, dass er an einigen Stellen seines Œuvres kurz gefasste Bezüge zur Kantischen Moralphilosophie herstellt, wobei er sich im Wesentlichen auf die Erwähnung des ›kategorischen Imperativs Kants‹ beschränkt und dieses Konzept dabei als zwanghaftes Gewissensphänomen interpretiert. Diese Referenz auf ein Motiv der Kantischen Philosophie, das in einem knappen philologischen Teil erläutert wird, begründet zwar eine gewisse Skepsis, inwiefern Freud Kant wirklich rezipiert hat oder dessen Philosophie nur ›aus zweiter Hand‹ kennt, aber dieses Ergebnis interessiert nur am Rande. Ins Zentrum rückt vielmehr die systematische Frage, inwiefern das *Sittengesetz* der Kantischen Moralphilosophie als psychoanalytischer *Gewissenszwang* angemessen verstanden ist. Es besteht doch auf den ersten Blick ein Widerspruch zwischen der Freudschen Beurteilung und dem Anspruch Kants, die Selbstaufklärung der Vernunft über die an Werten orientierte menschliche Praxis zu befördern. Wendet sich Kants emanzipative Konzeption des autonomen Subjekts nicht ganz offensichtlich *gegen* eine heteronome Fremdbestimmung, als welche auch die Gewissenszwänge zu verstehen wären?

Um diese Frage beantworten zu können, müssen die entsprechenden systematischen Positionen beider Autoren herausgearbeitet werden. Für die Freudsche Psychoanalyse bedeutet dies, dass deren Konzeption des Gewissens und seiner Genese darzustellen ist (vgl. unten S. 60–78). Dies erfolgt durch eine Rekonstruktion der Genese der Über-Ich-Instanz innerhalb des sogenannten zweiten topischen Modells, das Freud in *Das Ich und das Es* (1923) einführt. Der Status der moralkritischen Aussagen, die Freud mit diesem Modell verbindet, wird dabei kritisch hinterfragt: Ist es möglich, die *ganze* humane Praxis des moralischen Urteilens aus dem metapsychologischen Modell abzuleiten, oder besteht der Sinn der psychoanalytischen Kritik nicht vielmehr in einer psychologischen und protosoziologischen Erklärung patho-

45 | In diesem Bereich existieren bereits eine große Anzahl von geistes- und wissenschaftshistorischen sowie biographischen Analysen, von denen einige, gerade personenbezogene – etwa im Hinblick auf Schopenhauer und Nietzsche, aber auch Brentano – auch im Verlauf der Arbeit erwähnt werden. Eine ideengeschichtlich umfassende Verortung, die besonders für die philosophische Perspektive äußerst interessant ist, unternimmt Odo Marquard in seiner Habilitationsschrift *Transzendentaler Idealismus – Romantische Naturphilosophie – Psychoanalyse.* Die ergiebigsten Biographien liegen mit dem äußerst materialreichen, von subjektiven Wertungen nicht ganz freien Werk von Ernest Jones: *Sigmund Freud. Leben und Werk* und der hervorragenden Arbeit von Peter Gay: *Freud. Eine Biographie für unsere Zeit* vor.

logischer, verzerrter Selbstwahrnehmung, die nur äußerlich als *moralische* Bestimmungen erscheinen?

Kants Moralphilosophie wird im Anschluss daran besonders mit Blick auf den Aspekt der ›Pflicht‹ des Sittengesetzes rekonstruiert, um seinen systematischen Versuch der Bestimmung des Verhältnisses zwischen Moral und Neigung gegenüber den späteren Vorwürfen Freuds zu konturieren (vgl. unten S. 78–101). Es soll insbesondere geklärt werden, welchen Stellenwert etwa ›Zwang‹ oder ›Nötigung‹ innerhalb der Problemstellung des moralischen Sollens einnehmen. Es wird dafür eine Rekonstruktion der betreffenden Elemente der Kantischen Moralphilosophie durchgeführt. In dieser Hinsicht will die vorliegende Arbeit weniger einen Beitrag zur Diskussion bestimmter Spezialthemen der Kantforschung leisten. Sie will dagegen einerseits populären – vielleicht naheliegenden – Missverständnissen (wie dem Freudschen) korrigierend entgegentreten und andererseits aber auch die Kantische Form der Reflexion über moralische Urteile zur argumentativen Stärkung einiger Freudscher Positionen heranziehen, um Potentiale der Kantischen Kritik anzuwenden, die so bei Kant selbst nicht zur Entfaltung gelangen (vgl. unten S. 128–136 und S. 213–216). Außerdem wird entsprechend des auf den vorangegangenen Seiten vorgestellten philosophischen Selbstverständnisses eine Erläuterung versucht, wie die Kantische Moralphilosophie auf das konstitutiv durch Normativität geprägte menschliche Selbstverständnis und die lebensweltliche soziale Praxis bezogen werden kann. Das heißt: Was impliziert der Sprachgebrauch moralischer Urteile für uns? Drücken wir damit nur aus, wozu unser Gewissen uns mehr oder weniger streng zwingt oder wozu unser subjektives moralisches Empfinden uns bewegt oder erheben wir, ohne uns dessen immer schon bewusst zu sein, universal(isierbar)e Geltungsansprüche? Wenn dabei das von Kant verwendete klassische Beispiel eines hinterlegten Geldbetrages, des ›Depositums‹, diskutiert wird, so können an dieser Stelle nicht alle moralphilosophisch und philosophiegeschichtlich relevanten Aspekte zur Sprache kommen (zumal Literatur in großem Umfang vorliegt). Es wird dagegen zu fragen sein, inwiefern eine bestimmte moralische Konsequenz, sich seinen eigenen Neigungen gegenüber zu *verhalten* und sich dabei an Normen zu orientieren, überhaupt angemessen als ›zwanghaft‹ beschrieben werden kann. Ist Freud recht zu geben, wenn er den *kategorischen Imperativ* als *Zwangshandlung* deutet, oder steht – mit Kant – nicht eher die bedingungslose Orientierung an den eigenen Neigungen, die egoistische Form der Selbstliebe, unter dem Verdacht der heteronom bestimmten Abhängigkeit (vgl. unten S. 102–117)?

Im Anschluss an den systematischen Vergleich der Kantischen Moralphilosophie und der Freudschen Psychoanalyse wird der Ertrag dieser Gegenüberstellung genutzt, um das kritische Potential der psychoanalytischen Moralkritik systematisch zu verorten. Dabei wird deutlich, dass Freuds teilweise *antimoralisch* wirkender Gestus selbst auf einem normativen Anspruch beruht und keinesfalls eine Negation der Moral darstellt, sondern vielmehr einen Beitrag zur *Kritik der Ethik* leistet in dem Sinne, dass die Legitimität der sittlichen Normen nicht vorausgesetzt werden kann, sondern einer Legitimation durch vernünftige Prüfung und Begründung bedarf.

Freud hat sich aus einem spezifischen Erkenntnisinteresse heraus vor allem darauf konzentriert, *pathologische* Aspekte erklärend zu deuten, da er für deren Genese dieselben psychologischen ›Gesetze‹ annimmt, die auch das ›normale‹ – und das heißt vor allem leidfreie und genussfähige – Verhalten bestimmen. So erklärt sich seine Tendenz, gewisse ethisch-normative Gehalte der sozialen Praxis unausgesprochen vorauszusetzen und anzuerkennen. Dass dem so ist, zeigt eine Analyse des Freudschen Kulturbegriffs, in dem sich in hohem Maße normativ-ethische Implikationen verdichten (vgl. unten S. 117–136). Freud sind moralische ›Ideale‹ alles andere als fremd und er bekämpft sie auch keineswegs, sondern schreibt ihnen unerlässliche Funktionen für jede Form menschlicher Gesellschaft zu. Andererseits kritisiert Freud für die abendländische Kultur grundlegende ethische Normen, besonders das Nächstenliebegebot. Unter psychologischen Voraussetzungen sei dieses Ideal für den Menschen nicht realisierbar. Den Grund dafür sieht Freud in der religiösen Herkunft dieses Gebots, für das er selbst wiederum mit dem Vatermord der Urhorde eine phylogenetische Erklärung bringt. Als religiös-moralisches Ideal ist das Nächstenliebegebot für Freud illusionärer Herkunft und zudem rational nicht begründbar, da das die menschliche Gesellschaft verbindende Band damit allein auf *libidinöse* Bindungen und nicht etwa vernünftige Konventionen gegründet werde. Libidinöse Identifikationen sind aber nach psychoanalytischer Ansicht auch höchst ambivalente Beziehungen – diese Gefahr übersehe das darin zu optimistisch verfahrende christliche Gebot. Die Position, die Freud hier einnimmt, lässt sich aber auch aus einer anderen Perspektive betrachten. Wiederum wird zu diesem Zweck auf die Kantische Moralphilosophie zurückgegriffen, weil auch Kant das Problem des Nächstenliebegebots aufgreift, allerdings nicht bei der wörtlichen Bedeutung des Gebots stehen bleibt, sondern dessen moralischen Gehalt rekonstruiert. Letzten Endes stimmt Kant mit der Freudschen Kritik insofern überein, als ›Liebe‹ (im Sinne emotionaler Zuneigung) moralisch nicht gefordert werden kann und auch nicht zur Grundlage moralischer Gesetzgebung taugt.

Weit entfernt von einer im eigentlichen Sinne *antimoralischen* Position beschäftigt sich Freud mit der Frage, wie sittliche Normen pathologische Wirkung haben können. Seine klinischen Erfahrungen zeigen, dass ein ›schlechtes Gewissen‹ zum unerträglichen Schuldgefühl, Strafbedürfnis und Beobachtungswahn gesteigert werden kann und dass diesem psychischen Leiden selbst durch Anpassung an moralische Forderungen nicht abgeholfen werden kann. Freud ist der Ansicht, dass ein ganz bestimmter Aspekt der kulturellen Moralvorstellungen eine überhöhte und vor allem durch nichts zu rechtfertigende Belastung darstellt. Seine Moralkritik, so lautet die These der Arbeit, beschränkt sich im Wesentlichen auf *einen Aspekt* von Moralvorstellungen: Sie ist im Kern eine Kritik der Sexualmoral (vgl. unten S. 136–145). Die Sexualmoral beschränkt nach Freud das menschliche Streben nach sinnlich erfahrbarer Lust, nach Triebbefriedigung in einer Schärfe, die er für unangemessen, ja schädlich hält.

Wie diese Kritik der Sexualmoral bei Freud rekonstruiert werden kann, wird im Schlusskapitel der Arbeit zu untersuchen sein. Vorher wird im zweiten Kapitel das psychoanalytische Verständnis von ›Glück‹ entwickelt. Die Diskussion wird sich schwerpunktmäßig auf das Werk Freuds beziehen und sich dabei vor allem auf die Thematik des Glücks und die Dialektik von Lust- und Realitätsprinzip konzentrieren. Trifft es zu, dass Freuds Überwindung der Sexualmoral an deren Stelle lediglich einen hedonistischen Imperativ setzen will, gegen den wiederum moralphilosophische Zweifel angemeldet werden müssten? Dies behaupten jene – zumeist unsachlichen, oft antisemitisch motivierten – Vorwürfe, die Freud einen ›Pansexualismus‹ unterstellen, demzufolge er alle menschliche Praxis und das humane Selbstverständnis ausschließlich auf Sexualität und deren Befriedigung reduziere. Wenn die menschlichen Neigungen und das Streben nach Glück zum Teil moralischen Anforderungen entgegen stehen, dann kann hinsichtlich der Psychoanalyse das Verhältnis dieser existentiellen Bereiche erst dann geklärt werden, wenn deutlich gemacht wird, welche Vorstellungen von ›Glück‹ Freud entwickelt, wie es seiner Meinung nach erreicht werden kann und was diesem Ziel menschlichen Handelns entgegensteht. Dies zu zeigen ist das Anliegen des Kapitels zur *psychoanalytischen Kritik des Glücks.*

Der einzige Text, in dem Freud sich ausdrücklich und ausführlicher mit der Thematik des Glücks beschäftigt, ist der berühmte, 1930 veröffentlichte Essay *Das Unbehagen in der Kultur.* Die von Freud vorgenommene Unterscheidung von ›wissenschaftlicher Weltanschauung‹, zu der er die Psychoanalyse zählt, und philosophischen oder religiösen Weltanschauungen wird als methodische Absetzbewegung von dogmatischer Metaphysik verstanden (vgl. unten S. 148–159). Ausgehend von dieser Positionierung kritisiert Freud eine Vielzahl von Ansätzen (vgl. unten S. 174–184), die das von ihm so genannte ›Programm des Lustprinzips‹ erfüllen wollen, das ihm zur Charakterisierung des glücklichen Zustandes dient (vgl. unten S. 160–174). Freuds Einschätzung, dass alle diese Versuche notwendig scheitern müssen, wird dabei entgegen geläufigen Deutungen nicht als grundlegender Pessimismus interpretiert, sondern als Hinweis darauf, dass die aufgezählten Versuche einseitig verfahren, da sie nur *einen* Aspekt der für die menschliche Triebbefriedigung konstitutiven Dialektik von Lust- und Realitätsprinzip beachten. Asketische ›Glückstechniken‹ und Weltfluchttendenzen weisen eine regressive Tendenz gegenüber den Ansprüchen des Realitätsprinzips auf und werden psychoanalytisch als Konzentration auf Leidvermeidung kritisiert, die nur zu einem ›Glück der Ruhe‹ führen kann. Auf der anderen Seite versuchen chronische Intoxikation (Sucht) oder ein absoluter Hedonismus die unbedingte Erfüllung des Lustprinzips zu erreichen, ohne die realen – gerade die kulturellen und gesellschaftlichen – Bedingungen der menschlichen Triebbefriedigung zu reflektieren.

Den einseitig-dogmatischen Versuchen einer Einebnung der Dialektik von Lust- und Realitätsprinzip stellt Freud einen ›ausgezeichneten Weg der Glückserfüllung‹ entgegen (vgl. unten S. 185–200). Freuds Konzept von ›Glück‹ impliziert die Zurückweisung aller positiven Bestimmungen des Glücks – in ähnlicher Weise bemerkt Kant hinsichtlich des Glücksstrebens die Unmöglichkeit prinzipieller Vorschriften und lässt nur ›Ratschläge der Klugheit‹ zu. Zudem unternimmt Freud eine Rehabilitierung der subjektiven Selbstbestimmung hinsichtlich der Triebbefriedigung. Diese muss jedoch, so wird Freud weiter interpretiert, um nicht illusionären Vorstellungen zu verfallen, die negativen Bedingungen des menschlichen Daseins in der Welt reflektieren. Freud verhandelt die existentiellen Aspekte unter dem Begriff des Realitätsprinzips, nennt diesbezüglich Quellen des Leids und diskutiert Möglichkeiten des Umgangs mit diesen Bedingungen (zum Beispiel durch Trauerarbeit). Er artikuliert weiterhin den für das Glücksstreben wesentlichen Aspekt der Durcharbeitung der subjektiven triebgeschichtlichen Bedingungen. Auch aus diesen Überlegungen heraus kommt Freud zu einer kritischen Beurteilung der Sexualmoral. Sein kulturkritisches Fazit lautet – entgegen den später geäußerten Überlegungen Herbert Marcuses –, dass bestimmte kulturelle Vorschriften des Triebaufschubs unverzichtbar sind, dass aber eine vernünftige Revision sexualmoralischer Forderungen erfolgen muss, damit nicht die ausschließliche Fixierung auf Triebverzicht und Sublimierung pathologische und aggressive Potentiale freisetzt.

Das dritte und abschließende Kapitel wendet gleichsam die Konsequenz dieser Arbeit an, indem es die Ergebnisse der beiden vorangegangenen Kapitel zur Kritik der Moral und des Glücks aufgreift und versucht, den normativpraktischen Gehalt der Freudschen Moralkritik moralphilosophisch zu rekonstruieren und an einem konkreten Beispiel zu erproben: an Freuds Kritik der

›kulturellen Sexualmoral‹. Die Stärke der Freudschen Kritik der Sexualmoral wird darin gesehen, dass Freud nach einem Weg sucht, die Rolle der Normativität für die kulturelle Praxis zu denken, ohne Triebbefriedigung *per se* negativ zu besetzen (vgl. unten S. 201–240). Der Kompromiss, der zwischen moralischen Regeln und subjektiver Triebbefriedigung gefunden werden muss, soll als wirklicher Ausgleich gedacht werden – er darf nicht zu Lasten nur einer der beiden Bedingungen gehen. Insofern eine repressive Sexualmoral Lust von vornherein negativ sanktioniert, übertreibt sie ihre moralisch legitimierbare Funktion. Es wird nachvollzogen, wie Freud die individuelle Selbstbestimmung und die lustvoll-sinnlichen Aspekte der humanen Konstitution zu rehabilitieren versucht. Dabei ist zu fragen, ob er damit einen modernen Hedonismus begründet oder der eigentlichen Funktion der Moral zuarbeitet: der Idee einer vernünftigen Orientierung für das menschliche Verhalten in der sozialen Welt, die Handlungsentwürfe und moralische Urteile jenseits von affektiver oder pseudo-moralischer Heteronomie ermöglicht.

Moralkritik und kritische Moralphilosophie

In diesem Kapitel soll das Verhältnis der Freudschen Psychoanalyse zur Kantischen Moralphilosophie untersucht werden. Als materialistisch orientierter und empirisch arbeitender Wissenschaftler nimmt Freud eine skeptische Position gegenüber der Moral als auch der Philosophie ein. Insofern er moralisch-sittliche Geltungsansprüche und kulturelle Forderungen kritisiert, bezieht er sich gelegentlich – in frühen, aber auch in späten Schriften – beispielhaft auf den Kantischen Begriff des *kategorischen Imperativs*. Dies gibt zu der Vermutung Anlass, dass Freud seine Moralkritik als konkreten *Gegenentwurf* zu Kants Moralphilosophie versteht. Ob er sich entsprechend ausführlich mit Kants moralphilosophischen Texten auseinandergesetzt hat, darf allerdings bezweifelt werden. Um diesen Zweifel zu begründen, wird eine knapper philologischer Zugriff mögliche Verbindungspunkte zwischen der Freudschen Psychoanalyse und der Kantischen Moralphilosophie suchen und prüfen, inwiefern systematisch und historisch von einer Kantrezeption und -lektüre Freuds ausgegangen werden kann. Zuerst soll zu diesem Zweck ein Überblick über die Art und Weise sowie die Häufigkeit der Freudschen Bezugnahme auf Kant verschafft werden; sodann ist zu fragen, welche moralkritischen Argumente diese Rezeption impliziert und wie diese aus einer moralphilosophischen Perspektive zu beurteilen sind.

Dieser Textbefund dient anschließend als Grundlage einer systematischen Diskussion. Diese soll zeigen, inwieweit Freud der Meinung ist, das Kantische Konzept des kategorischen Imperativs aus den psychoanalytischen Theorien zur onto- und phylogenetischen Entstehung der Über-Ich-Instanz ableiten zu können. Es muss weiterhin gefragt werden, ob die metapsychologischen Theoreme diesem Anspruch auch wirklich gerecht werden können oder ob hierbei nicht verschiedene Ebenen der Rede über die menschliche Praxis vermengt werden. Dieses Vorgehen verfolgt nicht den Zweck, die Moralkritik Freuds zu destruieren, sondern sie durch ein begrifflich-kritisches Verständnis systematisch strenger zu rekonstruieren, um ihr kritisches Potential zur Entfaltung zu bringen. Durch die Gegenüberstellung und Diskussion der Ansätze Freuds und Kants sollen die kritischen Intentionen beider Autoren auf das humane Selbst- und Weltverständnis bezogen werden und zur Kritik illusionärer und ideologischer Verzerrungen beitragen.

Freud über Kant

Bevor auf der Grundlage einer systematischen Gegenüberstellung die Berechtigung sowohl der Freudschen Moralkritik als auch der Kantischen Moralphilosophie diskutiert wird, soll der Annahme widersprochen werden, derzufolge die Kantische Philosophie die Freudsche Psychoanalyse *direkt*, etwa durch eine intensive Kantlektüre Freuds, beeinflusst habe.[1] Dieser Vermutung ist schon nach der Lage der Quellen zu widersprechen: Auf den folgenden Seiten werden sämtliche Stellen in den veröffentlichten Texten Freuds besprochen, an denen sich Freud direkt auf Kant bezieht.[2] Diese wenigen Textstellen legen nahe, dass Freuds Bezug auf Kant nicht auf einer intensiven Auseinandersetzung mit den Originaltexte beruht, sondern Freud Kant nur über ›Umwege‹ wahrnimmt.

Theoretische Philosophie

Freud ist sicherlich kein Autor, der häufig und ausführlich zitiert, aber gerade in den einleitenden Kapiteln wichtiger Schriften – etwa der *Traumdeutung* (vordatiert auf 1900), den *Drei Abhandlungen zur Sexualtheorie* (1905), den ästhetischen Schriften *Der Witz und seine Beziehung zum Unbewussten* (1905) und *Das Unheimliche* (1919) – reserviert er einigen Platz für die kritische Sichtung der vorhandenen Literatur. In all seinen veröffentlichten Schriften wird jedoch nur ein einziges Mal ein Text von Kant als Quelle angegeben, nämlich in der *Traumdeutung*, wo er einen Hinweis von Kant zum Traum zitiert.[3] Dabei verweist er auf Kants *Anthropologie in pragmatischer Hinsicht* (1798), also einen zwar wichtigen Text, der jedoch nicht zum systematischen Hauptwerk der drei Kritiken gehört: *Kritik der reinen Vernunft* (1781), *Kritik der praktischen Vernunft* (1788), *Kritik der Urteilskraft* (1790). Ansonsten bezieht sich

1 | Für eine solche Beeinflussung argumentiert A. Brook: »Freud and Kant«.

2 | Vorwegnehmend sollen diese Referenzen hier *vollständig* angeführt werden, um einen Überblick davon zu verschaffen, über welchen Umfang zu sprechen sein wird – alle Zitate beschränken sich jeweils auf wenige Sätze. Kants kategorischer Imperativ bzw. das Sittengesetz nach Kant wird in Freuds *Gesammelten Werken* erwähnt in: *Die Traumdeutung*, S. 71; »Das ökonomische Problem des Masochismus«, S. 380; *Das Ich und das Es*, S. 263, 278; *Neue Folge der Vorlesungen zur Einführung in die Psychoanalyse*, S. 67, 176; *Totem und Tabu*, S. 4, 32. Weitere namentliche Erwähnungen zu im weitesten Sinne erkenntnistheoretischen oder ästhetischen Themen finden sich in *Die Traumdeutung*, S. 74, 94; *Der Witz und seine Beziehung zum Unbewußten*, S. 9, 227; *Psychoanalytische Bemerkungen über einen autobiographisch beschriebenen Fall von Paranoia (dementia paranoides)*, S. 268; »Das Unbewusste«, S. 270; *Jenseits des Lustprinzips*, S. 26; nicht zu vergessen die kryptische Notiz aus den letzten Lebenstagen Freuds, nach der die Psyche ›ausgedehnt ist und nichts davon weiß‹ in: »Ergebnisse, Ideen, Probleme (London, Juni 1938)«, S. 152.

3 | Ders.: *Die Traumdeutung*, S. 72.

Freud eher unspezifisch auf ein »berühmte[s] Gleichnis«[4], den »bekannten Ausspruch *Kant's*«[5] oder er erwähnt schlicht ›den‹ kategorischen Imperativ. Diesen Begriff verwendet Freud auf eine Weise, als sei er ein allgemein üblicher Begriff, der umstandslos in psychoanalytischen Kontexten bei gleich bleibender Bedeutung benutzt werden könnte. So spricht Freud bei der Einführung des Instanzenmodells (diese ›Instanzen‹ sind Ich, Es und Über-Ich) von dem »kategorischen Imperativ seines Über-Ichs«.[6] Aber auch Stellen, an denen es so scheinen mag, als *zitiere* Freud Kant, belegen keine Freudsche Lektüre der Originaltexte. In *Der Witz und seine Beziehung zum Unbewussten* heißt es bei Freud:

»In Ausführung des *Kant*schen Satzes, ›das Komische sei eine in nichts zergangene Erwartung‹, hat *Lipps* [...] den Versuch gemacht, die komische Lust ganz allgemein aus der Erwartung abzuleiten«.[7]

Bei Freud wird Lipps' Studie *Komik und Humor* (1898) mit Quellenangabe zitiert, Kants Schrift jedoch überhaupt nicht. In der von Freud verwendeten Ausgabe von Lipps findet sich die Feststellung: »Deutlicher redet *Kant.* Ihm zufolge entsteht die Komik aus der plötzlichen Auflösung einer Erwartung in ›Nichts‹«[8], wobei auch Lipps die Quelle schuldig bleibt. Diese Aussage von Kant findet sich so ähnlich tatsächlich in einer der drei Kritiken, nämlich der *Kritik der Urteilskraft*, wo es heißt:

»Es muß in allem, was ein lebhaftes, erschütterndes Lachen erregen soll, etwas Widersinniges sein (woran also der Verstand an sich kein Wohlgefallen finden kann). *Das Lachen ist ein Affect aus der plötzlichen Verwandlung einer gespannten Erwartung in nichts*«.[9]

Dabei geht Freud mit keinem Wort auf die bei Kant im Anschluss vorgeschlagene Vorstellung einer »Wechselwirkung« von Körper und Gemüt, der Affekte und des Verstandes und auch nicht auf das »*Gleichgewicht der Lebenskräfte im Körper*«[10] ein. Gerade für Freuds Theorie wäre dieser Gedanke des energetischen Gleichgewichts recht eigentlich von Interesse. Da Freud sich jedoch auf Lipps konzentriert, den er auch eigens mit Seitenangaben zitiert, wird

4 | Ders.: *Psychoanalytische Bemerkungen über einen autobiographisch beschriebenen Fall von Paranoia*, S. 268.

5 | Ders.: *Neue Folge der Vorlesungen zur Einführung in die Psychoanalyse*, S. 67.

6 | Ders.: *Das Ich und das Es*, S. 278.

7 | Ders.: *Der Witz und seine Beziehung zum Unbewußten*, S. 227. Freud zitiert Kant noch einmal sinngemäß ebd., S. 9.

8 | Th. Lipps: *Komik und Humor. Eine psychologisch-ästhetische Untersuchung*, S. 40.

9 | I. Kant: *Kritik der Urteilskraft*, S. 332.

10 | Ebd., S. 333.

Kant lediglich *en passant* als geistesgeschichtlicher Gewährsmann aus der Lektüre von Lipps mit einbezogen.

Eine dritte Form des möglichen Bezugs sind die Kantianisch getönten erkenntniskritischen Bemerkungen Freuds, die in frühen Schriften und dem Spätwerk gleichermaßen zu finden sind. In der *Traumdeutung* will Freud seine Ansicht begründen, dass das Unbewusste als allgemeine Basis des psychischen Lebens gelten kann und stellt in Analogie zur Subjektivität der Wahrnehmung die These auf:

> »Das Unbewußte ist das eigentlich reale Psychische, *uns nach seiner inneren Natur so unbekannt wie das Reale der Außenwelt, und uns durch die Daten des Bewußtseins ebenso unvollständig gegeben wie die Außenwelt durch die Angaben unserer Sinnesorgane*«.[11]

Ganz ähnlich beharrt Freud im *Abriss der Psychoanalyse* (aus dem Nachlass, verfasst um 1938[12]) darauf: »Das Reale wird immer ›unerkennbar‹ bleiben« und schlussfolgert, dass die Psychoanalyse ein technisches Mittel an die Hand gibt, die »Lücken unserer Bewusstseinsphänomene aufzufüllen«[13]:

> »Wir erschliessen auf diesem Wege eine Anzahl von Vorgängen, die an und für sich ›unerkennbar‹ sind, schalten sie in die uns bewussten ein und wenn wir z.B. sagen, hier hat eine bewusste Erinnerung eingegriffen, so heisst das eben: Hier ist etwas für uns ganz Unfassbares vorgefallen, was aber, wenn es uns zum Bewusstsein gekommen wäre, nur so und so hätte beschrieben werden können«.[14]

So offensichtlich hier der Bezug zum Kantianismus ist, so schief liegt jedoch die Analogie zur Erkenntniskritik Kants. Denn für Kant ist der Begriff des Dinges an sich ein absoluter Grenzbegriff: Das Ding an sich liegt unserer Erfahrung zu Grunde und ist nur als Gegenstand sinnlicher Erfahrung der wissenschaftlichen Erkenntnis überhaupt zugänglich. Das Ding an sich ist ausschließlich als Grundlage der sinnlichen Erkenntnis vorstellbar. Die menschliche Wahrnehmung ist in ihrem diskursiven Verfahren nicht etwa unvollständig oder prinzipiell nicht objektiv, sondern sie ist so *konstituiert*, und darin liegt eine unüberwindbare *Bedingung* von Objektivität. Dass Freud hier von einer populären Lesart des Kantianismus und weniger von Kants Epistemologie selbst beeinflusst ist – wie viele deutschsprachige Philosophen und Psychologen seiner Zeit – zeigt sich schon daran, dass das erste

11 | S. Freud: *Die Traumdeutung*, S. 617f.

12 | Im Folgenden wird die Schreibweise des Titels und aller Zitate aus dem *Abriss der Psychoanalyse* übernommen und folglich »ß« als »ss« wiedergegeben.

13 | Ders.: *Abriss der Psychoanalyse*, S. 127.

14 | Ebd.

Zitat seinerseits wieder in eine Diskussion Lipps'scher Thesen eingelassen ist, der selbst wiederum Kantianer und dabei – ganz im Gegensatz zu Kant selbst – Psychologist war. Freuds philosophische und insbesondere erkenntnistheoretischen Grundlagen sind aus seinen Studien bei Franz Brentano und Theodor Meynert und seiner Lektüre von Lipps heraus von Anfang an Kantianisch geprägt.[15] Doch diese Tendenz, die sich aus dem akademischen Umfeld Freuds ergibt, garantiert eben nicht *per se* ein angemessenes Verständnis der Kantischen Philosophie.

Es scheint in diesem Falle – trotz der Vorliebe Freuds, es seinen Biographen nur recht schwer zu machen – aussichtsreicher zu sein, sich bei der Auswahl der für ihn unmittelbar wichtigen Philosophen auf ihn selbst zu verlassen und folglich auf Arthur Schopenhauer zu konzentrieren. Freud erwähnt mehrmals die direkte Übereinstimmung psychoanalytischer Kernannahmen mit denen Schopenhauers und erklärt ihn gar zum Vorläufer der Psychoanalyse:

15 | Vgl. G. Gödde: »Freud und seine Epoche: Philosophischer Kontext«, S. 10–25. Nach Frank J. Sulloway hat Freud die nicht-obligatorischen Vorlesungen von Brentano über dreieinhalb Jahre besucht (vgl. ders.: *Freud – Biologe der Seele*, S. 88), nach Ronald W. Clark waren es vier Semester (vgl. ders.: *Sigmund Freud. Leben und Werk*, S. 48). An Brentanos *Psychologie vom empirischen Standpunkt* (1874) faszinierten Freud, so vermutet Clark, schon damals »zwei lange Diskussionen über das Unbewußte, die seine Existenz leugneten, die Idee als solche aber bis zu Thomas von Aquin zurückverfolgten« (ebd.). Da Sulloway und auch Clark keine weiteren Belege für ihre Behauptungen bringen, empfiehlt sich dafür der Aufsatz von Horst-Peter Brauns und Alfred Schöpf, die sich u.a. auf Freuds Briefe an seinen Jugendfreund Eduard Silberstein stützen (vgl. dies.: »Freud und Brentano«, S. 54–67): Danach hörte Freud bei Brentano im Wintersemester 1874/75 eine Vorlesung ›Psychologie‹ und besuchte zwei Lehrveranstaltungen zu ›Ausgewählten metaphysischen Fragen‹ und zur ›Lesung philosophischer Schriften‹. Wichtig ist, dass in Brentanos Vorlesung auch Platons *Phaidon* und das dort erörterte Anamnesiskonzept (Wiedererinnerung) behandelt wird (vgl. Platon: *Phaidon*, 73c), von der der Freud-Biograph Siegfried Bernfeld erwähnt, dass Freud 1933 diesem Konzept unter seinen ›fragmentarischen‹ Platon-Kenntnissen einen herausragenden Stellenwert einräumte (vgl. ders.; S. Cassirer Bernfeld: *Bausteine der Freud-Biographik*, S. 147). Im Sommersemester 1875 hörte Freud dann Brentanos ›Logik‹ und dessen ›Philosophische Lesungen‹, die sich mit dem Problem des sittlich Richtigen befassten. Im darauf folgenden Wintersemester besuchte Freud *nicht* Brentanos Lehrveranstaltung ›Ausgewählte philosophische Fragen‹, sondern wiederum dessen ›Lesungen philosophischer Schriften‹. Freuds letzte philosophische Lehrveranstaltung, und auch die letzte bei Brentano, war ›Die Philosophie des Aristoteles‹. Außerdem hörte Freud am 10. März 1875 einen Vortrag von J. Volkelt über die Grundzüge der Kantischen Erkenntnislehre und den kategorischen Imperativ. Bernfeld führt im Wintersemester 1847/75 nur die ›Lesung philosophischer Schriften‹ auf, ansonsten stimmt er mit den Angaben von Brauns und Schöpf überein (vgl. a.a.O., S. 178–180). Freud hätte demnach über zwei Jahre hinweg fünf bis sieben philosophische Lehrveranstaltungen – und auch nur bei Brentano – besucht. Das zeigt ein gewisses Interesse seitens Freud, es spricht aber auch Einiges für Bernfelds Skepsis gegenüber der Kenntnis und dem Einfluss der Philosophie im Allgemeinen und Brentanos im Besonderen (ebd., S. 144f.).

»Es sind namhafte Philosophen als Vorgänger [der Psychoanalyse, MV] anzuführen, vor allen der große Denker *Schopenhauer*, dessen unbewusster ›Wille‹ den seelischen Trieben der Psychoanalyse gleichzusetzen ist. Derselbe Denker übrigens, der in Worten von unvergeßlichem Nachdruck die Menschen an die immer noch unterschätzte Bedeutung ihres Sexualstrebens gemahnt hat«.[16]

Schon in der *Traumdeutung* wird Schopenhauer öfter und vor allem spezifischer und ausführlicher zitiert als Kant.[17] Auch die Auffassung Schopenhauers zum Wahnsinn befand Freud als anschlussfähig für die psychoanalytische Theoriebildung[18]: die Ausführung zu diesem Thema in *Die Welt als Wille und Vorstellung* (1819/1844) decke sich, so Freud, »vollkommen mit dem Inhalt meines Verdrängungsbegriffs«[19], sodass auch hier Schopenhauer als Vorläufer gelten kann.[20] In *Massenpsychologie und Ich-Analyse* (1921) zitiert Freud ausführlich Schopenhauers Bemerkungen zur Thematik des menschlichen Sozialverhaltens aus dessen *Parerga und Paralipomena* (1851).[21] In *Jenseits des Lustprinzips* (1920) bekennt Freud anlässlich seiner Spekulationen über den Todestrieb, er sei

»unversehens in den Hafen der Philosophie *Schopenhauers* eingelaufen [...], für den ja der Tod ›das eigentliche Resultat‹ und insofern der Zweck des Lebens ist, der Sexualtrieb aber die Verkörperung des Willens zum Leben«.[22]

Es scheint, als sei die Weltanschauungsphilosophie und Psychologie Scho-

16 | S. Freud: »Eine Schwierigkeit der Psychoanalyse«, S. 12. Ähnlich würdigt Freud Schopenhauer hier: »Der Philosoph Schopenhauer hatte die unvergleichliche Bedeutung des Sexuallebens in Worten von unvergeßlichem Nachdruck betont« (ders.: »Die Widerstände gegen die Psychoanalyse«, S. 105).

17 | Vgl. ders.: *Die Traumdeutung*, S. 39, 69, 94.

18 | Vgl. ders.: »Formulierungen über die zwei Prinzipien des psychischen Geschehens«, S. 230.

19 | Ders.: »Zur Geschichte der psychoanalytischen Bewegung«, S. 53.

20 | Später bekräftigt Freud dies in seiner »Selbstdarstellung«, S. 86.

21 | Ders.: *Massenpsychologie und Ich-Analyse*, S. 110. Freud bezieht sich hier auf Schopenhauers Bild der Stachelschweine als Analogie zu Bedürfnissen der sozialen Nähe und Distanz (vgl. A. Schopenhauer: *Parerga und Paralipomena*, Bd. 2, § 396). In einer abstrakteren Metaphorik beschreibt bereits Kant diese sozialen Tendenzen als Anziehung und Abstoßung: »Wenn von Pflichtgesetzen (nicht von Naturgesetzen) die Rede ist und zwar im äußeren Verhältniß der Menschen gegen einander, so betrachten wir uns in einer moralischen (intelligibelen) Welt, in welcher nach der Analogie mit der physischen die Verbindung vernünftiger Wesen (auf Erden) durch *Anziehung* und *Abstoßung* bewirkt wird. Vermöge des Princips der *Wechselliebe* sind sie angewiesen sich einander beständig zu *nähern*, durch das der *Achtung*, die sie einander schuldig sind, sich im *Abstande* von einander zu erhalten« (I. Kant: *Die Metaphysik der Sitten*, S. 449).

22 | S. Freud: *Jenseits des Lustprinzips*, S. 53; Schopenhauer wird hier mit Seitenangabe (!) zitiert. Vgl. auch schon S. Freud: *Totem und Tabu*, S. 108 und *Neue Folge der Vorlesungen zur Einführung in die Psychoanalyse*, S. 114f.

penhauers das passende philosophische Gegenstück zur Psychoanalyse Freuds. Nicht zuletzt würde die Freudsche Auffassung, nach der die Philosophie im Allgemeinen Systeme und Weltanschauungen produziere, auf Schopenhauer zutreffen.[23] Es wäre gerade dieses Moment, welches Freud einerseits als Wissenschaftler abstößt, aber andererseits – als auf Spekulationen angewiesenen psychologischen Theoretiker – anzieht.[24]

23 | Neben den kritischen Nachfragen zum Freudschen Verständnis von Philosophie und zur wissenschaftlichen Weltanschauung erörtert der Artikel von Augustinus Wucherer-Huldenfeld die Frage, inwieweit Freud mit Schopenhauer quellenmäßig vertraut war (vgl. ders.: »Zur Eigenständigkeit des Grundgedankens Freuds in der Rezeption der Philosophie Schopenhauers«) und verteidigt gegen Margret Kaiser-El-Safti die Eigenständigkeit Freuds (vgl. dies.: *Der Nachdenker. Die Entstehung der Metapsychologie Freuds in ihrer Abhängigkeit von Schopenhauer und Nietzsche*). Wucherer-Huldenfeld weist darüber hinaus auf Freuds viel frühere, begeisterte Lektüre von Feuerbach hin (vgl. a.a.O., S. 110). Weitere Texte, die besonders das Verhältnis von Freud und Schopenhauer thematisieren, sind: C. T. Dimitrov: »A. Schopenhauer und S. Freud«; B. Nitzschke: »Die reale Innenwelt. Anmerkungen zur psychischen Realität bei Freud und Schopenhauer«; G. Gödde: »Schopenhauer als Vordenker der Freudschen Metapsychologie«.
Albert Fuchs bemerkt bereits früh und zu recht, dass – bei allen Übereinstimmungen zwischen dem Denken Freuds, Schopenhauers und Nietzsches – Freud immer noch durch einen »Abgrund« von diesen getrennt bleibe: Beide »beseitigten den oberflächlichen Rationalismus des 19. Jahrhunderts, aber nur, um einen noch oberflächlicheren, einen höchst gefährlichen Irrationalismus an seine Stelle zu bringen. In dem Wertkonflikt zwischen Vernunft und Unvernunft optierten sie für die zweite. [...] Damit hat Freud nicht das geringste zu tun. Er ist überhaupt nicht Irrationalist in dem Sinn wie die Dichter und Philosophen, mit denen man ihn zu vergleichen pflegt« (A. Fuchs: *Geistige Strömungen in Österreich 1867–1918*, S. 246f.).

24 | Ein weiterer philosophischer Bezugspunkt, zu dem Freud sich selbst bekannt hat, sind die überlieferten Texte des Vorsokratikers Empedokles, zu dessen Lehre eines ständigen Streits von Liebe und Hass sich Freud bekennt: »Unser Interesse gebührt aber jener Lehre des Empedokles, die der psychoanalytischen Triebtheorie so nahe kommt, daß man versucht wird zu behaupten, die beiden wären identisch, bestünde nicht der Unterschied, daß die des Griechen eine kosmische Phantasie ist, während unsere sich mit dem Anspruch auf biologische Geltung bekleidet. [...] Die beiden Grundprinzipien des Empedokles – φιλία und νεῖκοσ – sind dem Namen wie der Funktion nach das Gleiche wie unsere beiden Urtriebe Eros und Destruktion, der eine bemüht das Vorhandene zu immer größeren Einheiten zusammenzufassen, der andere, diese Vereinigungen aufzulösen und die durch sie entstandenen Gebilde zu zerstören. [...] Von der Einschränkung auf das Biopsychische abgesehen, [...] unsere Grundstoffe sind nicht mehr die vier Elemente des Empedokles, das Leben hat sich für uns scharf vom Unbelebten gesondert, wir denken nicht mehr an die Vermengung und Trennung von Stoffteilchen, sondern an Verlötung und Entmischung von Triebkomponenten. Auch haben wir das Prinzip des ›Streites‹ gewissermaßen biologisch unterbaut, indem wir unseren Destruktionstrieb auf den Todestrieb zurückführten, den Drang des Lebenden, zum Leblosen zurückzukehren« (S. Freud: »Die endliche und die unendliche Analyse«, S. 92). Auch in einem seiner letzten, nachgelassenen Texte führt Freud Empedokles als Gewährsmann an (vgl. ders.: *Abriss der Psychoanalyse*, S. 71). Freilich lässt sich der Freudsche ›Dualismus‹ von Eros und Todestrieb vorzüglich als dialektische Denkfigur rekonstruieren, wenn man die Freudsche

Das Verhältnis zu Kant nimmt sich vor diesem Hintergrund ambivalent aus. Zum einen gibt es die akademischen Nachwirkungen der Kantischen Erkenntniskritik im Kantianismus der Philosophen und Psychologen, von denen Freud lernte. Diese Elemente nutzt Freud ganz selbstverständlich und anerkennend zur Rechtfertigung der erkenntnistheoretischen Grundlagen der Psychoanalyse, um den psychoanalytischen Anspruch auf den Status der Wissenschaftlichkeit zu begründen. Zum anderen bezieht sich Freud, wie zu zeigen sein wird, eher ablehnend auf Kant als *Moralphilosophen* und ›Verteidiger‹ des kategorischen Imperativs.

Als ein erster Einfluss der Philosophie auf das wissenschaftliche Selbstverständnis der Psychoanalyse können demnach erkenntnistheoretische Elemente gelten, die dem gegen Ende des 19. Jahrhunderts im deutschsprachigen Raum weit verbreiteten Kantianismus angehören. Es ist anzunehmen, dass Freud diese Theoreme vorrangig unter dem Aspekt der ›Welt als Vorstellung‹ aufgreift. Da auch die Physik darauf angewiesen ist, die Gesetze für Erscheinungen zu formulieren, die der sinnlichen und damit subjektiven Wahrnehmung unterliegen, besteht zwischen Physik und Psychoanalyse erkenntnistheoretisch kein Unterschied, und die Psychoanalyse ist eine Wissenschaft: »Die Psychologie [d.i. die Psychoanalyse, MV] ist auch eine Naturwissenschaft. Was sollte sie denn sonst sein?«[25] Zu diesem Philosophieverständnis, das eigentlich dem Schopenhauerschen Denken näher steht als dem Kants, kommen weitere Elemente der metaphysischen Weltanschau-

---

Idee ernst nimmt, dass der Gegensatz dieser antagonistischen Triebe in den jeweiligen ›Legierungen‹ der konkreten aktuellen Triebregungen ›aufgehoben‹ wird, bzw. dass ›Entmischungen‹ aus dieser Legierung hervorgehen können. Damit gerät Freud allerdings unter philosophischen Gesichtspunkten unweigerlich auf das Gebiet einer von ihm nicht bevorzugten philosophischen Lehre in der systematisch-kritischen Nachfolge Kants – nämlich »jener dunkeln Hegelschen Philosophie« (ders.: *Neue Folge der Vorlesungen zur Einführung in die Psychoanalyse*, S. 191).
Dass das Konzept des Todestriebes nicht einfach als spekulative Kuriosität des Freudschen Alterswerkes abgetan werden kann, zeigt die interessante Studie von Micha Brumlik, der darin einen durchaus geeigneten sozialpsychologischen Zugriff auf die Katastrophen des 20. Jahrhunderts sieht (vgl. ders.: *Sigmund Freud. Der Denker des 20. Jahrhunderts*); Slavoj Žižek rehabilitiert den Todestrieb angesichts Jacques Lacans Reaffirmation dieses Konzepts geradewegs als Rückkehr zu Freud (vgl. S. Žižek: »Der Todestrieb in philosophischer Sicht«, S. 245).

25 | S. Freud: »Some Elementary Lessons in Psycho-Analysis«, S. 143. In der von Freud als Text ausgearbeiteten, jedoch nicht gehaltenen Fortsetzung seiner Einführungsvorlesung heißt es: »Streng genommen gibt es ja nur zwei Wissenschaften, Psychologie, reine und angewandte, und Naturkunde« (ders.: *Neue Folge der Vorlesungen zur Einführung in die Psychoanalyse*, S. 194).

ungslehre von Schopenhauer, die alle auf das existentielle Selbstverständnis des Menschen bezogen sind, hinzu: *Wille, Sexualität* und *Tod.*[26]

Praktische Philosophie

Zum Thema der erkenntnistheoretischen Übereinstimmung zwischen Kantianismus und Psychoanalyse ist sicherlich noch mehr zu sagen[27]; trotzdem finden sich keine Belege für eine *direkte* Bezugnahme der Freudschen Metapsychologie etwa auf Kants *Kritik der reinen Vernunft.* Dagegen scheint auf den ersten Blick gerade der Bezug zur praktischen Philosophie, zur Ethik und Moralphilosophie Kants gar nicht zu leugnen.[28] Manifestiert sich in Freuds

26 | Für Freuds Verhältnis zur Philosophie ist, um einen letzten Hinweis zu geben, auch Theodor Gomperz von besonderer Bedeutung, der als erster jüdischer Inhaber eines Lehrstuhls für Klassische Philologie im deutschen Sprachraum darin eine gewisse biographische Ähnlichkeit zu Freud aufweist (vgl. J. Le Rider: *Freud – von der Akropolis zum Sinai. Die Rückwendung zur Antike in der Wiener Moderne*, S. 99–126). Freud übersetzte – nachdem Brentano ihn Gomperz empfohlen hatte – für die von diesem herausgegebene Ausgabe der *Gesammelten Werke* John Stuart Mills die Essays »Über Frauenemanzipation«, »Plato«, »Die Arbeiterfrage« und »Der Sozialismus« (vgl. S. Bernfeld; S. Cassirer Bernfeld: *Bausteine der Freud-Biographik*, S. 141f.). Zudem war Gomperz' Frau, Elise von Sichrovsky, ab 1882 Freuds Patientin und sein Sohn Heinrich stellte sich als Versuchsperson für Freuds Traumdeutung zur Verfügung (vgl. E. Dönt: »Heinrich Gomperz, Karl Popper und die österreichischen Philosophie«, S. 71–73).
Bedenkt man noch Freuds eigenen Hinweis, demzufolge er Gomperz' viel beachtete dreibändige Studie über die *Griechische[n] Denker* (1896–1909) zu den den Büchern zählt, denen er »ein Stück seiner Lebenskenntnis und Weltanschauung verdankt« (S. Freud: »Antwort auf eine Rundfrage. Vom Lesen und von guten Büchern«, S. 663), stellt sich ein weiterer Aspekt der Beziehung zur antiken Philosophie her: Freud teilt nämlich Gomperz' aus heutiger Sicht eigenwillig *positivistischen* Zugang zur Geschichte der Philosophie. Die folgenden Sätze, mit dem sich Gomperz zur ›ästhetisch erzeugten Lust‹ äußert, könnten in dieser Form und in ihrer programmatischen Ausrichtung ebenso von Freud stammen: »Hier stehen wir vor einem der anziehendsten Rätsel der Menschennatur. Es gelingt der Poesie sowohl als der Musik, in geringerem Grade auch den übrigen Künsten und selbst der Naturschönheit, den dem Vorherrschen der Gesamtpersönlichkeit über ihre Teilelemente entsteigenden Frieden und die diesem psychischen Gleichgewichtszustand eigentümlich hohe Lust zu erzeugen. Wie solch eine Wirkung zustande kommt, das wird eine reifere, *ästhetischen wie moralischen Fragen auf biologischen Wegen nachgehende Zukunft sicherer als die Gegenwart* zu sagen wissen« (Th. Gomperz, *Griechische Denker*, Bd. 2, S. 5. (Hervorh. von mir, MV)).

27 | Dafür kann noch einmal auf die in der Einleitung (oben S. 17) erwähnte Studie von Dahmer und Heinz verwiesen werden.

28 | Für einen moralphilosophischen Vergleich des Kantischen und Freudschen Denkens kann der Versuch von Cord Friebe, die Freudsche Metapsychologie auf die Kantische Erkenntniskritik ›zurückzuprojizieren‹ nicht recht überzeugen (vgl. ders.: »Der Kategorische Imperativ bei Kant und Freud«). Dass Kant in der Kritik der reinen Vernunft meint, »Das: *Ich denke*, muß alle meine Vorstellungen begleiten *können*« (I. Kant: *Kritik der reinen Vernunft*, B131), lässt sich schlecht mit dem ›Primärvorgang‹ der Freudschen Metapsychologie

Texten nicht ein deutlicher Einfluss der Kantischen Philosophie? Freud bezieht sich schließlich ausdrücklich und wiederholt auf Kant, wenn er etwa den kategorischen Imperativ als ein direktes Resultat des Ödipuskomplexes beschreibt. Versucht nicht Freud mit dieser Bezugnahme – psychoanalytisch gewappnet –, den Ursprung der Moral noch radikaler freizulegen, als es aus seiner Sicht Kant vermochte? Freud schreibt: »unser Gewissen ist nicht der unbeugsame Richter, für den die Ethiker es ausgeben, es ist in seinem Ursprung ›soziale Angst‹ und nichts anderes«.[29] Und trotzdem sollte der Einfluss der Praktischen Philosophie Kants nicht überbewertet werden, schon allein deshalb, weil sich diese Referenz innerhalb des umfangreichen Œuvres Freuds auf einige wenige Stellen beschränkt, die nun in einem kurzen Überblick zusammengetragen werden.

Vorab ist zu sagen, dass sich diese Verbindung zu Kant, die Freud auf dem Gebiet der Ethik herstellt, *ausschließlich* auf den kategorischen Imperativ und einige Eigenschaften, die Freud diesem Konzept zuschreibt, beschränkt. Freud verwendet diesen Begriff entweder wörtlich oder er benutzt ›Sittengesetz‹ und ›moralisches Gewissen‹ als synonyme Bezeichnungen. Es sollte bei dieser Zusammenstellung auffallen, dass sich Freud überhaupt nicht auf die moralphilosophisch systematischen Kernpunkte Kants bezieht – etwa auf den berühmten ›Dualismus‹ von empirischer und intelligibler Welt (beziehungsweise empirischem und intelligiblem Ich), auf die Dialektik von empirischer Determiniertheit, transzendentaler Freiheit und praktischer Autonomie, auf die moralische Urteilskraft überhaupt –, sondern allein auf das populäre

vergleichen (vgl. C. Friebe, a.a.O., S. 193), der ja gerade die Entzogenheit (Zensur) der verdrängten Inhalte für den bewussten Zugriff behauptet. Darüber hinaus erarbeitet Friebe auf erkenntnistheoretischem Gebiet eine theoretische Rekonstruktion der psychoanalytischen Grundkategorien entlang der Kantischen transzendentalen Subjekttheorie (vgl. ders.: *Theorie des Unbewussten*).
Einen Vergleich zwischen »Freudscher Metapsychologie und Kantischer Metaphysik« unternimmt auch Elke Völmicke, die im Anschluss an Maria Dorer eine Linie von dem Kantianischen Psychologen Johann Friedrich Herbart zu Freud zieht (vgl. E. Völmicke: *Das Unbewußte im deutschen Idealismus*, S. 36–79). Dorer war durch ihre Studie zu dem Ergebnis gekommen: »Das wichtigste Resultat [...] lässt sich [...] dahin formulieren, daß zwischen der Psychologie Freuds und jener Herbarts tatsächlich ein konkreter, ein realer Zusammenhang besteht. Und zwar geht die historische Linie, schematisch gesprochen, von Herbart über Griesinger zu Meynert, von Meynert aber zu Freud« (M. Dorer: *Historische Grundlagen der Psychoanalyse*, S. 170). Odo Marquard hat diesen Befund dann noch einmal um die Linie von Johann Gottlieb Fichte über Friedrich Wilhelm Joseph Schelling zu Freuds Lehrer Ernst von Brücke ergänzt (vgl. O. Marquard: »Über einige Beziehungen zwischen Ästhetik und Therapeutik in der Philosophie des 19. Jahrhunderts«, S. 343, sowie ders.: *Transzendentaler Idealismus – Romantische Naturphilosophie – Psychoanalyse*, des weiteren B. Nitzschke: »Freud und die akademische Psychologie. Einleitende Bemerkungen zu einer historischen Kontroverse«).

29 | S. Freud: »Zeitgemäßes über Krieg und Tod«, S. 330.

›Stichwort‹ des kategorischen Imperativs. Die vorgestellten und knapp in ihren jeweiligen Zusammenhang eingeordneten Zitate werden im Anschluss mit Blick auf die psychoanalytische Theorie der Gewissensbildung darauf hin interpretiert werden, ob Freud das Konzept des kategorischen Imperativs in Übereinstimmung mit der Kantischen Moralphilosophie verwendet, beziehungsweise was unter dem kategorischen Imperativ, so wie Freud diesen Begriff verwendet und als Konzept destruiert, überhaupt gedacht werden kann.

In *Das ökonomische Problem des Masochismus* (1924) untersucht Freud eine extreme Form von pathologischen Gewissensphänomenen, nämlich das unbewusste Schuldgefühl oder ›Strafbedürfnis‹. Die psychoanalytische Erklärung dieser quälenden Gewissensbisse erkennt im Schuldbewusstsein eine »Spannung zwischen Ich und Über-Ich«[30], die sich daraus ergibt, dass das Ich den hypermoralischen Forderungen des Über-Ichs nicht genügen kann, wodurch Unlustgefühle (Angst) ausgelöst werden. Die Spaltung des Ichs und die Genese der Instanz des Über-Ichs leitet Freud aus den Triebansprüchen des Es und aus den Bedingungen der Außenwelt her. Um die durch das Inzesttabu verbotene libidinöse Besetzung der ›Primärobjekte‹ (Eltern oder Erzieher) aufzuheben, werden diese Objekte in das Ich introjiziert. Durch diese Aufrichtung der begehrten Objekte im Ich wird die reale Beziehung zu ihnen desexualisiert und eine Überwindung des Ödipuskomplexes überhaupt möglich. Die (vor allem dem Vater zugeschriebenen) autoritären Attribute gehen bei dieser Introjektion allerdings auf das Über-Ich über, das fortan »Macht, Strenge, Neigung zur Beaufsichtigung und Bestrafung«[31] gegenüber dem Ich ausübt. Besonders die Qualität der Strenge kann dabei unverhältnismäßig gesteigert werden. Die Entstehung des Gewissens wird von Freud im Anschluss daran durch eine Rekonstruktion der Trieb- und Sozialisationsgeschichte erläutert. Die Verschränkung dieser beiden genetischen Perspektiven ermöglicht einen Erklärungsansatz, der etwa begründen kann, warum ein übermäßig strenges Gewissen – bis hin zu pathologischem Strafbedürfnis – nicht *allein* aus besonders autoritären Erziehungsformen resultiert. Monokausale Erklärungsansätze werden verworfen; der Entstehungskontext umfasst psychische Dispositionen, familiäre Konstellationen und sozio-kulturelle Bedingungen:

»Das Über-Ich wird den Charakter des Vaters bewahren und je stärker der Ödipuskomplex war, je beschleunigter (unter dem Einfluß von Autorität, Religionslehre, Unterricht, Lektüre) seine Verdrängung erfolgte, desto strenger wird später das Über-

30 | Ders.: »Das ökonomische Problem des Masochismus«, S. 379.
31 | Ebd., S. 380.

Ich als Gewissen, vielleicht als unbewußtes Schuldgefühl [d.i. Strafbedürfnis, MV] über das Ich herrschen«.[32]

An dieser Stelle kommt in der psychoanalytischen Theorie der kategorische Imperativ ins Spiel: Der »zwangsartige Charakter« dieser Herrschaft äußere sich als »kategorischer Imperativ«.[33] Aus all dem ergibt sich die metapsychologische Analogie, dass die einstige Schwäche und Abhängigkeit des Kindes psychisch für den Erwachsenen weiter bestehen kann: »Wie das Kind unter dem Zwange stand, seinen Eltern zu gehorchen, so unterwirft sich das Ich dem kategorischen Imperativ seines Über-Ichs«.[34] Doch Freud geht bei dieser metapsychologischen Erklärung des Gewissens noch viel weiter:

»Das Über-Ich, das in ihm [dem Ich, MV] wirksame Gewissen, kann nun hart, grausam, unerbittlich gegen das von ihm behütete Ich werden. Der kategorische Imperativ *Kants* ist so der direkte Erbe des Ödipuskomplexes«.[35]

Freud *identifiziert* den kategorischen Imperativ mit dem psychoanalytischen Konzept der Instanz des strafenden Über-Ichs und alltagspsychologischen Tatsachen wie Gewissensbissen und Schuldgefühlen. Damit unternimmt Freud eine Reduktion der Moral, der Moralität und des moralischen Urteilens auf das empirische Phänomen eines ›moralischen Gefühls‹, in diesem Falle besonders des strafenden Gewissens.[36] Tatsächlich sieht sich Freud genau dazu berechtigt: »Der Ödipuskomplex erweist sich so, wie bereits historisch gemutmaßt wurde [in: *Totem und Tabu*, MV], als die Quelle unserer individuellen Sittlichkeit (Moral)«.[37]

Freud eröffnet zudem neben dieser ontogenetischen auch eine phylogenetische Perspektive. In seinen Untersuchungen zu *Totem und Tabu* (1913) legt er nahe, dass Kants Postulat des kategorischen Imperativs eine strukturelle Nähe zum Tabu der ›Wilden‹ aufwiese:

»Es darf uns ahnen, daß das Tabu [...] doch nicht so weit von uns abliegt, wie wir zuerst glauben wollten, daß die Sitten- und Moralverbote, denen wir selbst gehorchen,

32 | Ders.: *Das Ich und das Es*, S. 263.

33 | Ebd.

34 | Ebd., S. 277f.

35 | Ders.: »Das ökonomische Problem des Masochismus«, S. 380.

36 | So bemerkt auch Dieter Flader unter der Fragestellung »Das Über-Ich – ein Konzept der Moralität oder der Moralpathologie?«, dass sich Freud nicht so sehr mit der Entwicklung moralischer Kompetenzen befasst, sondern vorrangig mit pathologischen Sonderfällen, die allenfalls eine Übertragung auf ›normale‹ Phänomene zulassen, ohne diesen Bereich erschöpfend behandeln zu können. Folglich habe Freuds Gewissensbegriff mit »dem Alltagskonzept von ›Gewissen‹ wenig gemeinsam« (ders.: *Psychoanalyse im Fokus von Handeln und Sprache*, S. 264), das selbst wiederum reicher ist und nicht auf strafende ›Funktionen‹ beschränkt bleibt.

37 | S. Freud: »Das ökonomische Problem des Masochismus«, S. 380.

in ihrem Wesen eine Verwandtschaft mit diesem primitiven Tabu haben könnten, und daß die Aufklärung des Tabu [sic!] ein Licht auf den dunkeln Ursprung unseres eigenen ›kategorischen Imperativs‹ zu werfen vermöchte«.[38]

Es ist bemerkenswert, in welchem Sinne Freud hier die Bezeichnung ›Aufklärung‹ für seine Untersuchung verwendet: Die ›Aufklärung des Tabus‹ deckt die triebgeschichtlichen und sozialen Wurzeln einer bestimmten sozialen Angst, etwa der Inzestscheu, auf. Damit enthüllt die psychoanalytische Rekonstruktion phylo- und ontogenetische beziehungsweise sozialhistorische und sozialisatorische Determinanten von Schamgefühlen und Gewissensängsten und versucht so, das verfehlte Selbstverständnis einer als absolut verstandenen Autonomie als Illusion bloßzustellen. Dies geschieht allerdings – das ist der an dieser Stelle unausgesprochene aufklärerische Impetus –, weil die hypermoralischen Forderungen der konventionellen Normen die Grenzen des an kulturellem Triebverzicht Zumutbaren überschreiten. Mit dem Hinweis darauf, dass Gewissensängste nicht unbedingt Ausdruck einer moralischen Gesinnung, sondern der Effekt einer dem Menschen unverfügbaren Triebgeschichte sein können, richtet Freud den Nachweis negativer Konstitutionsbedingungen gegen die optimistische Selbstzuschreibung absoluter Freiheit. Mit dieser Strategie kommt Freud – bildlich gesprochen – dem Aufklärungsgedanken Kants auf halbem Wege entgegen, der bekanntlich mit dem aufklärerischen Projekt den zur Vernunft gekommenen Ausgang aus der selbst verschuldeten Unmündigkeit zur eigenverantwortlichen Selbstbestimmung verbindet.

Kant gibt diesem Aspekt der Negativität eine kritische Wendung, indem er nicht die Möglichkeit der moralischen Orientierung negiert, sondern die Letztbegründung der Moral radikal von theologischen, konventionalistischen und szientistischen Fundamentalparadigmen entkoppelt. Da das Tabu und Gewissensängste (sozial-)psychologisch und empirisch erklärbar sind, sind diese Phänomene untauglich zur Begründung moralischer Gesetze. Einzig die menschliche Vernunft kann ein solches Prinzip formulieren, ohne dieses aus Tatsachen der verstandesmäßigen Erkenntnis herleiten zu können oder zu müssen. Die von Freud hervorgehobene Tatsache, dass unsere moralischen Gefühle teilweise eine empirische Erklärung zulassen, würde Kant noch radikaler so kommentieren, dass es unvernünftig wäre, aus diesen Gefühlen moralische Begründungsprinzipien zu hypostasieren. Die Ebene der Moralität wird mit dem Hinweis auf tatsächlich beobachtbare moralische Gefühle streng genommen noch gar nicht erreicht. Kant erkennt also an, dass der Menschen als empirisch beschreibbares Lebewesen zum Teil durch na-

38 | Ders.: *Totem und Tabu*, S. 31f.

türliche Ursachen und Einflüsse determiniert ist. Er versucht jedoch darüber hinaus, für die *irreduzible* Ebene der Handlungsorientierung, die wir nicht mit dem aus erkenntniskritischer Hinsicht stets spekulativen Verweis auf natürliche Determiniertheit einfach *leugnen* können, Bedingungen, Möglichkeiten und Grenzen autonomer Orientierung aufzuweisen. Dagegen neigt Freud dazu, die moralische Praxis gänzlich durch die von ihm erläuterten empirischen Bedingungen bestimmt zu sehen, die sich demnach in moralischen Ansprüchen und moralischen Gefühlen – übertriebenen Forderungen und ängstlicher Scham gleichermaßen – *erschöpft.*

Tatsächlich bestätigt Freud diesen Verdacht im Vorwort zu *Totem und Tabu* ganz explizit. Während er bei der Problematik des Totemismus noch Klärungsbedarf für die psychoanalytische Theorie eingesteht, sieht er das Problem des Tabus bereits als gelöst an:

> »Dieser Unterschied [der Reichweite der Erklärung in Bezug auf Totem und Tabu, MV] hängt damit zusammen, daß das Tabu eigentlich noch in unserer Mitte fortbesteht; obwohl negativ gefaßt und auf andere Inhalte gerichtet, ist es seiner psychologischen Natur nach doch nichts anderes als der ›kategorische Imperativ‹ *Kants*, der zwangsartig wirken will und jede bewußte Motivierung ablehnt«.[39]

Die *Zwangsartigkeit des kategorischen Imperativs* ist ein in der Freudschen Darstellung wiederkehrendes Motiv, das ihm besonders wichtig erscheint. Mit Bezug auf die Kantische Moralphilosophie wird später (vgl. unten S. 104ff.) zu untersuchen sein, welches systematische Moment diesem ›Zwang‹ überhaupt entsprechen kann. In Freuds Formulierung ist hierbei wiederum die *Identifikation* von Gewissen und kategorischem Imperativ erkennbar: Ähnlich wie ein heftiges Schuldgefühl oder eine aus dem Über-Ich stammende Beschuldigung zwangsartig auf das Ich einwirkt, das Freud in dieser Situation als hilflos zwischen Über-Ich, Es und ›Außenwelt‹ (also zwischen Gewissensbissen, Triebwünschen und der normativ verfassten sozialen Realität) ›eingeklemmt‹ sieht, ›wirkt‹ aus Freudscher Sicht auch der kategorische Imperativ.

Freud zitiert in der *Neuen Folge der Vorlesungen zur Einführung in die Psychoanalyse* (1933) den »bekannten Ausspruch *Kant's*, der das Gewissen in uns mit dem gestirnten Himmel zusammenbringt« und kommentiert: »ein Frommer [könnte] wohl versucht sein, diese beiden als die Meisterstücke der Schöpfung zu verehren«.[40] Freud versteht diesen Ausspruch vor allem als moraltheologische These, nach der das Gewissen (ebenso wie die Schöpfung) göttlicher Herkunft sei. Mit dieser Vorstellung verbindet er den entzifferbaren

39 | Ebd., S. 4.
40 | Ders.: *Neue Folge der Vorlesungen zur Einführung in die Psychoanalyse*, S. 67.

Hinweis auf die ›psychologische Wahrheit‹, dass der Ursprung des Gewissens dem ebenso geliebten wie gefürchteten, ›allmächtigen‹ Vater zugeschrieben werden muss.[41] Freud kritisiert aber gerade grundsätzlich: »Wenn das Gewissen auch etwas ›in uns‹ ist, so ist es doch nicht von Anfang an«.[42] Die – Kant von Freud unkommentiert zugeschriebene – Behauptung, dass das Gewissen als moralisches Vermögen dem Menschen natürlicherweise von Gott verliehen wurde, verschleiere, so Freud, die Tatsache, dass es vielmehr die Sexualität sei, die von Anfang an bestimmend für das Verhalten des Kindes ist. Das Kleinkind sei, entgegen der Kant zugeschriebenen Voraussetzung, vollkommen amoralisch und besäße überhaupt keine »inneren Hemmungen gegen seine nach Lust strebenden Impulse«.[43] Das Gewissen bilde sich vielmehr erst endopsychisch im Prozess der erfahrenen und durchlebten sozialen und Erziehungs- und Konfliktsituationen.

Einige Seiten später bezieht sich Freud noch einmal auf »den bekannten Ausspruch *Kant's*, der den gestirnten Himmel und das Sittengesetz in unserer Brust in einem Atem nennt«.[44] Freud findet diese Zusammenstellung befremdlich: »was mögen die Himmelskörper mit der Frage zu tun haben, ob ein Menschenkind ein anderes liebt oder totschlägt?«[45] Er kommentiert nicht weiter, dass die *Gleichsetzung* der beiden Aspekte von ihm selbst vorgenommen wird. Nur so kann diese Freudsche ›Verdichtung‹ als ein weiterer Aspekt der ›psychologischen Wahrheit‹ gelesen werden: Auch dieser Zusammenhang verweist wieder auf den Vater beziehungsweise die Eltern, die nicht nur das Gesetz vorschreiben, sondern das Dasein des Kindes erst ermöglicht haben und erhalten. Der Grund von Sein und Sollen fällt in den Eltern zusammen.

Aus dieser Auseinandersetzung mit Kants kategorischem Imperativ ergeben sich drei grundsätzliche Kritikpunkte, die Freud an den Moralphilosophen richtet. Der kategorische Imperativ Kants, so sieht es Freud:

1. wirkt als grausamer, verbietender Zwang,
2. schließt eine bewusste Motivation aus und ist
3. im Kern theologisch motiviert, da davon ausgegangen werde, dass ein gottgegebenes moralisches Empfinden im Wesen des Menschen von Anfang an gegeben sei, wobei diese Position die naturhaft leibliche Basis und die Rolle der Sexualität für die Adoleszenz ausblende.

Ein Blick auf die entsprechenden Textstellen in den Werken Kants belehrt jedoch darüber, dass Freuds Vorwürfe die Intentionen Kants nur ungenau

41 | Siehe das entsprechende Zitat zur Genese des Gewissens als Introjektion oben auf S. 47.

42 | S. Freud: *Neue Folge der Vorlesungen zur Einführung in die Psychoanalyse*, S. 67.

43 | Ebd., S. 68.

44 | Ebd., S. 176.

45 | Ebd.

wiedergeben. Schon das Beispiel des ›bekannten Ausspruchs‹, den Freud anführt, erfüllt in Kants ›Beschluss‹ der *Kritik der praktischen Vernunft* eine gänzlich andere Funktion. Kant geht es um die kritische Analyse des menschlichen Erkenntnisvermögens und der sittlichen Persönlichkeit und in diesem Zusammenhang um die praktisch notwendige, obwohl theoretisch nicht beweisbare Idee der Freiheit als Möglichkeit von Autonomie. An den ›bekannten Ausspruch‹ schließen sich unmittelbar kritische Erläuterungen an, die zeigen, dass Kant keineswegs den von Freud suggerierten mystischen Vorstellungen anhängt:

»Zwei Dinge erfüllen das Gemüth mit immer neuer und zunehmender Bewunderung und Ehrfurcht, je öfter und anhaltender sich das Nachdenken damit beschäftigt: *der bestirnte Himmel über mir und das moralische Gesetz in mir.* Beide darf ich nicht als in Dunkelheiten verhüllt, oder im Überschwenglichen, außer meinem Gesichtskreise suchen und blos vermuthen; ich sehe sie vor mir und verknüpfe sie unmittelbar mit dem Bewußtsein meiner Existenz«.[46]

Die kritische Intention seiner philosophischen Untersuchungen verdeutlicht Kant einige Zeilen später. Gerade im Problembewusstsein weitreichender Missverständnisse in der Sphäre der moralischen Orientierung unterscheidet sich nämlich Kants beißender Kommentar gar nicht so sehr von der Freudschen Kritik an religiöser Schwärmerei:

»Die Weltbetrachtung fing von dem herrlichsten Anblicke an, den menschliche Sinne nur immer vorlegen und unser Verstand in ihrem weiten Umfange zu verfolgen nur immer vertragen kann, und endigte – mit der Sterndeutung. Die Moral fing mit der edelsten Eigenschaft in der menschlichen Natur an, deren Entwickelung und Cultur auf unendlichen Nutzen hinaussieht, und endigte – mit der Schwärmerei, oder dem Aberglauben«.[47]

Den Ansatz einer kompromisslos kritischen und dabei methodisch fundierten Perspektive auf moralische Phänomene teilen beide Autoren. Trotzdem bringt Freud gerade Kant ins Spiel, um ein zentrales Element von dessen Moralphilosophie mit der psychoanalytische Theorie der Gewissensentstehung zu konfrontieren.

Kategorischer Imperativ und psychoanalytischer Gewissensbegriff

Der Vergleich der Freudschen Verwendung des ›bekannten Ausspruchs *Kant's*‹ in seiner *Neuen Folge der Vorlesungen* mit dem Text von Kant sowie die Hinweise auf Kant in Freuds Theorie der Gewissensbildung legen nahe, dass

46 | I. Kant: *Kritik der praktischen Vernunft*, S. 161f.
47 | Ebd., S. 162.

Freud nicht nur ›den bestirnten Himmel‹ und das ›Sittengesetz‹ auf eine Weise identifiziert, wie es bei Kant nicht angedacht ist, sondern auch, dass Freud die Begriffe ›Gewissen‹ und ›Sittengesetz‹ offensichtlich synonym verwendet. Diese undifferenzierte Gleichsetzung eines psychologischen Phänomens und des voraussetzungsreichen moralischen Begriffes des Sittengesetzes ist bei Kant in dieser Form allerdings nicht gegeben.

Andererseits ist Freuds psychoanalytische Kritik des Gewissens, die besonders pathologische Momente des humanen Selbstverhältnisses hervorhebt, keinesfalls unerheblich für moralphilosophische Fragestellungen. Dass die Begründung praktischer Handlungsorientierungen auch auf Selbstmissverständnissen und moralistischen Verzerrungen, auf religiösen und mystizistischen Schwärmereien beruhen kann, ist eine moralkritische Erkenntnis, die die Psychoanalyse wie kaum eine andere wissenschaftliche Disziplin tiefenhermeneutisch methodisch untersuchen und rational begründen kann. Doch vernünftigerweise kann und darf die Kritik Freuds keine *Aufhebung der Moralphilosophie überhaupt* zur Folge haben, sondern fordert – mit guten Gründen – eine radikale Neubewertung der faktischen sittlichen Praxis und eine angemessene Legitimation moralischer Urteile. Eine solche Kritik hat jedoch Kant mit seiner *Kritik der praktischen Vernunft* ebenso zu leisten versucht. Allerdings haben verflachende Rezeptionen nicht selten das kritische Potential der Kantischen Vernunftkritik verkehrt und die Kantische Moralphilosophie nur in ihrer Schwundform als Rigorismus, Rationalismus und leibfeindlichen Idealismus angesprochen. Es ist zu vermuten, dass auch Freuds Wissen über die Kantische Philosophie sich aus solchen missverständlichen Traditionen speist.

Im Folgenden soll gezeigt werden, dass es Freuds Verdienst bleibt, illusionäre und dogmatische Tendenzen der realen sittlichen Praxis aufzudecken, dass er sich aber darin irrt, wenn er in Kant deren Vertreter oder gar Begründer sieht. Der Sinn einer solchen systematischen Gegenüberstellung und Klärung ist, dass einer generellen Kritik der Moral und Moralphilosophie widersprochen werden muss. Die Perspektive einer Bewertung menschlicher Handlungen ist nicht überflüssig oder an sich schon ideologisch verzerrt; Freud selbst beansprucht sie ja implizit mit seinen kritischen Äußerungen. Diese Berichtigung der Freudschen Moralkritik ist notwendig und lohnenswert, weil Freud empirische, psychologische, individual- und soziohistorische und therapeutische Aspekte in den moralischen Diskurs einbringt, die es verhindern, dass die Moralphilosophie die Reibung mit der lebensweltlichen Wirklichkeit verliert. Diese empirischen und kritischen Elemente haben allerdings ihren Ort *innerhalb* der moralphilosophischen Problematik. Auch wenn sie ein moralisches Urteil nicht begründen können, fordern sie eine angemessene Beurteilung heraus.

Es gilt aufzuweisen, wie die Freudsche Psychoanalyse den Blick auf die anthropologische Grundsituation erweitert und schärft und dadurch mögliche illusionäre und ideologische Entstellungen der moralischen Praxis radikaler aufdecken kann, als es Kant getan hat. Darin besteht die kritische und reflexive Funktion der Psychoanalyse. Es ist aber ebenso wahr, dass nur nach einer philosophischen Reflexion auf die Begründbarkeit moralischer Kritik und moralischer Urteile diese Kritik sinnvoll artikuliert werden kann und dass sich Moralkritik von vornherein selbst missversteht, wenn sie nach einer ›Aufhebung der Moral‹ strebt.[48] Die Kantische Moralphilosophie wird nicht nur deswegen als Korrektiv der Freudschen Moralkritik gewählt, weil Freud sich auf Kant bezieht[49], sondern weil die Moralphilosophie Kants, wie bereits im Titel der *Kritik der praktischen Vernunft* ausgesprochen wird, selbst einem vorrangig *kritischen* Anliegen zu seinem Recht verhelfen will, ohne freilich dabei auf die Perspektive der Vernunft zu verzichten. Kants Kritik will bekanntlich die Reinheit der praktischen Vernunftbestimmung als möglich und wesentlich für moralisches Urteilen und Handeln herausstellen. Menschliche Selbsterkenntnis bleibt auf beide Dimensionen angewiesen: Die philosophische Analyse und Reflexion der sittlichen Praxis ist (lebens-)praktisch ebenso

48 | Vgl. Th. Rentsch: »Aufhebung der Ethik«, S. 68–77. Auch der Phänomenologe Hans Reiner bemerkt, dass der Freudsche »Amoralismus« und dessen »ethische Skepsis« in offensichtlichem Gegensatz zu dem von Freud lebenslang praktizierten »persönlichen Ethos der Wahrhaftigkeit« steht (H. Reiner: *Die philosophische Ethik*«, S. 64, vgl. auch S. 72–75). Von einem ›Amoralismus‹ Freuds kann auch gar nicht die Rede sein – eher davon, dass Freud normative Geltungsansprüche für kulturelle Gesellschaften als *selbstverständlich* voraussetzt. In diesem Zusammenhang ist es interessant, dass sich Freud, wie Ernest Jones berichtet, im Jahre 1910 mit dem Plan befasste, »über die lokalen Vereinigungen [psychoanalytischer Gruppen, MV] hinaus eine weitere Organisation zu schaffen. Er schrieb an Jung, daß er mit dem Gedanken spiele, seine Anhänger dazu anzuregen, sich [in, MV] ›irgendeiner größeren Gruppe zur Arbeit für ein praktisches Ideal‹ zusammenzuschließen. [...] Er schrieb: ›Angezogen hat mich der praktische, aggressive wie protektive Zug des Programms, die Verpflichtung, die Autorität des Staates und der Kirche in einzelnen Fällen, wo sie greifbares Unrecht tun, direkt zu bekämpfen‹« (vgl. E. Jones: *Sigmund Freud. Leben und Werk*, Bd. 2, S. 88). Nichts stünde einem Amoralismus ferner. Es ist mithin auch zweifelhaft, ob Reiner damit recht behält, wenn er Freud einen eudämonistischen Hedonismus unterstellt; dagegen wird im nächsten Kapitel der vorliegenden Arbeit argumentiert (vgl. unten S. 147ff.).

49 | Ähnlich verhält es sich beispielsweise bei einem systematischen Vergleich von David Hume und Kant, der philosophiegeschichtlich natürlich näher liegt: Trotz der thematischen Relevanz einer Gegenüberstellung von Humes und Kants Moralphilosophie und obwohl Kant sich ausdrücklich auf Hume bezieht, muss davon ausgegangen werden dass Kant Humes Schriften wohl nie im Original, sondern nur in Übersetzungen rezipiert hat (vgl. J. Rawls: *Geschichte der Moralphilosophie*, S. 201–204).

notwendig wie die Destruktion illusionärer Selbstverständnisse. Deswegen muss zuallererst, über die bisher geäußerten Vermutungen hinausgehend, geklärt werden, was Freud eigentlich unter dem ›kategorischen Imperativ‹ versteht, was überhaupt der Gegenstand seiner genetischen Rekonstruktion und Kritik ist – und wie sich dieses Konzept zur Idee des kategorischen Imperativs bei Kant verhält.

Es ist auffallend, dass die oben angeführten Erwähnungen des kategorischen Imperativs in Freuds Werk bis auf eine Ausnahme erst ab den 1920er Jahren auftauchen, in denen Freud sein zweites ›Strukturmodell‹ (das Instanzenmodell von Ich, Es und Über-Ich) entwickelt. Die Ausnahme betrifft die Erwähnung in *Totem und Tabu*, wo die Rede vom Zwangscharakter des »›Kategorische[n]) Imperativ[s]‹ Kants« ist, »der zwangsartig wirken will und jede bewußte Motivierung ablehnt«.[50] Es ist diese Zwanghaftigkeit, die Freud in seinen späteren Schriften mit dem Wirken der Instanz des Über-Ichs erklären will. Die zusammenfassende Erläuterung, die er in der *Neuen Folge der Vorlesungen zur Einführung in die Psychoanalyse* gibt, verdeutlicht diesen Ansatz: Freud beginnt die 31. Vorlesung über die »Zerlegung der psychischen Persönlichkeit«[51] mit der Bemerkung, dass die Psychoanalyse geschichtlich mit der Untersuchung des *Symptoms* einsetzte, dem ›Ichfremdesten‹, das als Vertreter des Verdrängten gleichsam ›inneres Ausland‹ sei. Dieser dialektische Gedanke, dass etwas zum Ich gehöriges gleichzeitig ›ichfremd‹ sein könne und die Annahme, dass das Ich sich gleichsam selber zum Objekt machen könne, begründet Freud mit der Teilbarkeit des Ichs: »Das Ich ist also spaltbar, es spaltet sich während mancher Funktionen, wenigstens vorübergehend«.[52] Diese Ich-Struktur sei bei gesunden Menschen in ausreichender Weise integriert beziehungsweise gegliedert; den Fall der psychischen Erkrankung bezeichnet Freud metaphorisch mit einem »Bruch oder Riß« und stellt sie dem Normalfall der »Gliederung«[53] des Ichs gegenüber. Im Falle einer Desintegration könnten Betroffene über Verfolgung klagen, die sich darin äußert das »man ihnen mißtraut, daß man erwartet, sie bei verbotenen Handlungen zu ertappen, für die sie gestraft werden sollen«.[54]

Aus diesen pathologischen Phänomenen schließt Freud auf eine zugrunde liegende Struktur des Ichs zurück. Der manifeste und beobachtbare Riss der Persönlichkeit ermutigt Freud zu der grundsätzlichen Annahme, dass

50 | S. Freud: *Totem und Tabu*, S. 4.
51 | Ders.: *Neue Folge der Vorlesungen zur Einführung in die Psychoanalyse*, S. 62.
52 | Ebd., S. 64.
53 | Ebd.
54 | Ebd., S. 64f.

sich die Instanzen dieser Gliederung verselbständigen und gegen die einzige bewusste Instanz des Ichs kehren können. Aber, so Freud,

»[w]ie wäre es, wenn diese Wahnsinnigen Recht hätten, wenn bei uns allen eine solche beobachtende und strafandrohende Instanz im Ich vorhanden wäre, die sich bei ihnen nur scharf vom Ich gesondert hätte und irrtümlicherweise in die äußere Realität verschoben wäre?«[55]

Der starke Eindruck, den das Krankheitsbild des Verfolgungswahnes[56] hinterlässt, veranlasst Freud dazu, einen regelmäßigen Zug in der Struktur des Ichs anzunehmen und »nach den weiteren Charakteren dieser so abgesonderten Instanz zu forschen«.[57] Diese Suche führt ihn zu einem Phänomen, von dem er meint, dass wir es aus dem alltäglichen Leben und von der Erfahrung normativer Orientierung her kennen:

»Schon der Inhalt des Beobachtungswahnes legt es nahe, daß das Beobachten nur eine Vorbereitung ist für das Richten und Strafen, und somit erraten wir, daß eine andere Funktion dieser Instanz das sein muß, was wir unser Gewissen nennen. Es gibt kaum etwas anderes in uns, was wir so regelmäßig von unserem Ich sondern und so leicht ihm entgegenstellen wie gerade das Gewissen. Ich verspüre Neigung, etwas zu tun, wovon ich mir Lust verspreche, aber ich unterlasse es mit der Begründung: mein Gewissen erlaubt es nicht. Oder ich habe mich von einer übergroßen Lusterwartung bewegen lassen, etwas zu tun, wogegen die Stimme des Gewissens Einspruch erhob, und nach der Tat straft mich mein Gewissen mit peinlichen Vorwürfen, läßt mich Reue ob der Tat empfinden«.[58]

Ganz ähnlich wie der schottische Moralphilosoph Adam Smith versteht Freud das Gewissen vor allem als einen ›inneren Richter‹[59], der ein »moralisches Schuldgefühl«[60] verursacht. Damit erkennt Freud allerdings nicht etwa an, dass alle Menschen von Natur aus ein Gewissen in der Art eines moralischen Sinns oder moralischer Gefühle besäßen und also ihrem Wesen und ihren Anlagen nach zum Guten tendierten. Das Gewissen selbst ist nämlich für Freud nicht die gesuchte Instanz, die er schließlich in sein Strukturmodell übernimmt. Diese Instanz soll nur neben anderen Funktionen *auch* eine

55 | Ebd., S. 65.

56 | Die bekannteste Schilderung von Paranoia hat Freud mit seiner Schrift über den Fall Schreber vorgelegt (vgl. ders.: *Psychoanalytische Bemerkungen über einen autobiographisch beschriebenen Fall von Paranoia*).

57 | Ders.: *Neue Folge der Vorlesungen zur Einführung in die Psychoanalyse*, S. 65.

58 | Ebd.

59 | Vgl. A. Smith: *Theorie der ethischen Gefühle*, S. 194, 199–234 und öfter.

60 | S. Freud: *Neue Folge der Vorlesungen zur Einführung in die Psychoanalyse*, S. 67.

›moralische‹ ausüben, aber nicht selbst moralisch motiviert sein. Freud geht davon aus:

»es ist vorsichtiger, diese Instanz selbständig zu halten und anzunehmen, das Gewissen sei eine ihrer Funktionen, und die Selbstbeobachtung, die als Voraussetzung für die richterliche Tätigkeit des Gewissens unentbehrlich ist, sei eine andere«.[61]

Die gesuchte, vom Ich unabhängige Instanz, deren Funktion in der Selbstbeobachtung und im Gewissen – im ›Überwachen und Strafen‹ des Ichs – besteht, nennt Freud ›Über-Ich‹. Die Verselbständigung dieser Funktion kann nun nicht nur in der nach außen projizierten Verfolgung – die für Freud eigentlich eine intrapsychische Beobachtung durch das Über-Ich ist – pathologische Züge annehmen, sondern auch in der Selbstbestrafung des melancholischen Anfalls: Das Über-Ich wirkt hierbei

»überstreng, beschimpft, erniedrigt, mißhandelt das arme Ich, läßt es die schwersten Strafen erwarten, macht ihm Vorwürfe wegen längst vergangener Handlungen, die zu ihrer Zeit leicht genommen wurden, als hätte es das ganze Intervall [während des normalen Zustandes, MV] über Anklagen gesammelt und nur seine gegenwärtige Erstarkung abgewartet, um mit ihnen hervorzutreten und auf Grund dieser Anklagen zu verurteilen«.[62]

Damit zeichnet Freud aber nicht nur das Bild einer Krankheit, in diesem Falle der Melancholie, in der ein Mensch auf unangemessene Weise Vorwürfe in der Form moralischer Urteile gegen die eigene Person richtet. Er geht sogar noch weiter und begreift nicht nur den »moralische[n] Spuk«[63] der Melancholie, sondern *die moralische Praxis als Ganze* als Resultat der Spannungen zwischen Ich und Über-Ich. Der melancholische Anfall ist nur das Symptom des dysfunktionalen Auseinanderbrechens der Instanzen Ich und Über-Ich, die jedoch strukturell auch im ›Normalfall‹ voneinander geschieden sind. Das Gewissen bleibt in allen Fällen eine Funktion des Über-Ichs. Das Über-Ich »vertritt ja überhaupt den Anspruch der Moralität, und wir erfassen mit einem Blick, daß unser moralisches Schuldgefühl der Ausdruck der Spannung zwischen Ich und Über-Ich ist«.[64] Diese Feststellung nutzt Freud, um alle Zweifel auszuschließen, zu einer kritischen Bemerkung gegen Philosophie und Religion: »Es ist eine sehr merkwürdige Erfahrung, die Moralität, die uns angeblich von Gott verliehen und so tief eingepflanzt wurde, als periodisches Phänomen zu sehen«.[65]

61 | Ebd., S. 65.
62 | Ebd., S. 66.
63 | Ebd., S. 67.
64 | Ebd.
65 | Ebd.

Freud erkennt ein Stück »psychologischer Wahrheit« in der Behauptung an, »das Gewissen sei göttlicher Herkunft«[66], weil aus Sicht der Psychoanalyse die Genese von moralischem Gewissen und Religion phylo- und ontogenetisch zusammenfallen.[67] Die Annahme, dass das Gewissen nicht nur »»in uns««, sondern uns auch »von Anfang an«[68] eingepflanzt sei, schreibt Freud als zentrales Moment dem kategorischen Imperativ Kantischer Prägung zu.[69] Damit versucht Freud mit seiner Theorie der Genese des Gewissens einen *Gegenentwurf* zur Kantischen Moralphilosophie aufzustellen. Freud beansprucht, »über die Bildung des Über-Ichs, also über die Entstehung des Gewissens«[70] Aufschluss gegeben zu haben, und er stellt diese Herleitung dem ›bekannten Ausspruch *Kant's*‹ gegenüber.[71]

66 | Ebd.

67 | »Religion, Moral, soziales Empfinden – diese Hauptinhalte des Höheren im Menschen – sind ursprünglich eines gewesen. Nach der Hypothese von *Totem und Tabu* wurden sie phylogenetisch am Vaterkomplex erworben, Religion und sittliche Beschränkung durch die Bewältigung des eigentlichen Ödipuskomplexes, die sozialen Gefühle durch die Nötigung zur Überwindung der erübrigenden Rivalität unter den Mitgliedern der jungen Generation« (Ders.: *Das Ich und das Es*, S. 265f.).

68 | Ders.: *Neue Folge der Vorlesungen zur Einführung in die Psychoanalyse*, S. 76.

69 | Vgl. oben S. 51.

70 | S. Freud: *Neue Folge der Vorlesungen zur Einführung in die Psychoanalyse*, S. 67.

71 | Eine Gemeinsamkeit der Interpretation, die Freud, vielleicht unwissentlich, mit Friedrich Nietzsche teilt. Nietzsche lässt einen Gesprächspartner in seinem Aphorismus *Hoch die Physik!* sagen, er wisse, was recht sei »[w]eil mein Gewissen es mir sagt; das Gewissen redet nie unmoralisch, es bestimmt ja erst, was moralisch recht sein soll!« (F. Nietzsche: *Die fröhliche Wissenschaft*, S. 561). Dem hält Nietzsche ein mangelndes Reflexionsvermögen hinsichtlich der Genealogie dieser Moral vor: »Weisst du Nichts von einem intellectuellen Gewissen? Einem Gewissen hinter deinem ›Gewissen‹? Dein Urtheil ›so ist es recht‹ hat eine Vorgeschichte in deinen Neigungen, Abneigungen, Erfahrungen und Nicht-Erfahrungen; ›wie ist es da entstanden?‹ musst du fragen, und hinterher noch: ›was treibt mich eigentlich ihm Gehör zu schenken?‹ Du kannst seinem Befehle Gehör schenken, wie ein braver Soldat, der den Befehl seines Offiziers vernimmt. Oder wie ein Weib, das Den liebt, der befiehlt. Oder wie ein Schmeichler und Feigling, der sich vor dem Befehlenden fürchtet. Oder wie ein Dummkopf, welcher folgt, weil er Nichts dazu zu sagen hat« (ebd.).
Der Gedanke, zuallererst eine ontogenetische Rekonstruktion des Gewissens als Ergebnis der persönlichen Geschichte und Sozialisation zu versuchen, ist für Freud außerordentlich wichtig. Weitergehende Übereinstimmung besteht darin, dass die Vorstellung der Beziehung von Über-Ich und Ich bei Freud ebenso auf soziale Handlungsformen (Gehorsamkeit gegenüber den liebenden und strafenden Eltern) zurückgeführt wird – hier beweist Nietzsche noch einiges mehr an Vorstellungskraft. Und schließlich gelangt auch Nietzsches Kritik des Gewissens zum kategorischen Imperativ: »Und nun rede mir nicht vom kategorischen Imperativ, [...] diess [sic!] Wort kitzelt mein Ohr, und ich muss lachen, [...] ich gedenke dabei des alten Kant, der, zu Strafe dafür, dass er ›das Ding an sich‹ – auch eine sehr lächerliche Sache – sich erschlichen hatte, vom ›kategorischen Imperativ‹ beschlichen wurde und mit ihm im Herzen wieder zu ›Gott‹, ›Seele‹, ›Freiheit‹ und ›Unsterblichkeit‹ zurückverirrte« (ebd., S. 562). Die Allgemeinheit und Unbedingtheit des Urteils reduziert

Mit den bereits zusammengetragenen Bezügen zu Kant ergibt sich also folgende Rekonstruktion des Verständnisses des kategorischen Imperativs bei Freud: Die Moral wäre danach eine Funktion des Über-Ichs, das dem Ich als Zensurinstanz, als Gewissen, als Sittengesetz oder als kategorischer Imperativ gegenüber tritt. Der Irrtum der Philosophen bestehe in der spekulativ-metaphysischen Illusion, das Gewissen sei als moralische Instanz (innerer Richter) oder moralischer Sinn von Gott naturhaft in das Wesen des Menschen eingelassen, der damit wesenhaft von Grund auf gut sei.

Zusammenfassend lassen sich drei Eigenschaften herausstellen, die Freud dem Gewissen als Über-Ich-Funktion zuschreibt und von denen er behauptet, dass sie Bestandteile des Konzepts des kategorischen Imperativs sind, ohne dass Kant sie in ihrer eigentlichen Wirkung oder ihrem psychischen Ursprung nach beschrieben hätte. Da, wie bereits erwähnt, Freuds Bezugnahme auf Kant sich auf wenige schlagwortartige Bemerkungen beschränkt, lassen sich die Einwürfe Freuds gegen Kant interpretativ rekonstruieren. Freud formuliert sie nicht in dieser Ausführlichkeit, sie ergeben sich jedoch aus seiner Argumentation, seiner Kritik und seinen theoretischen Voraussetzungen; demzufolge geht Freud von folgenden Annahmen aus:

1. *Gewissensphänomene sind zwanghafte psychische Erlebnisse, die sich bis ins Pathologische steigern könnten.* Kant habe diese *Zwanghaftigkeit* als moralische Forderung in eine moralphilosophisch-theologische, ideologische Form gebracht. Das Phänomen des strafenden Gewissens benenne er mit dem moralphilosophischen *terminus technicus* ›kategorischer Imperativ‹.
2. *Kants kategorischer Imperativ schließt jede Form bewusster Motivation aus.* Der kategorischer Imperativ wirke so nicht nur zwangsartig, er beanspruche auch die unbedingte Verpflichtung, dass den durch das Gewissen ›aufgezwungenen‹ Verboten oder Forderungen gegen jede bewusste Überlegung oder Neigung rigoros Folge zu leisten sei.
3. *Kant geht davon aus, dass der kategorische Imperativ vor aller Erfahrung* – Freud liest: ontogenetisch von Anfang an – *als nur theologisch begründbare Instanz moralischen Urteilens im Menschen angelegt sei, der damit wesenhaft gut beziehungsweise moralisch sei.* Die Normen und Werte würden ohne Rücksicht auf individuelle und sozialhisto-

Nietzsche freilich auf die »Selbstsucht [...] sein Urtheil als Allgemeingesetz zu empfinden« (ebd.). Es ist allerdings nicht zutreffend, dass bei Kant die Geltung des moralischen Urteils auf eine Empfindung reduziert werden könnte; die Kritik an der Freudschen Lesart wird auf diesen Punkt zurückkommen, ohne dass Nietzsches Polemik hier weiter besprochen werden kann.

rische Entstehungskontexte aus den Forderungen des Sittengesetzes, also den Forderungen der Gewissensinstanz, abgeleitet.

Im Folgenden sollen diese psychoanalytischen Annahmen Freuds mit zentralen systematischen Anliegen der Kantischen Moralphilosophie konfrontiert werden. Zuerst wird die Genese des Gewissens bei Freud noch eingehender dargestellt. Da Freud allein das Gewissen als moralische Instanz anerkennt, muss geklärt werden, was er sich genau darunter vorstellt. Im Anschluss daran werden die entsprechenden Kernpunkte der Moralphilosophie Kants rekonstruiert. Es wird zu diskutieren sein, ob die in den obigen drei Punkten erwähnten Annahmen Freuds die Moralphilosophie Kants treffen. Sobald in dieser Hinsicht Klarheit besteht, kann danach gefragt werden, inwiefern die Freudsche Moralkritik berechtigt ist, aber auch, inwieweit diese berechtigte Kritik tatsächlich als Vorwurf an die Kantische Moralphilosophie angemessen adressiert ist beziehungsweise welche moralphilosophische Positionen recht eigentlich von dieser Kritik betroffen wären.

Metapsychologie der Gewissensgenese

In der psychoanalytischen Theorie wird das Gewissen von Freud als ›Effekt‹ der Über-Ich-Instanz betrachtet. Bevor diese Instanz und ihre Funktion näher untersucht werden kann, soll das Modell vorgestellt werden, in dem sie beschrieben und in ihrer Genese erklärt wird.

Das Strukturmodell des psychischen Apparats

In den 1920er Jahren entwickelt Freud das so genannte *zweite topische Modell* – auch *Strukturmodell* genannt – das er erstmals in *Das Ich und das Es* (1923) vorstellt. Bereits vor diesem Modell hatte Freud den psychischen Apparat in verschiedene funktionale Systeme oder Schichten unterteilt und eine Topik der Systeme *Ubw, Vbw* und *Bw* verwendet. Es zeigte sich allerdings, dass die Unterteilung in bewusste, vorbewusste[72] und unbewusste Bereiche nicht ausreichend differenziert. Indem das Strukturmodell von den Instanzen *Es, Ich* und *Über-Ich* ausgeht, kann Freud jeder dieser Instanzen bewusste und unbewusste Anteile zuschreiben und Überschneidungen zwischen ihnen annehmen. Diese Systeme sind dabei nur metaphorisch als ›Orte‹ zu

72 | Vorbewusste Inhalte sind für die psychoanalytische Forschung nicht so sehr von Interesse; sie sind nur in einem deskriptiven, nicht aber dynamischen Sinn unbewusst. Es handelt sich dabei um ›Vorstellungsinhalte‹, die zwar *momentan* nicht bewusst sind, aber jederzeit – oder wenigstens zumeist – unproblematisch aktualisiert und bewusst gemacht werden können. Das trifft beispielsweise auf persönliche Erinnerungen, Allgemeinwissen, alltägliches *know how*, verschiedene Daten und dergleichen zu.

verstehen.[73] Diese kritische Einsicht vertritt Freud schon vor der Begründung der Psychoanalyse in seiner Frühschrift *Zur Auffassung der Aphasien* (1891). Dort wendet er sich gegen die reduktionistische These physiologischer Lokalisierungen, nach denen bestimmte Vorstellungen oder Bilder in ganz bestimmten Bereichen der Hirnrinde vermutet werden.[74]

Freuds erstes topisches Modell, vorgestellt im berühmten 7. Kapitel der *Traumdeutung* – »Zur Psychologie der Traumvorgänge«[75] – trifft im Wesentlichen nur die Unterscheidung zwischen bewussten und unbewussten Systemen (*Ubw, Bw*), zwischen denen eine Zensur ausübende Instanz tätig wird. Diese Zensur ist im Falle des Traums für entstellende Eingriffe in das ›Traummaterial‹ verantwortlich. So sollen Verdichtung und Verschiebung[76] verhindern, dass die bei herabgesetzter Aufmerksamkeit im Schlaf aus dem Unbewussten zum Bewusstsein andrängenden Inhalte (verdrängte Wünsche) als solche vom wachen Ich wiedererkannt und damit endgültig bewusst werden können.

Gegenüber diesem Modell ermöglicht das zweite topische Modell mit den drei Instanzen Es, Ich und Über-Ich weit komplexere Erklärungsmöglichkeiten. Freud nimmt hierbei an, dass das Ich ein ausdifferenzierter Teil des unbewussten Es und damit selbst zum Teil unbewusst sei. Zwischen Es und Ich steht allerdings die ebenfalls partiell unbewusste Instanz des Über-Ichs. Im Konzept des Über-Ichs erhält die bis dahin unhinterfragt vorausgesetzte Zensurinstanz[77] eine konkreter gefasste und historisch beschreibbare Form: Das Über-Ich wird ansprechbar als der direkte Erbe der Erziehung und des

73 | Vgl. D. Flader: »Metaphern in Freuds Theorien«; D. E. Leary: »Psyche's Muse«, S. 18f.

74 | Dass wichtige Weichenstellungen für die spätere theoretische Entwicklung schon in diesem frühen Text gelegt wurden, weist Sebastian Goeppert detailliert nach (vgl. ders.: »Die Funktion der Sprache in Freuds ›Zur Auffassung der Aphasien‹«). Noch im späten *Abriss der Psychoanalyse* äußert sich Freud dahingehend kritisch, dass, selbst wenn eine Lokalisation der Bewusstseinsakte technisch *möglich* wäre, damit für deren *Verständnis* nichts geleistet wäre (vgl. ders.: *Abriss der Psychoanalyse*, S. 67).

75 | S. Freud: *Die Traumdeutung*, S. 513–626.

76 | Diese ›Montagetechniken‹ der Traumzensur werden prominent von Lacan wiederbelebt: Die Ersetzungsbeziehungen zwischen Signifikanten, die durch die Metaphernbildung vorgenommen werden, entsprechen Freuds Prinzip der Verdichtung. Lacans Konzept der Metonymie, die syntagmatische Beziehungen zwischen Signifikanten erzeugt, nimmt den Freudschen Begriff der Verschiebung wieder auf.

77 | Jean Laplanche und Jean-Bertrand Pontalis bemerken, dass die von Freud bereits in der *Traumdeutung* (vgl. ebd., S. 147–149) angenommene psychische Macht, die die Traumwünsche entstellt und zensiert, ganz ähnlich wie eine rechtliche Instanz oder ein Tribunal verfährt, das darüber bestimmt, was schicklich und zulässig ist und was nicht. Auch hier liegt eine Nähe zur Metapher des ›inneren Richters‹ vor (vgl. J. Laplanche; J.-B. Pontalis: *Das Vokabular der Psychoanalyse*, Bd. 1, S. 231).

Ödipuskomplexes und somit der Sozialisation und der soziokulturellen Verhältnisse.

Der Weg von der Zensurinstanz der *Traumdeutung* zum Modell von Ich, Es und Über-Ich führt entlang mehrerer Probleme, die Freud im Verlauf seiner wissenschaftlichen und therapeutischen Erfahrungen sammelte. So vermerkt er in »Zur Einführung des Narzißmus« (1914), dass libidinöse Triebregungen einer pathogenen Verdrängung unterliegen können, wenn sie in Konflikt mit kulturellen und ethischen Vorstellungen des Individuums geraten:

»Dieselben Eindrücke, Erlebnisse, Impulse, Wunschregungen, welche der eine Mensch in sich gewähren läßt oder wenigstens bewußt verarbeitet, werden vom anderen in voller Empörung zurückgewiesen oder bereits vor ihrem Bewußtwerden erstickt«.[78]

Freud erkennt darin den Unterschied zwischen zwei Arten des Umgangs mit Triebansprüchen:

1. Triebwünsche können ausgelebt oder zumindest in kulturell sublimierter Art und Weise ersatzhaft befriedigt werden oder
2. die Bildung eines ›Ichideals‹ kann diese Wünsche ins Unbewusste verbannen beziehungsweise damit verbundene Gedanken ›unter Strafe stellen‹.

Bei der *Sublimierung* gelingt die Ablenkung vom sexuellen Triebziel auf ein anderes[79]; die Abfuhr erfolgt etwa durch Arbeit, künstlerische oder wissenschaftliche Tätigkeit. Bei der Idealbildung richtet das Ich ein solches ›Ideal‹ als Instanz innerhalb seiner selbst auf. Diese vor allem sittliche Forderungen stellende Instanz führt durch ihr strenges Regime zur pathogenen Verdrängung, die verhindert, dass befriedigende Handlungen unternommen werden. Daran anschließend vermutet Freud:

»Es wäre nicht zu verwundern, wenn wir eine besondere psychische Instanz auffinden sollten, welche die Aufgabe erfüllt, über die Sicherung der narzißtischen Befriedigung aus dem Ichideal zu wachen, und in dieser Absicht das aktuelle [bewusste, MV] Ich unausgesetzt beobachtet und am Ideal mißt. Wenn eine solche Instanz existiert, so kann es uns unmöglich zustoßen, sie zu entdecken; wir können sie nur als solche agnoszieren und dürfen uns sagen, daß das, was wir unser *Gewissen* heißen, diese Charakteristik erfüllt. Die Anerkennung dieser Instanz ermöglicht uns das Verständnis des sogenannten Beachtungs- oder richtiger *Beobachtungs*wahnes, welcher in der Symptomatologie der paranoiden Erkrankungen so deutlich hervortritt, vielleicht auch als

78 | S. Freud: »Zur Einführung des Narzißmus«, S. 160.

79 | Es gilt jedoch die später vor dem Hintergrund der letzten Triebtheorie getroffene Einschränkung, dass die Sublimierung eine Triebentmischung von erotischen Trieben und Todestrieben bedingt und dabei aggressive Energien freisetzt. Dieser Aspekt wird für Freuds späte Kulturkritik überaus wichtig (vgl. ders.: *Neue Folge der Vorlesungen zur Einführung in die Psychoanalyse*, S. 111f.).

isolierte Erkrankung oder in eine Übertragungsneurose eingesprengt vorkommen kann«.[80]

Im zweiten topischen Modell wird das an dieser Stelle erwähnte, im Ich aufgerichtete ›Ichideal‹ zum konstitutiven Merkmal eines jedes Menschen erklärt. Diese Idealfunktion im weitesten Sinne wird dem Über-Ich zugeschrieben. Zu den erwähnten Merkmalen der Verbots- und Idealfunktion kommt die in *Trauer und Melancholie* (1916) geschilderte, übertrieben selbstkritische Aggressivität[81] des Ichideals, die Freud zuerst als pathologisches Merkmal ausschließlich der Melancholie zuordnet, später jedoch zum allgemeinen Merkmal des Gewissens als Funktion des Über-Ichs erklärt.

Auch zur Entstehung des Ichideals klingen in den frühen Schriften bereits Motive an, die in der späteren Theorie vom Über-Ich dann genauer ausgearbeitet werden:

»Die Anregung zur Bildung des Ichideals, als dessen Wächter das Gewissen bestellt ist, war nämlich von dem durch die Stimme vermittelten kritischen Einfluß der Eltern ausgegangen, an welche sich im Laufe der Zeiten die Erzieher, Lehrer und als unübersehbarer, unbestimmter Schwarm alle anderen Personen des Milieus angeschlossen hatten. (Die Mitmenschen, die öffentliche Meinung.)«.[82]

Über diese beispielhaft ausgewählten Stationen der psychoanalytischen Theorieentwicklung gelangt Freud schließlich zum Instanzenmodell des psychischen Apparates, welches ihm ermöglicht, seine klinischen Erfahrungen mittels eines differenzierteren begrifflichen Systems zu artikulieren. Die verschiedenen Aspekte können damit als Funktionen auf eine Instanz zurückgeführt werden, die unabhängig vom Ich und teilweise unbewusst wirkt. Das Über-Ich – als aggressive Instanz des Verbots (des Gesetzes) und der Idealisierung – konnte als anthropologisches Merkmal nach seiner Genese befragt werden. Zudem war das metaphorische Modell, das die menschliche Psyche als schwer bis gar nicht zu durchschauendes System der Dynamik von Es, Ich und Über-Ich begriff, geeignet, ein neues Menschenbild zu entwerfen. ›Neu‹ nicht etwa deswegen, weil Freud verschiedene Seelenteile annimmt – diese Idee findet sich schon bei Platon und den Neuplatonikern –, sondern weil Freud ›kränkende‹ Konsequenzen zieht, mit denen er das Bild eines von Natur aus selbstmächtigen, selbstbewussten und guten Menschen zurückweist und damit unbequeme Folgerungen über die gesellschaftliche Praxis seiner Zeit verbindet.

80 | Ders.: »Zur Einführung des Narzißmus«, S. 162.
81 | Vgl. ders.: »Trauer und Melancholie«, S. 143f.
82 | Ders.: »Zur Einführung des Narzißmus«, S. 163.

Zu den Kränkungen[83] der Psychoanalyse zählt ihre grundsätzliche Behauptung, derzufolge sich das Seelenleben wesentlich unbewusst vollzieht und nur ein kleiner Anteil von Bewusstsein begleitet und überhaupt der Introspektion zugänglich ist. Das Bild der drei Instanzen erlaubt nun die Kombination verschiedener Beziehungsverhältnisse, etwa von Es – Ich, von Ich – Über-Ich, aber auch von Es – Über-Ich. Um die Entstehung des Gewissens nach dieser Theorie zu vergegenwärtigen, sollen die drei Instanzen näher beschrieben werden: Das Es ist nach Freud

»der dunkle, unzugängliche Teil unserer Persönlichkeit; das wenige, was wir von ihm wissen, haben wir durch das Studium der Traumarbeit und der neurotischen Symptombildung erfahren und *das meiste davon hat negativen Charakter,* läßt sich nur als Gegensatz zum Ich beschreiben. *Wir nähern uns dem Es mit Vergleichen,* nennen es ein Chaos, einen Kessel voll brodelnder Erregungen. Wir stellen uns vor, es sei am Ende gegen das Somatische offen, nehme da die Triebbedürfnisse in sich auf, die in ihm ihren psychischen Ausdruck finden, wir können aber nicht sagen, in welchem Substrat«.[84]

Neben der die Psychoanalyse von Anfang an begleitenden Annahme unbewusster Triebregungen, die der Instanz des Es zugeschrieben werden, verbindet Freud mit seinem Instanzenmodell offensichtlich auch erkenntniskritische Einsichten. Die Psychoanalyse will die bewusste Auseinandersetzung des Ichs – des selbstbewussten Menschen – mit sich selbst fördern. Hinsichtlich der unbewussten Vorgänge kann sie jedoch nur rekonstruktiv-deutend tätig werden. Sie stützt sich dabei auf das in der vom Anpassungsdruck sozialer Sanktionen befreiten analytischen Situation (der Therapiesitzung) gewonnene Material des unzensierten Erzählens, der Traumerinnerungen und anderer assoziativer Sprechakte.

Das Es steht für Aspekte der leiblich-triebhaften Bedingtheit des Menschen, mit der das Ich sich faktisch konfrontiert sieht, ohne sich dieser Bedingungen je vollends vergewissern zu können. Freud geht allerdings mit dem zweiten

83 | Freud spricht selbst von den ›Kränkungen‹ der Psychoanalyse (vgl. ders.: »Eine Schwierigkeit der Psychoanalyse«, S. 6–9). Gemeint ist natürlich keine Beleidigung oder Herabsetzung des Menschen, sondern eine Kränkung des ›Narzißmus‹, der »Eigenliebe der Menschheit« (ebd., S. 6), die vermittels der kosmologischen Erschütterung des Weltbildes durch Kopernikus, der biologischen Lehre Darwins und schließlich der Psychoanalyse Freuds vollzogen wird und die anthropozentrische Illusion des Menschen als Herrn im eigenen Hause ›ent-täuscht‹, also von Täuschungen befreit. Der in der narzisstischen Illusion befangene Mensch empfindet diesen wissenschaftlichen Schritt zum Realitätsprinzip naturgemäß als unbehaglich. Die Kränkungen sind indes Teil einer ›Erziehung zur Realität‹ (Dieses Konzept stellt Yigal Blumenberg in das Zentrum seiner Überlegungen in: »Freud – ein ›gottloser Jude‹? Zur Frage der jüdischen Wurzeln der Psychoanalyse«.).

84 | S. Freud: *Neue Folge der Vorlesungen zur Einführung in die Psychoanalyse*, S. 80.

topischen Modell noch einen Schritt weiter, wenn er behauptet, dass das Ich nur ein »besonders differenzierter Anteil des Es«[85] sei. Das Ich ist mit der bewussten Wahrnehmung und Realitätsprüfung ›betraut‹ und soll den Triebaufschub beziehungsweise den Triebverzicht ermöglichen, damit der gesamte Organismus unter den Bedingungen der Wirklichkeit (des Realitätsprinzips) überhaupt existieren und seine Bedürfnisse so gut als möglich befriedigen kann. Triebaufschub, -verzicht und -befriedigung müssen diesen ›Umweg‹ gehen, da im Es uneingeschränkt das Lustprinzip regiert, was bedeutet, dass diese Instanz ohne Unterlass die sofortige Befriedigung aktueller Triebregungen fordert. Freud formuliert allgemein:

»Das Ich repräsentiert, was man Vernunft und Besonnenheit nennen kann, im Gegensatz zum Es, welches die Leidenschaften enthält. Dies alles deckt sich mit allbekannten populären Unterscheidungen, ist aber auch nur als durchschnittlich oder ideell richtig zu verstehen«.[86]

Mit der Einführung dieses der Anschauung entgegenkommenden Modells sieht sich Freud zwar der Kritik ausgesetzt, einen weiteren Teil der wissenschaftlichen Theorie durch Spekulation zu ersetzen.[87] Es ist jedoch wichtig, in den theoretischen Neuerungen Freuds den Versuch zu sehen, die Anschaulichkeit der psychoanalytischen Deutungen zu verbessern und die Psychoanalyse für das alltagspraktische Verstehen zu öffnen, ohne dabei völlig in *common sense*-Psychologie zu verfallen und dabei jegliche Distanz zur Lebenswelt aufzugeben. Was für die einen ein Anthropomorphismus sein mag, kann aus szientismuskritischer Perspektive als Versuch gewürdigt werden, den Menschen in den Mittelpunkt der psychologischen Betrachtungen zu stellen[88] und dabei primär den Fokus auf die Spuren der Sozialisation zu richten, statt auf neurophysiologische Besetzungen. Dadurch werden nicht etwa biologische Grundlagen geleugnet; es ist vielmehr zu beachten, dass neurophysiologische Theorieentwürfe selbst erst auf dem theoretisch nicht gänzlich einholbaren Fundament menschlicher Praxis aufbauen. Erst das Projekt einer methodischen Selbsterkenntnis des Menschen gibt vor, welche Antworten überhaupt gesucht werden und welche Rolle bestimmte Teilbereiche wissenschaftlicher Forschung spielen können.

Das Freudsche Instanzenmodell ist im Ansatz zu begrüßen, es muss darüber hinaus jedoch seine Erklärungskraft unter Beweis stellen. Die Annahme

85 | Ders.: *Das Ich und das Es*, S. 267.

86 | Ebd., S. 253.

87 | So urteilt auch Thomas Köhler, der Freud jedoch grundsätzlich wohl gesonnen ist (vgl. ders.: *Freuds Schriften zu Kultur, Religion und Gesellschaft. Eine Darstellung und inhaltskritische Bewertung*, S. 88).

88 | Vgl. D. Lagache: »La psychanalyse et la structure de la personnalité«, S. 12–13.

eines Über-Ichs ermöglicht auf genetischer Ebene das Verständnis dieser Instanz als ›Produkt‹ der frühkindlichen, familiären Interaktion, sowie damit verbundener und sich anschließender Erziehungsprozesse. Dabei schränkt die Charakterisierung des Über-Ichs als vom Ich unabhängige *Instanz* die Autonomie des Ichs ein, formuliert aber damit erst die Bedingungen, unter denen das Ich überhaupt tätig werden und ein angemessenes Selbstverständnis entwickeln kann. Die Wirkungsweise des Über-Ichs *kann* sich in pathologischen Phänomenen wie Strafbedürfnis oder Beobachtungswahn äußern. Diese sind gerade nicht auf bewusste Entschlüsse des Individuums zurückzuführen, sondern werden vom bewussten Ich als (neurotisches) Leiden erlebt. Innerhalb des psychoanalytischen Modells wird eine Perspektive eröffnet, um diese pathologischen Defekte unter Berücksichtigung der Sozialisierung verstehbar zu machen, deren vielfältige Bedingungen und Ursachen genauer erforscht werden müssen.

Durchaus bezeichnend ist Freuds Charakterisierung des Ichs als Repräsentant von ›Vernunft und Besonnenheit‹. Gerade hier operiert Freud ersichtlich mit praktischen Konzepten, die auf Reflexion und Autonomie verweisen. Freud erklärt es nicht zur Illusion, *dass* das Ich zu vernünftigen Überlegungen und besonnenem Verhalten fähig ist.[89] Diese Fähigkeit der Selbstbestimmung wird vielmehr durch unangemessene, verabsolutierte Vorstellungen von Autonomie verunmöglicht, die von Idealisierungen abgeleitet werden. Deren Quelle entdeckt Freud wiederum im unnachgiebig und perfektionistisch fordernden ›moralischen‹ Über-Ich.

Freud waren traditionelle Gleichnisse der Seelenteile natürlich bekannt. Um sein Modell zu illustrieren, verwendet er in abgewandelter Form das aus der Platonischen Philosophie bekannte Reitergleichnis der Seele:

»Die funktionelle Wichtigkeit des Ichs kommt darin zum Ausdruck, daß ihm normaler Weise die Herrschaft über die Zugänge zur Motilität eingeräumt ist. Es gleicht so im Verhältnis zum Es dem Reiter, der die überlegene Kraft des Pferdes zügeln soll, mit dem Unterschied, daß der Reiter dies mit eigenen Kräften versucht, das Ich mit geborgten. Dieses Gleichnis trägt ein Stück weiter. Wie dem Reiter, will er sich nicht vom Pferd trennen, oft nichts anderes übrig bleibt, als es dahin zu führen, wohin es

89 | Auch Joel Whitebook bemerkt in einem Aufsatz zur Ich-Autonomie, dass Freud gerade *nicht* den Unterschied zwischen Vernunft und Begehren in einen »Monismus des Begehrens« (J. Whitebook: »Ein Stückchen Selbständigkeit. Das Problem der Ich-Autonomie«, S. 39) auflösen will, wie es Lacan interpretiert, dem Whitebook folgerichtig eine »monolithische und völlig undialektische Auffassung des Ichs« (ebd., S. 41) vorwirft (zu Lacans Ansicht vgl. J. Lacan: *Das Seminar von Jacques Lacan. Buch II (1954–1955): Das Ich in der Theorie Freuds und in der Technik der Psychoanalyse*, S. 214).

gehen will, so pflegt auch das Ich den Willen des Es in Handlung umzusetzen, als ob es der eigene wäre«.[90]

Mit der zuletzt genannten Ergänzung des Gleichnisses, die Freud später ironisch als »nicht ideale[n] Fall«[91] bezeichnet, will er die Selbstherrlichkeit des auf das Bewusstsein fixierten Denkens unterlaufen: Verdrängte, für das Ich inakzeptable Triebwünsche können befriedigt und mit bedarfsgerechten Rationalisierungen versehen werden – oder sie werden im neurotischen Symptom zwanghaft als Ersatzleistungen ausagiert. Dieses modellhaft dargestellte Verhältnis von Es und Ich steigert die Sensibilität dafür, dass auch die bewussten Wünsche des Menschen eine nicht leicht oder gar nicht zu durchschauende Geschichte haben oder Motivationen folgen können, die den Idealforderungen des Selbstbildes des ›guten‹ Menschen entgegen stehen. Für die Moralphilosophie ergibt dies den kritischen Hinweis, dass auch in alltäglichen Situationen unsere Selbstbeschreibung gerade dann unzureichend sein kann, wenn wir uns im vollen Ernst als moralisch gut Handelnde sehen oder darstellen. Über unsere Motive werden wir uns in den wenigsten Fällen erschöpfende Klarheit verschaffen können. Um so wichtiger ist es, so lehrt auch Kant, in problematischen Fällen eine Begründung für unser Handeln geben zu können, die sich nicht nur auf subjektive, ›in uns verborgene‹ Motive bezieht, sondern sich an allgemeinen, der diskursiven Prüfung zugänglichen Grundsätzen orientiert und sich *darüber* legitimiert. Die entsprechende Intuition, dass unsere bewusste Selbsterkenntnis epistemologisch an ihre Grenzen stößt, hat Freud im Verhältnis von Es und Ich geäußert. Doch ist das Gebiet des Gewissens gerade erst betreten, nicht abgeschritten.

Die strafende Instanz

Die Instanz des Über-Ichs ist eine der interessantesten Neuerungen innerhalb des gerade vorgestellten zweiten topischen Modells, da Freud sich hier verstärkt kulturellen und sozialen Fragestellungen zuwendet.[92] Die Psychoanalyse ging von Anfang an davon aus, dass die Wiederkehr der verdrängten

90 | S. Freud: *Das Ich und das Es*, S. 253.

91 | Vgl. auch ders.: *Neue Folge der Vorlesungen zur Einführung in die Psychoanalyse*, S. 83.

92 | Für Helmut Dahmer stellt sich die wissenschaftliche Entwicklung der Freudschen Psychoanalyse entsprechend als »Triumph der dialektischen Theorie von Selbstentfremdung und Wiederaneignung inmitten der Ära des triumphierenden Positivismus dar«; mit dieser Neuorientierung gäbe Freud zusehends seine anfänglichen, physikalistischen Voraussetzungen auf und werde »zum Psychologen und ersten Sozialisationstheoretiker« (ders.: *Libido und Gesellschaft. Studien über Freud und die Freudsche Linke*, S. 23). Allerdings ist es wohl eher so, dass Freud seine physikalistischen Voraussetzungen niemals gänzlich aufgab, sondern um hermeneutische und soziokulturelle Aspekte erweiterte.

Triebregungen in entstellter Form zu erwarten sei und manche scheinbar bewusste Äußerung nicht das ist, was sie scheint. Am Über-Ich versucht Freud aber zu zeigen, dass nicht nur individuelle Wünsche, sondern auch soziale Normen im ›psychischen Apparat‹ eine Rolle spielen und dabei selbst unbewusst wirken können, wobei sie ihre Energie aus dem Es beziehen.

Die Entstehung des Gewissens wird von Freud primär als Sozialisationsfunktion betrachtet. Im *Abriss der Psychoanalyse* beschreibt er das Über-Ich wie folgt:

> »Als Niederschlag der langen Kindheitsperiode, während der der werdende Mensch in Abhängigkeit von seinen Eltern lebt, bildet sich in seinem Ich eine besondere Instanz heraus, in der sich dieser elterliche Einfluss fortsetzt. Sie hat den Namen des *Überichs* erhalten. Insoweit dieses Überich sich vom Ich sondert oder sich ihm entgegenstellt, ist es eine dritte Macht [neben der ›Außenwelt‹/Realität und dem Es, MV], der das Ich Rechnung tragen muss«.[93]

Die Herausbildung der Über-Ich-Instanz denkt Freud eng verbunden mit der elterlichen Erziehung. Diese operiert danach mit zwei grundlegenden Prinzipien: der »Gewährung von Liebesbeweisen und durch Androhung von Strafen«.[94] So lange das Kind den Entzug der elterlichen Liebe und die Strafen fürchte, passe es seine Handlungen aus Angst den elterlichen Forderungen an.[95] In dieser frühkindlichen Situation kann von Über-Ich oder Gewissen noch gar nicht die Rede sein. Erst wenn die psychische Über-Ich-Instanz vollständig die Stelle der Elterninstanz eingenommen hat, ist die Gewissensbildung vollzogen und die elterlichen Gebote und Verbote sind Teil der Persönlichkeit geworden. In der Folge steht das Ich unter ständiger Beobachtung und Bedrohung des Über-Ichs.

Wie aber erklärt Freud die Genese des Über-Ichs? Er nimmt an, dass das

---

Es macht nicht den Eindruck, als hätte Freud das Problem des Positivismus als bedrohlich empfunden, vielmehr setzte er Zeit seines Lebens in dieses Programm die größten Hoffnungen, was ihm von Jürgen Habermas den Vorwurf des ›szientistischen Selbstmissverständnisses‹ einbrachte (vgl. ders.: *Erkenntnis und Interesse*, S. 300–332). Freuds Einstellung verdankt sich allerdings weniger einem unbedingten Willen zum Reduktionismus, als seiner antireligiösen und damit verbundenen antimetaphysischen Grundhaltung (vgl. P. Gay: *»Ein gottloser Jude«. Sigmund Freuds Atheismus und die Entwicklung der Psychoanalyse*).

93 | S. Freud: *Abriss der Psychoanalyse*, S. 69.

94 | Ders.: *Neue Folge der Vorlesungen zur Einführung in die Psychoanalyse*, S. 68.

95 | Ludger van Gisteren bezeichnet die Freudsche Genealogie der Moral entsprechend als Muster einer ›Konflikttheorie‹. Freud bringe die richtige Intention zum Ausdruck »*daß sich die Identität des Einzelnen und die des Kollektivs in kommunikativen Bildungsprozessen* [. . .] *durch die konstruktive Lösung von Konflikten konstituieren*« (ders.: »Zur Genealogie der Moral bei Habermas und Freud«, S. 58).

Kind die libidinösen Besetzungen seiner primären Objekte des Begehrens (der Eltern) aufgeben muss aufgrund des durch Verbote und Vorschriften vermittelten Inzesttabus. In einem fluchtartigen Rückzug (Regression) auf die früheste Phase der psychischen Entwicklung, die orale Phase, reagiert es statt mit einer gänzlichen Aufgabe dieser Objekte mit ihrer (an die orale Phase angelehnten) ›Einverleibung‹. So entwickelt sich zuerst eine internalisierte Elterninstanz, die später durch weiter reichende – moralische, religiöse, schulische – Erziehung zum Über-Ich erstarkt.

Freud hatte bereits in *Trauer und Melancholie* vermutet, dass verlorene Objekte, für die keine angemessene Trauerarbeit geleistet werden kann, in das Ich integriert werden und dort ›weiterleben‹. In *Das Ich und das Es* nimmt er später einen analogen Vorgang für *jeden* Vorgang der Charakterbildung an. Jedes Kind lernt, die vom Es ausgehende, triebhafte Besetzung der Eltern als Sexualobjekte zu verdrängen. Die Objekte sind also nicht wie bei einem realen Verlust wirklich verloren und werden betrauert; sie sind aber als Objekte des Wunsches aufgegeben und werden ersatzweise als Identifizierungen im eigenen Ich ›aufgerichtet‹ und als ›Ideal-Ich‹ positiv besetzt.[96] Als psychische Instanzen üben diese idealisierten Identifikationen aber immer noch charakteristische Erziehungsmaßnahmen, nämlich die erwähnten verbietenden und strafenden Funktionen aus. Freud meint also, dass die Charakterbildung wesentlich durch die Geschichte von strukturell ähnlichen, frühkindlichen Objektwahlen bestimmt ist:

»Vielleicht ist diese Identifizierung überhaupt die Bedingung, unter der das Es seine Objekte aufgibt. Jedenfalls ist der Vorgang zumal in frühen Entwicklungsphasen ein sehr häufiger und kann die Auffassung ermöglichen, daß der Charakter des Ichs ein Niederschlag der aufgegebenen Objektbesetzungen ist, die Geschichte dieser Objektwahlen enthält«.[97]

Für den Fall der ödipalen Situation des Jungen schildert Freud folgenden allgemeinen Verlauf: In Bezug auf die Mutter erfolgt eine Objektwahl nach dem *Anlehnungstypus*, das heißt, durch die orale Befriedigung des Nahrungsbedürfnisses während des Saugens wird zuerst die Mutterbrust und später die Mutter selbst erotisch besetzt.[98] Die erotische (im Sinne von: lustvoll

96 | Die Unterscheidung zwischen Objektwahl und Identifizierung und ihren möglichen Zusammenhang diskutiert Freud ohne zu voller Sicherheit zu gelangen (vgl. ders.: *Neue Folge der Vorlesungen zur Einführung in die Psychoanalyse*, S. 70f.); es komme, so Freud, darauf an, die Einsetzung des Über-Ichs als gelungene Identifizierung mit der Elterninstanz zu erkennen. Ob dem in jedem Falle eine Objektwahl zugrunde liege, der eine ›kannibalistische‹ Einverleibung folgt, sei nicht ausgemacht; die Aufgabe der Objektbesetzung könne auch eine Verstärkung bereits bestehender Identifizierungen zur Folge haben.

97 | Ders.: *Das Ich und das Es*, S. 257.

98 | Das sich an das Saugen anlehnende ›Daumenlutschen‹ ist für Freud ein Anlass,

erlebte) Befriedigung findet das Kind beim Stillen, Spielen, bei Zärtlichkeiten, Körperhygiene und ähnlichen Gelegenheiten. Da Freud eine ursprüngliche Bisexualität annimmt, erfolgt gleichzeitig (oder später) eine Identifizierung mit dem Vater, dessen sich das Kind allerdings nicht ›bemächtigen‹ kann:

»Der kleine Knabe legt ein besonderes Interesse für seinen Vater an den Tag, er möchte so werden und so sein wie er, in allen Stücken an seine Stelle treten. Sagen wir ruhig: er nimmt den Vater zu seinem Ideal«.[99]

Der so genannte Ödipuskomplex entsteht dadurch, dass die sexuellen Wünsche bezüglich der Mutter erstarken, aber gleichzeitig wahrgenommen wird, dass der Vater diesen Wünschen entgegensteht. Es existieren dann zwei psychologisch verschiedene Bindungen: »zur Mutter eine glatt sexuelle Objektbesetzung, zum Vater eine vorbildliche Identifizierung«.[100] Mit dem damit verbundenen ›Todeswunsch‹, den Vater zu beseitigen oder der Hoffnung, er möge ›verschwinden‹, nimmt die Identifizierung eine negative Tönung an, die dem Verhältnis zum Vater die für psychoanalytische Beschreibungen typische Ambivalenz verleiht. Für den ›Untergang‹, die ›Aufhebung‹ oder die Bewältigung des Ödipuskomplexes stellt sich Freud zwei Möglichkeiten vor: Um die Besetzung der Mutter aufzugeben, findet entweder eine Identifizierung mit ihr oder die Verstärkung der Identifizierung mit dem Vater statt.[101] Der letzte Fall wird im allgemeinen als der ›normale‹ betrachtet. Der männliche Charakter des Kindes wird durch die verstärkte Vateridentifizierung gefestigt, die zärtliche (und damit in Relation zum ursprünglichen Begehren ›zielgehemmte‹) Beziehung zur Mutter kann aufrecht erhalten werden und ermöglicht die spätere Wahl eines neuen, sekundären Sexualobjekts. Die Bedeutung der Sexualentwicklung, des Ödipuskomplexes und der verschiedenen Identifizierungen für die Charakterbildung, die positiv oder negativ ausfallen können[102], fasst Freud so zusammen:

---

auf die infantile Sexualität zu schließen, weil dieses »Wonnesaugen« ausschließlich der Lustbefriedigung dient: »Das *Ludeln* oder *Lutschen*, das schon beim Säugling auftritt und bis in die Jahre der Reife fortgesetzt werden kann, besteht in einer rhythmisch wiederholten saugenden Berührung mit dem Munde (den Lippen), wobei der Zweck der Nahrungsaufnahme ausgeschlossen ist« (*Drei Abhandlungen zur Sexualtheorie*, S. 80). Zur Erläuterung dieses weiten Begriffs von Sexualität vgl. F. Früh: »Warum wird die infantile Sexualität sexuell genannt?« und aus der Perspektive der Säuglingsforschung M. Dornes: »Infantile Sexualität und Säuglingsforschung«. Martin Dornes hat mit *Der kompetente Säugling. Die präverbale Entwicklung des Menschen* und den nachfolgenden Bänden eine bahnbrechende Verbindung von Psychoanalyse und empirischen Ergebnissen der Säuglingsforschung vorgelegt.

99 | S. Freud: *Massenpsychologie und Ich-Analyse*, S. 115.

100 | Ebd.

101 | Vgl. ders.: *Das Ich und das Es*, S. 260.

102 | Das heißt, die Identifizierung kann positiv oder negativ (abwehrend) ausfallen; die verschiedenen tatsächlichen Kombinationsmöglichkeiten ergeben dann jeweils einen

»*So kann man als allgemeinstes Ergebnis der vom Ödipuskomplex beherrschten Sexualphase einen Niederschlag im Ich annehmen, welcher in der Herstellung dieser beiden, irgendwie miteinander vereinbarten Identifizierungen besteht. Diese Ichveränderung behält ihre Sonderstellung, sie tritt dem anderen Inhalt des Ichs als Ichideal oder Über-Ich entgegen*«.[103]

Nach dem Modell der Genese des Über-Ichs gilt dieses als Niederschlag der primären Objektwahlen und somit als Ergebnis erzieherischer Maßnahmen und der Art und Weise früher Objektbeziehungen. Hinsichtlich des Vaters bedeutet das beispielsweise, dass dieses ›Objekt‹ introjiziert wird und zwar nicht nur in der Form, dass bestimmte, von Freud als ›männlich‹ charakterisierte Verhaltensformen übernommen werden, sondern vor allem moralische Gebote und Verbote. Diese Identifizierung, so präzisiert Freud später in der *Neuen Folge der Vorlesungen zur Einführung in die Psychoanalyse*, ist nicht so sehr als Identifizierung mit der konkreten Person zu denken, als vielmehr mit den Vorgaben, von denen diese Autoritäten (die Eltern) durch ihr jeweils eigenes Über-Ich bestimmt werden:

»So wird das Über-Ich des Kindes eigentlich nicht nach dem Vorbild der Eltern, sondern des elterlichen Über-Ichs aufgebaut; es erfüllt sich mit dem gleichen Inhalt, es wird zum Träger der Tradition, all der zeitbeständigen Wertungen, die sich auf diesem Wege über Generationen fortgepflanzt haben«.[104]

»vollständigeren Ödipuskomplex«, während der »klassische« Ödipuskomplex einer »Vereinfachung oder Schematisierung« entspricht (ders.: *Das Ich und das Es*, S. 261).

103 | Ebd., S. 262.

104 | Ders.: *Neue Folge der Vorlesungen zur Einführung in die Psychoanalyse*, S. 73. Dass Freud an dieser Stelle vom ›elterlichen Über-Ich‹ im Singular handelt, erklärt sich wohl mit einer Intuition, die er einige Jahre später als Idee eines »Kultur-Über-Ichs« einer Kulturepoche andeutet (ders.: *Das Unbehagen in der Kultur*, S. 502). Ganz ähnlich wie in der infantilen Situation die elterliche Autorität auf das Kind stark wirke, beruhe das Kultur-Über-Ich auf dem »Eindruck, den große Führungspersönlichkeiten hinterlassen haben [...]. Ein anderer Punkt der Übereinstimmung ist, daß das Kultur-Über-Ich ganz wie das des Einzelnen strenge Idealforderungen aufstellt, deren Nichtbefolgung durch ›Gewissensangst‹ bestraft wird«. Hinsichtlich des persönlichen Über-Ichs »machen sich nur die Aggressionen des Über-Ichs im Falle der Spannung als Vorwürfe überlaut vernehmbar, während die Forderungen selbst im Hintergrunde oft unbewußt bleiben. Bringt man sie zur bewußten Erkenntnis, so zeigt sich, daß sie mit den Vorschriften des jeweiligen Kultur-Über-Ichs zusammenfallen. An dieser Stelle sind sozusagen beide Vorgänge, der kulturelle Entwicklungsprozeß der Menge und der eigene des Individuums regelmäßig miteinander verklebt«. Die Forderungen des Kultur-Über-Ichs beträfen »die Beziehungen der Menschen untereinander [...] als Ethik« (ebd., S. 501f.). Danach hätte also jedes Elternteil zwar ein eigenes Über-Ich, dessen Forderungen es jedoch nicht gänzlich durchschaut; beide bezögen sich aber auf das selbe gesellschaftlich anerkannte Kultur-Über-Ich (vgl. auch unten S. 122). Freud nennt als Beispiel Jesus Christus; aus soziologischer Sicht lässt sich am ehesten an die Führerfigur der ›charismatischen Herrschaft‹ bei Max Weber denken (vgl. ders.: *Wirtschaft und Gesellschaft*, S. 140–148).

Die Funktion der endopsychisch ›aufgerichteten‹ Instanz erschöpft sich nach Freud »nicht allein in der Mahnung: So (wie der Vater) *sollst* du sein, sie umfaßt auch das Verbot: So (wie der Vater) *darfst du nicht sein*, das heißt, nicht alles tun, was er tut; manches bleibt ihm vorbehalten«.[105] Das betrifft in erster Linie natürlich die ödipalen Wünsche (Begehren der Mutter, Beseitigen des Vaters). Die Über-Ich-Instanz unterstützt den Verdrängungsvorgang dieser Wünsche.[106] Da diese Wünsche im Unbewussten – nach dem neuen Modell: im Es – zeitlos erhalten bleiben, wirken die Verbote des Über-Ichs dem Drängen dieser Wünsche zur Bewusstwerdung unbewusst entgegen oder werden als Gewissensphänomene wahrgenommen.

Freud unterscheidet zwischen unbewussten und bewussten ›Eingriffen‹ des Über-Ichs. Zum einen würden unbewusste Wünsche vom Über-Ich davon abgehalten werden, bewusst zu werden. Dies ist beispielsweise der Fall, wenn innerhalb der analytischen Situation signifikantes Schweigen oder ein permanentes Ausbleiben von Einfällen auftritt. Freud deutet dies als unbewussten Widerstand gegen eine Bewusstwerdung verdrängter Inhalte. Zum anderen werden auch alle Vorgänge dem Über-Ich zugeschrieben, in denen das Subjekt sich objektiviert, beobachtet, sein Verhalten kontrolliert und sich selbst Schuld zuweist. Dem Einwand, dass er hiermit nur alltagspsychologisches Wissen auf sein Strukturmodell übertrage und willkürlich Instanzen einführe, begegnet Freud mit dem Argument, dass die Hilflosigkeit und das Leiden des Ichs in pathologischen Fällen (wie Beobachtungs- und Verfolgungswahn) kaum anders vorgestellt werden könne, denn als Abhängigkeit von solchen vom Ich unkontrollierbaren Instanzen.[107] Analoge Vorgänge müssten, so Freud, wenngleich mit graduellen Unterschieden, auch im ›normalen‹ Seelenleben stattfinden; wenngleich in den nichtpathologischen Fällen ein ausreichendes Maß an Genuss- und Leistungsfähigkeit beibehalten und durch Triebbefriedigung und Sublimierung Libido ›abgeführt‹, also Befriedigung erreicht werden kann. In pathologischen Fällen sind diese Bedingungen gerade nicht gegeben, wobei in den Symptomen die Mechanismen und Funktionen des psychischen Apparates – für den kundigen Interpreten – deutlicher zu Tage treten.[108] Bewusstseinsfähig sind die Funktionen des Über-Ichs in Freuds Theorie demnach in der Selbstbeobachtung, in der das Ich sich objektiviert

105 | S. Freud: *Das Ich und das Es*, S. 262.

106 | Wenn Freud die Instanz des Über-Ichs auch erst in seinem zweiten topischen Modell einführte, mit dem er die bloße Unterscheidung zwischen un- und vorbewusst sowie bewusst ergänzte, waren ihm die Funktionen der Idealbildung und der Zensur verdrängter Wünsche schon früher bekannt – man denke nur an die oben (vgl. S. 61) erwähnte Traumzensur.

107 | Vgl. ders.: *Neue Folge der Vorlesungen zur Einführung in die Psychoanalyse*, S. 66f.

108 | Hier liegt Grund für den methodisch-kritischen Zugriff auf die Normalität und alltägliche Lebenswelt: »Wenn es richtig bleibt, dass die Neurosen sich in nichts Wesentlichem von der Norm entfernen, so verspricht ihr Studium uns wertvolle Beiträge zur Kenntnis dieser Norm zu liefern. Wir werden dabei vielleicht die ›schwachen Punkte‹ einer normalen

und beurteilt und in der Besetzung eines Ideals, bei der das Ich moralischen oder religiösen Idealisierungen folgt. Doch gerade in der Zensurfunktion des Über-Ichs liegt die Gefahr einer pathologischen Verzerrung:

»Das Über-Ich wird den Charakter des Vaters bewahren und je stärker der Ödipuskomplex war, je beschleunigter (unter dem Einfluß von Autorität, Religionslehre, Unterricht, Lektüre) seine Verdrängung erfolgte, desto strenger wird später das Über-Ich als Gewissen, vielleicht als unbewußtes Schuldgefühl über das Ich herrschen«.[109]

Mit den Änderungen und Neuerungen des zweiten topischen Modells verbindet Freud die unbewussten und unverfügbaren ›Mechanismen‹ des ›seelischen Apparates‹ mit der wesentlich sozialen Daseinsweise des Menschen. Das begrifflich bestimmte Verhältnis des ›Über-Ichs‹ zur ›Elterninstanz‹ oder den ›Elternimagines‹ verdeutlicht einerseits die konstitutive und biologisch fixierte Abhängigkeit des Kindes von seinen Eltern, wie es andererseits darauf verweist, dass dieses Abhängigkeitsverhältnis irreduzibel sozial – sprachlich, institutionell und kulturell – verfasst ist. Wenn die Instanzen dieses Modells nicht als dinghaftes Abbild verstanden werden, sondern als Metapher für die Sozialisation des natürlichen Lebewesens Mensch, so lassen sich damit Erziehungsprozesse und ihre Folgen veranschaulichen, die sich partiell dem Bewusstsein und der planbaren Verfügung *aller* Beteiligten entziehen. Es ist davon auszugehen, dass diese Prozesse von größter Wichtigkeit für die individuelle Entwicklung sind und im Vollzug der Selbsterkenntnis nach Möglichkeit reflektiert werden müssen.

Organisation entdecken« (ders.: *Abriss der Psychoanalyse*, S. 110). Zugleich ist damit auch eine praktische Konsequenz angedeutet, nach der die psychoanalytische Therapie nicht etwa den Menschen von Leiden und Versagung *heilen* kann, sondern zur Entwicklung der notwendigen Fähigkeit verhelfen soll, mit Schmerz, Enttäuschung und existentiellen Einschränkungen umzugehen: »Man wird sich nicht zum Ziele setzen, alle menschlichen Eigenarten zugunsten einer schematischen Normalität abzuschleifen oder gar zu fordern, daß der ›gründlich Analysierte‹ keine Leidenschaften verspüren und keine inneren Konflikte entwickeln dürfe. Die Analyse soll die für die Ichfunktionen günstigsten psychologischen Bedingungen herstellen; damit wäre ihre Aufgabe erledigt« (ders.: »Die endliche und die unendliche Analyse«, S. 96). Die Zielsetzung der Überwindung des neurotischen Leidens zugunsten des Verarbeitens des ›normalen‹ Leidens setzt sich, wie Freuds Worte zeigen, auch kritisch von einer bloßen Anpassung an bestehende Verhältnisse, von einem schematischen und unreflektierten Verständnis von Normalität und einem normativen Konventionalismus ab.

109 | Ders.: *Das Ich und das Es*, S. 263. Freud fährt an dieser Stelle übrigens mit einem der seltenen direkten Verweise auf Kant fort: »Woher es die Kraft zu dieser Herrschaft bezieht, den zwangsartigen Charakter, der sich als kategorischer Imperativ äußert, darüber werde ich später eine Vermutung vorbringen« (ebd.).

Pathologie der Moral

Die Entstehung der Instanz des Über-Ichs und damit des moralischen Gewissens hat, das bemerkt Freud, für das Ich im Umgang mit der Außenwelt bei weitem nicht nur die positiven Effekte, die man sich von der ordnenden und befriedenden Wirkung der Moral gemeinhin erhoffen mag. In seiner klinischen Praxis offenbart sich Freud der durch das Gewissen bewirkte »ökonomische[n] Nachteil«, nach dem »der Triebverzicht [...] keine voll befreiende Wirkung mehr« habe und »die tugendhafte Enthaltung«[110] vom Gewissen gerade nicht belohnt, sondern zusätzlich bestraft wird. Die aggressiven Schuldzuweisungen des Über-Ichs lassen nämlich unter Umständen auch dann nicht nach, wenn ein moralisch verbotener Wunsch unterdrückt wird und somit gar nicht zur Erfüllung gelangt. Indem das Ich sich den Forderungen des Über-Ichs unterwirft, ist es in diesem Fall vom Regen in die Traufe gekommen: Einerseits tauscht das erwachsene Ich durch den Vollzug ›falschen‹ Verhaltens die ›äußere‹ Bedrohung angesichts des Liebesverlusts und der Bestrafung durch die Eltern gegen die Vorwürfe des Über-Ichs ein und wird in »ein andauerndes inneres Unglück, die Spannung des Schuldbewußtseins«[111] gestürzt. Andererseits bekommt es diese Konsequenz auch dann zu spüren, wenn durch sein Verhalten gar keine Normen verletzt wurden. Es kann, so Freud, zu der paradoxen Situation kommen, dass gerade besonders moralische Menschen unter dauerhaften Gewissensbissen leiden. Das Gewissen verhält sich in diesen Fällen »um so strenger und mißtrauischer, je tugendhafter der Mensch ist, so daß am Ende gerade, die es in ihrer Heiligkeit am weitesten gebracht, sich der ärgsten Sündhaftigkeit beschuldigen«, was er damit erklärt, dass »Versuchungen bekanntlich durch beständige Versagung wachsen, während sie bei gelegentlicher Befriedigung wenigstens zeitweilig nachlassen«.[112] Die Entstehung dieser ›unbedingten‹ und unversöhnlich gegen das Ich gerichteten Aggression fasst Freud knapp für die beiden Fälle der Angst vor den wirklichen äußeren Autoritäten und dem ›inneren‹ Über-Ich zusammen:

> »Die zeitliche Reihenfolge wäre also die: zunächst Triebverzicht infolge der Angst vor der Aggression der äußeren Autorität, – darauf läuft ja die Angst vor dem Liebesverlust hinaus, die Liebe schützt vor dieser Aggression der Strafe, – dann Aufrichtung der inneren Autorität, Triebverzicht infolge der Angst vor ihr, Gewissensangst. Im zweiten Falle Gleichwertung von böser Tat und böser Absicht, daher Schuldbewußtsein, Strafbedürfnis. Die Aggression des Gewissens konserviert die Aggression der Autorität«.[113]

110 | Ders.: *Das Unbehagen in der Kultur* S. 487.
111 | Ebd.
112 | Ebd., S. 485.
113 | Ebd., S. 487.

Es kommt damit in der Genese des Gewissens zu einer strukturellen Umkehrung: Ist zuerst die Angst vor Liebesverlust und Bestrafung die Ursache des Triebverzichts, wird später der Triebverzicht selbst »eine dynamische Quelle des Gewissens«[114], weil unterdrückte Aggression zwar nicht ausagiert, aber vom Über-Ich aufgenommen und gegen das Ich gerichtet wird. Die durch das Gewissen erzeugten Angstzustände werden geradewegs zur *Folge* des Triebverzichts, da selbst die unterdrückten oder verdrängten Wünsche eine psychodynamische Wirksamkeit entwickeln. Dieses pathologische Phänomen erscheint als entstellte Wiederkehr der infantilen Situation:

> »Die Beziehung zwischen Über-Ich und Ich ist die durch den Wunsch entstellte Wiederkehr realer Beziehungen zwischen dem noch ungeteilten [infantilen, MV] Ich und einem äußeren Objekt [etwa dem Vater, MV]«.[115]

Die Wirkungsweise des Über-Ichs als Gewissensinstanz charakterisiert Freud durchgängig als ein Verhältnis der Abhängigkeit des Ichs vom Über-Ich, das mit »strenge[r] Aggessionsbereitschaft«[116] über das durch Schuldbewußtsein »unterworfene Ich«[117] herrscht. Das im Kindesalter entstandene Gewissen bleibt auch im späteren Leben auf der »ursprünglichen infantilen Stufe« stehen, »die also nach der Introjektion ins Über-Ich nicht verlassen wird, sondern neben und hinter ihr fortbesteht«.[118]

An dieser Stelle schließt Freud weitergehende, ideologiekritisch gegen den Aberglauben an Schicksalsmächte und gegen religiösen Glauben[119] gerichtete phylogenetische Spekulationen über den Vatermord an, die wohl auch seine Theorie der Gewissensgenese untermauern sollen. Das ambivalente ödipale Verhältnis zum geliebten und gleichwohl gehassten Vater habe demzufolge so etwas wie das schlechte Gewissen erst ermöglicht.[120] Eine Kritik dieser Spekulationen muss hier nicht geleistet werden, weil ein solches Vorhaben über den moralphilosophisch relevanten Vergleich zwischen Freuds Gewissensbegriff und Kants kategorischem Imperativ hinausginge.[121] Es soll aber festgehalten werden, dass für Freud zur ›moralischen‹ Bestimmung des Ichs eigentlich nur dessen *Neigungen* vorausgesetzt sind, die jeweils von *zwei strafenden Instanzen begrenzt werden*: einer *äußeren* (den Eltern und nachfolgenden Autoritäten, später Mitmenschen) und einer *inneren* (dem Gewissen

114 | Ebd., S. 488.
115 | Ebd., S. 489.
116 | Ebd., S. 482.
117 | Ebd., S. 483.
118 | Ebd., S. 486.
119 | Zur Freudschen Religions- und Weltanschauungskritik vgl. unten S. 148ff.
120 | Vgl. S. Freud: *Das Unbehagen in der Kultur*, S. 492.
121 | Vgl. etwa R. Girard: *Das Heilige und die Gewalt*, S. 281–321.

als Teilfunktion des Über-Ichs).[122] Auf dieser Grundlage muss gefragt werden, ob die Freudsche Theorie der Gewissensgenese die Möglichkeit moralischer Normen und Verpflichtungen, wie sie bei Kant gedacht werden, vollständig erklären kann und ob dessen philosophisches Konzept des kategorischen Imperativs mithin vollständig als pathologisches Phänomen beschreibbar und verstehbar ist.

Es soll vorher aber bemerkt werden, dass Freud selbst so etwas wie eine ›normale‹ ethische Praxis kennt und dafür sogar eine begriffliche Unterscheidung einführt:

»Wenn man ein Schuldgefühl hat, nachdem und weil man etwas verbrochen hat, so sollte man dies Gefühl eher *Reue* nennen. Es bezieht sich nur auf eine Tat, setzt natürlich voraus, daß ein *Gewissen*, die Bereitschaft sich schuldig zu fühlen, bereits vor der Tat bestand«.[123]

Der Gewissensbegriff impliziert für Freud keine mögliche Fähigkeit des Subjekts, seine Handlungen und Handlungsgründe aus einer gewissen Distanz zu den eigenen Interessen überprüfen und begründen zu können. ›Gewissen‹ steht aus psychoanalytischer Sicht in unauflösbarem Zusammenhang mit Schuldgefühlen, die sich auf unrealisierte Wünsche beziehen, also nicht auf Handlungen. Die Entstehung dieser Schuldgefühle wird zudem zum großen Teil unbewusst verursacht. In diesem Sinne, wenn man dem engen Verständnis des Gewissensbegriffs folgt, kann gesagt werden, dass Freud das Gewissen für eine Krankheit hält und sich damit in die Nähe Nietzsches begibt.[124]

Die Pathologie der Moral ergibt sich nach Freud aus der gegenseitigen Verstärkung eines ›moralischen Masochismus‹ und den Wirkungen des ›sadistischen Über-Ichs‹. Dabei nimmt Freud eine selbstverständliche, alltäglichen Vollzügen zugrunde liegende, normativ-sittliche Praxis an, die sich an (nicht weiter ausgeführten) Nützlichkeitserwägungen orientiert. Das Subjekt wird allerdings durch ›moralische‹ und kulturelle *Überforderung* in ein

122 | Vgl. S. Freud: *Das Unbehagen in der Kultur*, S. 483f.

123 | Ebd., S. 491.

124 | Nietzsche erklärt das ›schlechte Gewissen‹ zur »größte[n] und unheimlichste[n] Krankheit« (ders.: *Zur Genealogie der Moral*, S. 323), die auf einer menschheitsgeschichtlich frühen Zurückwendung des Grausamkeitsinstinkts gegen das eigene Ich beruhe: »Alle Instinkte, welche sich nicht nach Aussen entladen, *wenden sich nach Innen*« (ebd., S. 322). Die Vorstellung, dass »alle jene Instinkte des freien schweifenden Menschen sich rückwärts [...] *gegen den Menschen selbst* wandten«, (ebd., S. 322f.) begegnet in Freuds *Totem und Tabu* und natürlich den späteren kulturkritischen Schriften wieder, auf die noch weiter eingegangen wird. Auch bei Nietzsche wird das Schuldgefühl gegenüber Gott erst ins Unermessliche gesteigert: »Eine Schuld gegen *Gott*: dieser Gedanke wird [...] zum Folterwerkzeug« (ebd., S. 322). Für eine sehr umfangreiche historische wie systematische Analyse vgl. R. Gasser: *Nietzsche und Freud*; zum schlechten Gewissen vgl. besonders S. 293–312.

die Intentionen der Moral verunmöglichendes pathologisches Verhängnis getrieben:

»Gewissen und Moral sind durch die Überwindung, Desexualisierung, des Ödipuskomplexes entstanden; durch den moralischen Masochismus wird die Moral wieder sexualisiert, der Ödipuskomplex neu belebt, eine Regression von der Moral zum Ödipuskomplex angebahnt. Das geschieht weder zum Vorteil der Moral noch des Individuums. Der Einzelne kann zwar neben seinem Masochismus sein volles oder ein gewisses Maß an Sittlichkeit bewahrt haben, es kann aber auch ein gutes Stück seines Gewissens an den Masochismus verloren gegangen sein. Andererseits schafft der Masochismus die Versuchung zum ›sündhaften‹ Tun, welches dann durch die Vorwürfe des sadistischen Gewissens [...] oder durch die Züchtigung der großen Elternmacht des Schicksals gesühnt werden muß. Um die Bestrafung durch diese letzte Elternvertretung zu provozieren, muß der Masochist das Unzweckmäßige tun, gegen seinen eigenen Vorteil arbeiten, die Aussichten zerstören, die sich ihm in der realen Welt eröffnen, und eventuell seine eigene reale Existenz vernichten«.[125]

Moralische Geltungsansprüche und das Gewissen erscheinen hier ausschließlich im Licht einer lebenspraktischen Regression und sogar eines sittlichen Verfalls, der durch mangelnde (Selbst-)Aufklärung über die Bedingungen und Möglichkeiten des moralischen und kulturellen Triebverzichts ausgelöst wird.

Für den Bereich der tatsächlichen Handlungen, also der sozialen, normativ konstituierten Praxis, rekurriert Freud statt auf eine Instanz des ›Gewissens‹ auf die Fähigkeit zur *Reue*. Wer etwas bereut, der schämt sich – bewusst – für eine begangene Normenverletzung. Insofern verfügt Freud über einen dem Gewissen nahe stehenden Begriff, der selbst keine pathologische, sondern eine ›normale‹ Erscheinung bezeichnet, die aber gemäß der psychoanalytischen Grundannahme auf den selben Entstehungsbedingungen beruht wie die extremen Formen pathologischer Schuldgefühle, dabei jedoch im Einklang mit dem Geschehen der ›Außenwelt‹ (Realitätsprinzip) steht, da die *tatsächliche* Verletzung einer moralischen Norm ›bereut‹ wird.

Freud hat sicherlich damit recht, dass die Kompetenz zur moralischen Selbsteinschätzung durch Erziehungs- und Sozialisationsprozesse geprägt wird, die empirisch beschrieben werden können und die auch von den beteiligten ›Autoritäten‹ nicht immer bewusst gestaltet werden. Davon unabhängig hat aber eine Ableitung der Moral und moralischer Geltungsansprüche aus dieser ontogenetischen Determiniertheit die nicht wünschenswerte Folge, dass eine Bewertung von Handlungen allein von konventionellen Moralvorstellungen abhängig gemacht werden würde. Wenn nämlich die Fähigkeit

125 | S. Freud: »Das ökonomische Problem des Masochismus«, S. 382f.

zum moralischen Verhalten und Urteilen gänzlich von Gewissenszwängen oder Reuegefühlen abhängen würde, dann wäre diese Art von moralischer ›Urteilskraft‹, die diesen Titel freilich nicht verdient, an pathologische Schuldgefühlen oder Reue (über tatsächliche Verstöße gegen geltende Normen) gebunden. Damit bliebe jedoch die Möglichkeit ausgeschlossen, sich entweder zu den eigenen irrationalen Schuldgefühlen in ein Verhältnis zu setzen oder über den Zusammenhang der bereuten Tat und der diese negativ sanktionierenden Normen zu reflektieren. Es gäbe so keine Möglichkeit, über den doch recht alltäglichen Fall zu urteilen, dass ich zwar Reue über eine begangene Normenverletzung empfinden kann, aber unabhängig von meinem Gefühl diese Norm mit guten Gründen kritisieren und ihre Legitimation bestreiten mag. Tatsächlich versteht sich nämlich auch die selbstverständlich geltende, konventionelle Moral in Wirklichkeit nicht von selbst, sondern kann auf ihre Berechtigung geprüft werden – und zwar unabhängig davon, welche Gefühle (von Scham oder Reue) diese Reflexion begleiten mögen.

Die Frage, inwiefern Reue angemessen ist, kann selbst völlig unabhängig von durch das Über-Ich bewirkten Gefühlen thematisiert werden und zum Gegenstand des reflexiven und diskursiven beziehungsweise kommunikativen Vernunftgebrauchs werden. Tatsächlich wird sich zeigen, dass Freud selbst eine entsprechende Position gegenüber den konventionellen Moralvorstellungen seiner Zeit beansprucht, indem er auf die vernünftige Angemessenheit des Verhältnisses von leiblich-sozialer Existenz und gesellschaftlichen Normen dringt und eine diese Bedingungen verschleiernde Praxis – idealistische Moral im Verbund mit gesellschaftlich Doppelmoral – kulturkritisch angreift.

Kants Moralphilosophie

Um die Berechtigung der Kritik Freuds an den Kantischen Intentionen prüfen zu können, ist es notwendig, die moralphilosophischen Begriffe Kants systematisch zu verorten und zentrale Argumentationsschritte nachzuvollziehen. Der erste, grundsätzliche Vergleich wird die von Freud hervorgehobene *Zwanghaftigkeit der moralischen Verpflichtung* und die *Ablehnung der bewussten Motivierung* betreffen, die er am Kantschen Konzept des kategorischen Imperativs kritisiert (vgl. oben S. 59). Den Vorwürfen entsprechen im Kantischen System die Elemente der *Verbindlichkeit* (Pflicht) und der *vernünftigen Willensbestimmung* (Autonomie statt Heteronomie).

Das systematische Missverständnis des kategorischen Imperativs wird wohl nirgends so deutlich wie bei dem oben (S. 50) angeführten Zitat, in dem Freud von dem »›kategorische[n] Imperativ‹ *Kants*, der zwangsartig wirken will und jede bewusste Motivierung ablehnt«[126] spricht. Freud begreift offenbar den Kantischen kategorischen Imperativ als philosophisches Korrelat zu psychologischen Konzepten des Gewissens und soziologischen beziehungsweise ethnologischen Phänomenen wie dem Tabu. Nach dem Freudschen Verständnis übt der kategorische Imperativ eine subjektunabhängige ›Wirkung‹ aus, die eine bestimmte Handlung ›erzwingen‹ will und lehnt dabei jede ›bewusste Motivierung‹, Überlegung oder Einwände des Subjekts ab. Da Freud die bewussten Entscheidungen dem Ich zuschreibt[127], dessen Recht durch den kategorischen Imperativ scheinbar negiert wird, identifiziert Freud den kategorischen Imperativ mit einem Verbot oder Gebot des Über-Ichs.

Es steht zwar außer Frage, dass Freud damit für einen Gegenstandsbereich psychopathologischer Symptome – übersteigerte Schuldgefühle, hypermoralische Selbstvorwürfe und paranoide Erkrankungen – ein wertvolles metapsychologisches Modell anbietet, indem er diese Phänomene als Beziehung zwischen den Instanzen Ich und Über-Ich veranschaulicht. Doch dass diese Beschreibung auch alle Aspekte und Potentiale dessen umfasst, was die moralphilosophische Reflexion von Kant als kategorischen Imperativ vorstellt, ist dadurch längst nicht hinreichend bewiesen. Es lässt sich nämlich zeigen, dass systematische Elemente der Kantischen Moralphilosophie der von Freud verwendeten Interpretation eines ›Zwanges‹ gegen ›bewusste Motivierung‹ grundsätzlich und ausdrücklich entgegenstehen.

Die Freudsche Begriffsverwendung suggeriert, unter dem kategorischen Imperativ sei weiter nichts zu verstehen als ein ›Ruf des Gewissens‹, der situationsabhängig bestimmte Handlungen fordert oder verbietet – und dies ›ohne wenn und aber‹, also ohne die Duldung eines Widerspruchs seitens des Ichs – oder Kantisch gesprochen: des Subjekts. Diese Forderung träte unwillkürlich und kategorisch gebietend mit der Autorität einer moralisch verbindlichen Norm auf, ohne dass seine Legitimität geklärt oder begründet werden könnte. Zwar hält Freud eine psychoanalytische (Re-)Konstruktion der Geschichte dieser Imperative für möglich: Sie wurden verursacht durch die moralische Erziehung in Elternhaus, Schule und Kirche; wobei die Eltern selbst nur als größtenteils unbewusste Agenten dieser gesellschaftlichen Normen auftreten, die ihnen ihr Über-Ich diktiert. Eine moralphilosophische Thematisierung verkläre diese Genese allerdings idealistisch oder verdecke ihren wirklichen Ursprung – indem sie besipielsweise ein göttliches Gebot an die Stelle der väterlichen Autorität setzt. Noch weniger lasse die Moral in ihrer perfektionistischen Idealität eine Abwägung der Angemessenheit zu. Treffen diese Merkmale auch für die Kantische Moralphilosophie zu?

126 | Ders.: *Totem und Tabu*, S. 4.
127 | Vgl. oben S. 65.

Um diese Frage zu beantworten, ist zunächst einmal zu klären, auf welcher Ebene die Kantische Kritik der praktischen Vernunft operiert. Auch wenn Gott in der Kantischen Moralphilosophie als Postulat der Vernunft eine wichtige Rolle spielt, erschöpft sich doch der systematische Status der Moralität oder des Sittengesetzes in Kants Reflexionen keinesfalls in einer psychologistischen (Gewissen) oder theologischen (Offenbarung) Funktion. Das heißt, der kategorische Imperativ ist nicht bloß ein psychologisches Phänomen (der Ruf eines Gewissens, dem wir zu folgen hätten) oder ein positiv bestimmtes sittliches Normensystem (wie der Dekalog), das von Gott über den Menschen ›verhängt‹ wurden. Damit ist nichts über die psychologische Tatsache des Gewissens ausgesagt und wird auch nicht über die Existenz Gottes spekuliert, denn der *Status der Moral* hängt nicht von derlei Spekulationen ab.

Die psychologistische Reduktion verkürzt um die Ebene der moralischen Urteilskraft; eine religiös-dogmatische Reduktion verkürzt um die Ebene der kritischen Legitimation und hinterfragenden Reflexion. Beide schließen das aus, um was es Kant in seinen Überlegungen vor allem geht: ein *rationales und kritisches Verständnis menschlicher Autonomie.* Ausdrücklich verklammert Kant bekanntlich seine drei Grundfragen der *Kritik der reinen Vernunft*:

»1. *Was kann ich wissen?*
2. *Was soll ich thun?*
3. *Was darf ich hoffen?*«[128]

miteinander und bezieht sie schließlich in seiner *Logik* (1800) auf die umfassende anthropologische Frage: »Was ist der Mensch?«[129] und das humane Vermögen des praktischen Vernunftgebrauchs. Diese Klärung der zweiten Frage ist das zentrale Anliegen der *Grundlegung zur Metaphysik der Sitten* (1785) und der *Kritik der praktischen Vernunft.*

Praktische Vernunft und moralisches Gut

Kant geht von der Frage nach dem Guten aus. Er möchte die Grundlagen moralischer Bewertung klären. Moralische Urteile, die nach dem Guten fragen, sind immer schon Teil der menschlichen sozialen Praxis, und diese nimmt Kant auch zum Ausgangspunkt seiner Untersuchungen: Der »gemeinen sittlichen Beurteilung«[130] will er eine philosophische – das heißt, methodisch-kritische[131], nicht etwa apologetische – Begründung geben. Entsprechend gliedert sich bereits der Aufbau der *Grundlegung zur Metaphysik der Sitten*:

128 | I. Kant: *Kritik der reinen Vernunft*, B833.
129 | Ders.: *Logik*, S. 25
130 | Ders.: *Grundlegung zur Metaphysik der Sitten*, S. 40.
131 | Vgl. ders.: *Kritik der praktischen Vernunft*, S. 302.

Im ersten Teil erläutert Kant den »Übergang von der gemeinen sittlichen Vernunfterkenntnis zur philosophischen«, es folgt eine kritische Betrachtung der Lebensweisheitslehren mit dem »Übergang von der populären Moralphilosophie zur Metaphysik der Sitten« und schließlich der letzte Schritt »von der Metaphysik der Sitten zur Kritik der reinen praktischen Vernunft«.[132] Am Ende des ersten Abschnittes versucht Kant zu zeigen, dass auch in der alltäglichen moralischen Urteilspraxis nicht etwa kontingente Eigenschaften bewertet werden. Auch ohne dass philosophische Analysen hinzugezogen würden, beziehe sich die *moralische* Bewertung von Handlungen stets auf verallgemeinerungsfähige Prinzipien, die implizit der handlungsverursachenden Willensbestimmung zugrunde liegen. Seine Position und sein Vorgehen beschreibt Kant folgendermaßen:

»So sind wir denn in der moralischen Erkenntniß der gemeinen Menschenvernunft bis zu ihrem Princip gelangt, welches sie sich zwar freilich nicht so in einer allgemeinen Form abgesondert denkt, aber doch jederzeit wirklich vor Augen hat und zum Richtmaße ihrer Beurtheilung braucht. Es wäre hier leicht zu zeigen, wie sie mit diesem Compasse in der Hand in allen vorkommenden Fällen sehr gut Bescheid wisse, zu unterscheiden, was gut, was böse, pflichtmäßig, oder pflichtwidrig sei, wenn man, ohne sie im mindesten etwas Neues zu lehren, sie nur, wie Sokrates that, auf ihr eigenes Princip aufmerksam macht, und daß es also keiner Wissenschaft und Philosophie bedürfe, um zu wissen, was man zu thun habe, um ehrlich und gut, ja sogar um weise und tugendhaft zu sein«.[133]

In gewisser Hinsicht steht Kant damit der Freudschen Meinung nahe, dass sich Moral ›von selbst verstehe‹.[134] Es kommt allerdings darauf an, wie diese Selbstverständlichkeit gedacht wird. Zunächst einmal beruhen viele kommu-

132 | Ders.: *Grundlegung zur Metaphysik der Sitten*, S. 446.

133 | Ebd., S. 403f.

134 | In »Über Psychotherapie« (1905) hebt Freud die *notwendige charakterliche Integrität* des psychoanalytisch praktizierenden Arztes hervor und entlehnt aus dem Roman *Auch Einer* (1879) des Philosophie- und Ästhetikprofessors Theodor Vischer die Worte: »›das Moralische versteht sich ja von selbst‹« (S. Freud: »Über Psychotherapie«, S. 25) – in *diesem* Sinne wird jener Satz von Freud noch häufig (vor allem in Briefen) verwendet. Freud zitiert Vischer, der eine bekannte Parodie zu Goethes Faust – *Faust. Der Tragödie dritter Teil* (1862) – verfasst hat, auch mehrfach in *Der Witz und seine Beziehung zum Unbewußten* (vgl. dort S. 5, 7, 31, 98, 265).
Gunzelin Schmid Noerr weist darauf hin, dass mit dieser ›selbstverständlichen‹ Voraussetzung die angestrebte ›Wertfreiheit‹ der Psychoanalyse – gerade im therapeutischen Bereich – aufgehoben wird, weil sie normative Ansprüche impliziert, die ihrerseits die explizite Kritik der gesellschaftlichen Doppelmoral und das therapeutische Ziel der Autonomie ermöglichen (vgl. ders.: »Inwiefern sich das Moralische nicht von selbst versteht. Ethik und Psychoanalyse«, S. 19–21).

nikative Praxen faktisch auf dem gegenseitigen Vertrauen, dass sich alle Beteiligten über die normativen Verbindlichkeiten und Ansprüche im Klaren sind und sich entsprechend verantwortlich verhalten. Darüber hinaus ist es wohl wahr, dass im alltäglichen Leben zumeist keine Irritationen darüber bestehen, was in einer problematischen Situation – abgesehen von Grenzfällen – als gut oder böse bewertet wird. Es braucht hierbei tatsächlich keine Philosophie, um diese Bewertungen erst ›herzustellen‹. Explizite ethische Reflexionen und Diskurse werden erst dann nötig, wenn sich beispielsweise wohl begründete normative Ansprüche überlagern oder ausschließen oder wenn nicht alle Details einer komplexen Situation bekannt sind. Es besteht weiterhin nicht die Notwendigkeit, akzeptierte Werte aus metaphysisch-dogmatischen Sphären und Ideen abzuleiten.

Es kann allerdings nicht in jedem Fall vorausgesetzt werden, dass die ›gemeine Menschenvernunft‹ hinreichend darüber Auskunft geben kann, wie denn die Bewertung eines moralischen Urteils vernünftig erläutert oder gar systematisch dargestellt werden kann. Anders gesagt: Welche Kriterien und Prinzipien wenden wir an, wenn wir etwas als moralisch gut oder schlecht beziehungsweise böse beurteilen? Wie also gebrauchen wir die Rede von guten Handlungen? Diese philosophischen Fragen sollen, auch bei Kant, nicht etwa die moralische Praxis neu erfinden, sondern eine vernünftige Reflexion auf die normative Praxis ermöglichen, um so die Fähigkeit auszubilden, auch in zweifelhaften Fällen angemessen urteilen zu können: etwa in Grenzsituationen, gegenüber mächtigen ideologischen Suggestionen und angesichts moralischer Dilemmata. Diese Grundlagenreflexion, die Kant in der *Grundlegung* beginnt und in der zweiten *Kritik* weiter ausführt, soll weder (vorrangig) eine inhaltlich bestimmte Orientierung geben, noch das psychologische Zustandekommen moralischer Empfindungen klären; sie soll vielmehr klären, wann und unter welchen Voraussetzungen eine moralische Orientierung *gut begründet* ist.

Eine wichtige Einschränkung nimmt Kant bereits mit dem ersten Satz des ersten Abschnittes der *Grundlegung* vor: »Es ist überall nichts in der Welt, ja überhaupt auch außer derselben zu denken möglich, was ohne Einschränkung für gut könnte gehalten werden, als allein ein *guter Wille*«.[135] Dies ist vor allem als Entgegnung auf philosophiegeschichtlich bedeutsame Lebensklugheits- oder Weisheitslehren zu verstehen, die einen ganz bestimmten Typus von Prinzipien an das Gute binden. Kant hält dem entgegen:

»Mäßigung in Affecten und Leidenschaften, Selbstbeherrschung und nüchterne Überlegung sind nicht allein in vielerlei Absicht gut, sondern scheinen sogar einen Theil

135 | I. Kant: *Grundlegung zur Metaphysik der Sitten*, S. 393.

vom *innern* Werthe der Person auszumachen; allein es fehlt viel daran, um sie ohne Einschränkung für gut zu erklären (so unbedingt sie auch von den Alten gepriesen worden). Denn ohne Grundsätze eines guten Willens können sie höchst böse werden, und das kalte Blut eines Bösewichts macht ihn nicht allein weit gefährlicher, sondern auch unmittelbar in unsern Augen noch verabscheuungswürdiger, als er ohne dieses dafür würde gehalten werden«.[136]

Bestimmte charakterliche Züge mögen demnach zwar als lobenswert, einer moralischen Gesinnung förderlich oder als angenehm oder nützlich empfunden werden – doch ein moralischer Wert darf aus ihnen nicht abgeleitet werden. Die moralische Bewertung muss in dieser Hinsicht *unbedingt* verfahren; sie fragt in erster Linie nach der Begründung einer Handlung, nicht aber nach der Art und Weise ihrer Durchführung oder ihrem Erfolg, weil die pragmatischen Fragen der Durchführung nach anderen Kritierien (nämlich ihrer Entsprechung mit hypothetischen Imperativen) beurteilt werden, als der moralische Wert einer Handlung und weil die Folgen unserer Handlungen nicht ausschließlich von den handlungsbestimmenden Intentionen abhängen.[137] *Unbedingt* verfährt die moralische Beurteilung einer Handlung auch deswegen, weil ihr moralischer Wert prinzipiell *nicht* berücksichtigt, ob wir bei einer in Frage stehenden Handlung unseren Neigungen gemäß gehandelt haben oder ob wir unsere Neigungen befriedigen konnten. Vielmehr werden wir einer Handlung einen (höheren) moralischen Wert zuerkennen, wenn der situative Zusammenhang erkennen lässt, dass diese Handlung nicht aus (reinem) Eigennutz begangen beziehungsweise dieser sogar überwunden wurde.

Diese knappe, dem alltäglichen Verständnis von Moral angenäherte Erläuterung wirft zwei Probleme auf, denen Kant besondere Aufmerksamkeit widmet: Woran bemessen wir *tatsächlich* den moralischen Wert einer Handlung, wenn sie denn nicht aus bloßer Neigung geschehen soll? Das heißt: Welcher Forderung sollen moralische Handlungen genügen? Meint Kant etwa, wir sollten in *jedem* Falle entgegen unseren Neigungen handeln, dann fiele das Ergebnis notwendig moralisch aus? Dies ergäbe eine offensichtlich unterkomplexe Auflösung der Frage nach der Moralität, die zudem durch alltäglich-lebensweltliche Intentionen und Erfahrungen überhaupt nicht ge-

136 | Ebd., S. 394.

137 | Das heißt nicht, dass Kant meint, wir müssten die Folgen unserer Handlung nicht bedenken; vielmehr wendet sich Kant hier gegen ein Verständnis von Moralität, demgemäß der Zweck die Mittel heiligt. Darüber hinaus sind selbstverständlich auch bei moralisch wohl begründeten Handlungen nicht alle zukünftigen Folgen absehbar.

deckt ist. Sie würde allerdings erklären, warum Kant immer wieder auch der Vorwurf der rigorosen Sinnenfeindlichkeit gemacht wird.[138]

Autonomie als Freiheit und Verbindlichkeit

Die Herleitung der für die Kantische Moralphilosophie so charakteristischen Verbindlichkeit des Sittengesetzes nimmt interessanterweise ihren Ausgang von der Idee der *Freiheit* des Menschen als *sinnlichem Vernunftwesen.*

Damit der moralische Wert einer Handlung in der Vernunftgemäßheit der zugrunde liegenden Willensbestimmung gesucht werden kann, muss Kant voraussetzen, dass unsere Handlungen überhaupt von uns bestimmt werden können. Er vertritt folglich keinen reduktionistischen Determinismus – mehr noch, er versucht zu beweisen, dass eine solche Position aus erkenntnistheoretischen Gründen unter keinen Umständen hinreichend begründet werden kann. Im Rahmen der praktischen Philosophie kann er dafür auf seine erkenntnistheoretischen und -kritischen Untersuchungen der *Kritik der reinen Vernunft* zurückgreifen: Zwar lässt sich die menschliche Handlungsfreiheit theoretisch (wissenschaftlich) nicht *beweisen,* da die menschliche Erkenntnis auf die empirische Anschauung angewiesen ist, Freiheit aber kein möglicher Gegenstand der Anschauung, sondern nur der begrifflichen Spekulation ist; sie, die Freiheit, lässt sich aber auf diesem Wege auch nicht *widerlegen,* ohne zugleich ebenso spekulativ und metaphysisch-dogmatisch zu verfahren.[139]

Die Idee der Freiheit ist allerdings eine *Grundlage* des menschlichen praktischen Selbstverständnisses im alltäglichen Leben. Wir sind ständig mit der Tatsache konfrontiert, nicht bloß instinktgebunden zu handeln, sondern unser Handeln auf zukünftige Möglichkeiten hin zu entwerfen. Selbst die Leugnung jeglicher Freiheit ist ihrerseits lediglich ein bewusst gewählter Akt der Äußerung eines Glaubens beziehungsweise einer Einstellung, auch wenn sie sich als wissenschaftlich begründet versteht (und streng genommen:

138 | Die Kantische Moralphilosophie im engeren Sinne (als Metaethik) kann gegen diesen Vorwurf verteidigt werden; in seiner Rechts- und Tugendlehre neigt Kant allerdings tatsächlich stellenweise zu einer ›verklemmten‹ Sexualmoral (vgl. unten S. 211).

139 | In der Leugnung der Freiheit besteht das unreflektierte spekulative Fundament derjenigen ›Hirnforschung‹ (und auch aller übrigen Varianten des (ethischen) Determinismus), die sich, den Bereich der wissenschaftlich-empirischen Forschung verlassend, zur überschwänglichen Polemik gegen die angeblich metaphysischen Vorurteile der praktischen Philosophie hinreißen lässt, die ihrerseits Freiheit zum *Ausgangspunkt* nimmt. Auf den impliziten und unreflektierten Rest metaphysischer Dogmatik im Empirismus und Physikalismus und anderen, von dieser Kritik bereits antizipierten positivistischen Spielarten wies dann verstärkt Hegel hin, der die ›kritische Funktion‹, die Kant der Philosophie verliehen hatte, beibehielt und radikalisierte, etwa in der ›kleinen Logik‹ der *Enzyklopädie der philosophischen Wissenschaften im Grundrisse* (1817) (vgl. dazu M. Theunissen: *Sein und Schein. Die kritische Funktion der Hegelschen Logik*, S. 24 u.ö.).

missversteht). Diese Äußerung ändert nichts an der praktisch-existentiellen Grundsituation des Menschen, der diese deterministische Position vertritt. Freiheit, die theoretisch weder bewiesen noch widerlegt werden kann, ist eine unumgehbare Voraussetzung alltäglicher menschlicher Praxis. Zwar ist Freiheit, so befindet Kant im Anschluss an die *Kritik der reinen Vernunft*, nur eine *mögliche* Idee; auf diese Voraussetzung kann jedoch das praktische und ethische Selbstverständnis des Menschen unmöglich verzichten, ohne sich in widersprüchliche Spekulationen zu verstricken und damit gänzlich der Möglichkeit eines kohärenten Selbstverständnisses zu entsagen. Es ist eine alltäglich erfahrbare Tatsache, dass wir unserem Begehren folgen können – oder eben nicht – und dass wir verschiedene Möglichkeiten haben, dies zu tun oder zu lassen. Diese praktische Tatsache stimmt mit der nur *problematischen Möglichkeit* der Freiheit überein.

Die Leugnung der Freiheit auf der Grundlage ihrer Nichtbeweisbarkeit, verunmöglicht eine vernünftige praktische Orientierung. In der *Grundlegung* schreibt Kant dazu:

> »Denn wir können nichts erklären, als was wir auf Gesetze zurückführen können, deren Gegenstand in irgend einer möglichen Erfahrung gegeben werden kann. Freiheit aber ist eine bloße Idee, deren objective Realität auf keine Weise nach Naturgesetzen, mithin auch nicht in irgend einer möglichen Erfahrung dargethan werden kann, die also darum, weil ihr selbst niemals nach irgend einer Analogie ein Beispiel untergelegt werden mag, niemals begriffen, oder auch nur eingesehen werden kann. Sie gilt nur als nothwendige Voraussetzung der Vernunft in einem Wesen, das sich eines Willens, d.i. eines vom bloßen Begehrungsvermögen noch verschiedenen Vermögens, (nämlich sich zum Handeln als Intelligenz, mithin nach Gesetzen der Vernunft unabhängig von Naturinstincten zu bestimmen) bewußt zu sein glaubt. Wo aber Bestimmung nach Naturgesetzen aufhört, da hört auch alle *Erklärung* auf, und es bleibt nichts übrig als *Vertheidigung*, d.i. Abtreibung der Einwürfe derer, die tiefer in das Wesen der Dinge geschaut zu haben vorgeben und darum die Freiheit dreust für unmöglich erklären«.[140]

Kant folgert, dass wir weder den Verstandesbegriff einer empirisch erkennbaren und nach Gesetzen funktionierenden Natur aufgeben können – sonst wäre Kant kein *kritischer*, sondern ein absoluter Idealist –, noch die Vernunftidee der Freiheit – sonst wäre er Naturalist. Beide sind irreduzible Aspekte menschlicher Welt- und Selbsterkenntnis und ein vernünftiges Selbstverständnis hängt von der Vermittlung dieser Ebenen ab. Freiheit als Grundlage der Willensbestimmung kann nicht geleugnet werden, da wir dazu Gesetze

140 | I. Kant: *Grundlegung zur Metaphysik der Sitten*, S. 459.

der gegenständlich erfahrbaren Welt auf Menschen als intelligible Wesen, die bewusst handelnd in der empirisch-gegenständlich gegebenen Welt tätig werden, übertragen müssten, wo doch dieser Gegenstandsbereich gar keine Anschauung zulässt; dies wäre ein unkritischer, naturalistischer Dogmatismus. Dagegen den Begriff der Freiheit der Willensbestimmung so zu verabsolutieren, als würde eine Willensbestimmung allein und unabhängig von empirischen Bedingtheiten beliebig alles Vorstellbare auch realisieren können, ist ebenso verfehlt und entspricht einem unkritischen idealistischen Dogmatismus, da alle unsere Handlungen ja *in der empirisch erfahrbaren Welt* vollzogen werden und die sinnlich erfahrbaren Veränderungen unter Kausalbedingungen stattfinden. Dies betrifft die Gegenstände unserer Handlungen ebenso wie die leibliche Existenz des Menschen.

Für die praktische Orientierung ist die Freiheit der unersetzliche Ausgangspunkt:

»so ist doch in *praktischer Absicht* der Fußsteig der Freiheit der einzige, auf welchem es möglich ist, von seiner Vernunft bei unserem Thun und Lassen Gebrauch zu machen; daher wird es der subtilsten Philosophie eben so unmöglich, wie der gemeinsten Menschenvernunft, die Freiheit wegzuvernünfteln. Diese muß also wohl voraussetzen: daß kein wahrer Widerspruch zwischen Freiheit und Naturnothwendigkeit ebenderselben menschlichen Handlungen angetroffen werde, denn sie kann eben so wenig den Begriff der Natur, als den der Freiheit aufgeben«.[141]

Die Zurückweisung empiristischer *und* rationalistischer Missverständnisse der Freiheit ist der kritische Grundpfeiler der Kantischen Moralphilosophie. Von diesem negativen Verständnis der Freiheit ausgehend, welches pseudowissenschaftliche und metaphysische Dogmen ausschließt, stellt Kant die faktische Bedeutung der Idee der Freiheit im Bereich des menschlichen Handelns und der Bewertung von Handlungen heraus, in dem er die theoretisch nur *mögliche* Freiheit als eine praktisch-*notwendige* Idee der Vernunft begreift. Alltäglich kommen Menschen in die Lage, ihr Handeln koordinieren, Möglichkeiten abwägen und ihre Taten begründen zu müssen. Die menschliche Praxis impliziert faktisch immer schon eine Idee menschlicher Freiheit und geht entsprechend von einer Verantwortung für das eigene Handeln aus. Dass Menschen Triebe und Neigungen haben, Normen in Sozialisationsprozessen vermittelt werden, Verhalten (nicht nur im Kindesalter) konditioniert werden kann und auch nicht jede Handlung in ihren Gründen und Folgen bedacht wird – alle diese Aspekte widersprechen der Idee der Freiheit und auch der Verantwortung nicht, sie müssen vielmehr in der Beurteilung moralischer

141 | Ebd., S. 455f.

Fälle berücksichtigt werden. Es kommt darauf an, keinen dieser Aspekte unzulässig zu einem handlungsbestimmenden Prinzip zu hypostasieren, denn eine solche Reduktion der Handlungsbestimmung ist erkenntnistheoretisch ebenso unhaltbar wie der Versuch des Beweises oder der Widerlegung der Wirklichkeit der Freiheit.

Ausgehend von der praktischen Unumgänglichkeit der Idee der Freiheit versucht Kant in der *Kritik der praktischen Vernunft* nicht allein zu klären, worin Moralität besteht, wie es also dazu kommt, dass eine Handlung als ›gut‹ bewertet wird. Kant interessiert auch, welche Verbindlichkeit moralisch geltende Normen für das selbst bestimmte Handeln haben. In der *Analytik der reinen praktischen Vernunft*, die den Anfang der zweiten *Kritik* bildet, entwirft Kant seine Vorstellung davon, nach welchen Kriterien eine Bestimmung des menschlichen Willens erfolgen kann.

Wird zunächst einmal die theoretische Möglichkeit der Freiheit von der praktischen Philosophie zum Anlass genommen, Freiheit vorauszusetzen, weil ohne diese Voraussetzung eine selbstbestimmte Handlung nicht denkbar ist, kann nun nach möglichen Handlungsprinzipien, nach praktischen Gesetzen für die vernünftige Bestimmung des Willens gefragt werden. Da auch für Kant Menschen nicht *reine* Vernunftwesen sind, sondern als natürliche Lebewesen Teil der sinnlichen Welt sind, räumt er ein, dass der menschliche Wille ›pathologisch affiziert‹ werden kann. Dieser Begriff hat, anders als etwa bei Freud oder dem normalen Sprachgebrauch, nichts mit dem Gegensatz von ›gesund‹ und ›krank‹ zu tun. Kant drückt damit nur aus, dass jeder Mensch Neigungen, Bedürfnisse und Gefühle ›erleidet‹, die er nicht selbst willentlich verursacht, die jedoch Anlass zu willentlichen Handlungen geben können. So esse ich etwa, weil ich Hunger habe; küsse ich einen Menschen, für den ich Zuneigung empfinde, die erwidert wird; zünde ich mir eine Zigarette an, weil ich Rauchen als angenehm empfinde und (bestenfalls) genieße.

In den meisten dieser Fälle kann ich mich selbstverständlich auch anders entscheiden: Ich kann mein Hungergefühl noch eine Weile ertragen, weil das Buffet noch nicht eröffnet ist oder die Spaghetti noch eine Minute kochen müssen. In allen diesen Fällen ist mein Wille, um mit Kant zu sprechen, pathologisch affiziert, ohne dass ich gezwungen wäre, meinen Neigungen unmittelbar zu folgen. Allerdings ist bei diesen hier so allgemein geschilderten und alltäglichen Beispielen noch nicht ohne Weiteres eine *moralische* Relevanz ersichtlich. Dass die Spaghetti noch eine Minute kochen müssen, bis sie *al dente* sind, schreibt kein moralisches Gebot vor, sondern eine technisch-pragmatische Vorschrift (ein hypothetischer Imperativ der Geschicklichkeit), die empfiehlt, wie Pasta möglichst genießbar zubereitet wird. Wenn ich mich daran nicht halte, bin ich – in den meisten Fällen – deswegen kein schlechter Mensch, sondern nur ein ungeschickter Koch.

Aber auch für die eben genannten Beispiele lassen sich beliebige Situationen vorstellen, in denen eine moralische Bewertung angebracht ist: Eine Zigarette im Krankenzimmer einer Intensivstation anzuzünden, ist nicht nur unschicklich, sondern potentiell lebensgefährlich. Selbst wenn ich mir, vielleicht auf Grund emotionaler Anspannung, in dieser Umgebung am liebsten eine Zigarette anzünden würde, sollte ich dies besser unterlassen. Dabei orientiere ich mich (implizit) einerseits an hypothetischen Imperativen, die mich über die schädliche Wirkung des Rauche(n)s auf den menschlichen Organismus informieren, andererseits folge ich grundsätzlich der unbedingten, kategorischen Norm, Menschenleben nicht zu gefährden. Wir würden zwar auch in diesem Fall noch nicht davon reden, dass diese Unterlassung ihrerseits schon eine gute Tat darstellt – obwohl das Gegenteil sicher verwerflich ist. In jedem Fall ist hiermit aber bereits ein Beispiel dafür gefunden, dass der Wille pathologisch affiziert werden kann, nämlich durch eine heftige Neigung, dass aber das Handeln entgegen diesem Begehren nach anderen Prinzipien bestimmt werden soll und kann, die nicht nur auf meine Neigungen und mein individuelles Wohlbefinden bezogen sind.

Prinzipien kommen hier deswegen ins Spiel, weil es wichtig ist, dass diese Handlungsbestimmung nicht nur einfach durch eine andere Neigung überwogen wird – etwa das Mitgefühl für meinen Angehörigen oder meine Freundin im Krankenbett –, sondern dass ich dazu in der Lage bin, generell ein derart schädliches Verhalten zu unterlassen, auch wenn in besagtem Zimmer nur mir fremde Personen liegen oder gar keine (aber mit potentiellen Neuankömmlingen zu rechnen ist). Ich rauche folglich aus Prinzip nicht, weil dies in in einem Krankenhaus verboten ist und ich diese Gründe auch selbst gut nachvollziehen kann, wenn ich mir die Mühe mache, darüber nachzudenken. Insofern ich diese Gründe einsehe, werde ich also in keinem Krankenhaus rauchen (es sei denn, ich finde eine dafür vorgesehene ›Raucherinsel‹), ganz gleich, ob Patienten davon betroffen sein könnten oder nicht und unabhängig davon ob ich befürchten muss, vom Personal erwischt zu werden. Prinzipiell, um die Gesundheit anderer Menschen nicht zu gefährden, unterlasse ich das Rauchen in Krankenhäusern, auch wenn es mich noch so sehr danach verlangt.

Wie bereits erwähnt, würden wir dieses Unterlassen wohl kaum als ›moralische‹ Handlung besonders hoch schätzen, sondern viel eher als eine Selbstverständlichkeit betrachten. Vorausgesetzt aber, mich befällt ein starkes Bedürfnis, etwas zu tun und ich widerstehe dem Verlangen, auch wenn es vielleicht Möglichkeiten geben könnte, es unentdeckt doch zu tun, ganz bewusst aufgrund der Überzeugung, dass die Unterlassung dieser Situation angemessen sei; ich beschließe also, dass ich diesem Bedürfnis unter den gegebenen Bedingungen unter keinen Umständen nachgeben darf und dies auch nicht tun werde, so ließe sich zumindest von einer *moralischen Gesinnung* sprechen, die sich auch an diesem eher trivialen und begrenzten Beispiel zeigt. Sicherlich ist das Maß der Unlust, die ich auf mich nehme, indem ich mir das Rauchen verbiete (beziehungsweise dieses nur aufschiebe), nicht allzu hoch. Es mag sein, dass Beispiele für die Moralität von Handlungen in diesen Mikrobereichen eher selbstverständlich scheinen. Aber zum einen geht es hierbei um die Bedingungen und Beurteilungskriterien der Moralität von Handlungen; und wenn diese, wie zu zeigen sein wird, eine *Verbindlichkeit* moralischer Gesetze implizieren, darf sich die Struktur – im Großen wie im Kleinen – nicht ändern. Sonst könnte jemand, der nachweislich eine als besonders gut bewertete, wirkungsvolle Tat begangen hat, auf moralische Orientierungen im alltäglichen Bereich verzichten (und etwa in Krankenhäusern rauchen). Zum anderen ist damit das Problem angezeigt, dass es Kant um die Klärung der moralischen Gesinnung geht. Die besondere Bestimmung des Guten als ›guter Wille‹ macht es nämlich für Andere, aber auch für mich selbst so gut wie unmöglich, die Moralität *einer* konkreten Handlung mit *absoluter* Sicherheit zu bestimmen, da die Möglichkeiten der Introspektion auch von Kant als faktisch *begrenzt* beurteilt werden. Es ist vielmehr so, dass sich an der Gewohnheit, also der Kontinuität, mit der ich mich prinzipiell an moralisch begründbaren Grundsätzen orientiere, die Moralität meiner Handlungen aufweisen lässt: Sie *zeigt* sich in der alltäglichen Praxis.[142]

Die Kantische Moralphilosophie rückt die Bewertung grundsätzlicher Handlungsorientierungen in den Mittelpunkt. Dabei differenziert Kant verschiedene Aspekte möglicher Arten und Weisen der Willensbestimmung. Zwar ist es so, dass Menschen als Vernunftwesen jederzeit Überlegungen über Zwecke und Mittel ihrer Handlungen anstellen können – und insofern diese Überlegungen Regeln des Handelns ergeben, sind diese auch Produkte der Vernunft[143] –, doch nicht alle durch Vernunftgebrauch erzeugten Orien-

142 | Dieses moralphilosophische Problem der Bewertung von Handlungen und Personen lässt sich nicht eliminieren. In einem durchaus ähnlichen Zusammenhang weist Jürgen Habermas in seiner frühen Konsensustheorie der Wahrheit darauf hin, dass das Urteil über die ›Wahrhaftigkeit‹ eines Diskursteilnehmers nicht selbst diskursiv hergestellt werden kann (wie etwa die Rückfrage nach einem nicht verstandenen Wort), sondern sich nur aus Handlungszusammenhängen ergeben kann. Es wird eine Bezugnahme auf lebenspraktische Erfahrungen nötig, etwa die Klärung, ob der Betreffende in der Vergangenheit ein zuverlässiger Gesprächspartner war, der auch zumeist sagte, was er wirklich meinte (vgl. ders.: »Wahrheitstheorien«, S. 139).

143 | Vgl. I. Kant: *Kritik der praktischen Vernunft*, S. 20.

tierungen und Handlungsregeln qualifizieren sich auch gleich als moralisch gut. Es ist das Geschäft der philosophischen Reflexion, eine solche Bewertung vorzunehmen.

Der moralische Wert ist nicht nur eine Angelegenheit des persönlichen Geschmacks oder des individuellen Nutzens, sondern hat über die Sphäre der Subjektivität hinaus einen Bezug zur Allgemeinheit, zur Objektivität. In Kants Worten heißt dies, dass die Willensbestimmung, die zu einer Handlung führt, einem moralischen *Gesetz* entsprechen muss. Doch diese sittlichen Gesetze sind nicht wie positives Recht gegeben (auch wenn dieses oft moralisch begründet wird), sondern Ergebnis einer vernünftigen Überlegung. Wie aber gelangen wir von der Sphäre subjektiver Willkür zu einem objektiv gültigen Sittengesetz? Kant geht davon aus, dass wir in der Bestimmung unseres willentlichen Handelns nach Grundsätzen verfahren oder dass sich implizit angewendete Prinzipien im Nachhinein rekonstruieren lassen. Diese subjektiven Grundsätze nennt Kant *Maximen.* Wir greifen bei der Annahme unserer Maximen auf vernünftige Überlegungen zurück, die sich in Form von Regeln formulieren lassen.

Regelbildung findet schon im Bereich von Klugheits- und Nützlichkeitserwägungen statt: Wenn wir ein bestimmtes Ziel erreichen wollen, bieten sich bestimmte Mittel dafür an, die durch Erfahrungen bestätigt sein können. Will ich mir keine Feinde machen, kann ich versuchen, stets höflich und zuvorkommend zu sein; will ich meine Bücher- oder Plattensammlung vollständig halten, sollte ich diese Dinge mit Bedacht verleihen; will ich körperlich fit bleiben, sollte ich regelmäßig Sport treiben und auf gesunde Ernährung achten. Ich kann also jederzeit dazu übergehen, mein Handeln nach Maximen zu gestalten, die sich an solchen Zweck-Mittel-Relationen und Nützlichkeitserwägungen orientieren. Kant nennt diese Art von praktischen Vorschriften *hypothetische Imperative.*[144] Das bedeutet, wenn ich ein bestimmtes Ziel erreichen will, können mir verschiedene Vorschriften der Geschicklichkeit oder Ratschläge der Klugheit zu pragmatischen Grundsätzen raten, die es entsprechend zu befolgen gilt. Allerdings ist damit über den moralischen Wert des angestrebten Zieles oder der zu befolgenden Mittel noch nichts ausgesagt. Es lassen sich natürlich genügend praktische Vorschriften denken, die moralisch vertretbar oder zumindest nicht moralisch verwerflich sind.

Aus der Perspektive der Moralphilosophie haben *alle* hypothetischen Imperative den Nachteil, dass sie eine moralische Bestimmung des Willens nicht leisten können – sie taugen »nur in Ansehung einer begehrten Wirkung […], sind zwar praktische *Vorschriften,* aber keine *Gesetze*«.[145] Daher behalten sie

144 | Vgl. ebd.
145 | Ebd.

nicht, wie Gesetze, unter allen Umständen und Bedingungen ihre Gültigkeit, sondern sind auf bestimmte Zwecke, Situationen, subjektive Bedingungen, Neigungen und Möglichkeiten eingeschränkt. Sie sind zwar *Imperative*, weil sie bestimmte Mittel *fordern*, aber nur unter der Bedingung, dass die entsprechenden Zwecke in einer konkreten Situation anerkannt werden. *Kategorisch* würden sie nur gelten, wenn sie grundsätzlich unter allen Bedingungen anerkannt werden müssten. Aus diesem Grund nennt Kant solche inhaltlich bestimmten Vorschriften *materiale* praktische Prinzipien, weil sie, bezogen auf empirische Gegenstände und Sachverhalte, gewisse inhaltlich bestimmte Vorschriften (Ratschläge und Vorschriften, die auf empirischem Wissen beruhen) aufstellen. Materiale praktische Prinzipien können uns in vielen Fragen des Alltags weiter helfen, geben uns Regeln und Wissen für bestimmte Tätigkeiten an die Hand und können so zu angenehmen und nützlichen Ergebnissen führen. Sie sind als *know how* unverzichtbar – ein moralischer Wert lässt sich aus ihnen jedoch nicht ableiten. Insofern sind also auch Grundsätze und Maximen, die sich an diesen Imperativen und Sollenssätzen orientieren, noch nicht moralisch gerechtfertigt. Wie kommt nun das ›Kategorische‹ zum Imperativ; wie wird ein Sollen zum praktischen Gesetz?

Ein Imperativ drückt ein Sollen, eine ›objektive Nötigung der Handlung‹[146] aus. Bleibt dieses Sollen auf einen Gegenstand bezogen, der durch Neigungen begehrt wird, hat es nur hypothetische und damit nicht unbedingte Geltung. Die Geltung eines Gesetz darf jedoch nicht material bedingt sein, sondern, so Kant, nur sich selbst voraussetzen, »weil die Regel nur alsdann objectiv und allgemein gültig ist, wenn sie ohne zufällige, subjective Bedingungen gilt, die ein vernünftig Wesen von dem andern unterscheiden«.[147] Damit ist nicht gemeint, dass ein solches Gesetz von uns Handlungen erfordern würde, die über unsere körperlichen Möglichkeiten hinausgehen oder von uns verlangen würde, die empirischen Bedingungen (und Naturgesetze) überhaupt nicht in Betracht zu ziehen. Vielmehr ist im Bereich moralischer Beurteilung der Mensch als sinnliches Vernunftwesen aufgefordert, hierbei *unbedingt* an der Vernunftperspektive – im praktischen Bereich entspricht dies der Sittlichkeit – festzuhalten und die Kriterien der Bewertung nicht zufälligen Umständen und subjektiven Neigungen anzupassen oder gar von diesen abzuleiten. Um diesen Unterschied anhand der Lüge zu verdeutlichen: Wenn ich in einer Quizshow alle Fragen beantworten will, sollte ich mich an die Wahrheit halten, um nicht vorzeitig auszuscheiden. Die pragmatischen Klugheit erfordert es, bei dieser Gelegenheit keine falschen Angaben zu machen, wenn ich so viel wie möglich gewinnen will. Meine Streben nach Gewinn und der hypo-

146 | Vgl. ebd.
147 | Ebd., S. 21.

thetische Imperativ, die Wahrheit zu sagen, koinzidieren in dieser Situation. In einer anderen TV-Show mag eine andere Strategie erforderlich sein. Aus der Perspektive der Sittlichkeit beziehungsweise Moralität sieht dies noch einmal anders aus: Es ist moralisch verwerflich, zu lügen. Eine Lüge ist etwas Unmoralisches und wird nicht dadurch moralisch, dass ich mir damit einen Vorteil erwirtschafte oder einem Schaden entgehe.

An dieser Stelle wird der Kantischen Konzeption gelegentlich Rigorismus vorgeworfen, zumal Kant selbst (vielleicht unglücklicherweise) beispielhaft erläutert hat, dass ich nicht einmal einen Mörder belügen dürfte, der einem meiner Freunde auf den Fersen ist.[148] Solche Grenzsituationen, die in der Tat moralische Dilemmata bergen, bei denen eine Entscheidung nicht leicht fällt, ändern gewiss nichts daran, dass Lügen im Allgemeinen als verwerflich bewertet wird und von niemandem als ein *moralisches* Prinzip geschätzt wird (selbst nicht von Personen, die zum Lügen neigen). Tatsächlich lässt sich gerade mit der Kantischen ›rigorosen‹ Unterscheidung das Wesen des Moralischen aufweisen. Wir sollen nämlich nicht nur dann nicht lügen, wenn uns daraus ein Vorteil entsteht, sondern wir sind in besonderem Maße aufgefordert, die Wahrheit zu sagen, wenn uns dies Unannehmlichkeiten bereiten könnte. Das Wesen des Moralischen zeigt sich darin, dass wir an dem Wert der Wahrhaftigkeit als handlungsbestimmender Maxime auch – und gerade dann – festhalten, wenn dies unseren eigennützigen Neigungen widerspricht.

Dies darf aber nicht vereinseitigend so verstanden werden, als bestünde das Moralische *stets und allein* in einem unsere Neigungen negierenden Handeln. Die Entscheidung für das, was moralisch geboten ist, soll vielmehr *unabhängig* von unseren begehrenden oder vermeidenden Neigungen getroffen werden; sie ist eine Angelegenheit vernünftiger Überlegung.[149] Ich

148 | Vgl. ders.: »Über ein vermeintes Recht aus Menschenliebe zu lügen«, S. 427.

149 | Friedrich Schillers polemischer Einwand in Gedichtform gegen Kant lautet: »*Gewissensskrupel*: Gerne dien ich den Freunden | doch tu ich es leider mit Neigung | und so wurmt mir oft | daß ich nicht tugendhaft bin. | Decisium: Da ist kein anderer Rat | du mußt suchen, sie zu verachten | und mit Abscheu alsdann tun | was dich Pflicht dir gebeut« (F. Schiller: *Werke*, Bd. I, S. 357). Dagegen ist zu sagen, dass Kant lediglich fordert, dass die Pflicht *unabhängig* von der eigenen Neigung erfüllt werden muss. Es ist ein Missverständnis, zu behaupten, dass Kant die Zuneigung zu den ›Freunden‹ ausschließen will. Dem Helfenden soll, so Kant, nur klar sein, dass er zu der in Frage stehenden Hilfeleistung moralisch auch dann verpflichtet ist, wenn er diese Zuneigung nicht verspürt. Zudem: Einem guten Freund beizustehen, ist Teil der intersubjektiven Praxis der Freundschaft. Ihm zu helfen ist wohl eher selbstverständlich, *wenn* es sich denn um Freundschaft handelt. Dem Freund ist damit sicherlich wohl getan (es ergibt sich ein relativer Wert); doch wer diese freundschaftliche Hilfeleistung zum Anlass nehmen würde, sich als ›guten Menschen‹ (und seine Handlung als unbedingten Wert) auszeichnen zu lassen, sitzt darin wohl eher seinem Eigendünkel auf.

mag zwar meinen: Ich lüge in einer bestimmten Sache nicht, weil ich hoffe, dass dadurch die Situation zu einem guten Ende kommt. Dies ist aber eine an einer Zweck-Mittel-Relation orientierte Maxime – etwa: ›Ich sage immer die Wahrheit, solange es mir nicht schadet‹. Die Moralität der Maxime besteht dagegen darin, grundsätzlich nicht zu lügen. Nur dann entspricht die Maxime dem *kategorischen* Imperativ. Das gilt nicht für den Vorsatz: ›Ich sage die Wahrheit, so lange keine für mich unangenehmen Folgen daraus entstehen‹, der auf der Maxime beruht: ›Ich darf lügen‹.

Dieser Unterschied wird auch am Beispiel der von Kant eingeführten Unterscheidung von *Moralität* und *Legalität* deutlich, mit der er die bereits in der stoischen Philosophie bekannte Differenz zwischen guten und bloß pflichtgemäßen Handlungen näher bestimmt.[150] Ein gesetzeskonformes Verhalten, das sich nicht aus sich selbst begründen kann, sondern lediglich nicht gegen geltenden Recht verstößt, ist nur Anzeichen der Legalität von Handlungen, nicht aber von deren Moralität.[151] Moralisches Verhalten erfordert nach Kant, dass nicht nur dem Sittengesetz entsprochen wird, sondern dass dieses selbst zum Bestimmungsgrund der Handlung wird. Wenn ich eine Handlung nur unterlasse, *weil* sie verboten ist, kann dies bedeuten, dass ich beispielsweise nicht lüge, weil ich fürchte, entdeckt zu werden und dadurch Nachteile zu haben. Möglicherweise würde ich aber sofort und ohne Bedenken lügen, wenn ich nicht mit Entdeckung rechnen muss, oder ich verlege mich darauf, einen Nutzen aus Handlungen zu ziehen, die anderen schaden, die aber durch geltendes Recht nicht negativ sanktioniert werden.

Der unbedingte Sollenscharakter des kategorischen Imperativs und die Unterscheidung zwischen Moralität und Legalität verweisen systematisch auf die vernünftige Begründung einer Handlung und damit auf die Dimension, in der subjektive Willensbestimmung und vernünftige Reflexion – oder: subjektive Begründung und objektive Geltung der Sittlichkeit – miteinander vermittelt werden. Die systematisch zentrale Einsicht, die die Kantischen Reflexionen über die unbedingte Geltung des Sittengesetzes eröffnen, besteht in der *unbedingten Verbindlichkeit* des moralischen Urteils, die eine Abwehr aller ethischer Begründungsstrategien erfordert, die die Bewertung der Moralität aus dem Bereich der vernünftigen Urteilskraft auslagern und auf ›materiale‹ Prinzipien gründen wollen. Damit wird nicht einem rigorosen Zwang des Subjekts das Wort geredet, sich etwaigen Befehlen seines Gewis-

150 | Vgl. I. Kant: *Die Metaphysik der Sitten*, S. 219; *Kritik der praktischen Vernunft*, S. 81, 152.

151 | Otfried Höffe gibt einen ausführlichen Überblick über die Thematik und die damit verbundene Diskussion zwischen Positionen des Naturrechts (Vernunftrechts) und des Rechtspositivismus in seinem Aufsatz »Recht und Moral: ein kantischer Problemaufriss«.

sens zu unterwerfen. Es wird vielmehr die unentschuldbare Verantwortung des Subjekts artikuliert, seine Bewertungen *nicht* an fremde Instanzen zu delegieren, sondern mündig und vernünftig – nicht subjektiv willkürlich – seine handlungsleitenden Maximen zu begründen. Die Nötigung des Sittengesetzes ändert nichts an der Freiheit des Subjekts, sich für seine Neigungen und gegen das moralische Gebotene entscheiden zu *können*. Diese Nötigung besagt nur, dass der moralische Wert einer Handlung bestehen bleibt, auch wenn das Subjekt die Verantwortung negiert und aus Eigeninteresse auf materiale Bestimmungsgründe ausweicht und damit der moralischen Verantwortung nicht gerecht wird.

Alle denkbaren *materialen* Prinzipien kritisiert Kant radikal.[152] Die Moralität einer Handlung (oder Maxime) kann nicht abgeleitet werden von *äußeren subjektiven Bestimmungsgründen*, wie der Erziehung oder der bürgerlichen Verfassung, also dem Recht. Damit leugnet Kant natürlich weder den Einfluss der Erziehung auf den Charakter des Menschen und auch nicht die Notwendigkeit von Gesetzen, jedoch: Obwohl ich mein Handeln mit Hinweis auf meine Erziehung näher erläutern kann, kann mir dieser Rückzug auf die eigene Sozialisationsgeschichte nicht die Verantwortung abnehmen, die angelernten Prinzipien meines Handelns auch selbständig begründen und nötigenfalls korrigieren zu können. Eine Reduktion auf die bloße Konvention würde die Moral abhängig machen von kontingenten Prinzipien, unter denen sich natürlich auch solche befinden könnten, die moralisch gar nicht zu rechtfertigen sind. Auch eine Identifikation von Moral und Recht ist aus diesem Grunde nicht zulässig – einerseits kann das positive Recht selbst Gegenstand von gesellschaftlichen Diskursen sein und Änderungen unterliegen, die durch den ethisch motivierten Zweifel an der Begründbarkeit einzelner Gesetze motiviert sind. Andererseits hat die Differenz von Moralität und Legalität gezeigt, dass selbst begründete Rechtsgrundsätze aus nicht moralischen Gründen befolgt werden können und eine bloße Gesetzmäßigkeit der Handlungen immer auch Rückfragen nach der moralischen Legitimation zulässt, die durch gesetzesförmige Handlungen zwar hinreichend, aber noch nicht notwendig erbracht ist. Es kommt bei dem Begriffspaar Moralität und Legalität gar nicht so sehr auf die Trennung beider Begriffe an, sondern

152 | Kant stellt übersichtshalber sogar ein Schema der kritisierten ethischen Systeme zusammen (vgl. ders.: *Kritik der praktischen Vernunft*, S. 40). Zu den subjektiven äußeren Prinzipien zählt Kant Erziehung und bürgerliche Verfassung, zu den subjektiven inneren: das physische Gefühl und das moralische Gefühl, zu den objektiven inneren: die Vollkommenheit, zu den objektiven äußeren: den Wille Gottes. Diesen Prinzipien ordnet Kant jeweils markante philosophisch-ethische Systeme zu: Michel de Montaigne, Bernard Mandeville, Epikur, Francis Hutcheson, Christian Wolff und die Ethik der Stoa, sowie Crusius und andere theologische Moralisten (vgl. ebd.).

auf die damit gebotene Möglichkeit, zu verstehen, dass *gesetzeskonformes Verhalten nicht das Bewusstsein der eigenen Verantwortung ersetzen kann.*

Des Weiteren schließt Kant *innere subjektive Bestimmungen* aus, die ebenfalls untauglich sind, Bestimmungsgrund einer guten Handlung zu sein. Hierbei richtet sich Kant gegen hedonistische und eudaimonistische Ansätze in der Ethik und ebenso gegen die Lehren schottischer Moralphilosophen wie Francis Hutcheson, David Hume oder Adam Smith, die von einem ›moralischen Gefühl‹ (*moral sense*) oder auch einer Vielzahl von ›moralischen‹ Affekten ausgehen.[153] Ob Kant den zuerst erwähnten ethischen Ansätzen von Epikur und Aristoteles in seiner Kritik völlig gerecht wird, ist an dieser Stelle nebensächlich. Tatsache ist, dass die Orientierung an den eigenen Lust- oder Unlustgefühlen, den Neigungen und dem Begehren keine moralische Perspektive darstellt. Selbst wenn wir unsere Handlungen von durchaus erwünschten, teilnehmenden Gefühlen, etwa Mitleid oder Sympathie, abhängig machen würden, ginge der unbedingte Sollenscharakter moralischer Prinzipien verloren. Das Verbot, zu lügen und zu betrügen, das Gebot, andere Menschen als Personen und als nicht zu instrumentalisierenden Selbstzweck anzuerkennen und alle weiteren Prinzipien würden in diesem Fall davon abhängen, dass ich selbst eine bestimmte Neigung oder ein Lustgefühl verspüre, mich entsprechend zu verhalten.

Damit wird keinesfalls bestritten, dass moralisches Handeln gemeinhin geschätzt und als angenehm empfunden wird; doch diese Umstände sind ein kontingentes Moment moralischer Praxis und ergeben kein moralisches Argument. Wird der Bestimmungsgrund moralischer Bewertung an Neigungen statt an vernünftige Gesetzesformen gekoppelt, verliert damit die Rede von moralischer und sittlicher menschlicher Praxis ihren Sinn. Dass Kant selbst von einem ›Vernunftgefühl der Achtung‹ für das moralische Sittengesetz spricht, darf allerdings nicht mit dem *moral sense* der schottischen Moralphilosophen verwechselt werden, die den moralischen Sinn als motivierenden *Grund* allen moralischen Handelns annehmen, während bei Kant das in Frage stehende Gefühl durch die moralische Haltung und ihr entsprechende Handlungen allererst *bewirkt* wird. Mit dieser Achtung anerkennt das vernunftfähige Lebewesen Mensch überhaupt – in einer ›erhabenen‹ Gestimmtheit – die faktische Bedingung, nicht seinen Neigungen und äußeren Umständen ausgeliefert zu sein, sondern sein Handeln in Reaktion auf empirische Gegebenheiten selbst bestimmen zu können. In diesem Vernunftgefühl wird die letztlich ebenso unerklärliche wie faktische Möglichkeit

153 | Vgl. etwa F. Hutcheson: *Erläuterungen zum moralischen Sinn*; D. Hume: *Eine Untersuchung über die Prinzipien der Moral*, S. 215–226; A. Smith: *Theorie der ethischen Gefühle*, S. 1–60.

gewürdigt, sich seines eigenen Verstandes bedienen und sich von der ›selbstverschuldeten Unmündigkeit‹ emanzipieren zu können.

Kant kritisiert ebenso *äußere objektive materiale Bestimmungsgründe*, etwa eine theologische Moral. Die moralischen Bestimmungsgründe für unser Handeln mögen in gesellschaftlichen Werten und theologischen Schriften schon vorliegen und Teil der gelebten sittlichen Praxis sein; sie sind aber als *moralische Bestimmungsgründe* auch stets das Ergebnis der Vernunftorientierung des Subjekts. Diese Prinzipien können demnach nicht aus geoffenbarten Texten ein für alle mal gültig abgelesen werden, die damit auch den Inhalt und den Umfang der moralischen Prinzipien bestimmen würden. Vielmehr erweist sich der moralische Sinn dieser Normen erst vollständig in der vernünftigen Legitimation, in deren Vollzug das Subjekt diese Normen als rationale und verbindliche sittliche Gebote – auch diskursiv gegenüber seinen Mitmenschen und der Gesellschaft – begründen kann und diese tatsächlich wahrhaft anerkennt und zu praktischen Bestimmungsgründen seines Handelns macht. *Unterhalb dieser Vernunftebene ist eine moralische Orientierung nicht möglich*, allenfalls eine legale oder eine ›gut gemeinte‹, sittsame Orientierung.

Sobald ein Mensch es grundsätzlich unterlässt, die Bestimmungsgründe seines Handelns vernünftig zu reflektieren oder nicht dazu bereit ist, dies in problematischen Situationen zu tun, bleibt sein Handeln fremdbestimmt und heteronom. Dabei ist es unwesentlich, ob er sich stattdessen an seine Neigungen, sein Gewissen (im Freudschen Sinn), sein ›Streben nach Glück‹, an konventionelle Sitten, Recht und Gesetz oder an eine heilige Schrift hält. Eine an Neigungen orientierte Moral *kann* einen auf Mitleid basierenden Altruismus ebenso folgerichtig hervorbringen oder begünstigen wie einen rücksichtslosen Egoismus. Aber ein Kriterium, um beide Entwürfe (meta-)ethisch zu bewerten, können diese Ethiken nicht selbst erbringen; sie können ihre Moralität nur *behaupten*. Ähnliches gilt für die anderen Richtungen: Alle diese Orientierungen können Teil einer authentischen, moralischen Grundhaltung sein, aber nicht als allein und von sich aus bestimmende Prinzipien. Erst die Anerkennung moralischer Prinzipien, die nicht selbst wieder auf Neigungen, Erziehung oder ideologischen Sätzen beruht, sondern auf rationaler und diskursiv kommunizierbarer Begründung, eröffnet die Sphäre der Moralität. Erst mit der Abwehr aller materialen Bestimmungsprinzipien sieht Kant den Weg zum kategorischen Imperativ geebnet und hält den Ausgang aus der Unmündigkeit, die Emanzipation von der Heteronomie zur Autonomie, für möglich.

Das Sittengesetz *nötigt* zur Anerkennung, weil es keine (empirischen) Bedingungen zur Bestimmung des moralischen Urteils zulässt und die Vernunft in ihm ihre eigene spontane Tätigkeit erkennt. Dieser Imperativ gilt *unbedingt* (kategorisch), weil keine Bedingungen seine Geltung außer Kraft setzen können. Da Kant alle material bestimmten Maximen als untauglich zur Übereinstimmung mit dem Sittengesetz kritisiert und zudem auch keine inhaltlich bestimmten objektiven Prinzipien, die von außen an das Subjekt herangetragen werden, gelten lässt, bleibt dem vernünftigen Subjekt nur noch ein radikaler Perspektivwechsel moralischer Bestimmung übrig. Der Mensch als Vernunftwesen ist zwar frei, würde aber prinzipiell willkürlich und beliebig handeln, wenn er sich in moralischen Fragen heteronomen Bestimmungsgründen unterwerfen würde. Da er auch keine inhaltlich (material) bestimmten Prinzipien vorfindet, um sein Handeln diesen anzupassen und damit vorgeblich moralisch zu verfahren, er aber auf Prinzipien der Handlungsbestimmung auch nicht verzichten kann, ohne in reiner Willkür zu verharren, bleibt nur eine verbindliche *Form* übrig, die Maximen aufweisen müssen, um sich als moralisch zu qualifizieren:

»Wenn ein vernünftiges Wesen sich seine Maximen als praktische allgemeine Gesetze denken soll, so kann es sich dieselbe nur als solche Principien denken, die nicht der Materie, sondern blos der Form nach den Bestimmungsgrund des Willens enthalten. [...] Nun bleibt von einem Gesetze, wenn man alle Materie, d.i. jeden Gegenstand des Willens, (als Bestimmungsgrund) davon absondert, nichts übrig, als die bloße Form einer allgemeinen Gesetzgebung. Also kann ein vernünftiges Wesen sich *seine* subjectiv-praktische Principien, d.i. Maximen, entweder gar nicht zugleich als allgemeine Gesetze denken, oder es muß annehmen, daß die bloße Form derselben, nach der jene *sich zur allgemeinen Gesetzgebung schicken,* sie für sich allein zum praktischen Gesetze mache«.[154]

Zugleich gilt: »Welche Form in der Maxime sich zur allgemeinen Gesetzgebung schicke, welche nicht, das kann der gemeinste Verstand ohne Unterweisung unterscheiden«.[155] Darin zeigt sich, dass die komplexe moralphilosophische Untersuchung, die Kant in seiner *Kritik der praktischen Vernunft* vornimmt, beansprucht, die tatsächliche soziale Praxis und den alltäglichen Sprachgebrauch systematisch zu rekonstruieren. Er ist weit davon entfernt, einen normativen Idealismus zu ›erfinden‹.

Kant erläutert dies an einem Beispiel: Ein Depositum[156] befindet sich nach dem Tod des Eigentümers in meinen Händen und nur ich weiß von dessen

154 | I. Kant: *Kritik der praktischen Vernunft*, S. 27.
155 | Ebd.
156 | Vgl. ebd. Zur Verteidigung des Universalisierungsgedankens der Kantischen Ethik erläutert Höffe das von Kant gewählte Beispiel des Depositums und weist auch die Kritik Hegels an Kants Konzeption zurück (O. Höffe: *Lebenskunst und Moral*, S. 293–297).

Existenz. Wenn ich meinen Neigungen folge und den Betrag behalte, ließe sich das zugrunde liegende Handlungsprinzip etwa so rekonstruieren, dass jeder ein Depositum ableugnen dürfe (nicht etwa: müsse), dessen Existenz ihm niemand nachweisen könnte. Ich könnte dieses Handlungsprinzip damit rechtfertigen, dass es gut wäre, weil mir daraus ein Vorteil entstünde. Damit wäre allerdings der tatsächliche Sprachgebrauch auf den Kopf gestellt. Weder würden wir bei einer moralischen Betrachtung des Falles sagen: Hier wurde gut gehandelt, denn durch die heimlich-verlogene und folglich unentdeckte Aneignung des Geldes wurde ein großer Lustgewinn erreicht. Noch würden wir der ersten Maxime zustimmen, weil es offensichtlich zum Wesen und zum sinnvollen Sprachgebrauch des Begriffs ›Depositum‹ gehört, nicht unterschlagen zu werden. Diese Geltung ist unbedingt, und die zufällige Tatsache, dass niemand mehr von seiner Existenz weiß oder mir die Aneignung große Freude bereiten würde, ändert nichts daran, dass es moralisch geboten ist, das Depositum nach dem Tode des früheren Eigentümers an die nunmehr rechtmäßigen Eigentümer auszuhändigen. Vielmehr ist es gerade eine solche Handlungsweise, die die Unterschlagung unterlässt, auch wenn diese nicht hätte entdeckt werden können, eine, die aus *moralischer Motivation* erfolgen kann. (Es ist ja immerhin vorstellbar, dass ich das Depositum zurückgebe, weil ich mir einen anderen, vielleicht größeren Vorteil von dieser an sich nur legalen Handlung erhoffe.) Es steht auch nicht zur Debatte, dass ich mit der Unterschlagung vielleicht ein höheres Ziel verfolge – es würde doch nichts daran ändern, dass eine Unterschlagung *prinzipiell* nicht moralisch geboten sein und als gut bezeichnet werden kann.

Das grundlegende Prinzip, nach dem die menschliche Praxis moralischer Beurteilung je schon verfährt, ist nach Kant also die *mögliche Verallgemeinerbarkeit der Handlungsprinzipien* – das Sittengesetz. Der Wille verfährt moralisch und frei, wenn er nicht nach zufälligen Neigungen bestimmt wird, sondern nach notwendigen, verallgemeinerungsfähigen Gesetzen, die allerdings nicht – wie Naturgesetze[157] – an den Gegenständen der Natur (Erscheinungen) beobachtbar und auch nicht von empirischen Gegebenheiten ableitbar, sondern das Ergebnis moralischen Urteilens sind. Der vernünftige Wille, frei, das Handeln in der empirischen Welt zu bestimmen, folgt nicht allein den faktischen Gesetzen des positiven Rechts (auch wenn er zumeist damit übereinstimmen sollte), sondern orientiert sein Handeln an selbst gegebenen Prinzipien, die auch zum allgemeinen Gesetz tauglich wären:

»d.i. ich soll niemals anders verfahren als so, *daß ich auch wollen könne, meine Maxime solle ein allgemeines Gesetz werden.* Hier ist nun die bloße Gesetzmäßigkeit

157 | Indem Kant einen allgemeinen Geltungsanspruch für das Sittengesetzes erhebt, gleicht dies *darin* den Naturgesetzen.

überhaupt [...] das, was dem Willen zum Princip dient und ihm auch dazu dienen muß, wenn Pflicht nicht überall ein leerer Wahn und chimärischer Begriff sein soll; hiemit stimmt die gemeine Menschenvernunft in ihrer praktischen Beurtheilung auch vollkommen überein und hat das gedachte Princip jederzeit vor Augen«.[158]

Es kommt bei dieser Forderung nach Universalisierbarkeit der Handlungsprinzipien darauf an, dass Kant keinen Test zur moralischen Überprüfung willkürlicher Handlungsregeln aufstellt. Mit etwas Spitzfindigkeit können wir zwar für eine bestimmte Handlung eine beliebige Regel entwerfen und diese für universalisierbar erklären, etwa die »Maxime, am Dienstag, den [sic!] 21. August, gegenüber Jonathan Maria Saubermann ein falsches Versprechen zu machen, um Geld von ihm zu erhalten«[159] – aber dies ist natürlich kein *handlungsleitender Willensgrundsatz* im Kantischen Sinne. Die diesem konkreten Vorsatz zugrunde liegende Maxime wäre: ›Ich darf falsche Versprechen machen‹. Kant zufolge ist allerdings das Verbot des falschen Versprechens eine ›vollkommene‹ (unbedingte) Pflicht gegenüber anderen. Dass ich selbst diese Maxime (das Verbot des falschen Versprechens) auch als allgemeines Gesetz ›wollen könne‹ verlangt eben gerade nicht, dass mir dies persönlich unter bestimmten Randbedingungen neigungsgemäß angenehm wäre, sondern dass eine *vernünftige* Reflexion jedes Menschen (also auch des Betroffenen, nicht nur des spitzfindigen Lügners) dies als mögliches Sittengesetz erkennen und vernünftigerweise ›wollen‹ könne oder eben ablehnen müsste.

Auch der Einwand, dass eine allgemeine Erlaubnis zu lügen ebenfalls Kontingenzminderung erreichen würde und damit eben nicht die Institution des Versprechens verunmögliche, weil durch die Universalisierung des Lügens jedem klar wäre, was bei einem Versprechen zu erwarten sei (nämlich die Nichterfüllung des Versprechens), trifft nicht die Kantische Intention. Kant prüft die Institution des Versprechens (im Falle des Depositums) wie folgt:

---

158 | I. Kant: *Grundlegung zur Metaphysik der Sitten*, S. 402.

159 | D. Schönecker; A. W. Wood: *Kants »Grundlegung zur Metaphysik der Sitten«*, S. 139. Dieter Schönecker und Allan W. Wood folgern weiter: »Je spezifischer eine Maxime, die im wesentlichen ein falsches Versprechen beinhaltet, Randbedingungen mitformuliert, unter denen dieses Versprechen gemacht wird (auch ohne indexikalische Ausdrücke oder Eigennamen), um so geringer die Aussicht, daß sie den WD-Test [Widerspruch im Denken, MV] nicht besteht, weil es keine relevanten allgemeinen Konsequenzen gibt (ja, es ist denkbar, eine Maxime so zu formulieren, daß durch die Universalisierung überhaupt kein Effekt entsteht). Natürlich sind solche Maximen ein wenig eigenartig. Aber es sind dennoch Maximen« (ebd.) – und das sind sie nach der Kantischen Auffassung gerade nicht: Ein einmaliges Vorhaben oder ein gewöhnlicher Vorsatz ergeben noch keine allgemeine, grundlegende Willensrichtung. Ähnliche und weitere Versuche verfehlter Rezeption kritisiert Otfried Höffe in seinem Aufsatz »Kants kategorischer Imperativ als Kriterium des Sittlichen«, S. 355.

»Jetzt will ich nur wissen, ob jene Maxime auch als allgemeines praktisches Gesetz gelten könne. Ich wende jene also auf gegenwärtigen Fall an und frage, ob sie wohl die Form eines Gesetzes annehmen, mithin ich wohl durch meine Maxime zugleich ein solches Gesetz geben könnte: daß jedermann ein Depositum ableugnen dürfe, dessen Niederlegung ihm niemand beweisen kann. Ich werde sofort gewahr, daß ein solches Princip, als Gesetz, sich selbst vernichten würde, weil es machen würde, daß es gar kein Depositum gäbe«.[160]

Kant ist offensichtlich nicht der Meinung, dass ein Depositum hierbei in jedem Falle (gesetzmäßig) geleugnet werden *müsste*, sondern dass man es stets leugnen *dürfte*. Es ist überhaupt nicht ausgemacht, dass bei einer solchen Erlaubnis auch in jedem Fall gelogen werden würde – denn es ist immerhin möglich, dass ich in einigen Fällen entgegen meiner unmittelbaren, habgierigen Neigung schlaue *Vorsicht* walten lasse und mein Versprechen halte, in anderen, in denen ich hoffen kann, dass mein Handeln unentdeckt bleibt, das Geld unterschlage.[161]

Die allgemeine Formel des kategorischen Imperativs, die eine Verallgemeinerungsfähigkeit der Maximen fordert, wird von Kant noch durch weitere Analogien erläutert. Danach muss die Form des vernünftig bestimmten Willens in der *Allgemeinheit* bestehen; dies ist in Analogie zu den Naturgesetzen zu verstehen und kennzeichnet Moralität im strengen Sinne. Wer eine mögliche inhaltliche Bestimmung sucht, die für die menschliche Praxis immer handlungsleitend sein soll, also letztlich doch nach einer verbindlichen Materie der Willensbestimmung fragt, dem bietet Kant einen grundsätzlichen Zweck moralischen Handelns an: die *Vernunftwesen* (also Menschen) überhaupt. Ein entsprechender praktischer Imperativ lautet: »*Handle so, daß du die Menschheit sowohl in deiner Person, als in der Person eines jeden andern jederzeit zugleich als Zweck, niemals bloß als Mittel brauchst*«.[162]

Die formale und materiale Bestimmung der moralischen Orientierung wird schließlich von Kant – analog zur Natur als einem ›Reich‹, einem ge-

---

160 | I. Kant: *Kritik der praktischen Vernunft*, S. 27.

161 | Unwahrhaftigkeit lässt sich nicht vernünftig als verallgemeinerbare Handlungsgrundlage einer Gesellschaft begründen. Das wussten natürlich bereits auch Philosophen, denen Kant in Bezug auf die Begründung von Moralität kritisch gegenüber stand. So schreibt Adam Smith in seiner *Theorie der ethischen Gefühle* (1759): »Indessen kann eine Gesellschaft zwischen solchen Menschen nicht bestehen, die jederzeit bereit sind, einander wechselseitig zu verletzen und zu beleidigen. In dem Augenblick, in dem wechselseitiger Groll und Gehässigkeit platzgreifen, werden alle Bande der Gesellschaft zerbrochen und all die verschiedenen Glieder, aus denen sie bestand, werden gleichsam durch die Gewalt und den Widerstreit ihrer disharmonierenden Gefühle zerstreut und in alle Richtungen auseinander getrieben« (ebd., S. 128).

162 | I. Kant: *Grundlegung zur Metaphysik der Sitten*, S. 429.

ordneten Ganzen – auf die Vorstellung einer sittlichen Totalität bezogen, die ebenfalls als Orientierung dienen kann: »handle nach Maximen eines allgemein gesetzgebenden Gliedes zu einem bloß möglichen [!] Reiche der Zwecke, in seiner vollen Kraft, weil es kategorisch gebietend ist«.[163] Dieses ›Reich der Zwecke‹ ist zwar eine ideale Vorstellung, weil es erfahrungsgemäß unrealistisch wäre anzunehmen, dass es eine Zeit geben könnte, in der *alle* Menschen als moralisch autonome Wesen leben und auch stets entsprechend handeln würden. Es gibt allerdings auch keinen zwingenden Grund, die *Möglichkeit* dieser Vorstellung zu leugnen. Wenn moralisches Verhalten überhaupt möglich ist und ein Subjekt sein Handeln auch entgegen seinen Neigungen an moralischer Verbindlichkeit orientieren *kann*, folgt daraus, dass es es *prinzipiell* nicht *unmöglich* ist, dies als umfassend gelebte Praxis zu realisieren. Allerdings ist das Reich der Zwecke, wie Kant betont, nur ein Bild, das sich der moralisch Handelnde machen kann, um sich ein moralisch gerechtfertigtes Ziel der gemeinschaftlichen menschlichen Praxis in der Welt vorzustellen. Das Reich der Zwecke ist – in Absetzung vom Naturreich (und den amoralischen Vorstellungen des Sozialdarwinismus, die als *›Recht‹ des Stärkeren* auch der philosophischen Tradition schon früh bekannt sind) – der Entwurf einer menschlichen Zivilisation, die sich an rational begründbaren und diskursiv begründeten, also gesellschaftlich wirklich legitimierten Werten und der Achtung jedes einzelnen Menschen als autonomer Person tatsächlich orientiert.

Das Reich der Zwecke ist aber nicht der utopische *Grund*, weshalb Menschen moralisch handeln sollen, sondern es ist die mögliche *Folge* eines gesellschaftlich konkreten, im anspruchsvollen Sinne sittlich pflichtbewussten Handelns. Die Pflicht zum moralischen Handeln und die Geltung der Forderung, andere Menschen nicht als Mittel zu gebrauchen und damit als Personen zu missbrauchen, ist völlig unabhängig davon, ob diesem Reich der Zwecke gegenwärtig geringe oder hohe Erfolgschancen zugeschrieben werden. Die Verbindlichkeit der moralischen Pflicht, sein Handeln selbst entsprechend der eigenen Begründung zu gestalten und dabei diese Begründung nicht mit subjektiv-willkürlichen Klugheitsregeln zu verwechseln, sondern sich an verallgemeinerungsfähigen, auf die Gesellschaft bezogenen Maximen zu orientieren, gilt unbedingt.

163 | Ebd., S. 439.

Freuds Rekonstruktion moralphilosophischer Begriffe

Die Kantische Moralphilosophie, so viel sollte deutlich geworden sein, behauptet das genaue Gegenteil davon, dass der kategorische Imperativ Bestandteil einer Handlungsorientierung sei, die *zwangsartig* erfolgen soll und jede *bewusste* Motivierung[164] ablehnt. Der systematische Kern und der Anspruch der Moralphilosophie Kants besteht vielmehr darin, die Möglichkeit der Emanzipation von heteronomen Zwängen und Einflüssen begrifflich zu erläutern und damit eine Möglichkeit zu eröffnen, freie Selbstbestimmung als moralische Autonomie zu realisieren. Die pathologischen, quälenden und strafenden Eingebungen einer autonomen Gewissensinstanz stehen ganz im Gegensatz zu der Idee von Autonomie, die moralphilosophisch dem vernünftigen Subjekt zugeschrieben wird. Die dadurch geschaffene Möglichkeit der Freiheit besteht allerdings nicht im willkürlichen, zufälligen Sich-Verhalten oder in der solipsistischen Überhöhung, alle bloß subjektiv für ›gut‹ befundene Regeln wären damit sogleich vernünftige Gesetze. Die Autonomie besteht im (notwendigerweise) bewussten Gebrauch der eigenen Vernunft, mit der der Mensch über die Möglichkeiten *und* Grenzen seiner Handlungen und die Verantwortung für sein Handeln reflektiert. Diese praktische Freiheit, die jedes überschwängliche Verständnis absoluter Freiheit, jedes beliebige Verständnis von subjektivistischer Willkür und jedes dogmatisch-metaphysische Verständnis naturalistischer Determiniertheit überwindet, versteht Kant unter *Autonomie*. Dass die Möglichkeiten der subjektiven Selbsterkenntnis begrenzt sind, dass es Aspekte partieller Unverfügbarkeit und Unerkennbarkeit gibt, wird auch bei Kant nicht geleugnet, sondern *notwendig* mit dem Verständnis des Subjekts verbunden. Dass wir uns selbst nicht vergegenständlichen und als ›Ding an sich‹ vollständig erkennen können, ist sogar grundlegend für die zentrale Einsicht der Kantischen Philosophie, von der ebenso problematischen wie unwiderlegbaren Annahme der menschlichen Freiheit ausgehend den *Primat der praktischen Vernunft* zu vertreten. Kant betont, Überlegungen Freuds nahe stehend, die Unmöglichkeit, sämtliche Triebfedern einer Handlung erkennen zu können, ebenso wie die Unmöglichkeit, sämtliche Folgen einer Handlung vorhersehen zu können.[165]

164 | Vgl. das Zitat oben auf S. 50.

165 | »Denn es ist zwar bisweilen der Fall, daß wir bei der schärfsten Selbstprüfung gar nichts antreffen, was außer dem moralischen Grunde der Pflicht mächtig genug hätte sein können, uns zu dieser oder jener guten Handlung und so großer Aufopferung zu bewegen; es kann aber daraus gar nicht mit Sicherheit geschlossen werden, daß wirklich gar kein geheimer Antrieb der Selbstliebe unter der bloßen Vorspiegelung jener Idee die eigentliche bestimmende Ursache des Willens gewesen sei, dafür wir denn gerne uns mit einem uns fälschlich angemaßten edlern Bewegungsgrunde schmeicheln, in der That

Den kategorischen Imperativ stellt Kant in der *Kritik der praktischen Vernunft* als das ›Grundgesetz‹ der reinen praktischen Vernunft vor in der allgemeinen Formulierung: »Handle so, daß die Maxime deines Willens jederzeit zugleich als Princip einer allgemeinen Gesetzgebung gelten könne«.[166] Einzig dieses formale Prinzip der Selbstbestimmung bleibt für Kant übrig, wenn die theoretisch problematische Idee der Freiheit des Menschen in ihrer praktischen Notwendigkeit anerkannt wird und moralisch relevante Entscheidungen nicht von heteronomen Bestimmungen abgeleitet werden sollen. Dieses Prinzip beeinträchtigt in keiner Weise die Freiheit des Subjekts, sondern bietet ihm als »Factum der Vernunft«[167] überhaupt erst die Möglichkeit, sein Handeln *selbst* zu bestimmen, ohne in hedonistischen oder subjektivistischen Selbstmissverständnissen befangen zu bleiben. Dies wird möglich, da die Selbstgesetzgebung stets auch über die Bedingung der Verallgemeinerbarkeit der zugrunde liegenden Maximen an Verbindlichkeiten des sozialen Miteinanders gebunden bleibt. Reine, also empirisch unbedingte Vernunft gibt mit diesem formalen Prinzip ein ›Gesetz‹ vor, das so nicht in den Erscheinungen der gegenständlichen Welt beobachtet werden kann, aber im Bereich sozialer Praxis und menschlichen Miteinanders als Sittengesetz Geltung beansprucht. Dieses Sittengesetz fordert, die Prinzipien der Handlungsbestimmung an die Gesetzesform anzupassen. Der kategorische Imperativ darf deswegen gerade nicht als ein Zwang, ein Unlustgefühl oder eine innere Stimme mit bestimmten Forderungen verstanden werden. Im Gegenteil: der kategorische Imperativ erfordert es, auch gegenüber psychologischen Vorkommnissen wie Gewissensbissen, Lust- *und* Unlustgefühlen oder auch pathologischen Zwangsvorstellungen eine reflektierende Position einzunehmen, insofern es um die moralische Beurteilung von Handlungen geht. Für die ›Stimme des Gewissens‹ bedeutet dies: ob ihr ›Ruf‹ im jeweiligen Einzelfall zu einer moralisch akzeptablen Handlung ›zwingt‹ oder eine bereits erfolgte Handlung als gut oder böse ›bewertet‹, das lässt sich nur durch eine vernünftige (und bewusste) moralische Beurteilung feststellen. Die bei Freud gedachte Autonomie des Gewissens als Über-Ich-Instanz ist ein pathologisches Phänomen, kein moralisches. Moralität wird überhaupt erst mit der praktischen Autonomie des Subjekts möglich. Ein ›Gewissensbiss‹ kann uns schmerz-

aber selbst durch die angestrengteste Prüfung hinter die geheimen Triebfedern niemals völlig kommen können, weil, wenn vom moralischen Werthe die Rede ist, es nicht auf die Handlungen ankommt, die man sieht, sondern auf jene innere Principien derselben, die man nicht sieht« (I. Kant, *Grundlegung zur Metaphysik der Sitten*, S. 407). Zu kontingenten Umständen und dem ›Vermögen‹, seine Absichten auch auszuführen zu können vgl. ebd., S. 19.

166 | Ders.: *Kritik der praktischen Vernunft*, S. 30.

167 | Ebd., S. 31.

lich bewusst machen, in einer Situation falsch gehandelt zu haben; er kann uns aber auch als strafende Stimme für etwas verantwortlich machen, von dem uns ein vernünftig erwogenes Moralurteil frei spricht. Insofern sollte im Sprachgebrauch unterschieden werden zwischen der Ebene der moralischen Reflexion und dem Gewissen.

Es soll nun näher untersucht werden, von welchen begrifflichen Verständnis Freuds Kritik an der Moralphilosophie ausgeht und wie diese Aspekte in der Kantischen Systematik zu verorten sind.

›Unbedingter Zwang‹ und ›Handlung aus Pflicht‹

Dem ›Zwang‹, den Freud dem kategorischen Imperativ Kants attestiert, entspricht in Kants Ausführungen am ehesten die *unbedingte Verbindlichkeit* oder *Nötigung* des Sittengesetzes, die allerdings als direkter Zwang und damit als heteronome Bestimmung missverstanden wäre. Kant sagt zwar, dass der menschliche Wille von dem Sittengesetz ›genötigt‹ wird; dieses Verhältnis lässt sich jedoch bereits an den simpelsten Fällen moralischer Konflikte aufweisen. Kant meint, dass die Willensbestimmung durch unsere Neigungen beeinflusst wird, wobei vernünftige moralische Überlegungen diesen Neigungen entgegen stehen können.

Dies kann bereits im Bereich von Klugheitserwägungen und sogar von ›technischen‹ Regeln alltäglich erfahren werden: Ich darf beispielsweise nicht zu spät aufstehen, wenn ich meinen Zug nicht verpassen will. Auch hierbei bin ich genötigt, gegen meine Neigungen zu handeln. Bei der moralischen Bestimmung liegt der Fall tatsächlich komplizierter, weil ich hier gar nicht auf einen bestimmten Zweck hinaus will (so wie mich die Zugfahrt zu einem gewünschten Ziel bringen mag), sondern von meinen vernünftigen Überlegungen ›genötigt‹ werden kann, meine Neigungen moralischen Prinzipien unterzuordnen, ohne dass dafür die Befriedigung meiner Neigungen nur aufgeschoben oder verlagert wäre – diese Befriedigung ist dabei nicht von Interesse. Die Orientierung an der vernünftigen Moralperspektive ist ein Selbstzweck. Sie ist allerdings für Vernunftwesen nicht eine Möglichkeit unter vielen gleichwertigen, sondern formal der einzige Weg zu einem authentischen Dasein, dass nicht von vornherein selbstwidersprüchlich ist. Es besteht zwar zumeist die subjektive Freiheit, willkürlich zu handeln und somit den ›Willen zu bestimmen‹, vielleicht auch zu bestimmen, was ›für mich‹ gut oder schlecht ist. Aber eine solche subjektivistische Bestimmung kann nicht wirklich moralische Geltung beanspruchen. Dazu gehört nach Kant das formale Kriterium der Universalisierbarkeit. Ich kann also durch bloßen Vernunftgebrauch selbst bestimmen und begründen, was moralisch gut ist und was nicht; ich bin aber nicht dazu legitimiert, diese Bestimmung *willkürlich* vorzunehmen. Wenn ich mich also als Vernunftwesen selbst angemessen verstehen will und *aus dieser Vernunftperspektive* mein Handeln auch entwerfen und realisieren möchte, dann bin ich genötigt, mich auch diesen vernünftigen Überlegungen gemäß zu verhalten. Entweder habe ich sonst gegen meine Vernunft – und gegen meine gerechtfertigten und begründbaren Überzeugungen des Guten – gehandelt, oder ich habe bloß subjektive Zwecke – abhängig von Neigungen, Privatinteressen – unreflektiert und ungerechtfertigt zu scheinbar moralischen Werten erhoben.

Für diese Redeweise lassen sich in der alltäglichen moralischen Praxis genügend Beispiele finden. So ist es tatsächlich der Fall, dass die Willensbestimmung des Menschen unter ganz verschiedenen Einflüssen steht: Neigungen, Lust- und Unlustgefühle, Nützlichkeitserwägungen, Wünsche und Ansprüche anderer Personen (nicht zuletzt die, als autonome Personen anerkannt werden zu wollen), die Rücksicht auf Mitmenschen, eigene Wünsche, Ängste, Gewissensbisse, Liebe, Hass oder unstillbares Verlangen – solche und andere Tatsachen spielen bei unseren Entscheidungsfindungen eine Rolle, weil sie uns ›bewegen‹. In vielen Fällen ist dies auch überhaupt nicht problematisch: Bei der Entscheidung darüber, ob ich meine Zimmerwände grün, rot oder weiß streiche, sollte ich mich besser an meinem Wohlbefinden orientieren, insofern nicht besondere Gründe (Rücksichtnahme gegen Mitbewohner) dagegen sprechen. Allerdings können uns unsere Neigungen in moralisch relevanten Situationen in Schwierigkeiten bringen, indem sie dem widerstreiten können, was moralisch ge- oder verboten ist. Nur für *diesen* Fall beschreibt Kant, dass unser Wille, der von verschiedenen Neigungen affiziert wird, aus einer Vernunftperspektive genötigt ist, sich gegen diese Neigungen zu entscheiden. Diese Entscheidung zur Distanzierung von unseren Neigungen ist allerdings auf unser eigenes vernünftiges Interesse an freier Selbstgesetzgebung zurückzuführen.

Für Kant stellt sich die Situation so dar, dass wir gerade in einem Fall, in dem wir unseren Neigungen unbedacht folgen und etwas tun, das moralisch verboten ist, heteronom bestimmt sind. Indem wir unseren Neigungen folgen und etwas tun, das wir selbst nach allgemeinen, objektiven Prinzipien nicht legitimieren können, sondern – wenn wir selbst objektiv urteilen – verurteilen müssten, handeln wir den Grundsätzen einer vernünftigen Selbstbestimmung, die unsere eigene authentische Existenzform darstellt, zuwider. Recht eigentlich folgen wir dabei heteronomen Einflüssen, etwa Gefühlen, die wir selbst nicht zu verantworten haben und entledigen uns dabei von der Verantwortung für unser Handeln. Wir unterlassen es, unsere Handlungsgründe selbst zu bestimmen, nämlich entsprechend des Sittengesetzes, das uns ja nicht äußerlich gegeben, sondern ein Faktum unserer eigenen Vernunft ist und gehen damit der Freiheit verlustig. Kant will keineswegs sagen, dass sich die Vernunft stets nur daran erweise, den subjektiven Neigungen entgegen zu handeln und dass etwa die gute Handlung allein darin bestünde, die eigenen Neigungen zu bekämpfen. Natürlich gibt es genügend Fälle, in denen wir unseren Neigungen entsprechend handeln und dieses Handeln moralisch gar nicht verwerflich ist, weil wir es – wenn es denn gefordert wird – begründen könnten. Ebenso mögen wir einem Freund helfen und die damit verbundenen Unannehmlichkeiten leicht ertragen. Doch die Moralität unserer Handlungen zeigt sich nirgends *deutlicher*, meint Kant, als dort, wo wir helfen, ohne dass uns ein Sympathiegefühl dazu ›nötigt‹, nämlich wo wir helfen, weil wir uns verpflichtet fühlen, so zu handeln. Eine gute Tat erweist sich nicht im Handeln *gegen* unsere Neigungen, sondern in der von unseren Neigungen *unabhängigen* Willensbestimmung.

Insofern ist die Nötigung, die vom kategorischen Imperativ ausgeht, nur die Forderung nach konsequent autonomer Selbstbestimmung. Wenn wir uns als freie Wesen vernünftig verhalten und die Verantwortung für unsere Handlungen übernehmen wollen, dann werden wir uns in moralisch relevanten Situationen von unseren Neigungen, mitunter auch von den Erwartungen unserer Mitmenschen (die ja durchaus nicht immer moralischer Natur sind) emanzipieren müssen. Die wirkliche Nötigung besteht folglich in der verbindlichen Befolgung von Prinzipien, die wir uns – als vernünftige und soziale Lebewesen – selbst auferlegt haben und deren moralischen Wert wir auch vernünftig begründen können:

»Das moralische Gesetz ist daher bei jenen ein *Imperativ*, der kategorisch gebietet, weil das Gesetz unbedingt ist; das Verhältniß eines solchen Willens zu diesem Gesetze ist *Abhängigkeit*, unter dem Namen der Verbindlichkeit, welche eine *Nöthigung*, obzwar durch bloße Vernunft und deren objectives Gesetz, zu einer Handlung bedeutet, die darum *Pflicht* heißt, weil eine pathologisch afficirte (obgleich dadurch nicht bestimmte, mithin auch immer freie) Willkür einen Wunsch bei sich führt, der aus *subjectiven* Ursachen entspringt, daher auch dem reinen objectiven Bestimmungsgrunde oft entgegen sein kann und also eines Widerstandes der praktischen Vernunft, der ein innerer, aber intellectueller Zwang genannt werden kann, als moralischer Nöthigung bedarf«.[168]

Der ›Zwang‹, von dem Kant hier spricht, ist zwar ein ›innerer‹, aber es ist nicht etwa die Stimme des Gewissens, der wir uns ohne Widerrede zu unterwerfen hätten – und die schließlich, das zeigt Freud auf, alles mögliche verkünden

168 | Ebd., S. 32.

kann: vom Waschzwang bis zur erbarmungslosen Herabsetzung des eigenen Werts –, sondern ein *intellektueller* ›Zwang‹. Gemeint ist die Unbestechlichkeit unseres eigenen Urteilsvermögens, das als richtig Beurteilte auch als objektive moralische Verbindlichkeit anzuerkennen. Auch wenn ich im Wissen um das Richtige das Falsche tue, weiß ich doch, dass dies moralisch betrachtet verwerflich ist. Wenn dem Gewissen in der Moralphilosophie eine positive Funktion zugeschrieben werden soll, ist darunter die Fähigkeit zu verstehen, in der Beurteilung der eigenen Handlungen und Wertungen unbestechlich und nach Vernunftgründen zu verfahren. *Insofern wendet sich Kant ebenso wie Freud kritisch dagegen, dem zwanghaften Diktat einer Instanz des Gewissens Folge zu leisten und sich als moralische Person damit zu identifizieren.* Zwanghaftes Handeln ist mit moralischer Autonomie nicht vereinbar, und die Nötigung des kategorischen Imperativs besteht nicht in einem heteronomen Zwang, sondern entspricht als Ergebnis moralischer Reflexion mit dem Ziel autonomer Praxis einer *bewusst gewählten Selbstverpflichtung des vernünftigen Subjekts.*

Dies lässt sich auch an Kants Verwendung des Begriffs der Pflicht verdeutlichen, die im Kantischen System mit der Moralität der Handlung verbunden ist und in der Freudschen Interpretation als Zwang des kategorischen Imperativs verstanden wird. Wenn Kant das Handeln aus Pflicht um ihrer selbst willen als das eigentlich moralische Handeln auszeichnet, meint er damit weder, das Subjekt solle stets den bloß subjektiv ›vernehmbaren‹ Forderungen des Gewissens folgen, noch meint er, das Subjekt hätte unvermeidlich *allen* konventionell-sittlichen Vorschriften zu folgen und ohne Bedenken auszuführen, was ihm als verpflichtend nahe gelegt oder befohlen wurde. Die von Kant gemeinte Pflicht bezieht sich einzig und allein darauf, der intellektuellen Nötigung der eigenen Vernunft zu entsprechen und damit die Sittlichkeit unserer Handlungen zu gewährleisten. In diesem Sinn unterscheidet er zwischen der *Legalität* und *Moralität* von Handlungen. Bloß rechtmäßigen Handlungen, die äußerlich ›gesetzestreu‹ oder ›gesittet‹ sind, aber aus bloßer Neigung erfolgen, spricht Kant Moralität ab. Auch wenn ich unmittelbar geneigt bin, pflichtgemäß zu handeln, etwa weil es meinem diensteifrigen Charakter entspricht, stets folgsam und unterwürfig zu sein, folgt aus dem damit verbundenen Handeln kein moralischer Wert. Durch einen äußerlichen Zwang erwirktes Handeln ist gerade nicht ›pflichtgemäß‹. Pflichtgemäß und sittlich gut im Kantischen Sinn sind nur Handlungen, die das befördern oder bewirken, was aus moralischer Perspektive gefordert ist und eben auch nur dann, wenn diese Verpflichtung auch subjektiv eingesehen und begründet werden kann und damit das Subjekt diese Verpflichtung als Vernunftwesen bewusst anerkennt (wieder gilt: nicht subjektivistisch und willkürlich selbst ›entwirft‹, sondern nach vernünftigen Grundsätzen selbst *denkt*).

Die systematische Funktion der Begriffe der *Nötigung* und der *Pflicht* in der Kantischen Moralphilosophie, die auch zu der Bestimmung des kategorischen Imperativs gehören, besteht unter anderem darin, vernunftfremde Zwänge nicht zur moralischen Handlungsbestimmung und -bewertung zuzulassen. Freuds Charakterisierung pathologischer Gewissensphänomene fällt in diesen Bereich von Zwängen. Freud verfährt also durchaus moralphilosophisch gerechtfertigt, wenn er qualvolle Gewissenszwänge, die in keiner Relation zu den ethisch bewertbaren Handlungen des Subjekts stehen, als pathologisch und therapiebedürftig ansieht. Allerdings stimmt er darin mit Kant überein und Freuds Kritik am kategorischen Imperativ trifft diesen nicht als moralisches Konzept.

›Ausschluss bewusster Motivation‹

Es leuchtet nicht unmittelbar ein, was Freud damit meint, das Sittengesetz Kants schlösse eine ›bewußte Motivation‹ kategorisch aus. Da Freud den kategorischen Imperativ mit dem psychoanalytischen Über-Ich-Konzept kurzschließt, ist es wahrscheinlich, dass er eine moralphilosophische Position kennzeichnen und kritisieren will, die einen unbedingten Gehorsam gegenüber dem Gewissen fordert. Das Ich bliebe dann dem Strafbedürfnis und dem Schuldgefühl rettungslos ausgeliefert, ohne dass das Über-Ich rationalisierende Entschuldigungen gelten lassen würde oder das Ich irgendwie in der Lage wäre, seine Wünsche gegen das strikte Verbot der strengen Instanz zu rechtfertigen.

Freud kritisiert damit jedoch abermals und zu recht etwas, wogegen sich auch Kant richtet: nämlich ein unmittelbares Verständnis von Moral, das von (mehr oder weniger) zufälligen Gefühlen, Empfindungen und Erfahrungen abhängt, die zudem, wie Freud zeigt, unberechenbaren Schwankungen unterworfen sein können. Es lässt sich vom kategorischen Imperativ Kants jedoch nicht behaupten, dass er in seiner Geltung von irgendwelchen instabilen und kontingenten oder auch krankhaften Lust- oder Unlustgefühlen abhängig wäre. Der kategorische Imperativ ist überhaupt kein Gefühl oder ein im Innern des Menschen von Kindheit an eingelassenes und auf irgend eine Weise offenbartes göttliches Gebot. Der kategorische Imperativ ist vielmehr die allgemeinste Form einer praktischen Handlungsbestimmung, die durch den Gebrauch der Vernunft erschlossen werden kann. Als solches ist der kategorische Imperativ, wie oben (vgl. S. 103) erwähnt, ein Faktum der Vernunft und ebenso wie die Tatsache, dass Menschen vernünftige, sprachfähige Naturwesen sind, nicht auf weitere Inhalte zurückführbar.[169] Als Form verallgemeinerbarer Handlungsbestimmung, die moralisch von freien Wesen gefordert werden kann, ist der kategorische Imperativ keine von irgend einem empirischen Sachverhalt abgeleitete, zeitlos gültige, positive Norm, sondern der praktische Grundsatz, dem Handlungsmaximen genügen müssen, die sich Menschen mit Rücksicht auf die Folgen ihres Handelns selbst geben. Es ist gerade die Allgemeinheit des kategorischen Imperativs, die allen besonderen – auch den zum momentanen Zeitpunkt noch gar nicht absehbaren – praktischen Interessen und Vorschriften der Menschen ihr Recht auf Anerkennung einräumt. Darin besteht, recht verstanden, der ›intellektuelle Zwang‹, den sich Menschen auferlegen, insofern sie als Vernunftwesen praktisch werden.

Wenn innerhalb der Kantischen Moralphilosophie etwas ausgeschlossen ist, so ist dies sicherlich nicht die *bewusste* Reflexion oder Entscheidung – sie ist sogar die Grundlage moralischen Urteilens –, auch nicht die bewusste *Motivation*, denn ich kann und soll die Orientierung am Sittengesetz als alleinige bewusste Motivation (Triebfeder) meines moralischen Urteilens anerkennen. Was als *Grund der Handlungsbestimmung* ausgeschlossen bleibt, sind empirische Tatsachen, zu denen auch pathologische Affektionen, wie Gefühle und Neigungen gehören.[170] Nach Kant ist die Selbstliebe kein qualifiziertes Prinzip der Moralität. Hinsichtlich der Freudschen Untersuchungen der Über-Ich-Pathologien lässt sich ergänzen: Auch Selbsthass oder Gewissensbisse geben kein hinreichendes mögliches Prinzip ab.[171] Das von Freud beschriebene psychische Phänomen der Autoaggression mag auf erzieheri-

169 | Auf dieser Ebene hält sich auch die ontologische Differenz, die Rentsch bei seiner Interpretation von Heideggers *Sein und Zeit* betont: Wir können natürlich das Seiende (die Gegenstände, unser Gehirn etc.) differenziert und sprachlich spezialisiert beschreiben, aber das ›Dass‹ der Welt, unseres Daseins in der Welt, unserer sprachlich konstituierten Vernunft und der unter diesen Bedingungen stattfindenden menschlichen Praxis können wir nicht noch einmal auf etwas zurückführen (vgl. ders.: *Heidegger und Wittgenstein*). Reflektierte religiöse Lebensformen beziehen sich auf diese Unableitbarkeit und artikulieren den für das menschliche Erkenntnisvermögen transzendenten Grund in der Rede von Gott.

170 | Wenn Kant davon spricht, dass der menschliche Wille pathologisch affiziert sein kann, hat dies nichts mit pathologischen Symptomen oder Fehlleistungen im Sinne Freuds gemein: »Die Willkür, die durch *reine* Vernunft bestimmt werden kann, heißt die freie Willkür. Die, welche nur durch *Neigung* (*sinnlichen Antrieb, stimulus*) bestimmbar ist, würde thierische Willkür (*arbitrium brutum*) sein. Die menschliche Willkür ist dagegen eine solche, welche durch Antriebe zwar *afficirt*, aber nicht *bestimmt* wird, und ist also für sich (ohne erworbene Fertigkeit der Vernunft) nicht rein, kann aber doch zu Handlungen aus reinem Willen bestimmt werden« (I. Kant: *Die Metaphysik der Sitten*, S. 213).

171 | Allenfalls kann ich aufgrund moralischer Beurteilung mein Handeln *bereuen*; insofern also unter ›Gewissen‹ die Befähigung zur konsequenten und wahrhaften Beurteilung des eigenen Handelns verstanden wird, ist dieses gerechtfertigt. Selbstverständlich wollen weder Kant noch Freud ›Gewissenlosigkeit‹ verteidigen.

schen Einfluss zurückgehen, doch selbst wenn sich die strafenden Vorwürfe des Über-Ichs nicht ins Pathologische steigern – eine bloße Anpassung an konventionelle Vorstellungen von Sittlichkeit oder die bloße Nachahmung gesellschaftlich akzeptierten Verhaltens erreicht auch für Kant noch längst nicht die Ebene der Moralität:

»Nachahmung findet im Sittlichen gar nicht statt, und Beispiele dienen nur zur Aufmunterung, d.i. sie setzen die Thunlichkeit dessen, was das Gesetz gebietet, außer Zweifel, sie machen das, was die praktische Regel allgemeiner ausdrückt, anschaulich, können aber niemals berechtigen, ihr wahres Original, das in der Vernunft liegt, bei Seite zu setzen und sich nach Beispielen zu richten«.[172]

Der Ausschluss von Neigungen als möglichen Prinzipien der moralischen Willensbestimmung, ganz gleich ob es sich dabei eher um Selbstliebe oder Mitleid, um Eigendünkel, Zuneigung oder Rachsucht handelt, ist darum nicht weniger ein heikles Thema, welches im Rahmen der Kantischen Moralphilosophie angemessen zu bestimmen ist. Der nahe liegende Verdacht, wenn Kant gegen eine Gefühlsethik polemisiert, votiere er gleichzeitig für eine generell neigungsfeindliche Ethik, erweist sich bei näherer Betrachtung als irreführend.[173]

172 | I. Kant: *Grundlegung zur Metaphysik der Sitten*, S. 409.

173 | Dahinter verbirgt sich ein Problem, dass so alt ist wie die ethische Reflexion selbst: Wie ist das Verhältnis des Guten und des Angenehmen zu denken? Wer hier meint, beide dualistisch voneinander isolieren und gegeneinander stellen zu müssen, wird weder der menschlichen Natur, noch dem tatsächlich möglichen Problem gerecht, dass wir uns manchmal gegen unsere Neigung an moralischen Prinzipien orientieren sollen, weil als Folge eines moralischen, sinnesfeindlichen Dualismus *jegliche* Neigung moralistisch abgewertet wird. Als prominentes Beispiel der Philosophiegeschichte darf ein kurzer Seitenblick auf den Platonischen Dialog *Gorgias* dienen: Sokrates setzt im Gespräch mit Polos die Staatskunst (Politik) der Rechtspflege dem ›Schattenbild‹ dieser Kunst – der Rhetorik – gegenüber, der es nicht um die bestmögliche Anwendung des Gesetzes, sondern um die täuschend-überzeugende Vorspiegelung dieser Anwendung geht (Platon: *Gorgias*, 463b–c). Ebenso wird der Kunst der Medizin, der es um die bestmögliche Erhaltung des Leibes geht, die Kochkunst gegenübergestellt, die nur angenehme Lust erzeugen will. Dass Sokrates in diesem Zusammenhang die Rhetorik und die Kochkunst als etwas Hässliches und Schlechtes darstellt, lässt sich vielleicht als generelle Leibfeindlichkeit des ›idealistischen‹ Philosophen verstehen. Möglich ist aber auch eine andere Interpretation, derzufolge Rhetorik und Kochkunst für sich genommen keine schlechten empirischen Regeln enthalten, dass beide also durchaus von Nutzen sein können und nur dann zum ›Schattenbild‹ der τέχνη werden, wenn sie mit deren nicht-relativem Geltungsanspruch konkurrieren. Das Angenehme ist nur dann schlecht, wenn es sich als das Gute ausgibt und damit die Ethik auf ein relatives Lustgefühl gründet. Deswegen bringt der Platonische Sokrates in diesem Zusammenhang das Beispiel, dass ein Arzt, der mit einem Koch in den Wettstreit um die *nützlichen oder schädlichen* Speisen tritt vor einem aus Kindern bestehenden Publikum unterliegen würde. Der Koch würde seine Kompetenzen zwar

In seinem vierten Lehrsatz der Kritik der praktischen Vernunft fasst Kant seine Philosophie von Moralität und Freiheit zusammen:

»Die *Autonomie* des Willens ist das alleinige Princip aller moralischen Gesetze und der ihnen gemäßen Pflichten: alle *Heteronomie* der Willkür gründet dagegen nicht allein gar keine Verbindlichkeit, sondern ist vielmehr dem Princip derselben und der Sittlichkeit des Willens entgegen. In der Unabhängigkeit nämlich von aller Materie des Gesetzes (nämlich einem begehrten Objecte) und zugleich doch Bestimmung der Willkür durch die bloße allgemeine gesetzgebende Form, deren eine Maxime fähig sein muß, besteht das alleinige Princip der Sittlichkeit. Jene *Unabhängigkeit* aber ist Freiheit im *negativen*, diese *eigene Gesetzgebung* aber der reinen und als solche praktischen Vernunft ist Freiheit im *positiven* Verstande«.[174]

Die faktisch erfahrbare Freiheit, die den Menschen überhaupt erst vor das Problem stellt, sein Handeln zu entwerfen und – da er auch ein soziales Wesen ist – gegenüber anderen zu begründen und zu bewerten, ist allein noch nicht hinreichend dafür, auch als seine Freiheit *realisierendes* Vernunftwesen zu gelten. Die negative Freiheit ist vielmehr Bedingung der *Möglichkeit* dafür, Autonomie praktisch zu verwirklichen. Freiheit im positiven Sinne, insofern Willkür als unmündige Abhängigkeit von kontingenten Neigungen verstanden wird, gibt es nur als praktische Autonomie, die wiederum keine andere Bestimmung als das selbst gegebene Sittengesetz zulässt. Ein bloß willkürliches Verhalten orientiert sich an grundsätzlich zufälligen Bedingungen und ist in dieser Abhängigkeit der Bewertungskriterien heteronom:

»Wenn daher die Materie des Wollens, welche nichts anders als das Object einer Begierde sein kann, die mit dem Gesetz verbunden wird, in das praktische Gesetz *als Bedingung der Möglichkeit* desselben hineinkommt, so wird daraus Heteronomie

---

überschreiten, aber auf die angenehme Wirkung seiner Produkte zählen können. Man könnte anfügen, dass auch bei der Ernährung auf gesunde Kost zu achten sei, oder dass gesundes Essen am besten schmeckt und dergleichen, das ändert aber nichts daran, dass die normative Ebene und die Ebene des Angenehmen unterscheidbar bleiben. In dieser Perspektive verdammt Platon die Kochkunst so wenig, wie Kant etwa die Lust als solche zu meiden rät – zu meiden ist vielmehr das Schlechte, und dies ist mit der Lust keinesfalls identisch.
Freud hat – darin wohl beeinflusst von Brentano – das Aristotelische Denken näher gelegen als das Platons. Aristoteles *Nikomachische Ethik* möchte Freud in einem Brief von 1874 »in Erz« (zit. nach R. W. Clark, *Sigmund Freud*, S. 49) statt in Papier gegossen sehen, wogegen er viel später – am 7. Juni 1915 – an James J. Putnam schreibt: »Ich glaube nicht, wie Sokrates [...], daß alle Untugenden in einer Art von Unklarheit und Unwissenheit begründet sind. Ich meine, daß man der Analyse zu viel aufbürdet, wenn man von ihr verlangt, daß sie die jedem teuersten Ideale realisieren soll« (zit. nach E. Jones, *Sigmund Freud. Leben und Werk*, Bd. 2, S. 219).

174 | I. Kant: *Kritik der praktischen Vernunft*, S. 33.

der Willkür, nämlich Abhängigkeit vom Naturgesetze, irgend einem Antriebe oder Neigung zu folgen, und der Wille giebt sich nicht selbst das Gesetz, sondern nur die Vorschrift zur vernünftigen Befolgung pathologischer Gesetze«.[175]

Jede Orientierung, die Gefühle, Neigungen, Lust oder Unlust zum moralischen Prinzip erhebt, lädt sich die Schwierigkeit auf, dass damit moralische Bewertungen von zufälligen Vorkommnissen abhängig gemacht werden. Wer aus dem Mitleid mit dem Leiden die moralische Pflicht zur Hilfe ableitet, macht sich entweder der moralischen Legitimierung von Unterlassung schuldig in Fällen, in denen dieses Mitleid ausbleibt – oder muss entsprechend Hilfskonstruktionen für den Fall unterbliebenen Mitleids erfinden und etwa mangelnde Einfühlung als unnormal kennzeichnen und so exklusive moralische Kompetenzen an okkulte Eigenschaften binden. Wo Neigungen zum Prinzip der Ethik erhoben werden, wird die Unbedingtheit moralischer Prinzipien preisgegeben und gleichsam ein Fundament der Moralität konstruiert, das als solches zum Signum der Bedingtheit und Zufälligkeit dieses ethischen Systems wird und implizit dessen ideologischen Charakter offenbart. Die unbedingte und universale Anerkennung der Person als Selbstzweck lässt sich jedoch nicht anders begründen als eine vernünftig-praktische, das heißt moralische Forderung. Diese auf ein empirisches Fundament zu stellen bedeutet stets, potentieller Exklusion begrifflich vorzuarbeiten und allgemeine Geltungsansprüche zu relativieren.

Aus diesem, nicht nur rational-philosophischen, sondern auch praktisch-ideologiekritischen Grund lehnt Kant hedonistische Bestimmungen der Ethik ab:

»Das gerade Widerspiel des Princips der Sittlichkeit ist: wenn das der *eigenen* Glückseligkeit zum Bestimmungsgrunde des Willens gemacht wird, wozu [...] alles überhaupt gezählt werden muß, was den Bestimmungsgrund, der zum Gesetze dienen soll, irgend worin anders als in der gesetzgebenden Form der Maxime setzt«.[176]

Als wesentliches Merkmal moralischer Urteile ist damit ausgesprochen, dass wir mit der Bezugnahme auf unsere Neigungen – das sind vor allem Vorlieben *und* Abneigungen, Wünsche *und* Ängste – nicht *begründen* können, was moralisch geboten ist. Zwar gehören unsere Neigungen genau so zu jeder Situation wie die Objekte, auf die wir uns beziehen; unsere Neigungen sind auch für eine moralisch problematische Situation nicht nur akzidentiell, sondern ein wichtiger Faktor innerhalb der Beurteilung. Gefordert ist

175 | Ebd.
176 | Ebd., S. 35.

aber, dass die moralische Bewertung unabhängig von Neigungen erfolgt, dass also die unbedingte Verbindlichkeit des Sittengesetzes durch subjektive Leidenschaften und Interessen nicht aufgehoben wird. Wenn eine moralische Bewertung nicht nur Verständnis und Mitgefühl einforderndes Darlegen der persönlichen Situation und des subjektiven Meinens des Handelnden sein soll, muss jede Bewertung – ganz gleich, ob damit die Selbstreflexion des Handelnden oder die Bewertung durch andere gemeint ist – *unabhängig* von Neigungen geschehen. Diese Unabhängigkeit impliziert natürlich, dass bei der moralischen Bewertung eine *grundsätzliche* Distanz auch zu emotional aufgeladenen, unreflektierten Vorurteilen eingenommen werden muss.[177] Eine Moralvorstellung, die auf generelle Sinnenfeindlichkeit ausgerichtet ist und im Namen der ›Sittlichkeit‹ empfiehlt, die eigenen Neigungen – zumeist ›sinnliche‹, letztlich sexuelle – zu unterdrücken, ist nur das pervertierte Gegenstück zur hedonistischen Unmoral.

Eine Distanz zum eigenen subjektiven Begehren einzunehmen, kann vernünftigerweise nicht bedeuten, alles Streben nach Glück, alle angenehmen, lustvollen Erfahrungen, alle Interessen des Prinzips der ›Selbstliebe‹ aufzugeben, sondern bei der Verwirklichung dieser Interessen andere Menschen nicht als Mittel in der ausschließlich pragmatisch-technisch vorgehenden Maximierung der eigenen Lust zu instrumentalisieren und damit die moralisch geforderte unbedingte Anerkennung der Anderen als Personen zu missachten und zu verletzen. Dass ein systematischer Unterschied zwischen einer Distanz zu den eigenen Neigungen und einer generellen Sinnenfeindlichkeit besteht, wird deutlich, wenn Kant darüber spricht, *welche* Neigungen mit einer moralischen Haltung nicht vereinbar sind:

»Das Wesentliche aller Bestimmung des Willens durchs sittliche Gesetz ist: daß er als freier Wille, mithin nicht blos ohne Mitwirkung sinnlicher Antriebe, sondern selbst mit Abweisung aller derselben und mit Abbruch aller Neigungen, so fern sie jenem Gesetze zuwider sein könnten, blos durchs Gesetz bestimmt werde«.[178]

Hierbei kommt das kritische Potential der Kantischen Moralphilosophie zur Geltung: Der systematische Status des moralischen Urteils ist vollkommen unabhängig von Neigungen. Auch wenn wir jederzeit denkende und fühlende Wesen sind und uns unserer Neigungen und Bedürfnisse weder entledi-

177 | Gerade auf dem Gebiet des Ressentiments, des ursprünglich affektbestimmten Rationalisierens und der zwischenmenschlichen Ambivalenzen eröffnet sich sachgemäß ein weites Feld für die psychoanalytische Forschung; angefangen bei dem beinahe schon anthropologisch zu nennenden »Narzißmus der kleinen Differenzen«, wie ihn Freud in *Massenpsychologie und Ich-Analyse* (S. 111), *Das Unbehagen in der Kultur* (S. 473f.) und »Warum Krieg?« (S. 17) beschreibt.

178 | I. Kant: *Kritik der praktischen Vernunft*, S. 72

gen können noch sollen, können und sollen wir doch über problematische Begründungen und Folgen moralisch urteilen, ohne dass wir in dieser Bewertung unmittelbar mit den Zielen unserer Neigungen übereinstimmen müssten. Es ist ein nützlicher Zufall, wenn wir einem Menschen in einer Notlage helfen, weil wir Mitleid mit ihm empfinden. Allein, wir sind auch dann dazu verpflichtet, wenn wir dieses Gefühl nicht empfinden – oder gerade dann, wenn wir dazu wenig Neigung verspüren. Sicherlich bleiben immer pragmatische und technische Probleme bestehen, also Fragen über die Art und Weise, wie wir unsere Hilfe gestalten oder was wir als Hilfsmittel ansehen. Aber die unbedingte moralische Verpflichtung behält ihre Gültigkeit, ob wir nun Mitleid empfinden – was erfreulich sein mag, aber nicht gefordert werden kann – oder nicht.

Die Beweggründe unseres Handelns sollen in der Achtung des moralischen Gesetzes, das wir als vernünftige Wesen anerkennen, bestehen. Neigungen, die das *moralische* Handeln begleiten und dessen Beweggründe verstärken, sind wünschenswert, aber nicht in jedem Falle vorauszusetzen. Neigungen jedoch, die diesen moralischen Beweggründen im Wege stehen, sind zu überwinden. Insofern sagt Kant nicht, dass wir als bloße Vernunftwesen alle sozialen Neigungen bekämpfen sollen und unser Handeln nur ›kalte‹ Pflichterfüllung sein soll, sondern dass wir zum moralisches Handeln auch verpflichtet sind, wenn wir diese Neigungen nicht verspüren. Außerdem kann nicht davon ausgegangen werden, dass eine Handlung aus Mitleid stets auch einen moralisch wertvollen Zweck haben muss.[179]

Gleiches gilt, wie bereits angesprochen, auch für die Befriedigung unserer Bedürfnisse. Kant sagt nicht, es wäre moralisch, uns alle Befriedigung zu versagen – oder nur die Befriedigung zu erlauben, die unsere Lebensfunktionen erhält und die Reproduktion der Gattung sichert –, er hält es lediglich für geboten, die Befriedigung unserer Neigungen zu unterlassen, die moralischen Prinzipien widerspricht:

179 | Eine aus Mitleid erfolgende Handlung könnte zwar eine pflichtgemäße Handlung sein; da sie aber nicht um der Pflicht willen vollzogen wird, sondern mit unmittelbarer Neigung zum Pflichtgemäßen, wäre die Triebfeder in diesem Fall nicht das Sittengesetz, mithin die Vernunft, sondern das Gefühl des Mitleids. Abgesehen davon, dass für eine solche Handlung kein Anspruch darauf besteht – und vielleicht auch gar nicht erhoben wird –, als *moralische* anerkannt zu werden, kann natürlich auch eine Handlung aus Mitleid ganz und gar unmoralisch sein. Ein Beispiel für den ersten Fall: Ein Mensch, der normalerweise nicht den geringsten Ansatz eines solidarischen Bewusstseins besitzt, mag, von einer plötzlichen Rührung (Kants ›pathologische Affektion‹) übermächtigt, einem Bedürftigen eine kleine Gabe zukommen lassen. Der zweite Fall ist vor allem bei der moralischen Beurteilung von Grenzsituationen von Bedeutung, etwa in der Medizinethik hinsichtlich der Problematik der Sterbehilfe und des therapeutischen Paternalismus (vgl. Th. Rehbock: *Personsein in Grenzsituationen. Zur Kritik der Ethik medizinischen Handelns*).

»Die reine praktische Vernunft tut der Eigenliebe bloß Abbruch indem sie solche, als natürlich, und noch vor dem moralischen Gesetze, in uns rege, nur auf die Bedingung der Einstimmung mit diesem Gesetze einschränkt; da sie alsdenn vernünftige Selbstliebe genannt wird. Aber den Eigendünkel schlägt sie gar nieder«.[180]

Die Kriterien der moralischen Begründung lassen sich nicht allein mit Bezug auf die gesellschaftlich-konventionellen Moralvorstellungen – die Sitten, Gebräuche, Konventionen – bestimmen. Die Sittlichkeit im wahren moralischen Sinne wird zumeist nur einen Teilbereich der gemeinhin akzeptierten ›guten Sitten‹ bilden. Aber wer *gerechtfertigt* gesellschaftlich akzeptierte und sanktionierte Werte und Normen kritisieren will, muss vernünftig argumentieren, was wiederum bedeutet, dass subjektive (Ab-)Neigungen, und wären sie auch noch so verbreitet, kein moralischer Bestimmungsgrund sein können.

Mit der Verbindlichkeit des Sittengesetzes meint Kant also keine zwanghafte Unterdrückung des eigenen Strebens nach Glück, sondern eine reflektierte, selbstbestimmte Vorgehensweise, dabei die Grenzen des moralisch Erlaubten nicht zu überschreiten. Durch moralische Reflexion erfahren wir nicht, wie wir glücklich werden können. Moralität fordert aber, dass wir in unserem Streben nach Glück nicht bedingungslos unseren eigenen Neigungen folgen. Es ist nicht unmoralisch, subjektive Neigungen zu befriedigen, sondern diese Befriedigung zur alleinigen Verbindlichkeit unserer Handlungen zu erklären und sich auf dem Wege des willkürlichen Hedonismus einer abstrakten Freiheit zu rühmen, die in Wahrheit eine undurchschaute Unfreiheit mit potentiell schädlichen Folgen für andere ist. Und es ist der praktischen Vernunft zuwider, dieses Prinzip zugleich als Idee des moralisch Guten auszugeben.

Glück und Moral stehen nicht in einem einfachen Abhängigkeitsverhältnis; moralisches Handeln allein befriedigt nicht alle Neigungen, die uns zu einer glücklichen Existenz verhelfen. Moralisches Handeln garantiert auch nicht, dass wir ein glückliches und erfülltes Leben führen werden; in Kants Worten ist es nur eine Bedingung für Vernunftwesen, sich der Glückseligkeit *würdig* zu erweisen.[181] Sich bei der Befriedigung seiner Neigungen nicht über moralische Gebote hinwegzusetzen, ist eine formale Bedingung, der vernünftige Wesen genügen müssen, um als autonome Akteure ihren Interessen nachzugehen. Die moralische Perspektive ist damit kein verfügbares pragmatisches Wissen, das die Erreichung dieser Interessen grundsätzlich verhindern oder befördern würde, sondern eine zugrunde liegende moralisch-kriteriale Bedingung, der alle pragmatischen Handlungen genügen sollen. Moralität und

180 | I. Kant: *Kritik der praktischen Vernunft*, S. 73; neben der Pflicht der Nächstenliebe (im Sinne von Fürsorge) erwähnt Kant überdies auch Pflichten der vernünftigen Selbstliebe (vgl. ders.: *Die Metaphysik der Sitten*, S. 410).

181 | Ders.: *Grundlegung zur Metaphysik der Sitten*, S. 18.

Glückseligkeit sind darum verschiedene Prinzipien, nicht aber entgegengesetzte oder identische:

»Aber diese *Unterscheidung* des Glückseligkeitsprincips von dem der Sittlichkeit ist darum nicht sofort *Entgegensetzung* beider, und die reine praktische Vernunft will nicht, man solle die Ansprüche auf Glückseligkeit *aufgeben*, sondern nur, so bald von Pflicht die Rede ist, darauf gar *nicht Rücksicht* nehmen«.[182]

Es macht also durchaus Sinn, pragmatische Klugheits- und Weisheitslehren oder Glückseligkeitslehren zu berücksichtigen, wobei auffällt, dass davon zu allen Zeiten sehr verschiedene Angebote mit unterschiedlichen Grundlagen, Schwerpunkten und methodischen Hinweisen miteinander konkurrieren, die in individuellen Fällen als mehr oder weniger tauglich oder reizvoll angesehen werden mögen. Keine dieser materialen Lehren hat allerdings den Status eines rational begründbaren, legitim universale Geltung fordernden und nur formal aufweisbaren Sittengesetzes, das sich weder aus empirisch erkennbaren noch transzendent offenbarten inhaltlichen Wahrheiten ableiten lässt und als die einzige vernünftig zu rechtfertigende Handlungsorientierung eines sich als frei erfahrenden Handlungssubjekts gelten kann.

»Die Unterscheidung der *Glückseligkeitslehre* von der *Sittenlehre*, in deren ersteren empirische Principien das ganze Fundament, von der zweiten aber auch nicht den mindesten Beisatz derselben ausmachen, ist nun in der Analytik der reinen praktischen Vernunft die erste und wichtigste ihr obliegende Beschäftigung, in der sie so *pünktlich*, ja, wenn es auch hieße, *peinlich* verfahren muß, als je der Geometer in seinem Geschäfte«.[183]

Der Sinn der Kantischen ›Ausgrenzung‹ des Glücks und mithin der Glückseligkeitslehren aus der moralphilosophischen Reflexion ist demnach keineswegs als sinnenfeindlicher Hypermoralismus zu verstehen. Vielmehr nimmt Kant eine Bestimmung der Differenzierung und des Verhältnisses der Orientierungsmöglichkeiten an Moral und Glück vor. Dies impliziert für beide Bereiche eine kritische Zurückweisung missverständlicher Zugriffe und Begründungsversuche.

Die *moralische Handlungsorientierung* ist auf die Übereinstimmung mit moralischen Prinzipien festgelegt. Das moralische Subjekt wird damit zum einen von Forderungen nach ›emotionalen Identifikationen‹ entlastet, denn Gefühle lassen sich nicht moralisch fordern; zum anderen soll es als Person – in moralischer Perspektive – vor den instrumentalisierenden Partialinteressen

182 | Ders.: *Kritik der praktischen Vernunft*, S. 93.
183 | Ebd., S. 92.

anderer geschützt und anerkannt werden. Moralische Urteile und Entscheidungen sind Ergebnisse vernünftiger Reflexion; alle anderen Bestimmungen unter Berufung auf sittlichen Anstand, Moral, patriotische Ehrgefühle, Gewissensrufe und dergleichen müssen entweder darüber hinaus im Medium vernünftiger Argumentation legitimiert werden, oder sie setzen sich als *Ersatz* für reflexive Legitimationsdiskurse und erweisen sich damit selbst als heteronome, Autonomie verhindernde Abhängigkeits- und Zwangsverhältnisse.

Der *Orientierung an der eigenen Glückseligkeit* steht es – unter vorauszusetzender Einhaltung moralisch begründeter Normen und Anerkennung der anderen als Personen – frei, nach empirischer Erfahrung und eigenem Ermessen die Befriedigung subjektiver Neigungen zu realisieren. Eine Verpflichtung auf allgemein gültige ›Prinzipien des Strebens nach Glückseligkeit‹ ist begrifflich ausgeschlossen und in der sozialen Realität als ideologischer Eingriff auf die persönlichen Rechte abzuweisen. Wir werden im zweiten Kapitel sehen, wie Freud gerade diesen Punkt systematisch und empirisch argumentierend hervorhebt.

Kritik der Freudschen Moralkritik

Ein Vergleich der Moralkritik Freuds und der Moralphilosophie Kants kann durchaus übereinstimmende Motive feststellen: Freud *und* Kant kritisieren beide ein Konzept von Moral, das ausschließlich von Gewissensvorstellungen bestimmt wird und dem Individuum jede Möglichkeit der bewussten Reflexion nimmt. Beide kritisieren den unreflektierten Bezug auf konventionelle Moralvorstellungen und Sitten und entwerfen Möglichkeiten der ›Therapie‹ solcher fehlgeleiteter Moralvorstellungen: bei Kant ist es das Konzept der Autonomie, bei Freud die Stärkung des Ichs (dem Sitz der Vernunft, dem ›Gott‹ Logos[184]). Und: Freud weist, wie auch Kant, eine Ableitung der Moral durch religiöse beziehungsweise theologische Offenbarungsinhalte zurück.

Beide Autoren unterscheiden sich allerdings in der Wahrnehmung der Religion als menschlicher Praxis. Freud hält die Religion zwar für eine historisch wichtige Kulturleistung; er reduziert sie aber letztlich auf eine Trostfunktion, mit der existentiale Ängste kompensiert werden und erblickt in ihr eine System illusionärer Wünsche, das durch den Ödipuskomplex (›Gottvater‹) erklärt werden kann. Folglich ist Freud der Ansicht, dass religiöse Moral in vernünftige Formen sozialer Ordnung überführt werden muss. Ganz anders Kant, der zwar ebenso in seiner Religionsschrift (1793)[185] eine Ableitung der Moral aus Offenbarungsinhalten kritisiert, aber doch daran festhält, dass in

184 | Vgl. S. Freud: *Die Zukunft einer Illusion*, S. 378.
185 | Vgl. I. Kant: *Die Religion innerhalb der Grenzen der bloßen Vernunft*, §§ 2, 4.

religiösen und theologischen Texten eine vernünftige Auseinandersetzung mit existentiellen Grundproblemen erfolgt, die für das Verständnis von Moral von konstitutiver Bedeutung sind. Was ich tun soll, lässt sich auch und gerade mit Kant nicht damit begründen, was ich hoffe. Moral soll nicht bloß illusionären Trost bieten. Aber was ich hoffen *darf*, kann durchaus für die endlich erkennende Vernunft von Bedeutung sein, wenn offensichtlich wird, dass die Frage nach dem guten Leben zwar hinsichtlich der moralischen Pflichten näher bestimmt werden kann, diese Bestimmung aber eine ›Belohnung‹ für die Anerkennung moralischer Gesetze – ein glückliches Leben – nicht garantieren kann.

Kant und Freud sind sich hinsichtlich einiger Kernprobleme der Moralkritik durchaus einig. Obwohl die Freudsche Kritik an Kant in ihrer generalisierenden Schärfe falsch adressiert ist, heißt dies nicht, dass Freuds Moralkritik damit gänzlich verfehlt oder obsolet wäre. Die Moralkritik Freuds destruiert vielmehr einen ganz bestimmten Typ materialer Ethik. Eine solche Kritik, die bei Kant nur formal angezeigt ist, wird in Freuds Schriften konkret durchgeführt, um die empirisch feststellbaren pathologischen Wirkungen falsch verstandener Moralität aufzuweisen. Kant hat zwar eine Übersicht über mögliche, aber zu kritisierende Prinzipien der Bestimmung von Handlungsgründen gegeben[186] – aber um dies lebenspraktisch verständlich zu machen, müssen diese formalen Begründungstypen und die darauf basierenden ethischen Entwürfe auch in der alltäglichen Lebenswelt als solche kenntlich gemacht werden. Freuds Verdienst ist es, insbesondere *einen* Typus solcher im Grunde unmoralischen Moralvorstellungen ins Zentrum seiner Kritik gerückt zu haben: die Sexualmoral – in all ihren mannigfachen Auswirkungen auf Erziehung, psychische Gesundheit, sozialpathologische Massenphänomene und nicht zuletzt die psychologische Wissenschaft selbst.

Sobald diese Perspektive eingenommen wird, folgt, dass Freud grundsätzlich über Vorstellungen von Ethik und Moral verfügen muss, auch wenn seine Kritik sich gegen ›die‹ Moral als solche zu richten scheint. Ansonsten wäre er zu einer Bewertung gar imstande. In der Tat lassen sich solche Ansätze bei Freud finden.

Ethische Implikationen des psychoanalytischen Kulturbegriffs

Was Freud unter Ethik versteht, lässt sich aus seinen Aussagen zum Verhältnis von Individuum und Gesellschaft (oder auch: Gemeinschaft, Kultur) rekonstruieren. Seine bekannte Definition der Kultur in seiner Schrift über *Das Unbehagen in der Kultur* (1930) lautet:

186 | Vgl. oben S. 94.

»Als kulturell anerkennen wir alle Tätigkeiten und Werte, die dem Menschen nützen, indem sie ihm die Erde dienstbar machen, ihn gegen die Gewalt der Naturkräfte schützen u. dgl. Über diese Seite des Kulturellen besteht ja am wenigsten Zweifel«.[187]

Freud entwickelt an dieser Stelle ein Verständnis von Kultur, das er im allgemeinen Sprachgebrauch als leitend ansieht, dem er aber auch selbst weitestgehend zustimmt.[188] Kultur deckt danach einen sehr weiten Bereich menschlicher Praxis ab, angefangen bei Herstellung und Gebrauch von Werkzeugen, Maschinen, technischen Geräten, Fortbewegungs- und sonstigen Hilfsmitteln, über den Bau von Wohnstätten bis hin zu hygienischen Verhaltensweisen und letztlich der gesamten gesellschaftlichen Ordnung mit allen ihren Institutionen, mit Recht, Wissenschaft und Kunst.[189] Auch wenn Freuds Kulturbegriff besonders durch die Funktion der *Nützlichkeit* charakterisiert ist, führt er in diesem auch eine (utilitaristische) Bewertungsebene mit, wenn er sagt, dass dieser Nutzen der Kultur als solcher auch *anerkannt* werden muss. Technische Produkte lassen sich schließlich nicht nur zum Schutz der Menschen und zur Beherrschung der Natur verwenden, sondern auch zur (un-)mittelbaren Zerstörung. Freud beschließt seinen kulturkritischen Essay über das Unbehagen in der Kultur selbst mit der Warnung:

»Die Menschen haben es jetzt in der Beherrschung der Naturkräfte so weit gebracht, daß sie es mit deren Hilfe leicht haben, einander bis auf den letzten Mann auszurotten«.[190]

187 | S. Freud: *Das Unbehagen in der Kultur*, S. 449.

188 | Freud verfährt dabei durchaus ähnlich wie Kant, wenn dieser die vernünftige Bestimmung dessen versucht, was der gemeine Sprachgebrauch bei der Verwendung von moralischen Bewertungen jeweils schon zugrunde legt.

189 | Vgl. insbesondere Teil III des Freudschen Essays, ebd., S. 444–458. Auf diesen Abschnitt wird sich die folgende Untersuchung weitestgehend beschränken. Einen Überblick über *Freuds Schriften zu Kultur, Religion und Gesellschaft* gibt das gleichnamige Buch von Thomas Köhler.

190 | Ebd., S. 506. Dieses agonale Moment der Kulturbeschreibung erinnert an den *bellum omnium contra omnes* aus Thomas Hobbes' *Leviathan* (1651). Elmar Waibl findet denn auch neben von Freud und Hobbes geteilten anthropologischen Prämissen »Analogien zwischen Hobbes' kontraktualistischem Modell der Vergesellschaftung und Freuds Kulturtheorie« (E. Waibl: *Gesellschaft und Kultur bei Hobbes und Freud*, S. 59, vgl. auch S. 59–83). In diesem Zusammenhang ist die folgende Darstellung Freuds bezeichnend: »Das gern verleugnete Stück Wirklichkeit [...] ist, daß der Mensch nicht ein sanftes, liebebedürftiges Wesen ist, das sich höchstens, wenn angegriffen, auch zu verteidigen vermag, sondern daß er zu seinen Triebbegabungen auch einen mächtigen Anteil von Aggressionsneigung rechnen darf. Infolgedessen ist ihm der Nächste nicht nur möglicher Helfer und Sexualobjekt, sondern auch eine Versuchung, seine Aggression an ihm zu befriedigen, seine Arbeitskraft ohne Entschädigung auszunützen, ihn ohne seine Einwilligung sexuell zu gebrauchen, sich in den Besitz seiner Habe zu setzen, ihn zu demütigen, ihm Schmerzen zu bereiten, zu martern und zu töten. *Homo homini lupus*; wer hat nach

Es kann Freud also streng genommen nicht zugestimmt werden, wenn er meint, über den Aspekt der Nützlichkeit der Kultur bestünde am wenigsten Zweifel. Technik kann sich in Bezug auf verschiedene Zwecke als nützlich erweisen, manche dieser Zwecke können aber für einige oder gar die meisten Menschen äußerst schädlich sein.[191] Auch die »Wohltat der Ordnung«[192], die Freud als »ganz unleugbar« bezeichnet, trifft natürlich nur für den Fall zu, dass die in Frage stehenden Handlungen, die ordentlich und effizient durchgeführt werden, selbst als irgendwie nützlich anerkannt werden können. Die Ebene der Werte und des Guten, auf die sich Freud zumeist nur polemisch bezieht, ist in seinen eigenen Sprachgebrauch und seine Begriffsverwendung wie selbstverständlich eingelassen.

Über die Technik hinaus sieht Freud noch weitere Bestimmungsmöglichkeiten eines Begriffs der Kultur. Als ausgezeichnete kulturelle Leistungen werden danach »die Schätzung und Pflege der höheren psychischen Tätigkeiten, der intellektuellen, wissenschaftlichen und künstlerischen Leistungen«[193] angesehen, denen jeweils eine »führende Rolle« eingeräumt wird. An oberster Stelle stünden beim gemeinen Verständnis von Kultur allerdings:

> »die religiösen Systeme [...]; neben ihnen die philosophischen Spekulationen und endlich, was man die Idealbildungen der Menschen heißen kann, ihre Vorstellungen von einer möglichen Vollkommenheit der einzelnen Person, des Volkes, der ganzen Menschheit und die Anforderungen, die sie auf Grund solcher Vorstellungen erheben«.[194]

Nach dem Urteil Freuds sind Wissenschaft und Technik zweifelsfrei höhere kulturelle Leistungen. In ihnen verbinden sich die beiden Triebfedern menschlicher Tätigkeit, die Freud anerkennt: »Nutzen und Lustgewinn«.[195] Für Religion, Philosophie und Moral – also für die Kulturleistungen, für die Freud eine psychoanalytisch-genealogische Erklärung für möglich hält – gilt dies in gewisser Weise ebenfalls. Allerdings führen diese Ideologien nach Freud jeweils ideologisch motivierte Denkverbote mit sich, die einen angemessenen Blick auf die Praxis verstellen. Unabhängig davon, dass Freud die Folgen dieser Leistungen für potentiell schädlich hält, zeugen sie für ihn dennoch von einer gewissen erreichten Höhe der kulturellen Entwicklung:

---

allen Erfahrungen des Lebens und der Geschichte den Mut, diesen Satz zu bestreiten?« (S. Freud: *Das Unbehagen in der Kultur*, S. 470f.).

191 | Johannes Rohbeck bezeichnet diese Urteilskompetenz im Gegensatz etwa zur instrumentellen Vernunft als *technologische Urteilskraft* (vgl. ders.: *Technologische Urteilskraft. Zu einer Ethik technischen Handelns*).

192 | S. Freud: *Das Unbehagen in der Kultur*, S. 452.

193 | Ebd., S. 453.

194 | Ebd.

195 | Ebd., S. 454.

»Man kann aber nicht bezweifeln, daß auch die anderen [Leistungen, nämlich Religion, philosophische Spekulation und ethische Ideale, MV] starken Bedürfnissen der Menschen entsprechen, vielleicht solchen, die nur bei einer Minderheit entwickelt sind. Auch darf man sich nicht durch Werturteile über einzelne dieser religiösen, philosophischen Systeme und dieser Ideale beirren lassen; ob man die höchste Leistung des Menschengeistes in ihnen sucht oder ob man sie als Verirrungen beklagt, man muß anerkennen, daß ihr Vorhandensein, besonders ihre Vorherrschaft, einen Hochstand der Kultur bedeutet«.[196]

Als Zwecke des individuellen Strebens nimmt Freud also *Nutzen und Lustgewinn* an, als Zwecke der kulturellen Einrichtungen *Schutz und Sicherheit*. Das heißt, für die den Menschen möglichen technisch-pragmatischen Mittel der Bedürfnisbefriedigung werden institutionell Sicherheiten geschaffen, die einen nutzbringenden und störungsfreien Betrieb gewährleisten sollen. Der Mensch kann seine Bedürfnisse nur vermittelt über Technik (im weitesten Sinne) befriedigen, wobei Wissenschaft und Forschung an deren Verbesserung arbeiten und die in diesen Gebieten tätigen Menschen hierbei auch neue Formen der (sublimierten) Befriedigung finden. Dies macht für Freud, wie zu sehen war, nur einen Teil des Niveaus einer Kultur aus. Jedoch sind Religion und Philosophie, die nach Freuds Meinung in ethischen Idealbildungen zur Synthese gelangen, eng an illusionäre Vorstellungsinhalte gebunden; sie zeugen von einem Fortschritt auf dem Gebiet des Geistes, ohne dass sie eine wohltuende Wirkung auf die menschliche Praxis hätten. Wie kommt es zu dieser negativen Bewertung von Ethik?

Unter ›Ethik‹ versteht Freud wesentlich einen über die bloße Nützlichkeit und Sicherheit, über das »Band der Arbeits- und Interessengemeinschaft« hinausgehenden Versuch: nämlich das kulturelle Bestreben, »die Mitglieder der Gemeinschaft auch libidinös aneinander« zu binden, also unter Aufbietung zielgehemmter Libido besonders starke Identifikationen herzustellen, »um die Gemeinschaftsbande durch Freundschaftsbeziehungen«[197] und

196 | Ebd.

197 | Ebd., S. 467. Darin liegt, wie Alfred Schöpf richtig bemerkt, ein wesentlicher Unterschied zwischen den Gesellschaftskonzepten bei Aristoteles und Freud (während Freud sich hinsichtlich der ethischen Orientierung am Glück an Aristoteles anlehnt). Mit den genannten Identifikationen, den freundschaftlichen Beziehungen, greift Freud das aristotelische Motiv auf, nach dem das »Verhältnis von Familie und Öffentlichkeit auf der Basis der Liebe und eines allgemeinen Wohlwollens« gelöst werden soll (A. Schöpf: *Sigmund Freud und die Philosophie der Gegenwart*, S. 166; vgl. Aristoteles: *Nikomachische Ethik*, 1158b–1159a). Dieses positive Menschenbild teilt Freud nicht und verweist im *Unbehagen in der Kultur* auf die sprengende Kraft der Aggression, von der er nicht annimmt, dass sie mit der von ihm als idealistisch abgewerteten Forderung nach Freundschaft und Nächstenliebe allein zu lösen sei. Polemisch bemerkt Freud dort, der durch den menschlichen

›narzisstische‹ Identifikation mit gemeinsamen Idealen zu kräftigen. Sein psychoanalytisches Fazit lautet:

»Das Kultur-Über-Ich hat seine Ideale ausgebildet und erhebt seine Forderungen. Unter den letzteren werden die, welche die Beziehungen der Menschen zueinander betreffen, als Ethik zusammengefaßt. Zu allen Zeiten wurde auf diese Ethik der größte Wert gelegt, als ob man gerade von ihr besonders wichtige Leistungen erwartete. [...] Die Ethik ist also als ein *therapeutischer* Versuch aufzufassen, als Bemühung, durch ein Gebot des Über-Ichs zu erreichen, was bisher durch *sonstige* Kulturarbeit nicht zu erreichen war«.[198]

In dem Exkurs zur Genese des Über-Ichs (vgl. oben S. 60ff.) wurde bereits deutlich, dass Freud die Entstehung des Über-Ichs mit der Elterninstanz in Verbindung bringt, die selbst wiederum nicht nur bewusste Werte und Normen vertritt, sondern auch unbewusst eigene Über-Ich-Gebote reproduziert. Im gerade zitierten Gedanken zum Kultur-Über-Ich wird wiederum deutlich, dass Freud Ethik grundsätzlich mit der Über-Ich-Funktion identifiziert. Sie wird damit in direkten Gegensatz zum vernünftigen, bewussten Überlegen gestellt, das Freud in der an Nützlichkeit und Sicherheit orientierten ›Arbeits- und Interessengemeinschaft‹ verortet. Die Ethik wird bei Freud, genau wie in den Vorwürfen gegen Kants kategorischen Imperativ, *per definitionem* mit dem Über-Ich in Verbindung gebracht, also als heteronome Moral verstanden. Doch welche Orientierung würde Freud bevorzugen, wenn er denn die Verwendung von Moral so restriktiv begrenzt? – Es ist die *Kulturarbeit*, die Freud im letzten Satz erwähnt, und die bisher ihr Ziel einer nützlich geordneten Gesellschaft noch nicht erreichen konnte. Diese Kulturarbeit ist auch in dem wohl bekanntesten Zitat von Freud angesprochen, mit dem er in der *Neuen Folge der Vorlesungen zur Einführung in die Psychoanalyse* (1932) den therapeutischen ›Angriffspunkt‹ der Psychoanalyse gleichnishaft beschreibt:

»Ihre [d.i. die Psychoanalyse, MV] Absicht ist es ja, das Ich zu stärken, es vom Über-Ich unabhängiger zu machen, sein Wahrnehmungsfeld zu erweitern und seine Organisation auszubauen, so daß es sich neue Stücke des Es aneignen kann. Wo Es war, soll Ich werden. Es ist Kulturarbeit etwa wie die Trockenlegung der *Zuydersee*«.[199]

Destruktions- und Todestrieb entfachte »Lebenskampf der Menschenart« lasse sich nicht durch das »›Eiapopeia vom Himmel‹« beschwichtigen (S. Freud: *Das Unbehagen in der Kultur*, S. 481). Freud hält es für unverzichtbar, die »Wurzeln [der] Unvollkommenheit« des Menschen schonungslos aufzudecken, um mit diesem konstitutiven Aggressionspotential überhaupt gesellschaftlich umgehen zu können. Gerade weil er dies tut, sieht sich Freud selbst nicht als »Kulturfeind« (ebd., S. 475).

198 | Ebd., S. 502f. (Hervorh. von mir, MV).

199 | Ders.: *Neue Folge der Vorlesungen zur Einführung in die Psychoanalyse*, S. 86.

In diesem Zusammenhang machen Freuds Worte deutlich, dass es ihm *nicht nur* um die so oft mit diesem Zitat verbundene Bewusstwerdung des Es geht – sondern um die Stärkung der Instanz des Ichs, und zwar auf Kosten der Macht des Über-Ichs, also der nicht korrigierbaren, zwanghaften Gewissensinstanz. Wenn Freud aber die Stärkung des Ichs fordert als die Erweiterung der Möglichkeiten der bewussten Wahl gegenüber nicht anerkannten Autoritäten des Über-Ichs: Gewissen, Religion, Moral, dann fordert er gleichzeitig eine *Wertorientierung*, die nicht von heteronomen Prinzipien (etwa Über-Ich-Geboten) abhängt, sondern eine Orientierung der bewussten Reflexion, die er als Funktion des Ichs anerkennt. Mit Kants Worten: Freud fordert die *Verwirklichung von Autonomie*. Da Freud die Potentiale des Begriffs der Autonomie innerhalb der Moralphilosophie nicht kennt – oder zumindest nicht diskutiert – setzt er Moral und Ethik mit unreflektierter Heteronomie gleich. Doch worin unterscheidet sich Freuds Aufforderung zur Überwindung von konventionellen, unbegründeten Geboten von Kants ›*Sapere aude!*‹? Faktisch befindet sich Freud damit unweigerlich auf dem Gebiet moralischer Reflexion, und er bewegt sich auf diesem Boden mit guten Gründen. Wo Freud die Ethik – zu Unrecht – generell kritisiert, kritisiert er – mit Recht – heteronome Prinzipien moralischer Bestimmung. Das zeigt sich beispielsweise an seiner Kritik des Nächstenliebegebotes.

Das »wahrscheinlich jüngste der kulturellen Über-Ich-Gebote [...]: Liebe deinen Nächsten wie dich selbst«[200] kritisiert Freud zum einen wegen der mangelnden Berücksichtigung des menschlichen Strebens nach Glück. Zum anderen kümmere sich dieses Gebot mit seinen strengen und kategorischen Vorschriften nicht darum, was dem Menschen faktisch »psychologisch möglich« sei. Das Nächstenliebegebot gehe von einer »unumschränkten Herrschaft«[201] des Ichs über das Es aus und missachte dabei die seelische Konstitution des Menschen mit schädlichen Folgen für seine psychologische Gesundheit. Das »undurchführbare« Gebot führe lediglich zur Auflehnung (und sozialer Exklusion), Neurose oder Unglück des Individuums und offenbare das »unpsychologische Vorgehen des Kultur-Über-Ichs«.[202] Auch hier geht es Freud nicht so sehr darum, die Abhängigkeit des Ichs zu betonen oder zu behaupten, dass das Ich sein Handeln nicht bewusst gestalten könne, sondern vielmehr darum, dessen Abhängigkeit von unreflektierten Über-Ich-Geboten aufzuheben. Vernünftige Überlegung, so Freud, zeige, dass bei diesem Gebot eine Belohnung für schädliche Taten gefordert wird, da ich jemanden, der mir Böses tat, lieben solle. Das Gebot fordere mithin etwas

200 | Ders.: *Das Unbehagen in der Kultur*, S. 503.
201 | Ebd.
202 | Ebd.

Unmögliches – nämlich jemanden zu lieben, den ich nicht lieben kann – und etwas eigentlich Schädliches – jemanden zu belohnen, der mir Übles will.[203]

Freud gerät dabei, wohl ohne es zu wissen, in die Nähe der Kritik des Nächstenliebegebotes bei Kant, der klar sieht, dass dieses Gebot nicht als *wortwörtliche Anweisung* verstanden werden kann. Kant nimmt deswegen die oberflächlich paradoxe Form zum Anlass, ein Grundproblem moralischer Verbindlichkeit zu erläutern:

»So sind ohne Zweifel auch die Schriftstellen zu verstehen, darin geboten wird, seinen Nächsten, selbst unsern Feind zu lieben. Denn Liebe als Neigung kann nicht geboten werden, aber Wohlthun aus Pflicht selbst, wenn dazu gleich gar keine Neigung treibt, ja gar natürliche und unbezwingliche Abneigung widersteht, ist *praktische* und nicht *pathologische* Liebe, die im Willen liegt und nicht im Hange der Empfindung, in Grundsätzen der Handlung und nicht schmelzender Theilnehmung; jene aber allein kann geboten werden«.[204]

Diese Interpretation Kants darf als Beleg dafür dienen, dass sich Moralphilosophie geistesgeschichtlich keineswegs auf eine illusionsbehaftete oder idealistische Übersetzung und Tradierung von Über-Ich-Geboten beschränkt hat und damit als einheitliche und ungebrochene Linie vom Totemismus und vom Tabu zum kategorischen Imperativ verliefe. Kant holt gerade die wesentlichen Elemente der Kritik und der Reflexion in die praktische Philosophie ein, indem er ein wortwörtliches ›Nachbeten‹ des Nächstenliebegebotes nicht nur für unmöglich, sondern für unvernünftig hält. Erst eine Interpretation, die das moralische Potential zur Geltung bringen kann, das allein vernünftig begründbar und bewusst vertretbar ist, ist zugleich Ausdruck und Ermöglichungsbedingung einer autonomen praktischen Orientierung. Praktische Liebe, die moralisch allein gefordert werden kann, ist nicht gleichzusetzen mit sympathetischen Anwandlungen – auch wenn diese natürlich nicht verboten sind –, sondern mit der kontinuierlich durchgehaltenen Orientierung an durch Vernunft legitimierten Grundsätzen des sozialen Miteinanders. Ein Feind mag nicht nur jemand sein, der, wie Freud meint, mir geschadet hat, sondern auch jemand, den ich zufällig und mit mehr oder weniger Berechtigung nicht leiden mag. Und trotzdem, beziehungsweise gerade deswegen, so Kant, berechtigt mich dies nicht dazu, mich in meinem Handeln gegenüber dieser Person jeder moralischen Verbindlichkeit zu entledigen. Das Moment des bewusste Motivation unterdrückenden Zwanges, den Freud Ethik und Moral pauschal attestiert, wird von Kant hier *in actu* widerlegt, wenn er

203 | Ebd., S. 470.
204 | I. Kant: *Grundlegung zur Metaphysik der Sitten*, S. 399.

das »wahrscheinlich jüngste der kulturellen Über-Ich-Gebote«[205] in seiner unbedingten Geltung erst begründet, indem er bestimmte oberflächliche, ›wörtliche‹ Lesarten ausschließt, nämlich dieselben, die auch Freud kritisiert, der dabei aber die Funktion der kritisch-hermeneutischen Interpretation und moralphilosophischen Begründung nicht wahrnimmt.

Wenn die Ethik, wie Freud meint, ein ursächliches Moment der Pathogenese des Kulturmenschen ist und die Anforderungen und Probleme einer Kulturgesellschaft, den Abbau der Aggression gegen die begrenzenden Regeln des Zusammenlebens, nicht lösen kann, woran soll sich die gesellschaftliche Praxis dann orientieren? Reduziert Freud die Kultur auf rein wissenschaftlich beschreibbare und technisch operationalisierbare Faktoren oder setzt er etwas an die Stelle der Ethik? Freud erläutert dies am Beispiel der Beschränkungen, die das Recht der ›Gemeinschaft‹ der Freiheit des Einzelnen auferlegt:

»Als letzten, gewiß nicht unwichtigsten Charakterzug einer Kultur haben wir zu würdigen, in welcher Weise die Beziehungen der Menschen zueinander, die sozialen Beziehungen, geregelt sind, die den Menschen als Nachbarn, als Hilfskraft, als Sexualobjekt eines anderen, als Mitglied einer Familie, eines Staates betreffen. Es wird hier besonders schwer, sich von bestimmten Idealforderungen frei zu halten und das, was überhaupt kulturell ist, zu erfassen. Vielleicht beginnt man mit der Erklärung, das kulturelle Moment sei mit dem ersten Versuch, diese sozialen Beziehungen zu regeln, gegeben. Unterbliebe ein solcher Versuch, so wären diese Beziehungen der Willkür des Einzelnen unterworfen, d. h. der physisch Stärkere würde sie im Sinne seiner Interessen und Triebregungen entscheiden. [...] Die Macht dieser Gemeinschaft stellt sich [...] als ›Recht‹ der Macht des Einzelnen, die als ›rohe Gewalt‹ verurteilt wird, entgegen. Diese Ersetzung der Macht des Einzelnen durch die der Gemeinschaft ist der entscheidende kulturelle Schritt. Ihr Wesen besteht darin, daß sich die Mitglieder der Gemeinschaft in ihren Befriedigungsmöglichkeiten beschränken [...]. Die nächste kulturelle Anforderung ist also die der Gerechtigkeit, d. h. die Versicherung, daß die einmal gegebene Rechtsordnung nicht wieder zu Gunsten eines Einzelnen durchbrochen werde. [...] Die individuelle Freiheit ist kein Kulturgut. Sie war am größten vor jeder Kultur, allerdings damals meist ohne Wert, weil das Individuum kaum imstande war, sie zu verteidigen«.[206]

Mit den ›Idealbildungen‹, die von dem zu trennen sind, was ›überhaupt kulturell‹ ist, meint Freud ›die‹ Ethik. Kultur wird auch an dieser Stelle von Freud als ein normatives Konzept verstanden, das von sich aus schon über ein Potential

205 | S. Freud: *Das Unbehagen in der Kultur*, S. 503.
206 | Ebd., S. 454f.

angemessener Regulierungsfunktionen verfügt (vergleichbar im ökonomischen Bereich der Smithschen ›unsichtbaren Hand‹, die für den Markt alles zum Besten ordnet, wenn nur die Bedingungen ›freiheitlich‹ genug sind). Die Ethik erscheint dagegen als Hypernormativität, die den inhärenten Wert der eigentlich kulturellen Anstrengungen herabsetzt und zur Problemlösung nichts beiträgt, weil sie die kulturellen Regeln nur ins Ideale überhöht und dabei die empirischen Tatsachen ignoriert.[207]

Demgegenüber möchte Freud erfassen, wie die Beziehungen zwischen den Menschen ›kulturell‹ geregelt, das heißt, an die Werte von Nützlichkeit und Sicherheit gebunden werden. Die Spannung zwischen der ausschließlich individuellen Bedürfnisbefriedigung des Einzelnen und den Grenzen, die das gesellschaftliche Zusammenleben diesen egoistischen Interessen setzt, wird, so Freud, durch das *Recht* gelöst, das den selbstsüchtigen Handlungen des Einzelnen ordnende Schranken setzt. Im folgenden Schritt erweitert Freud seinen Begriff von Kultur um ein inhärent ›ethisches‹ Motiv: Die soziale Beschränkung der Willkür des Einzelnen soll sich nämlich wiederum an einem Kriterium orientieren, nach dem die Ordnungsfunktion des Rechts allgemein gültig sein muss, mit gleichen Verbindlichkeiten für alle Gesellschaftsmitglieder ohne Ansehen von Status, Geschlecht und dergleichen. Die ›Gerechtigkeit‹ wird so in Freuds Untersuchungen zu einer Funktion von Kultur. Er setzt voraus, dass Gerechtigkeit nützlich und systemstabilisierend ist.

Die polemische Reduktion von ›Moral‹ und ›Ethik‹ auf die Herstellung spekulativ-illusionärer Ideen, die sich praktisch letztlich als schädlich erwei-

207 | So verfährt nach Freud auch das gerade diskutierte Nächstenliebegebot, das eine »großartige Inflation der Liebe« darstellt, die »nur deren Wert herabsetzen, nicht die Not beseitigen« (ebd., S. 503) könne. Ähnlich argumentiert bereits Hume: »Es ist von der Natur weise eingerichtet, daß persönliche Bindungen gewöhnlich stärker sind als allgemeine Ansichten und Überlegungen, sonst würden sich unsere Neigungen und Handlungen aus Mangel an einem entsprechend begrenzten Objekt zerstreuen und verlieren« (D. Hume: *Eine Untersuchung über die Prinzipien der Moral*, S. 153, Fußn.). Tendenziell steht Freud der klassischen empiristischen Ethik etwa von Hutcheson oder Hume (und dem durch diese vorbereiteten Utilitarismus) näher. Deren Betonung der Nützlichkeit wird allerdings von Kant moralphilosophisch radikal kritisiert. Selbst Hume fügt aber seiner Überlegung hinzu: »Dennoch sind wir, wie bei allen sinnlichen Wahrnehmungen, auch hier fähig, durch Reflexion diese Ungleichheiten zu korrigieren und an einem allgemeinen Maßstab von Laster und Tugend festzuhalten, der hauptsächlich auf der allgemeinen Nützlichkeit basiert« (ebd.), woran sich Kants Kritik gerade anlehnt. Freud wiederum würde an der Ethik der genannten schottischen Philosophen die anthropologisch optimistische und letztlich religiös fundierte Annahme eines *moralischen Sinnes* kritisieren. Außerdem betont Freud die unbewusste Ambivalenz der genannten ›Bindungen‹, was wiederum einer an Kant orientierten Moralphilosophie zur Begründung dienen kann, die Geltung moralischer Imperative unabhängig von diesen Bindungen zu denken.

sen, kann Freud nur deswegen unternehmen, weil er seinen durch Ordnungs-, Nutzen- und Sicherungsfunktionen sehr weit gefassten Begriff von Kultur ›unter der Hand‹ mit Grundelementen und -anliegen der moralphilosophischen Tradition anreichert. Problematisch dabei ist allerdings, dass eine Gesellschaft in Wirklichkeit nicht auf ethische Reflexionen verzichten kann, zu denen schließlich auch die kulturkritischen Schriften von Freud gehören. Es steht nämlich oft überhaupt nicht fest, *welche* Handlungsmöglichkeiten von größtmöglichem Nutzen sind (auf den der Utilitarismus abzielt) oder welche Handlungsalternativen einem verallgemeinerbaren Prinzip entsprechen, welchem alle Menschen nach vorurteilsloser und informierter Prüfung auch zustimmen müssten (wie Kant fordert). In der sozialen Realität wird ständig über mehr oder weniger weitreichende Entwürfe des Handelns nachgedacht oder gestritten und nicht nur die pragmatischen Entwürfe und die zur Umsetzung benötigten Mittel, sondern auch die Bewertung der verfolgten Zwecke selbst müssen diskursiv ausgehandelt, also reflektiert und begründet werden. Anders als bei den faktischen sittlichen Meinungen, den konventionellen Moralvorstellungen, ergibt sich normative *Legitimation* nicht quasi von selbst im täglichen Betrieb und Umgang, sondern muss in kommunikativen Verfahren hergestellt werden. Dazu ist eine Perspektive nötig, die mit Hilfe einer Art normativer Epoché – um Edmund Husserls methodischen Begriff aus der Phänomenologie zu verwenden – eine Distanz zu den impliziten normativen Geltungsansprüchen der alltäglichen Praxis einnehmen kann. Gerade wo diese Legitimation von Diskursen kategorisch abgekoppelt wird, wo über den ›kulturellen Nutzen‹ nicht mehr gesellschaftlich entschieden werden darf, vermuten wir ja mit recht eine Verletzung von Gerechtigkeit.

Des weiteren ist Freuds Gegenüberstellung von Individuum und Gesellschaft beziehungsweise Gemeinschaft auch in ihrer vereinfachenden Form unvollständig, weil sie ein strukturelles Moment dieses Verhältnisses nicht berücksichtigt, indem sie die Funktion von Normativität auf ›Beschränkung‹ reduziert, was darüber hinwegtäuscht, dass alle menschliche Praxis nicht nur von Normen begrenzt, sondern auch von ihnen ermöglicht wird. Sicherlich gilt die Funktion der Begrenzung für das Recht im engeren Sinne. Wenn Freud aber von den kulturellen Leistungen des Einzelnen innerhalb der Gesellschaft handelt, muss auch erwähnt werden, dass Normen nicht nur menschlichem Handeln Möglichkeiten der Befriedigung verwehren, sondern auch ein Maß geben, an der sich Erfüllungsgestalten des menschlichen Handelns und Strebens ausrichten.

Freud erweitert, wie erwähnt, mit dem Aspekt der Gerechtigkeit seinen Kulturbegriff um ein genuin normatives Element der moralphilosophischen Reflexion, welches sich nicht ausschließlich auf *beliebige* Nützlichkeitserwägungen reduzieren lässt. Die Forderung nach einer gerechten Gesellschaftsordnung setzt nämlich mehr voraus als die Idee einer stabil funktionierenden Gesellschaft, da diese Position gesellschaftliche Asymmetrien – etwa Sklaverei – kritisiert. Freud will, schon in *Die Zukunft einer Illusion* (1927), mit seiner Kritik einerseits einer »Verklärung des Kulturverbots« entgegentreten, ohne die »Gefährdung«[208] der Kultur selbst anzustreben. Er plädiert deswegen für eine »rationelle Begründung der Kulturvorschriften, also für ihre Zurückführung auf soziale Notwendigkeit«.[209] Aber auch hier, wenn Freud rationale Notwendigkeit fordert, verteidigt er seine Forderung nach einem »Primat des Intellekts«, indem der Begriff der Rationalität nicht auf bloße pragmatische Folgerungen reduziert wird, sondern letztlich »dieselben Ziele« setzen wird, wie religiöse und moralphilosophische Systeme: »die Menschenliebe und die Einschränkung des Leidens«.[210] Dabei wird deutlich, dass Freud die Zwecke seiner kulturkritischen Untersuchungen und Ratschläge moralisch gerechtfertigt sieht. Diese Zwecke transzendieren die bloß technisch-pragmatische Ebene der reinen Verstandesorientierung und enthalten normativ voraussetzungsreiche, vernunftgeleitete Wertungen über die Gerechtigkeit gesellschaftlicher Zustände. Freud richtet sich also nicht gegen die Zwecke der Ethik, sondern gegen bestimmte Mittel, nämliche eine ›idealistische‹ Durchsetzung dieser Zwecke, ohne die Mittel an die menschliche Natur und die wissenschaftlichen Erkenntnisbestände vom Menschen anzupassen.

Mit seiner Forderung nach einer gerechteren Ordnung verlangt Freud eine Legitimation kultureller Normen und Werte, mit der sicher gestellt wird, dass die Einschränkung der persönlichen Freiheiten auf das Notwendige beschränkt bleibt. Mit diesem Bezug auf die Gerechtigkeit will Freud vor allem vor übermäßigen sittlichen Ansprüchen warnen, die zur moralischen Verurteilung bestimmter gesellschaftlicher Gruppen führen. Diese Exklusionstendenzen lassen sich nach Freud nicht rechtfertigen und verursachen seiner Einschätzung nach gesundheitlichen Schaden.

Aufhebung der Sexualmoral

Wenn im Folgenden die berechtigten Forderungen und Kritikpunkte der Freudschen Moralkritik aufgenommen und in die ethische Diskussion überführt werden, geschieht dies unter der Voraussetzung, dass Freud sich – entgegen seiner Begriffsverwendung – nicht gegen ›die‹ Ethik oder Moral überhaupt wendet, sondern gegen eine bestimmte Vorstellung der konven-

208 | S. Freud: *Die Zukunft einer Illusion*, S. 364.
209 | Ebd., S. 365.
210 | Ebd., S. 377.

tionellen Moral. Nach dieser Interpretation verfolgt Freud ein aufklärerisches Ziel, indem er kritisch nach der vernünftigen Begründung ethischer Normen fragt. Dadurch erscheint die Intention seiner Moralkritik selbst als moralisch motiviert. Indem Freud gewisse Aspekte der geltenden Moral destruiert, für die es seiner Meinung nach keine vernünftige Legitimation geben kann, will er nicht die Moral an sich aufheben, sondern ein falsches Bewusstsein von Moral kritisieren. Obwohl Freud durchgängig von ›der‹ Moral handelt, richtet er sich doch gegen einen klar eingrenzbaren Bereich sittlicher Forderungen, wobei andere Bereiche gar nicht in Frage gestellt, sondern gemäß seines weit gefassten Begriffs des Kulturellen stillschweigend vorausgesetzt werden. Gegen welchen Aspekt kultureller Ungerechtigkeit, der durch unangemessene moralische ›Ideale‹ selbst produziert wird, geht Freud vor? Zunächst einmal charakterisiert er die Funktion kultureller Normen wie folgt:

»Durch Tabu, Gesetz und Sitte werden [...] Einschränkungen hergestellt, die sowohl die Männer als auch die Frauen betreffen. Nicht alle Kulturen gehen darin gleich weit; die wirtschaftliche Struktur der Gesellschaft beeinflußt auch das Maß der restlichen Sexualfreiheit. Wir wissen schon, daß die Kultur dabei dem Zwang der ökonomischen Notwendigkeit folgt, da sie der Sexualität einen großen Beitrag der psychischen Energie entziehen muß, die sie selbst verbraucht. Dabei benimmt sich die Kultur gegen die Sexualität wie ein Volksstamm oder eine Schichte [sic!] der Bevölkerung, die eine andere ihrer Ausbeutung unterworfen hat. Die Angst vor dem Aufstand der Unterdrückten treibt zu strengen Vorsichtsmaßregeln. Einen Höhepunkt solcher Entwicklung zeigt unsere westeuropäische Kultur. Es ist psychologisch durchaus berechtigt, daß sie damit einsetzt, die Äußerungen des kindlichen Sexuallebens zu verpönen, denn die Eindämmung der sexuellen Gelüste der Erwachsenen hat keine Aussicht, wenn ihr nicht in der Kindheit vorgearbeitet wurde. Nur läßt es sich auf keine Art rechtfertigen, daß die Kulturgesellschaft so weit gegangen ist, diese leicht nachweisbaren, ja auffälligen Phänomene auch zu leugnen«.[211]

211 | S. Freud: *Das Unbehagen in der Kultur*, S. 463f. An dieser Stelle setzt Herbert Marcuses Kritik ein, der die abstrakt ›biologischen‹ Begriffe Freuds durch konkrete, soziohistorische ergänzen möchte. Innerhalb kapitalistischer Gesellschaftsverhältnisse diagnostiziert Marcuse eine dem »Leistungsprinzip« entsprechende, durch Herrschaft und Machtausübung gewährleistete »zusätzliche Unterdrückung« (ders.: *Triebstruktur und Gesellschaft*, S. 40). Eine *Erweiterung* der Psychoanalyse durch die soziologische, zumal kritisch ökonomische Perspektive ist begrüßenswert, indes versteigt sich Marcuse in die Zurückweisung des »unvermeidlichen ›biologischen‹ Konflikt[s] zwischen Lustprinzip und Realitätsprinzip, zwischen Sexualität und Kultur«, die seiner Ansicht nach nur in einer »kranken Kultur«, nicht aber in einer freien stattfände. Dem setzt er die »Idee von der einenden und befriedigenden Macht des Eros« entgegen (ebd., S. 47). Damit wird allerdings die Unterscheidung zwischen Lust- und Realitätsprinzip auch auf einer grundlegenden anthropologischen Ebene hinfällig. Marcuses Vorschläge eines Denkens »Jenseits des Realitätsprinzips«

Angesichts der drei normativen Elemente – Tabu, Gesetz und Sitte – ist Freud am meisten an einer Kritik der Sitte gelegen, die er als Erbe des Tabus kennzeichnet. Damit meint er aber nicht eine autonome moralische Existenz, im Sinne der Kantischen Sittlichkeit, sondern in einem engeren Sinne die konventionellen Sitten, insbesondere sexualmoralische Normen und entsprechende Vorstellungen ›sittsamen‹ und ›schicklichen‹ Verhaltens. Freud ist zwar der Meinung, dass die Sublimierung von libidinöser Energie für kulturelle Zwecke (etwa Wissenschaft, Kunst und überhaupt Arbeit) unumgänglich ist, aber die kulturelle Entwicklung (Westeuropas) steigere diese an sich notwendige Funktion bis hin zu einer Tabuisierung des Sexuellen, die in ihrer Maßlosigkeit der Begründbarkeit entbehrt. Freud stimmt zu, dass es eine kulturell notwendige pädagogische Funktion sei, der infantilen Sexualität Grenzen zu setzen. Nur dadurch wird ja nach Freud eine Überwindung des Ödipuskomplexes und der damit verbundenen inzestuösen Objektwahl möglich, sodass in späteren Lebensjahren selbst gewählte Objektbeziehungen eingegangen werden können.

Doch vernünftigerweise, so Freud, sollten die pädagogischen Maßnahmen der Sexualerziehung die menschliche Sexualität nicht an sich verhindern und zurichten, sondern die Grundlage für ein gesundes – im Sinne von: wunschgemäß lustvolles – Erleben der Sexualität schaffen *und* die Ausbildung der gesellschaftlich nötigten Kompetenz zu Sublimierung und Triebaufschub begünstigen. Stattdessen wurde das pädagogische Verbot kindlicher Sexualität zu einer allgemeinen Tabuisierung der Sexualität erweitert, die selbst die wissenschaftliche Thematisierung der infantilen Sexualität als ungeheuerlichen sittlichen Verstoß ahndet. Dieses ›Denkverbot‹ ist ein wesentliches (für Freud: *das* wesentliche) Merkmal der konventionellen Sittenvorstellungen seiner Epoche. Statt einer rationalen Begründung, die auf empirische Tatsachen Rücksicht nehmen würde, wird diese Tabuisierung durch religiöse Dogmen und diskriminierende Moralvorstellungen ideologisch gestützt.

Die Ausschließlichkeit und Gewalttätigkeit der Tabuisierung sieht Freud unter anderem im Moment der ›Unbedingtheit‹ des kategorischen Imperativs

(ebd., S. 129–233) mitsamt einer Rehabilitation von Narzissmus und Phantasie und der Überführung von Arbeit in freies Spiel sind denn auch nicht unwidersprochen geblieben. Anders als Marcuse und Wilhelm Reich hebt Cornelius Castoriadis den Kerngedanken der Psychoanalyse gerade von der Vorstellung ab, der freie Ausdruck der Triebe und Wünsche könne – in welcher Gesellschaft auch immer – zu universellem Glück führen. Marcuses obzwar kritisch gemeinte, aber soziologisch naive Vorstellung endet in einer enggeführten Fixierung auf das ›Glück‹. Das Ziel der Psychoanalyse ist dagegen nach Castoriadis (und Freud), dem Einzelnen zur *Autonomie* zu verhelfen (C. Castoriadis: »Psychoanalyse und Politik«, S. 907). Nur an ein kritisches, nicht-regressives Verständnis der Psychoanalyse kann sich eine soziologische und politische Perspektive anschließen.

ausgesprochen, wobei im Vorhergehenden (vgl. oben S. 78ff.) dafür argumentiert wurde, dass diese Unbedingtheit des kategorischen Imperativs gerade nicht willkürliche, konventionelle Tabuisierungen begünstigt, sondern vielmehr die *Legitimierbarkeit* von Normen berücksichtigt. Wenn also Freud die Tabuisierung der Sexualität kritisiert und die daraus entstehenden, empirisch feststellbaren und psychologisch beschreibbaren Schäden hervorhebt, so führt er damit aus, was auch die Moralphilosophie Kantischer Prägung in konsequenter Durchführung anstrebt: *die schonungslose Kritik nicht verallgemeinerbarer Normen und moralischer Heteronomie.* Auch Freud will in seiner weiteren Argumentation darauf hinaus:

»Die Objektwahl des geschlechtsreifen Individuums wird auf das gegenteilige Geschlecht eingeengt, die meisten außergenitalen Befriedigungen als Perversionen untersagt. Die in diesen Verboten kundgegebene Forderung eines für alle gleichartigen Sexuallebens setzt sich über die Ungleichheiten in der angeborenen und erworbenen Sexualkonstitution der Menschen hinaus, schneidet eine ziemliche Anzahl von ihnen vom Sexualgenuß ab und wird so die *Quelle schwerer Ungerechtigkeit.* Der Erfolg dieser einschränkenden Maßregeln könnte nun sein, daß bei denen, die normal, die nicht konstitutionell daran verhindert sind, alles Sexualinteresse ohne Einbuße in die offen gelassenen Kanäle einströmt. Aber was von der Ächtung frei bleibt, die heterosexuelle genitale Liebe, wird durch die Beschränkungen der Legitimität und der Einehe weiter beeinträchtigt. Die heutige Kultur gibt deutlich zu erkennen, daß sie sexuelle Beziehungen nur auf Grund einer einmaligen, unauflöslichen Bindung des Mannes an ein Weib gestatten will, daß sie die Sexualität als selbständige Lustquelle nicht mag und sie nur als bisher unersetzte Quelle für die Vermehrung der Menschen zu dulden gesinnt ist«.[212]

Die Tabuisierung der Sexualität folgt aus Freudscher Sicht aus einer Sexualmoral, die die moralische ›Duldung‹ der Sexualität an die biologische Fortpflanzungsfunktion knüpft. Durch diese quasi-biologistische Sexualmoral wird die normativ akzeptable sexuelle Praxis nicht nur auf heterosexuelle Objektbeziehungen eingeschränkt, sondern Sexualität überhaupt nur als notwendiger Vollzug der Fortpflanzung, nicht aber als lustvolle Erfahrung – und als um dieser Lust willen vollzogene Handlung – erlaubt. Eine solche Sexualmoral verbietet es, Sexualität als Selbstzweck zu verstehen und als Erfüllungsgestalt menschlichen Handelns zu schätzen.

Neben dieser Tabuisierung der Sexualität nennt Freud noch ein weiteres Merkmal der von ihm kritisierten Moralvorstellungen, das Sittlichkeit nur als Tabuisierung von Bereichen menschlichen Handelns versteht, wodurch die

212 | S. Freud: *Das Unbehagen in der Kultur*, S. 464 (Hervorh. von mir, MV).

in Frage stehenden Probleme der vernünftigen Bearbeitung und Regelung entzogen werden:

»Wir können uns [...] sehr gut vorstellen, daß eine Kulturgemeinschaft aus [...] Doppelindividuen bestünde, die, in sich libidinös gesättigt, durch das Band der Arbeits- und Interessengemeinschaft miteinander verknüpft sind. In diesem Falle brauchte die Kultur der Sexualität keine Energie zu entziehen. Aber *dieser wünschenswerte Zustand besteht nicht und hat niemals bestanden*; die Wirklichkeit zeigt uns, daß die Kultur sich nicht mit den ihr bisher zugestandenen Bindungen begnügt, daß sie die Mitglieder der Gemeinschaft auch libidinös aneinander binden will, daß sie sich aller Mittel hiezu [sic!] bedient, jeden Weg begünstigt, starke Identifizierungen unter ihnen herzustellen, im größten Ausmaße zielgehemmte Libido aufbietet, um die Gemeinsschaftsbande durch Freundschaftsbeziehungen zu kräftigen«.[213]

Das Bild, das Freud zu Beginn des Zitats vorstellt, spiegelt seine Vorstellung einer gerechten und vernünftigen kulturellen Ordnung wider. Die angeführten ›Doppelindividuen‹ sind Menschen, denen es gelungen ist, befriedigende Objektbeziehungen aufzubauen.[214] Außerhalb dieser familiären Sphäre ist

213 | Ebd., S. 467 (Hervorh. von mir, MV). Freud trifft keine begriffliche Unterscheidung hinsichtlich ›Gesellschaft‹ und ›Gemeinschaft‹, wie sie etwa das soziologische Grundlagenwerk *Gemeinschaft und Gesellschaft* (1887) von Ferdinand Tönnies erarbeitet.

214 | Hier zeigt sich *en passant* eine weitere philosophiehistorisch bedeutsame Spur in Freuds Denken. Die Doppelindividuen erinnern an das »mannweibliche [...] Geschlecht« der Kugelwesen aus Platons *Symposium* (ders.: *Das Gastmahl*, 189d, 192d–193a). Auch diese Quelle wird uns von Freud selbst bestätigt, der in *Jenseits des Lustprinzips* seinen Eros-Begriff mit expliziter Bezugnahme auf Platons *Symposium* entwickelt. Freud übernimmt für das psychoanalytische Konzept des Eros die Ableitung aus dem tendenziellen »*Bedürfnis nach Wiederherstellung eines früheren Zustandes*« (ebd. S. 62). (Bei dieser Gelegenheit zitiert Freud umfangreich aus der umstrittenen Übersetzung von Ulrich von Wilamowitz-Moellendorff und schließt unmittelbar eine halbseitige Fußnote an, in der er kritische Bemerkungen von Heinrich Gomperz zum Vergleich von Platonischem Mythos und den Upanishaden wiedergibt.) Auch Freuds Annahme einer ursprünglichen Bisexualität des Menschen sieht er in dieser »poetische[n] Fabel« vorgebildet (S. Freud: *Drei Abhandlungen zur Sexualtheorie*, S. 34, vgl. Platon: a.a.O., 191d). Schließlich bezieht sich Freud 1925 auch bei der Charakterisierung des ›weiten Verständnisses‹ von Sexualität auf den Platonischen Text: »auch deckte sich, was die Psychoanalyse Sexualität nannte, keineswegs mit dem Drang nach Vereinigung der geschiedenen Geschlechter oder nach Erzeugung von Lustempfindungen an den Genitalien, sondern weit eher mit dem allumfassenden und alles erhaltenden *Eros* des Symposions *Platos*« (»Die Widerstände gegen die Psychoanalyse«, S. 105) – dieser Bezug schließt sich wiederum unmittelbar an die Hervorhebung des Einflusses von Schopenhauer an (vgl. das Zitat oben S. 42). Zu guter Letzt ist nicht nur Freuds Bezug auf Eros, sondern auch auf die Göttin der Notwendigkeit – Ananke (Realitätsprinzip) – dem Platonischen Denken geschuldet (vgl. Platon: a.a.O., 195c). In Freuds Bekenntnis zum ›Gott Logos‹ (vgl. ders.: *Die Zukunft einer Illusion*, S. 378.) äußert sich auch eine Skepsis gegen die Sokratische Vorrangstellung des

der gesellschaftliche Bereich durch ›kulturelle‹ Regeln geordnet, die Reproduktion, Produktion und gerechte Verteilung der Ressourcen ermöglichen. Über diesen positiven kulturellen Zustand äußert sich Freud nicht weiter – er gibt sogar zu, über das entsprechende ökonomische und politische Wissen nicht zu verfügen, um über die Möglichkeitsbedingungen einer solchen angemessenen Kultur zu räsonnieren. Der von Freud bevorzugte, ›ideale‹ Zustand der Kultur lässt sich nur vor dem Hintergrund der Freudschen Kritik der bestehenden Kultur und der in ihr normativ wirksamen Ideale besser verstehen. Freud bemängelt an der gegenwärtigen Kultur, dass über die Gewährleistung der gesellschaftlichen Ordnung und Sicherheit hinaus für bestimmte Ziele ein unnötiger Mehraufwand an Libido gefordert wird, der jedoch das den meisten Menschen zuträgliche und mögliche Maß übersteige. Die pragmatisch geregelten Beziehungen zwischen den Individuen sollen so zusätzlich durch ›zielgehemmte Libido‹ abgesichert werden, indem zwischen den Mitgliedern einer Gemeinschaft Identifikationsbeziehungen geschaffen (und gefordert) werden. Nach der psychoanalytischen Theorie geschieht dies allerdings auf Kosten der sexuellen Befriedigung, da die libidinösen Ressourcen begrenzt sind. Diese Bindungen und ihre Auswirkungen untersucht Freud in *Massenpsychologie und Ich-Analyse* (1921), aber auch in seiner Diskussion des Nächstenliebegebotes.

Wo die Sexualmoral die Erforschung der Sexualität tabuisiert, die sexuelle Praxis nach biologistischen Kriterien repressiv normiert und die Sexualität durch strikte Verbote regelt, diskriminiert sie nicht nur die Ungleichheiten auf dem Gebiet der individuellen sexuellen Entwicklung und Orientierung, sondern sie treibt darüber hinaus auch diejenigen Individuen in die neurotische Krankheit, die eigentlich – aus Sicht der konventionellen Normativität – gar keine abweichende sexuelle Orientierung aufweisen. Neben den individualpsychologischen Folgen ist für Freud das vermeintlich ›ethische Ideal‹ der Sexualmoral von Nachteil für die Kultur, da die Forderung nach Gerechtigkeit, die bereits Teil der kulturellen Entwicklungsstufe ist, dadurch wieder ad absurdum geführt wird.

Die Kultur, die nach Freuds Definition für das Individuum eigentlich die Vermittlung von Lust- und Realitätsprinzip ermöglichen soll, ist mit der Orientierung an restriktiven sexualmoralischen Normen, die er vor allem seitens der (katholischen) Religion vertreten sieht, nicht gut bedient. Statt nämlich innerhalb der gesellschaftlichen Wirklichkeit Raum für selbstbestimmte Formen der Befriedigung zu schaffen, wird eine soziale Realität erhalten,

---

Gottes Eros, die zur Freudschen Kritik daran führt, gesellschaftliche Ordnung auf libidinöse Identifikation (Freundschaft, bis hin zum Patriotismus) zu gründen (vgl. auch die Fußn. oben S. 121).

deren grundlegende Normen Befriedigung verunmöglichen. Die Kultur, die ursprünglich dazu dienen soll, Befriedigung zu gewährleisten und die Individuen mittels normativer Institutionen vor gegenseitigen Aggressionen zu schützen, richtet sich durch die Orientierung an diesem Ideal selbst zugrunde. Befriedigung, die gegen die gemeinhin akzeptierten Moralvorstellungen verstößt, ist von negativen Sanktionen und Exklusion bedroht. Damit werden wiederum gesellschaftliche Ungleichheiten gefestigt. Schließlich sind nicht alle Menschen zu einem weitestgehenden Verzicht auf die Befriedigung ihrer Bedürfnisse bereit, und aus dieser Tatsache wird die Entstehung einer Kultur der Doppelmoral wahrscheinlich, die aber nur solchen Individuen Befriedigung erlaubt, die entschlossen, fähig und mächtig genug sind, unter diesen Bedingungen ihre individuelle Befriedigung weiterhin zu verfolgen. Alle anderen sind von gesellschaftlichen Exklusionsprozessen betroffen, introjizieren diese Tendenzen in Form von pathologischen Schuldgefühlen – ganz unabhängig davon, ob sie die für ihre Befriedigung nötigen Handlungen getan oder nur gewünscht haben – oder flüchten sich in die neurotische Krankheit, die ihnen abgeschwächte Ersatzbefriedigung verschafft, für die sie jedoch abermals gesellschaftlich geächtet werden.

Für Freud steht fest, dass die kulturelle Ordnung der Gesellschaft nur Bestand haben kann, wenn sie sich an dem Kriterium der Gerechtigkeit orientiert und grundlegendes Wissen über den Menschen als vernünftiges Naturwesen nicht ignoriert. Das der Ordnung der Gesellschaft zugrunde gelegte Menschenbild darf selbst nicht idealistisch verzerrt sein. Freud zufolge ist davon auszugehen, dass der »Kampf zwischen Individuum und Gesellschaft [...] nicht ein Abkömmling des wahrscheinlich unversöhnlichen Gegensatzes der Urtriebe, Eros und Tod« ist, sondern ein »Zwist im Haushalt der Libido, vergleichbar mit dem Streit um die Aufteilung der Libido zwischen dem Ich und den Objekten«.[215] Erotische Triebe und aggressive Tendenzen gehören danach zur anthropologischen Grundsituation des Menschen in der Welt. Eine *kulturelle Ethik* – so ließe sich eine Handlungsorientierung nach Freud vielleicht bezeichnen – müsste darauf verzichten, den Menschen von seinen erotischen oder aggressiven Tendenzen zu reinigen und stattdessen wissenschaftliche Erkenntnisse der *conditio humana* frei von Illusionen und Tabuisierungen einbeziehen. Der Mensch müsste als ambivalentes Lebewesen – wie Kant sagt: ›von krummem Holz‹[216] – akzeptiert werden, wobei ein vernünftiger, das heißt praktikabler und gesellschaftlich gerechter Ausgleich zwischen Bedürfnissen und den Anforderungen gesellschaftlicher Existenz gefunden werden muss. Entgegen populären Vorurteilen hält Freud den Men-

215 | S. Freud: *Das Unbehagen in der Kultur*, S. 501.
216 | Vgl. I. Kant: *Die Religion innerhalb der Grenzen der bloßen Vernunft*, S. 100.

schen gerade nicht für dermaßen trieb*bestimmt* oder auf das Lustprinzip *fixiert*, dass diese Möglichkeit auszuschließen wäre: Der Streit um die Aufteilung der Libido »läßt einen endlichen Ausgleich zu beim Individuum, wie hoffentlich auch in der Zukunft der Kultur, mag er gegenwärtig das Leben des Einzelnen noch so sehr beschweren«.[217]

Freud bewahrt eine nüchterne Skepsis gegenüber der tatsächlich erwartbaren Realisierung dieses möglichen Ausgleichs – angesichts der katastrophalen historischen Ereignisse in Europa nicht nur eine verständliche, sondern vernünftige Haltung. In dieser Äußerung ist zudem eine Grundlage der Freudschen Ideologiekritik angezeigt. Nach Freud disqualifizieren sich beispielsweise ideologische Entwürfe, wenn sie ein ›neues‹ Menschenbild zu Grunde legen, das egoistische Tendenzen, sexuelle Bedürfnisse oder – moralphilosophisch relevant – den Hang zum Bösen aus dem menschlichen Wesen unterbestimmen oder leugnen.[218] Sozialreformistische Ideen und Utopien müssen sich nach Freud daran messen lassen, inwiefern sie die sozial bedrohlichen oder sittlich problematischen Tendenzen menschlichen Handelns nicht einfach leugnen, sondern versuchen, eine Gesellschaftsordnung (beziehungsweise ›Kultur‹) zu entwerfen, in der ein möglichst hohes Maß an individueller, selbstbestimmter Bedürfnisbefriedigung möglich ist als Ausgleich für den Triebverzicht der Anpassung an soziale Normen, die selbst wiederum anhand von Kriterien der Allgemeinheit und Gerechtigkeit legitimiert werden müssen.

Die kultur- und moralkritischen Forderungen Freuds lassen sich also auch moralphilosophisch reformulieren, womit der Wert der Freudschen Moralkritik für eine kritische Moralphilosophie deutlich wird: Mit seiner Kritik des Nächstenliebegebotes richtet sich Freud – moralphilosophisch formuliert – gegen eine Emotionalisierung der Ethik. Es ist irrational, durch normative Forderungen emotionale Einstellungen herstellen zu wollen. Und es ist unvernünftig, moralische Entscheidungen von Gefühlen abhängig zu machen. Obwohl freundschaftliche Zuneigung, Liebe und Sympathie in den meisten Fällen positiv zu bewerten sind, können sie nicht *moralisch* geboten werden. Es kann nicht verpflichtend sein, einen Feind, einen Gegner, einen Konkurrenten zu *lieben*, weil zum einen nicht davon ausgegangen werden kann, dass Menschen zu so etwas überhaupt in der Lage sind. Zum anderen kann schlecht überprüft werden kann, ob das Gefühl, das diejenigen empfinden, die behaupten, dazu fähig zu sein, überhaupt Liebe ist. Es widerspricht außerdem der Unbedingtheit und Allgemeinheit der moralischen Forderungen, sie auf Gefühle zu gründen. Kantisch gesprochen: Die dem

217 | S. Freud: *Das Unbehagen in der Kultur*, S. 501.
218 | Vgl. ebd., S. 472f.

kategorischen Imperativ entsprechende Maxime, einen Menschen nicht zu betrügen oder zu beleidigen, gilt unabhängig davon ob ich im Einzelfall den betreffenden Menschen liebe (Liebe mag mich sogar zu solchen Verhaltensweisen ›treiben‹) oder hasse oder ihm gegenüber völlig neutral eingestellt bin. Die Motivation, einem Menschen Gerechtigkeit widerfahren zu lassen und ihn entsprechend den moralischen Normen zu behandeln, kann nicht auf eine Neigung wie Liebe gegründet werden, ohne dass der Unbedingtheit des moralischen Gesetzes Abbruch getan würde. Aber auch Freud ist in seiner wörtlichen Interpretation darin zuzustimmen, dass es keinesfalls moralisch geboten sein kann, auf jede Beleidigung mit einer positiven emotionalen Identifikation zu reagieren.

Diese Rekonstruktion soll nicht bezwecken, Freud vom Moralkritiker in einen Moralphilosophen zu ›verwandeln‹. Es soll nur nachgewiesen werden, dass Freud die gängigen Moralvorstellungen seiner Zeit und Gesellschaft nicht aus anti- oder amoralischen oder auch kulturpessimistischen Gründen kritisiert, sondern dass er Argumente vertritt, die moralphilosophisch wohl begründet sind und dass eine an Kant orientierte Moralphilosophie diese Begründung systematisch leisten kann. Die Freudsche Gesellschaftskritik verlangt auf dem Gebiet des Sittlichen einen Übergang vom Tabu zur Kultur, von der Illusion zur Realitätsprüfung. *Moralphilosophisch entspricht dieser Forderung der reflexiv vollzogene Fortschritt von der Heteronomie zur Autonomie.*

Die systematische Begriffsanalyse und Reflexion moralischer Praxis, die die Legitimation von Normen begründen oder widerlegen soll, gehört zum Aufgabenbereich der Philosophie aber auch zu den Formen alltäglicher praktischer Diskurse.[219] Diese Begriffsanalyse und Geltungsreflexion muss aber auch kontinuierlich auf die gesellschaftliche Praxis bezogen bleiben und dort geleistet werden. Sie muss die Legitimität geltender Normen kritisch überprüfen und der gängigen Praxis vernünftige normative Orientierungsmöglichkeiten anbieten, wo die Gesellschaft dieser – interessegeleitet oder gedankenlos – ermangelt.

Antimoralisches Selbstmissverständnis

Die Untersuchung des Verhältnisses der Freudschen Psychoanalyse zur Moral – und auch zur Moralphilosophie, insofern davon auszugehen ist, dass Moral

219 | Natürlich werden diese Funktionen auch in der lebensweltlichen Praxis wahrgenommen, wo über die Angemessenheit von Handeln oder die Richtigkeit von Normen diskutiert wird. Philosophie ist eine Praxis, die auch außerhalb von professionalisierten Diskursen stattfindet.

ohne Reflexion nicht zu haben ist – zeigt im Ergebnis, dass die Ambivalenz zwischen beiden Gebieten, die Freud so oft betont, in ihrer versuchsweisen Aufhebung interessante Folgen hat. Zum einen liegt es nahe, dass sich Freud mit seinem Rekurs auf Philosophie vorrangig auf Schopenhauer und sehr wahrscheinlich auf dessen Schüler Nietzsche bezieht. Diese Behauptung wird dadurch gestützt, dass Freud die charakteristische Funktion der Philosophie eigentlich darin sieht, ›Weltanschauungen‹ und »Lebensführer«[220] zu konstruieren (oder zu ›phantasieren‹), um durch diese Ideensysteme der veränderlichen und an sich unerkennbaren Welt erkenntnismäßig Herr zu werden. In lebenspraktischer Hinsicht versuchen diese Gedankengebäude Freud zufolge, den Menschen gegenüber den Widrigkeiten und Zufälligkeiten seiner fragilen und endlichen Existenz erklärend und schützend abzusichern. Dabei ersetzen sie früher oder später den »alten, so bequemen und so vollständigen Katechismus«[221], verfallen also in dogmatische Metaphysik.

Auch wenn es Freud von Zeit zu Zeit auch in diesen ›Hafen‹ (vgl. oben S. 42) zurücktreiben mag, so setzt er dem nicht nur die empirische, oft tastend und analogisch vorgehende Methode der psychoanalytischen De- und Rekonstruktion entgegen, sondern er nutzt diese Absetzung auch dazu, weltanschauliche, totalisierende Tendenzen der psychoanalytischen Forschung selbst erkenntniskritisch zu begrenzen. Nachdem Freud 1923 in *Das Ich und das Es* das Instanzenmodell entworfen hatte, mahnt er drei Jahre später in *Hemmung, Symptom und Angst*:

»Wir haben dort [in: *Das Ich und das Es*, MV] die Abhängigkeit des Ichs vom Es wie vom Über-Ich geschildert, seine Ohnmacht und Angstbereitschaft gegen beide, seine mühsam aufrecht erhaltene Überheblichkeit entlarvt. Dieses Urteil hat seither einen starken Widerhall in der psychoanalytischen Literatur gefunden. Zahlreiche Stimmen betonen eindringlich die Schwäche des Ichs gegen das Es, des Rationellen gegen das Dämonische in uns, und schicken sich an, diesen Satz zum Grundpfeiler einer psychoanalytischen ›Weltanschauung‹ zu machen. Sollte nicht die Einsicht in die Wirkungsweise der Verdrängung gerade den Analytiker von so extremer Parteinahme zurückhalten?«[222]

Die psychoanalytische Theorie und Therapie bezweckt gerade keine asketische Willensverneinungspraxis, die aus dogmatisch-metaphysischen, quasimystischen Spekulationen über den ›Willen an sich‹ herausspekuliert wird. In erkenntnistheoretischer Hinsicht steht Freud der Kantischen Erkenntniskritik durchaus nahe, derzufolge selbst das Ich *an sich* unerkennbar ist:

220 | S. Freud: *Hemmung, Symptom und Angst*, S. 123.
221 | Ebd.
222 | Ebd., S. 122f.

»Sogar sich selbst und zwar nach der Kenntniß, die der Mensch durch innere Empfindung von sich hat, darf er sich nicht anmaßen zu erkennen, wie er an sich selbst sei. Denn da er doch sich selbst nicht gleichsam schafft und seinen Begriff nicht *a priori*, sondern empirisch bekommt, so ist natürlich, daß er auch von sich durch den innern Sinn und folglich nur durch die Erscheinung seiner Natur und die Art, wie sein Bewußtsein afficirt wird, Kundschaft einziehen könne, indessen er doch nothwendiger Weise über diese aus lauter Erscheinungen zusammengesetzte Beschaffenheit seines eigenen Subjects noch etwas anderes zum Grunde Liegendes, nämlich sein Ich, so wie es an sich selbst beschaffen sein mag, annehmen und sich also in Absicht auf die bloße Wahrnehmung und Empfänglichkeit der Empfindungen zur *Sinnenwelt*, in Ansehung dessen aber, was in ihm reine Thätigkeit sein mag, (dessen, was gar nicht durch Afficirung der Sinne, sondern unmittelbar zum Bewußtsein gelangt) sich zur *intellectuellen Welt* zählen muß, die er doch nicht weiter kennt«.[223]

Ganz ähnlich gesteht Freud noch 1926 zu:

»Es ist fast beschämend, daß wir nach so langer Arbeit noch immer Schwierigkeiten in der Auffassung der fundamentalsten Verhältnisse finden, aber wir haben uns vorgenommen, nichts zu vereinfachen und nichts zu verheimlichen. Wenn wir nicht klar sehen können, wollen wir wenigstens die Unklarheiten scharf sehen«.[224]

Diese erkenntnistheoretische Beschränkung nötigt Freud dazu, die Ergebnisse seiner therapeutischen Praxis auch mittels metapsychologischer Spekulationen und Metaphern zu systematisieren und darzustellen. Seinen theoretischen Aussagen schreibt Freud keinen positivistischen Abbild- oder Objektcharakter zu, sondern versucht auf diese Weise, zeitlich und räumlich nicht (mehr) wahrnehmbare Ereignisse und Phänomene in ein lebensgeschichtlich bedeutsames Erklärungsangebot zu fassen, das als Ausgangspunkt für eine radikale kritisch-hermeneutische Selbstreflexion dienen soll.

Das therapeutische Ziel der Psychoanalyse besteht auch nicht in der dogmatischen Vermittlung der fatalistischen Einsicht, dass das Ich von Über-Ich und Es in jeder Hinsicht absolut bestimmt wäre. Es besteht in der bewussten Durcharbeitung ungeklärter Konflikte, der Vergegenwärtigung nicht durchschauter – äußerer wie innerer – pathologischer Abhängigkeitsverhältnisse und der Überwindung infantiler Verhaltensmuster, die in der therapeutischen Situation zuerst unbewusst wiederholt (agiert) und daraufhin erkannt und durchgearbeitet werden. Freud sieht es geradezu als fatal an, wenn ein in seiner Arbeits- und Genussfähigkeit äußerst eingeschränktes Ich sich mit den minimalen Befriedigungen begnügt, die seine neurotischen Symptome ihm gerade noch belassen:

223 | I. Kant: *Grundlegung zur Metaphysik der Sitten*, S. 451.
224 | S. Freud: *Hemmung, Symptom und Angst*, S. 155.

»Die Verschiebung des Kräfteverhältnisses zugunsten der Befriedigung [der Symptome, MV] kann zu dem gefürchteten Endausgang der Willenslähmung des Ichs führen, das für jede Entscheidung beinahe ebenso starke Antriebe von der einen wie von der anderen Seite [gemeint sind Es und Über-Ich, MV] findet. Der überscharfe Konflikt zwischen Es und Über-Ich, der die Affektion von Anfang an beherrscht, kann sich so sehr ausbreiten, daß keine der Verrichtungen des zur Vermittlung unfähigen Ichs der Einbeziehung in diesen Konflikt entgehen kann«.[225]

Aus dieser Perspektive der wünschenswerten Emanzipation des Ichs von inneren pathologischen Zwängen ist es verständlich, dass Freud sich insbesondere den Über-Ich-Zwängen und damit verbundenen Phänomenen zuwendet. Gewissen, Moral und Religion sieht Freud vorrangig als unerkannte Agenten der Kastrationsdrohung, also einer infantilen Angst, die sich aus der ödipalen Situation ergibt.[226] Natürlich ist die infantile Kastrationsangst sachlich unbegründet, weil diese Gefahr in der Realität gar nicht besteht – doch ebenso unbegründet, so Freud, sind die Verdrängungen, Ängste und symptomatischen Ersatzhandlungen im Erwachsenenalter, also die Regression auf infantile Phasen der Persönlichkeitsentwicklung. Damit hängt zusammen, dass die Freudsche Moralkritik im Kern eigentlich die Kritik einer restriktiven Sexualmoral ist. Freud geht es in seiner Moralkritik gar nicht um die Herabsetzung der moralischen Praxis und ethischer Tugenden wie Wahrhaftigkeit, Ehrlichkeit, Gerechtigkeit, Achtung der Person und anderer mehr, sondern um die schädlichen Folgen eines unaufgeklärten Verhältnisses zur menschlichen Natur und insbesondere zur menschlichen Sexualität.

Ein unaufgeklärtes, borniertes Selbstverhältnis besteht für Freud vor allem in der Weigerung oder Unfähigkeit, ambivalente Verhältnisse im menschlichen Gefühlshaushalt anzuerkennen und mit der Realität zu vermitteln. Aus der Abwehr dieser Ambivalenzen entwickele sich vielmehr der unbewusste Umschlag in das Gegenteil: etwa überzogene, hypermoralische Forderungen nach Nächstenliebe oder Mitleid, aber natürlich auch Krankheitssymptome (wobei Freud – wie Nietzsche – das strafende, unnachgiebige Gewissen

225 | Ebd., S. 148.

226 | Es ist aber zu beachten, dass für Freud ein vollkommener Zustand der Normalität niemals erreichbar und selbst wieder eine illusionäre Vorstellung ist. Normalität im Freudschen Sinne schließt nicht etwa neurotische Verhaltensweisen, kommunikative Verzerrungen und Störungen aus, sondern unterscheidet sich vom pathologischen Leiden dadurch, dass diese negativen Elemente bewusst durchgearbeitet werden können und die Fähigkeiten zum Genuss nicht gänzlich verunmöglicht werden (vgl. dazu unten S. 147ff.). *Insofern* kritisiert Freud das Gewissen wohl kaum als solches und will es durch den Aufweis seiner sozialen Genese nicht abwerten, er kritisiert es nur als pathologisches Phänomen, dessen Aneignung und bewusste Durcharbeitung durch irrationale – vornehmlich religiöse – psychische und soziale Verbots- und Zensurinstanzen verhindert wird.

selbst schon als Krankheit begreift) oder ganz einfach eine gesellschaftliche Doppelmoral, in der einige Individuen stark und mächtig genug sind, sich über die konventionellen sittlichen Vorstellungen hinwegzusetzen. Darüber hinaus verweist Freuds Kritik auf den ganzen Komplex der konventionellen Sittenvorstellungen seiner Zeit in ihren weit reichenden Auswirkungen auf die individuelle und gesellschaftliche Existenz. Aus der Perspektive der Massenpsychologie lässt sich feststellen, dass ja gerade regressive Tendenzen, neurotische Komplexe oder die moralisch unaufgeklärte Heteronomie und Borniertheit des Einzelnen als primärer Ansatzpunkt für ideologische Beeinflussung dienen.

Auch Freuds Schriften selbst reichen in ihrer sexualwissenschaftlichen Kritik viel weiter; etwa, wenn Freud in den frühen *Drei Abhandlungen zur Sexualtheorie* (1905) dagegen argumentiert, Homosexualität als ›Degeneration‹ aufzufassen, ja überhaupt als einer der ersten auf diesem Gebiet fordert, Homosexualität überhaupt nicht als Krankheit zu bezeichnen. Begründet wird dies mit der wissenschaftlich wie moralisch bedeutsamen Unterscheidung, den *Krankheitsbegriff* nicht normativ und präskriptiv im Sinne einer idealen Normalität zu fassen, sondern an die individuelle Erkenntnis eines übermäßigen, jeglichen Genuss verunmöglichenden Leidens zu binden.[227] Methodisch gesehen zieht Freud aus der nur graduellen und nicht essentialistischen Abstufung zwischen ›pathologischem‹ und ›normalen‹ Verhalten den Vorteil, dass die psychologischen (oder anthropologischen) Bedingungen des

227 | Freud weist bekanntlich, anders als die traditionelle Psychiatrie, die strikte Trennung zwischen dem ›Normalen‹ und dem ›Pathologischen‹ zurück, die er als nur graduell verschiedene und vielfach ineinander übergehende Phänomene des gleichen psychischen Geschehens versteht. Seine Verwendung des Begriffspaares ›pathologisch‹ und ›normal‹ impliziert keine moralisch-normative Wertung (vgl. S. Marcus: »Das Normale und das Pathologische in der Psychoanalyse«). Gleiches gilt im Übrigen für die deskriptive Verwendung der Bezeichnung ›perverser‹ und ›normaler‹ Sexualität. Für Freud ist bereits die ›normale‹ (im Sinne von: übliche) Sexualpraxis vielfach durch vom biologischen Fortpflanzungsziel *abweichende* Ziele und Objekte geprägt. Diese Abweichung wird *deskriptiv* als ›pervers‹ bezeichnet. Freud weist die Pathologisierung ›perverser‹ Sexualität zurück. Die Frage, *wann* perverse Sexualität pathologisch wird und welche Triebziele (sexuellen Handlungen) verboten werden sollen, lässt sich nicht durch die bloße Klassifizierung als Abweichung von genitaler Sexualität klären und fremdzuschreiben, sondern nur mit Rücksicht auf das individuell erfahrene oder bewirkte Leid im Zusammenhang schwerer Störungen (vgl. S. Freud: *Drei Abhandlungen zur Sexualtheorie*, S. 33–72).
Dass Freuds Erläuterungen zur Homosexualität und zur Geschlechterfrage in ihrer Kritik noch radikaler weitergeführt werden können und sollen, sei damit nicht bestritten (vgl. die Kritik unten S. 226–234). Freud selbst hat jedoch immer wieder eindringlich auf die Wichtigkeit weiter reichender Kritik an seinen stets *in progress* befindlichen Untersuchungen hingewiesen. Meines Erachtens können weder an der möglichen Weiterführung und Ausdifferenzierung noch an der Radikalität der Freudschen Kritik an überkommenen sexualmoralischen Unterscheidungen und Differenzen Zweifel bestehen.

normalen Verhaltens in den Erscheinungsformen pathologischer Symptome in ihrer ins Extrem gesteigerten Form zuallererst *wahrnehmbar* werden und daraus Rückschlüsse auf die Funktionsbedingungen normalen Verhaltens gezogen werden können. Zudem birgt diese nur graduelle Unterscheidung das kritische Potential, dass die präskriptive Idee einer für alle Menschen geltenden Normalität – gerade in Bezug auf die Sexualität – in ihrer biologistischen Fixiertheit selbst als psychologische Abwehrreaktion und pseudomoralische Ungerechtigkeit entlarvt wird.

Wenn, wie behauptet, davon ausgegangen werden kann, dass Freuds Kritik an Kant dessen praktische Philosophie nicht wirklich betrifft, muss das Verhältnis der Psychoanalyse zur Ethik von Freuds *vordergründigem* antimoralischen *Selbstmissverständnis* befreit werden, das implizit von ihm selbst widerlegt wird und auf einer zu eng gefassten Konzeption von Moral beruht. Freuds Philosophiekritik richtet sich vor allem gegen eine vulgäridealistische Weltanschauung und religiös begründete Moralvorstellungen. Seine Moralkritik richtet sich in ihrer Bestimmtheit zu allererst und nahezu ausschließlich gegen die *konventionelle Sexualmoral seiner Zeit.*

Das theoretische Ziel der Psychoanalyse verfolgt aufklärerische Zwecke, indem ein wissenschaftlicher Beitrag zur methodischen Selbsterkenntnis des Menschen geleistet werden soll. Ziel der Therapie dagegen ist die Ermöglichung der individuellen Selbsterkenntnis des Menschen als gesellschaftlich und natürlich bedingtem Wesen mit dem Recht auf ein selbstbestimmtes Verhältnis zu den eigenen Wünschen und Bedürfnissen. In dem die ›Arbeits- und Genussfähigkeit‹ wieder erlangt werden soll, leistet die psychoanalytische Therapie ihrem Anliegen nach einen Beitrag zur Praxis der autonomen Orientierung. In kulturkritischer Hinsicht wiederum richtet sich Freud gegen Tendenzen der Ungerechtigkeit und der ideologischen Verblendung, die menschliche Schwächen und Ängste manipuliert und instrumentalisiert. Alle diese Aspekte sind selbst schon wesentlich auf das Ziel des guten und gelingenden Lebens gerichtet und vertreten einen normativen Geltungsanspruch.

Indem die therapeutischen und aufklärerischen Ansprüche der Freudschen Psychoanalyse gerade zur Arbeit gegen die »Willenslähmung«[228] anregen sollen, stehen sie in einer programmatischen Nähe zur praktischen Idee der Autonomie bei Kant. Freud hätte sicherlich auch dem Kantischen Begriff der Autonomie die Anmaßung einer auf das Bewusstsein zentrierten philosophischen Weltanschauung unterstellt. Zumindest sieht er im Kantischen Sittengesetz das sich der Kastrationsangst bedienende, strafende und befehlende Gewissen am Werk, welches das aus der Elterninstanz entstandene

228 | Vgl. das Zitat oben auf S. 50.

Über-Ich repräsentiert, das sich wiederum als Agent der konventionellen Sitten und der ontogenetisch tradierten Konflikte aus der Urzeit der Menschwerdung erweist. Doch die Freudsche psychopathologische Beschreibung des kontinuierlich beobachtenden und strafenden Gewissens kann moralphilosophisch als heteronome Willensbestimmung rekonstruiert werden und verhindert aus moralischer Perspektive die angestrebte Autonomie. Freud verbindet mit seiner Erläuterung der Genese des Gewissens eine – vor allem medizinisch beziehungsweise therapeutisch motivierte – Kritik der zu seiner Zeit herrschenden rigiden Sexualmoral und will die gesellschaftlichen Entstehungsbedingungen neurotischer Erkrankungen aufdecken. Ein vergleichbar sozialkritisches Potential finden wir auf dem Gebiet der moralischen Reflexion bei Kant, dessen Konzept des kategorischen Imperativs keine (psychoanalytisch gesprochen) Über-Ich-Heteronomie, die sich auch ideologisch instrumentalisieren ließe, begründen will, sondern eine Emanzipation zur ebenso selbstbestimmten wie selbstkritischen moralischen Autonomie fordert.

Für Kant ist eine Ableitung der moralischen Grundsätze des Handelns (die also den jeweiligen situativen Überlegungen und ›Regeln‹ zugrunde liegen) weder aus ›inneren Stimmen‹, konventionellen Sitten und Moralvorstellungen, theologischen Offenbarungstexten oder Dogmen und zufälligen Machtverhältnissen, noch aus emotionalen Befindlichkeiten *ableitbar*, obwohl alle diese Aspekte die Moralvorstellungen historisch geprägt und beeinflusst haben. Der mögliche verzerrende Einfluss auf die Moral liegt nicht im Vorhandensein von Mitleid, Gewissen, Religion oder sozialen Machtverhältnissen, sondern tritt auf, *wenn diese Aspekte zu Grundprinzipien moralischen Urteilens hypostasiert werden.* Das Gewissen lässt sich auch als Fähigkeit der objektiven Selbstbeurteilung verstehen, in der ich die Position eines möglichen unbeteiligten Beobachters einnehme und mein Handeln unter Suspendierung meiner partialen Interessen beurteile. Es ist als diese Fähigkeit zur Wahrhaftigkeit in der Selbstbeobachtung die Bedingung der Möglichkeit moralischen Urteilens – aber nicht schon selbst eine unfehlbare Instanz, der letztgültige Urteile über die Moralität von Handlungen zustehen. Neben der humanen kommunikativen Praxis der moralischen Bewertung ist keine solche Instanz erkennbar. Mitleid und Nächstenliebe sind in vielen Kontexten wünschenswerte und wohltätige Verhaltensweisen. Doch wir können bei weitem nicht in allen moralisch relevanten Fällen darauf vertrauen, dass diese Eigenschaften auch eine gute Handlung motivieren.

Unsere sozialen Verhältnisse sind bis in die mikrosozialen Bereiche hinein durch Machtverhältnisse geprägt, die kontingenzmindernd wirken und soziales Miteinander in vielen Fällen nicht nur vereinfachen, sondern vielfach erst ermöglichen. Ohne Institutionen ist eine kulturelle gesellschaftliche Ordnung nicht herstellbar. Allerdings ist die normative Kraft des Faktischen nicht in jedem Falle auch *per se* moralisch begründet. Nicht der Wille zur Macht allein und die Verfügung über die Mittel zur Durchsetzung befähigen zu einem moralischen Urteil. Die rechtfertigende, sozialdarwinistische Feststellung, alle Ordnung beruhe auf der Macht des Stärkeren, legt ein Prinzip des ›Guten‹ zu Grunde, das näherer Überprüfung nicht stand hält und sich als unmoralisch erweist. In solchen Kontexten, die als empirische Erscheinungen neben anderen faktisch zum Themenkreis des Normativen gehören, werden kontingente Erscheinungen und partikulare Interessen zum rechtfertigenden Prinzip erhoben. Die einzige Alternative zu einer Hypostasierung dieser Tatsachen bietet allein die Vernunftperspektive rationaler Argumentation und Begründbarkeit, die selbst die jeweiligen empirischen und historischen Tatsachen berücksichtigen muss, um im Einklang mit den formalen Geboten der Moralität situativ gültige Urteile zu gewinnen.

Freud ist insofern mit Kant Recht zu geben, wenn er sich des Zitats bedient, dass sich Moral von selbst verstünde[229] und nicht aus ›idealistischen‹ Forderungen ›der Philosophen‹ folge. Es ist aber hinzuzufügen, dass Moralität, so selbstverständlich wie die alltäglich gelebten und kommunizierten Normen uns scheinen mögen, allein durch diese alltagspraktische Selbstverständlichkeit *noch nicht hinreichend begründet ist.* Deswegen möchte Freud ja zeigen, dass viele sexualmoralische Forderungen nicht nur ungerecht sind, sondern auch verheerende gesundheitliche Folgen verursachen. Moral versteht sich nicht nur von selbst – moralische Geltungsansprüche müssen auch *verstanden* werden. Kants These ist, schlicht gesprochen, dass nur *die* moralischen Grundsätze auch als solche begründet und anerkannt werden können, die sich an Allgemeingültigkeit orientieren und vor allem die einzelne Person – als ganze, nämlich mit ihren kontingenten Bedürfnissen, der Selbstliebe im ›anthropologischen Sinn‹ – schützen. Auch Freud kann das Problem der Legitimität nicht von der Moral trennen und umgekehrt. Bloß Selbstverständliches, Konventionelles kann bei Entscheidungsproblemen und in Grenzsituationen keine ausreichende Orientierung liefern. Und wer die Grundsätze seines Handelns nicht auch selbst begründen kann und für sich anerkennt, der mag sich zwar ›unter sozialer Beobachtung‹ erwartungsgemäß (legal) verhalten, doch in Fällen, in dem ein unmoralisch Handelnder keine Sanktionen zu befürchten hat, wird die Motivation fehlen, sich an moralischen Grundsätzen zu orientieren.

Es lässt sich feststellen, dass Freud eine empirisch fundierte Kritik be-

229 | Vgl. oben S. 81

stimmter ethischer – insbesondere sexualmoralischer – Forderungen unternimmt, die als solche gerechtfertigt ist und von Freud durch empirische Beispiele pathologischer Folgen eindrucksvoll begründet werden kann. Den Schritt zu einer Übernahme dieser Kritik und seiner Ergebnisse zu einer expliziten Moralkritik auf dem Gebiet moralphilosophischer Argumentation geht Freud allerdings nicht, da er – die implizite Ethik seiner Untersuchungen als selbstverständlich voraussetzend – den moralphilosophischen Diskurs als solchen zum pathologischen Symptom erklärt. Freud ist aber damit nur insofern im Recht, als er die philosophische Ethik als rationale Bestätigung der ›alltäglichen Moral‹[230] auffasst. Darüber hinaus kann die Moralphilosophie jedoch auch selbst – wie Freud das für sich in Anspruch nimmt – auf die Geltungsansprüche moralischer Normen kritisch reflektieren und alltägliche moralische Vorurteile als solche aufweisen.

Unter Bezugnahme auf Kant ließ sich allerdings zeigen, dass die Freudschen Argumente und Angriffe durchaus ihren berechtigten Platz in der Moralphilosophie beanspruchen können, weil sie Formen der heteronomen Willensbestimmung kennzeichnen, die dem Konzept der autonomen Willensbestimmung entgegen stehen. Über die Kritik der pathologischen Verfalls- und Verzerrungsformen hinaus unterbreitet Kant allerdings auch ein Angebot, wie moralische Urteilsfindung vernünftig gedacht und beschrieben werden kann. Kant geht somit davon aus, dass das Moralische ›selbstverständlich‹ in der alltäglich-praktischen Lebenswelt verwurzelt ist, dass aber das Verstehen der grundlegenden Prinzipien dieser Urteilspraxis *nicht* selbstverständlich ist und von den selbstreflexiven Individuen erst diskursiv geleistet werden muss. Dies gleicht in Aspekten dem Ansatz der Freudschen Therapie, der nun im zweiten Teil dieser Arbeit näher erläutert werden soll. Im Gegensatz zu den idealisierenden und generalisierenden ›therapeutischen‹ Tendenzen der von ihm kritisierten Moralvorstellungen will Freud die Reflexion auf die individuellen Bedürfnisse und verdrängten Inhalte und auf die individuelle Bewältigung der sich daraus ergebenden Wünsche und Probleme in der konkreten sozialen Realität anregen. Auch hierbei wird also eine Praxis der reflektierten Selbstbestimmung bezweckt.

Damit kann Freud das Projekt einer kritischen Moralphilosophie, die Kant anstrebt, bereichern. Noch mehr Aussicht auf Bereicherung hat der Themenbereich der *Ethik des guten Lebens*. In welchem Verhältnis Moral und Glück zu einander stehen, darüber hat auch Kant reflektiert und folgerichtig dafür votiert, die Prinzipien der moralischen Urteilsbildung nicht durch partikuläre

230 | Vgl. A. Schöpf: »Vernunft und Motivation. Der Konflikt zwischen Psychoanalyse und Ethik«, S. 205.

Interessen (Selbstliebe) zu kontaminieren. Es gibt nur *ein* Prinzip der *moralischen* Bewertung. Das heißt allerdings nicht, dass die moralische Perspektive die Perspektive des Glücks und des guten Lebens ersetzen könnte. Es ergeben sich vielmehr neue Probleme, zu denen beide Autoren Stellung beziehen. Die Vorstellung, dass Kant – der das Glück aus der Moralphilosophie ›verbannen‹ will und den Primat der reinen praktischen Vernunft ausruft – in Freud einen Gegner findet, der den Primat des Lustprinzips dagegen hält und in der Moral eine schädliche Wahnvorstellung sieht, scheint nahe zu liegen; sie soll jedoch bestritten werden.

Psychoanalytische Glückskritik

Um den Beitrag der Freudschen Psychoanalyse zur Ethik des guten Lebens herausarbeiten zu können, muss zunächst Freuds methodische Herangehensweise an diese Thematik näher erläutert werden. Dies lässt sich am besten vor der Folie derjenigen ›Glückstechniken‹ erreichen, die Freud kritisiert. Freud gebraucht das Wort ›Technik‹ in Bezug auf die Lebensführung sicherlich in Anlehnung an das griechische, speziell das Sokratische Verständnis von τέχνη und meint damit regelgeleitete und sachverständige praktische Handlungsentwürfe, die auf begründbarem Wissen basieren und nicht auf bloß willkürlicher Meinung, die sich leicht über ihren Gegenstand täuschen kann.[1] Freud will, wie im Folgenden gezeigt wird, insbesondere für eine Unterscheidung argumentieren, nach der Lebensentwürfe entweder angemessen und realistisch oder weniger gut begründet und illusionär sein können.

Freuds primäres Anliegen ist in dieser Hinsicht die Kritik dogmatischer Positionen, die jedes kritische Infragestellen und jede Möglichkeit der *rationalen* Begründung der Geltung ihrer Behauptungen und Glaubensgrundsätze ausschließen. Entsprechende Ansätze versieht Freud verallgemeinernd mit dem Etikett ›Weltanschauung‹ und meint insbesondere philosophische Systeme und religiöse Glaubenslehren. Diesen Weltanschauungen setzt Freud – durch seine terminologische Bestimmung missverständliche Interpretationen begünstigend – die ›wissenschaftliche Weltanschauung‹ entgegen, die er als rationales und kritisches, vor allem jedoch *korrigierbares* Streben nach Wissen von den zuvor genannten dogmatischen Glaubenssystemen absetzt.

In einem ersten Schritt sollen nun die methodischen Grundlagen dieser Differenz näher untersucht werden. Danach soll rekonstruiert werden, worin Freuds Reflexionen über ›Glück‹ sich von traditionellen Entwürfen einer Ethik des gelingenden Lebens unterscheiden. Zu diesem Zweck wird der berühmte Essay *Das Unbehagen in der Kultur* herangezogen, da Freud sich bis auf

1 | Wenn beispielsweise in Platons *Gorgias* entschieden wird, dass die Rhetorik keine τέχνη, keine Kunst ist, sondern allenfalls eine Afterkunst, so geht es nicht nur um eine begriffliche Bestimmung, sondern stets auch um das höchste Gut – das gute und glückliche Leben – und soll das größte Übel, die schlechte Lebensführung, die auf Unwissen, bloßer Meinung und möglicher Täuschung basiert, vermieden werden (Platon: *Gorgias*, S. 458a, 472c). Vgl. auch die weiterführenden Überlegungen von C. Castoriadis in: »Technik«, S. 196–199.

wenige Ausnahmen nur in diesem Text explizit mit der Thematik des Glücks auseinandersetzt.[2] Die Vermittlung von Lust- und Realitätsprinzip, die als τέλος, als Idealziel der psychoanalytischen ›wissenschaftlichen Weltanschauung‹ gelten kann, wird im Anschluss daran auf ihren ideologiekritischen Gehalt befragt werden, der auch für die Moralphilosophie von Bedeutung sein kann.

Weltanschauungen und wissenschaftliche Methodik

Freud geht von der grundlegenden Annahme aus, dass sich sämtliche religiösen und philosophischen Lehren als dogmatische Gebilde unter den Begriff der ›Weltanschauung‹ subsumieren lassen. Seine suggestive Definition der Weltanschauung enthält die wichtigsten der von ihm kritisierten Elemente:

»eine Weltanschauung ist eine intellektuelle Konstruktion, die alle Probleme unseres Daseins aus einer übergeordneten Annahme einheitlich löst, in der demnach keine Frage offen bleibt und alles, was unser Interesse hat, seinen bestimmten Platz findet«.[3]

An dieser Bestimmung fällt zunächst auf, dass Freud mit ihr bereits eine pragmatische Begründung der Genese solcher Systeme versucht. Aufgrund ihrer Verwurzelung in existentiellen Wünschen und Ängsten und verstärkt durch das Verbot skeptischer Nachfrage gewinnen Ideologien ihre gewaltige Autorität und können mit ihren Forderungen nach Anpassung des Denkens und Handelns an die dogmatischen Inhalte eine tröstende Funktion erfüllen. Freud hebt vor allem den *Wunschcharakter* als Aspekt von Ideologien hervor:

»Es ist leicht zu verstehen, daß der Besitz einer [...] Weltanschauung zu den Idealwünschen der Menschen gehört. Im Glauben an sie kann man sich im Leben sicher fühlen, wissen, was man anstreben soll, wie man seine Affekte und Interessen am zweckmäßigsten unterbringen kann«.[4]

Er erkennt zwar den Wert der Weltanschauungen als »Kulturleistungen«[5] an – aber diese Wertschätzung betrifft sie nur insofern, als sie überhaupt Versuche darstellen, dem menschlichen Zusammenleben eine gewisse Ordnung zu geben. Nach seiner bekannten Formel aus *Das Unbehagen in der Kultur* versteht Freud unter Kultur:

---

2 | Vgl. auch S. Freud: *Vorlesungen zur Einführung in die Psychoanalyse*, S. 58f. und *Die Zukunft einer Illusion*.

3 | Ders.: *Neue Folge der Vorlesungen zur Einführung in die Psychoanalyse*, S. 170.

4 | Ebd.

5 | Vgl. ders.: *Das Unbehagen in der Kultur*, S. 454.

»die ganze Summe der Leistungen und Einrichtungen [...], in denen sich unser Leben von dem unserer tierischen Ahnen entfernt und die zwei Zwecken dienen: dem Schutz des Menschen gegen die Natur und der Regelung der Beziehungen der Menschen untereinander«.[6]

Kulturelle Errungenschaften und Institutionen dienen nach Freud in erster Linie als Schutz vor bedrohlichen Naturgewalten und eventuellen Aggressionen anderer Menschen. Obwohl also die Weltanschauungen Ausdruck der kulturellen Möglichkeiten des Menschen sind, auf seine Schutzbedürftigkeit zu reagieren und seine sozialen Beziehungen nach eigenen Vorstellungen zu ordnen, so sind sie doch nur Vorstufen einer vernünftigen Praxis. Ihr dogmatischer Charakter zeigt sich für Freud insbesondere bei den von ihm kritisierten religiösen Ideologien. Freud wirft diesen vor, eine übergeordnete, das heißt metaphysisch-dogmatische Annahme festzuschreiben und tröstende Antworten auf existentielle Fragen zu geben, die unter Hinweis auf angeblich transzendente Wahrheiten begründet werden. Dieser metaphysische Trost, zum Beispiel jenseitige Unsterblichkeit und Gerechtigkeit, sei nur dadurch garantiert, dass der zugrunde gelegte dogmatische Glaubensinhalt nicht hinterfragt werden darf. Freud sieht sehr genau, dass auch auf dieser Grundlage soziale Ordnung hergestellt wird und damit eine gewisse Schutz- und Regelfunktion der Kultur gewährleistet ist. Seiner Meinung nach wird dies aber nur um den Preis möglich, dass die Abkünftigkeit des metaphysischen Trostes von den menschlichen Wünschen und Ängsten verschleiert oder geleugnet wird. Somit werden die menschlichen Bedürfnisse als Grundlage der normativen Regelsysteme ersetzt durch metaphysische Annahmen, die nicht mehr auf menschliche Bedürfnisse rückbezogen werden (sollen) und ideo-

6 | Ebd., S. 448f. Ausführlicher heißt es in *Die Zukunft einer Illusion*: »Die menschliche Kultur – ich meine all das, worin sich das menschliche Leben über seine animalischen Bedingungen erhoben hat und worin es sich vom Leben der Tiere unterscheidet – und ich verschmähe es, Kultur und Zivilisation zu trennen – zeigt dem Beobachter bekanntlich zwei Seiten. Sie umfaßt einerseits all das Wissen und Können, das die Menschen erworben haben, um die Kräfte der Natur zu beherrschen und ihr Güter zur Befriedigung der menschlichen Bedürfnisse abzugewinnen, andererseits alle die Einrichtungen, die notwendig sind, um die Beziehungen der Menschen zueinander, und besonders die Verteilung der erreichbaren Güter zu regeln« (S. Freud: *Die Zukunft einer Illusion*, S. 326).
Freuds Definition steht damit der klassischen Begriffsbestimmung von E. B. Tylor nahe, wonach Kultur »im weitesten ethnographischen Sinne [...] jener Inbegriff von Wissen, Glauben, Kunst, Moral, Gesetz, Sitte und allen übrigen Fähigkeiten und Gewohnheiten« sei, »welche der Mensch als Glied der Gesellschaft sich angeeignet hat« (ders.: *Die Anfänge der Cultur*, S. 1); diese ist selbst wiederum eine Differenzierung der auf Cicero zurückgehenden Charakterisierung der Kultur als veredelnder Pflege der natürlichen Anlagen bzw. im Bereich der Landwirtschaft, aus der Cicero *cultura* überträgt, des natürlich Gewachsenen (vgl. H. Busche: »Was ist Kultur?«; W. Perpeet: »Kulturphilosophie«).

logisch begründet sind, was sie gegen Einwände und kritische Nachfragen immunisiert.

Auch wenn Freuds von Feuerbach[7] inspirierte Religionskritik[8] in ihrer Gültigkeit ebenso wie dessen Projektionsthese begrenzt bleibt, zeigt sie doch die Motivation seiner Kritik. Freud ist der Ansicht, dass die sozialen Normen menschlichen Zusammenlebens nicht überzeitlich von uneingeschränkter Geltung sind, sondern als Ergebnisse sozialer Prozesse die Frage nach der Angemessenheit ihrer Geltungsansprüche zulassen müssen. Einen Verweis auf eine transzendente Quelle, die diese Normen offenbart habe, lehnt Freud als ideologisches Denkverbot beziehungsweise verkleideten Wunsch ab, Geltung zu verdauern, ohne sich dabei rational an faktischen Gegebenheiten und Notwendigkeiten zu orientieren. Dadurch gelangt Freud zur Abwehr religiös begründeter Geltungsansprüche:

»Vom Standpunkt der Wissenschaft aus ist es unvermeidlich, […] Kritik zu üben und mit Ablehnungen und Zurückweisungen vorzugehen. Es ist unzulässig, zu sagen, die Wissenschaft ist ein Gebiet menschlicher Geistestätigkeit, Religion und Philosophie sind andere, ihr zum mindesten gleichwertig, und die Wissenschaft hat diesen beiden nichts dareinzureden; sie haben alle gleichen Anspruch auf Wahrheit und jedem Menschen steht es frei, zu wählen, woher er seine Überzeugungen nehmen und wohin er seinen Glauben verlegen will. Eine solche Anschauung gilt als besonders vornehm, tolerant, umfassend und frei von engherzigen Vorurteilen. Leider ist sie nicht haltbar, sie hat Anteil an allen Schädlichkeiten einer ganz unwissenschaftlichen Weltanschauung und kommt ihr praktisch gleich«.[9]

Als geschlossene Weltanschauungen bezeichnet Freud pauschal Texte der Philosophie und vor allem der Religion.[10] Beide Weltanschauungen arbeiten

7 | »Außerdem habe ich nichts gesagt, was nicht andere, bessere Männer viel vollständiger, kraftvoller und eindrucksvoller vor mir gesagt haben. Die Namen dieser Männer sind bekannt; ich werde sie nicht anführen, es soll nicht den Anschein geweckt werden, daß ich mich in ihre Reihe stellen will« (S. Freud: *Die Zukunft einer Illusion*, S. 358). Bezeichnend ist zudem, dass sich Freud (vgl. ebd. S. 351–357) als religionsphilosophischen Widersacher die Philosophie des ›Als Ob‹ Hans Vaihingers aussucht, dabei aber den Namen Kants unerwähnt lässt, dessen System es ja schließlich ist, das Vaihinger – freilich missglückt – zu rekonstruieren versucht.

8 | Freuds Religionskritik beschränkt sich selbstverständlich nicht auf diese knappe Zusammenfassung – an dieser Stelle soll jedoch nur paradigmatisch der Status der ›Weltanschauungen‹ verdeutlicht werden. Freuds Verhältnis zur Religion, unter besonderer Berücksichtigung seiner Äußerungen zum Judentum habe ich behandelt in: »›Jüdische Wissenschaft‹ – Psychoanalyse im Fokus von Fremdzuschreibung und Entstehungskontext«.

9 | S. Freud: *Neue Folge der Vorlesungen zur Einführung in die Psychoanalyse*, S. 172f.

10 | Freud spricht stets nur von *der* Religion und meint damit das Christentum, im engeren Sinne wohl biographisch begründet den in Österreich vorherrschenden Katholizismus.

demzufolge an der Illusion ›lückenloser‹ Weltbilder. Zwar ist seine *pauschale* Kritik unhaltbar, da eine Vielzahl bedeutender religionsphilosophischer und auch theologischer Positionen ein solches unreflektiertes Abbildverhältnis selbst kritisieren. Trotz Freuds Generalisierung sollte jedoch nicht vergessen werden, dass seine Kritik dort ihre Berechtigung hat, wo philosophische Arbeiten nur ideologische Begründung für faktische politische Interessen leisten oder wo sich religiöse Praxis zu unhaltbaren repressiv-hypermoralischen Forderungen versteigt.[11]

Im Gegensatz dazu versteht Freud die Psychoanalyse nicht als eigene Weltanschauung, sondern verpflichtet ihre Erkenntniskriterien der ›wissenschaftlichen Weltanschauung‹. Diese soll indes gar nicht als Weltanschauung im oben genannten, positiven Sinn verstanden werden, sondern wird als eine methodische Vorentscheidung begriffen, die bestimmt, wie man sich auf die Tatsachen und Gegenstände der Welt beziehen soll:

> »Die *Einheitlichkeit* der Welterklärung wird zwar auch von ihr [der wissenschaftlichen Weltanschauung, MV] angenommen, aber nur als ein Programm, dessen Erfüllung in die Zukunft verschoben ist. Sonst ist sie durch *negative Charaktere* ausgezeichnet, durch die Einschränkung auf das derzeit Wißbare und die scharfe Ablehnung gewisser, ihr fremder Elemente. Sie behauptet, daß es keine andere Quelle der Weltkenntnis gibt als die intellektuelle Bearbeitung sorgfältig überprüfter Beobachtungen, also was man Forschung heißt, daneben keine Kenntnisse aus Offenbarung, Intuition oder Divination«.[12]

Obwohl Freud sich auch an anderen Stellen seines Werkes auf die Naturwissenschaft bezieht, zu der er die Psychoanalyse selbstverständlich zählt[13],

11 | Rationalitätspotentiale theologischer Texte bestehen in der kritisch-negativen Reflexion auf das Absolute. Das Denken fällt hinter diese Einsichten zurück, wenn die ›Leerstelle‹ des Absoluten durch positive Konstrukte geschichtsphilosophischer, szientistischer oder sonstiger weltanschaulicher Art besetzt wird – durch »Substitute des Absoluten« (vgl. Th. Rentsch, *Gott*, S. 173–188). Wenn Freud von sich sagt, er tendiere dazu, in den »Hafen der Schopenhauerschen Philosophie« (vgl. oben S. 42) einzulaufen und also die Schopenhauersche Weltanschauungsphilosophie der *Welt als Wille und Vorstellung* für Freud *das* Paradigma philosophischer Reflexion darstellt, ist es verständlich, dass sich Freud über die Potentiale der Texte von Kant und Hegel – die er kaum gelesen haben dürfte – täuscht.

12 | S. Freud: *Neue Folge der Vorlesungen zur Einführung in die Psychoanalyse*, S. 171. (Hervorh. im zweiten Satz von mir, MV).

13 | »Die Vorgänge, mit denen sie [die Psychoanalyse, MV] sich beschäftigt, sind an sich ebenso unerkennbar wie die anderer Wissenschaften, der chemischen oder physikalischen, aber es ist möglich die Gesetze festzustellen, denen sie gehorchen, ihre gegenseitigen Beziehungen und Abhängigkeiten über weite Strecken lückenlos zu verfolgen, also das, was man als Verständnis des betreffenden Gebiets von Naturerscheinungen bezeichnet« (ders.: *Abriss der Psychoanalyse*, S. 80f.). Der von Freud mit dieser er-

sucht man vergeblich nach präzisen wissenschaftstheoretischen Überlegungen. Es ist deswegen keine leichte Aufgabe zu entscheiden, ob Freud als Empirist oder Positivist bezeichnet werden soll, selbst wenn er sich selbst der letzteren Strömung zurechnet. Um ein philosophiegeschichtlich prominentes Beispiel zu bemühen: Auch Kant nähert sich dem Empirismus an, wenn er zugibt, dass all unsere Erkenntnis mit der Erfahrung einsetzt.[14] Kant geht aber über den Empirismus hinaus, indem er kritisch feststellt, dass die Kriterien für das, was Freud etwa ›intellektuelle Bearbeitung sorgfältig überprüfter Beobachtungen‹ nennt, nicht selbst wieder aus der Beobachtung gewonnen werden können, sondern dass genau diese ›intellektuelle Bearbeitung‹ auf die Position des transzendentalen Idealismus, der die spontane Tätigkeit des Verstandes und der Vernunft analysiert, verweist: »Wenn aber gleich alle unsere Erkenntniß *mit* der Erfahrung anhebt, so entspringt sie darum doch nicht eben alle *aus* der Erfahrung«.[15]

Dass Freud keine expliziten wissenschaftstheoretischen Überlegungen anstellt, heißt indes nicht, dass er auf methodologische Überlegungen verzichtet. Diese tauchen an vielen Stellen seiner wichtigsten Texte auf, werden aber vorrangig in Form von Beispielen, Metaphern und Analogien vorgebracht, um wichtige Modelle und Konzepte zu erläutern. Viele dieser Analogien bemüht Freud, wenn er auf die konstitutiven *Grenzen* der psychoanalytischen Erkenntnis hinweisen will, die letztendliche Unmöglichkeit sicheren Wissens betont und für die Beschränkung auf empirisch verlässliche Thesen eintritt.[16]

Die oben zitierte Äußerung zeigt aber auch, dass sich Freud methodologisch von einem radikalen Positivismus distanziert. Seine Forschungen stützen sich auf Beobachtungen und empirisches Material, ohne dass Freud einem *reinen Primat* der Beobachtung das Wort reden würde, wie es etwa in den Forderungen der positivistischen Wissenschaftsphilosophie des ›Wiener

---

kenntnistheoretischen Bemerkung behauptete gleiche Status naturwissenschaftlicher und psychologischer Gesetze ist aus der Perspektive einer modernen Wissenschaftstheorie und -philosophie höchst angreifbar. Auf die Psychoanalyse bezogen bestreiten Castoriadis und Habermas die Berechtigung der Gleichsetzung mit der Naturwissenschaft, während Grünbaum sie gerade aufrecht erhält und von da aus die Psychoanalyse kritisiert – was nur den überzeugen kann, der Grünbaums empiristisches Wissenschaftsverständnis teilt (vgl. C. Castoriadis: »Die Psychoanalyse als Projekt und Aufklärung. Das ›Schicksal‹ der Analyse und die Verantwortung der Analytiker«; J. Habermas: *Erkenntnis und Interesse*, S. 300–332; A. Grünbaum: »Is Psychoanalysis a Pseudo-Science? Karl Popper versus Sigmund Freud (I)«; ders.: *Psychoanalyse in wissenschaftstheoretischer Sicht. Zum Werk Sigmund Freuds und seiner Rezeption* sowie ders.: *Die Grundlagen der Psychoanalyse. Eine philosophische Kritik*).

14 | Vgl. I. Kant: *Kritik der reinen Vernunft*, B1.

15 | Ebd.

16 | Vgl. etwa S. Freud: *Hemmung, Symptom und Angst*, S. 155, 180, 188, *Abriss der Psychoanalyse*, S. 79–86.

Kreises‹[17] nach Protokollsätzen oder einer Idealsprache anklingt. Die Beobachtungen gewinnen ihre Bedeutung nur innerhalb einer theoretisch fundierten ›intellektuellen Bearbeitung‹. Die von Freud geforderte Überprüfbarkeit erstreckt sich dabei nicht nur auf die methodisch gewonnenen Aussagen, sondern betrifft auch die zugrunde gelegten Theorien und Modelle. Deren Status charakterisiert Freud gerade nicht als dogmatisches, unbegründbares ›Geheimwissen‹, sondern als Spezialisierung, die ihren Grund, aber auch ihren Zweck in der alltäglichen Lebenswelt hat:

»Das wissenschaftliche Denken ist in seinem Wesen nicht verschieden von der normalen Denktätigkeit, die wir alle, Gläubige wie Ungläubige, bei der Besorgung unserer Angelegenheiten im Leben verwenden. Es hat sich nur in einigen Zügen besonders gestaltet, es interessiert sich auch für Dinge, die keinen unmittelbaren, greifbaren Nutzen haben, es bemüht sich, individuelle Faktoren und affektive Beeinflussungen sorgfältig fernzuhalten, prüft die Sinneswahrnehmungen, auf die es seine Schlüsse baut, strenger auf ihre Zuverlässigkeit, schafft sich neue Wahrnehmungen, die mit den Mitteln des Alltags nicht zu erreichen sind, und isoliert die Bedingungen dieser Neuerfahrungen in absichtlich variierten Versuchen. Sein Bestreben ist, die Übereinstimmung mit der Realität zu erreichen, d.h. mit dem, was außerhalb von uns, unabhängig von uns besteht und, wie uns die Erfahrung gelehrt hat, für die Erfüllung oder Vereitelung unserer Wünsche maßgebend ist«.[18]

Unter den Bedingungen einer natürlichen Wirklichkeit, die wir nicht vollständig erkennen und kontrollieren können, ist für Freud die Forschung ein Weg, geeignete Mittel zur Erfüllung menschlicher Zwecke zu suchen. Dies erfordert, so lässt sich Freud verstehen, zumindest eine zweifache Distanzierung:

1. Wir müssen von alltäglich-pragmatischen Zweck-Mittel-Relationen abstrahieren, um durch dieses Heraustreten aus unmittelbaren Zusammenhängen neue Perspektiven einnehmen und neue Mittel erproben zu können (die sich wiederum im alltäglichen Wissen sedimentieren können).
2. Wir müssen dabei von individuellen Präferenzen und affektiven Neigungen abstrahieren, um kommunizierbare Wahrheitskriterien anwenden zu können.

Wenn Freud darauf insistiert, dass für die erfolgreiche Erfüllung unserer Wünsche die Realität maßgebend ist, so ist dies einerseits eine Abgrenzung von

17 | Zwar nannte sich die Mittwochsgesellschaft der Wiener Analytiker um Freud auch zeitweilig ›Wiener Kreis‹, es existiert aber kein direkter Zusammenhang zwischen ihnen und den Philosophen und Wissenschaftstheoretikern um Moritz Schlick, Rudolf Carnap und Otto Neurath, die zu Beginn der 20er Jahre in Wien zusammentraten.

18 | S. Freud: *Neue Folge der Vorlesungen zur Einführung in die Psychoanalyse*, S. 184.

wörtlich verstandenen, dogmatischen Glaubensinhalten, die diese innerweltliche Erfüllung oder Versagung einer transzendenten metaphysischen Instanz zuschreiben. Andererseits ist es der Hinweis auf die Notwendigkeit, dass menschliche Triebe auch *real* befriedigt werden müssen und bloße Versprechungen oder unerfüllte oder -erfüllbare Phantasien kein praktikabler Ersatz sind. Freuds Kritik zielt des weiteren darauf, dass gerade religiöse Dogmen und Versicherungen noch von ursprünglichen Wünschen und Ängsten motiviert sind und deren Erfüllung in idealisierter Form suggerieren, indem sie die kontingente Wirklichkeit überspringen und den Arbeitsaufwand der Auseinandersetzung mit den faktischen Gegebenheiten ersparen. Daher sind für Freud gerade religiöse Ideen und Glaubensgewissheiten Anzeichen dafür, dass die Distanzierung von Affekten nicht ausreichend vollzogen wurde. Im gespannten Verhältnis religiöser Dogmen zu sinnlichen (besonders sexuellen) und natürlichen (leiblichen) Bedingungen des Daseins kehrt für Freud nur das entstellte und damit ungelöste Problem wieder.

Die Entgegensetzung von Wissenschaft und Religion[19] treibt Freud in der *Neuen Folge der Vorlesungen zur Einführung in die Psychoanalyse*[20] in einem Vergleich auf die Spitze, in dessen Zentrum ein *ethisches* Argument entscheidend wird. Zuerst einmal grenzt er die Funktionen der religiösen Kulturleistungen auf drei Aspekte ein:

»Will man sich vom großartigen Wesen der Religion Rechenschaft geben, so muß man sich vorhalten, was sie den Menschen zu leisten unternimmt. [1] Sie gibt ihnen Aufschluß über Herkunft und Entstehung der Welt, [2] sie versichert ihnen Schutz und

19 | Die Philosophie erklärt Freud nicht wirklich zu einem Gegner, abseits seiner Bedenken aber für wirkungslos: »Die Philosophie ist der Wissenschaft nicht gegensätzlich, sie gebärdet sich selbst wie eine Wissenschaft, arbeitet zum Teil mit den gleichen Methoden, entfernt sich aber von ihr, indem sie an der Illusion festhält, ein lückenloses und zusammenhängendes Weltbild liefern zu können, das doch bei jedem neuen Fortschritt unseres Wissens zusammenbrechen muß. [...] Aber die Philosophie hat keinen unmittelbaren Einfluß auf die große Menge von Menschen, sie ist das Interesse einer geringen Anzahl selbst von der dünnen Oberschicht der Intellektuellen, für alle anderen kaum faßbar« (S. Freud: *Neue Folge der Vorlesungen zur Einführung in die Psychoanalyse*, S. 173). Anscheinend hält Freud die Funktion der Explikation und Reflexion menschlicher, gesellschaftlicher und wissenschaftlicher Praxis, die von einem Systemgedanken Abstand nimmt, für die immanente Aufgabe der naturwissenschaftlichen Forschung. Diese Hoffnung erweist sich allerdings angesichts eines immer populärer werdenden Szientismus – der entstellten Wiederkehr der *dogmatischen* (unkritischen) Metaphysik – nicht minder als illusorisch. Jenseits von weltanschaulichen Systemen liegt gerade in dieser Reflexionsleistung eine anspruchsvolle Berechtigung der Philosophie.

20 | Ähnlich auch in *Die Zukunft einer Illusion* und *Das Unbehagen in der Kultur.*

endliches Glück in den Wechselfällen des Lebens und [3] sie lenkt ihre Gesinnungen und Handlungen durch Vorschriften, die sie mit ihrer ganzen Autorität vertritt«.[21]

In der zuerst erwähnten Funktion (1) »befriedigt sie die menschliche Wißbegierde, tut dasselbe, was mit ihren Mitteln die Wissenschaft versucht, und tritt hier in Rivalität mit ihr«.[22] Von philosophischer Seite ist an dieser Gegenüberstellung zu bemängeln, dass sie von religösen Dogmen niederer Reflexionsstufe ausgeht, die sich eigentlich nur in theologisch naiven fundamentalistischen Strömungen (im Christentum heute etwa bei den Kreationisten) findet. Auf dem Gebiet Philosophie und auch der Religionsphilosophie lässt sich feststellen, dass unter anderem auch mit Kant und seinem Aufweis der Antinomien der reinen Vernunft dieser von Freud angesprochene ›Konflikt‹ eine weitgehende Kritik erfahren hat. Empirisch können wir weder einen Anfang noch ein Ende von Raum und Zeit, noch eine mögliche erste Ursache erkennen, während unser Vernunftbegriff der Welt als Totalität des Seins die Möglichkeit einer Ursache doch impliziert. Kant zufolge ergibt sich aus diesen erkenntniskritischen Bedingungen die Einsicht: Die Wissenschaft soll sich – ungeachtet des Vernunftbegriffs vom Ganzen der Welt und der Idee einer ersten Ursache – um die methodische, kausalgesetzliche Erforschung des empirisch anschaulich Gegebenen bemühen. Die Vernunft hat dagegen die praktische Relevanz der empirischen Unableitbarkeit des ›Dass des Seins‹ für das menschliche Dasein und die empirisch nicht widerlegbare Möglichkeit der Freiheit in ihrer Bedeutsamkeit für das menschliche Handeln und das humane Selbstverständnis zu artikulieren.

Die Felder der Wissenschaft und der Philosophie überschneiden sich *dabei* nicht, sondern bearbeiten verschiedene Bereiche mit je besonderer Bedeutung für die menschliche Praxis. So klar dies auch für die philosophische Reflexion ist (wenn man Kant folgt), hat doch aber auch die Freudsche Gegenüberstellung ihr Recht: Wo Wissenschaft kosmologisch wird, kryptometaphysische Theorien der Weltentstehung[23] entwirft, moralische Normen aus evolutionären Entwicklungen *ableitet* und vermeintlich aufklärerische, populärwissenschaftliche Traktate verfasst; wo Religion ihren eigenen Status verkennt und mit pseudowissenschaftlichen Methoden die Evolutionstheorie zu widerlegen versucht oder ihrerseits auf repressiven Normen unter Hinweis auf göttliche Offenbarung besteht, da wird der von Freud kritisierte

21 | Ders.: *Neue Folge der Vorlesungen zur Einführung in die Psychoanalyse*, S. 174 (Nummerierung von mir, MV).

22 | Ebd.

23 | Für einen philosophisch-systematischen Überblick über die Geschichte der Kosmologie vgl. B. Kanitscheider: *Kosmologie. Geschichte und Systematik in philosophischer Perspektive.*

Kampf tatsächlich ausgetragen. Wo beide Richtungen darauf drängen, ihre ›Forschungsergebnisse‹ in den gesellschaftlichen Diskurs einzuspeisen; wo, je nach Vorliebe, die Ideen von Paralleluniversen und die Widerlegung der Evolutionstheorie im Namen Gottes miteinander konkurrieren; wo Massen mittels religiöser oder pseudo-humanistischer Dogmen politisch instrumentalisiert werden, da ist Freuds Kritik der Psychopathologie so aktuell und unerlässlich wie die Kantische Erkenntnis- und Moralkritik[24] und überhaupt kritische Theorie und Wissenschaft.

Der zweiten Funktion (2) verdankt die Religion nach Freud einen Großteil ihres Einflusses:

> »Wenn sie die Angst der Menschen vor den Gefahren und Wechselfällen des Lebens beschwichtigt, sie des guten Ausgangs versichert, ihnen Trost im Unglück spendet, kann die Wissenschaft es nicht mit ihr aufnehmen. Diese lehrt zwar, wie man gewisse Gefahren vermeiden, manche Leiden erfolgreich bekämpfen kann; es wäre sehr unrecht zu bestreiten, daß sie den Menschen eine mächtige Helferin ist, aber in vielen Lagen muß sie den Menschen seinem Leid überlassen und weiß ihm nur zur Unterwerfung zu raten«.[25]

In diesem Argument stellt Freud die *Trostfunktion* der Religion der *desillusionierenden Objektivität* der Wissenschaft gegenüber, worunter er die Orientierung an Wahrheit im Sinne von empirischer Überprüfbarkeit und die damit verbundene Ablehnung von metaphysischen Spekulationen versteht. Die nüchterne Kargheit der naturwissenschaftlichen Weltanschauung im Freudschen Sinne erweist sich gegenüber der Erwartung eines geschlossenen und zugleich das menschliche Glücksstreben mit transzendentem Sinn absichernden Weltbildes als affektive Enttäuschung, ist aber nach dem Freudschen Verständnis eine intellektuelle *Ent*täuschung – ein Abbau von Illusionen zugunsten realistischer Voraussetzungen und damit ein emanzipativer Akt. Das affektive Bedürfnis nach umgreifendem existentiellem Aufgehoben-sein wird als nicht – oder nur scheinbar mittels Regression – zu befriedigendes Verlangen abgewiesen. Alle dieses Bedürfnis ansprechenden Ideologien werden verworfen und gefordert wird eine rationale Weltsicht, die nach Möglichkeiten realer Befriedigung sucht und die Überwindung illusionärer Orientierung als einen ersten Schritt weg von der bloßen Rationalisierung von Wünschen und hin zu einer aufgeklärten intellektuellen Mündigkeit betrachtet. Die Enttäuschungen der Naturwissenschaft wie der

24 | Nicht zu vergessen die sich daran anschließende Szientismuskritik Hegels, der ja auch schon den Empirismus kritisiert (G. W. F. Hegel: *Enzyklopädie der philosophischen Wissenschaften im Grundrisse*, § 38).

25 | S. Freud: *Neue Folge der Vorlesungen zur Einführung in die Psychoanalyse*, S. 174.

Psychoanalyse enttarnen lediglich Akte der menschlichen Selbsttäuschung und ermöglichen eine angemessenere Erkenntnis der Wirklichkeit und des Realisierbaren.

Dass es sich bei dem Unterschied zwischen einer in Illusionen befangenen und einer aufgeklärten Position keinesfalls nur um eine Sache des Geschmacks handelt, will Freud mit einem dritten, entscheidenden Argument (3) verdeutlichen:

»In ihrer dritten Funktion, wenn sie Vorschriften gibt, Verbote und Einschränkungen erläßt, entfernt sie [d.i. die Religion, MV] sich von der Wissenschaft am meisten. Denn diese begnügt sich damit, zu untersuchen und festzustellen. *Aus ihren Anwendungen leiten sich allerdings Regeln und Ratschläge für das Leben ab. Unter Umständen sind es dieselben, die von der Religion geboten werden, aber dann mit anderer Begründung.* [...] Die Zusicherung von Schutz und Beglückung sind mit den ethischen Anforderungen inniger verknüpft. Sie sind der Lohn für die Erfüllung dieser Gebote; nur wer sich ihnen fügt, darf auf diese Wohltaten rechnen, auf den Ungehorsamen warten Strafen. Übrigens gibt es bei der Wissenschaft etwas Ähnliches. Wer ihre Anwendungen mißachtet, meint sie, setzt sich Schädigungen aus«.[26]

Für Freud läuft die Opposition zwischen wissenschaftlicher und religiöser (sowie philosophischer) Weltanschauung auf das Problem der Legitimität normativer Geltungsansprüche hinaus. Er setzt dabei implizit voraus, dass sowohl die naturwissenschaftliche als auch die religiöse Praxis das soziale Normengefüge beeinflussen, wenn sie es aus ihrer Perspektive begründen oder ablehnen oder in der Vergangenheit an der Durchsetzung und Tradierung von Normen mitgewirkt haben. Freud legt hier ein utilitaristisches Kosten-Nutzen-Kalkül zugrunde, welches es ihm erlaubt, die Konsequenzen einer religiös begründeten Moral zu kritisieren. Zum einen ist Freud natürlich der Ansicht, dass die Trostfunktion der Religion die pathologischen Wirkungen ihrer restriktiven Sexualmoral nicht aufwiegen kann und dass sie zugleich mit ihrer idealistischen Forderung nach bedingungsloser Nächstenliebe unrealisierbare Forderungen erhebt, an denen der Mensch nur scheitern *kann.* Zum anderen sieht Freud ein Begründungsproblem: Während die wissenschaftliche Weltsicht für die Güte normativer Vorschriften und die Notwendigkeit der praktischen Durchsetzung empirisch belegbar argumentieren muss, hänge der Bestand einer auf Religion gestützten Moral davon ab, dass die Handelnden auch an göttliche Belohnung und Bestrafung glauben – tun sie dies nicht, kann dies das Verschwinden jeglicher moralischer Verpflichtung zur Folge haben.[27]

26 | Ebd., S. 174f. (Hervorh. von mir, MV).

27 | Dieses Risiko benennt Freud zumindest in *Die Zukunft einer Illusion*: »Jeder wird

Gut materialistisch sieht Freud alle Normen als Ergebnisse sozialer Praxis an und hält den Verweis auf göttliche Offenbarung für bloße Mystifikation. Auch die ethischen Forderungen der Religionen entstammen für ihn historischen Figurationen in denen sich sich schlicht menschliche Bedürfnisse oder der Versuch ideologischer Beeinflussung äußern. Sollen diese Normen aber nicht ausschließlich idealistisch und ideologisch begründet sein – so »daß die Befriedigung einer Anzahl von Teilnehmern die Unterdrückung einer anderen, vielleicht der Mehrzahl, zur Voraussetzung hat«[28] –, dann muss sich der Diskurs der Normenbegründung auf die erkennbare und erlebte menschliche Wirklichkeit beziehen und muss individuelle (anthropologische, psychologische) und gesellschaftliche (soziologische, ökonomische) Einsichten und Forschungen berücksichtigen. Gerade diese Möglichkeit der Erkenntnisleistung spricht Freud jedoch der Religion ab: Damit mögen ihre Forderungen zwar durchaus menschliche Bedürfnisse artikulieren, sie verfügen aber nicht über ein Kriterium dafür, wie diese Forderungen mit den menschlichen Bedürfnissen und der gesellschaftlichen Wirklichkeit vermittelt werden können.

Freud selbst misst den Wert kultureller Einrichtungen daran, wie erfolgreich sie *Schutz- und Bedürfnisbefriedigungsfunktionen* erfüllen. Damit ist auch sein Ansatz *normativ* ausgerichtet, entscheidet sich aber in dieser Ausrichtung von den Möglichkeiten moralphilosophischer Überlegungen oder gar einer Kritik der politischen Ökonomie. Im Folgenden soll Freud daher innerhalb der von ihm eingehaltenen Grenzen, also mehr oder weniger textimmanent, gelesen werden, um seine Einsichten für eine umfassende ethische Diskussion des guten Lebens fruchtbar zu machen, die ja nicht ausschließlich aus moralphilosophischen Überlegungen bestehen kann. Bis hierher sind zwei grundlegende Merkmale des methodischen Zugangs der Freudschen Psychoanalyse zu ethischen Fragestellungen hervorzuheben:

1. *Die kritische Funktion:* Aus psychoanalytischer Perspektive besteht eine wesentliche Funktion der wissenschaftlich orientierten Aufklärung in der Kritik illusionärer und ideologischer Konstrukte. Zwar käme auch der Religion historisch betrachtet eine wichtige Rolle in der Kultur-

ungehemmt, angstfrei, seinen asozialen, egoistischen Trieben folgen, seine Macht zu betätigen versuchen, das Chaos wird wieder beginnen, das wir in vieltausendjähriger Kulturarbeit gebannt haben« (ebd., S. 357). Indes sieht er trotz dieser Ängste des Befürworters der Religion (sein Essay ist interessanterweise, wie schon *Die Frage nach der Laienanalyse* (1926), ab dem 4. Kapitel in dialogischer, an die Sokratischen Gespräche erinnernder Form verfasst) keine Alternative zu dem von ihm empfohlenen aufklärerischen Wagnis, religiöse Glaubensgehalte auch öffentlich scharf zu kritisieren und vertritt die Behauptung, »daß es eine größere Gefahr für die Kultur bedeutet, wenn man ihr gegenwärtiges Verhältnis zur Religion aufrecht erhält, als wenn man es löst« (ebd., S. 358).

28 | Ebd., S. 333.

geschichte und im Ensemble menschlicher Bedürfnisse zu, aber im naiv unreflektierten Überspringen realer Verhältnisse und im Aufstellen von ›Denkverboten‹ trage sie wesentlich zur Unmündigkeit bei und verbliebe im bloß Illusionären, Affektiven und Infantilen.

2. *Die Anerkennung der Negativität:* Hinsichtlich des methodischen Vorgehens versteht Freud unter Negativität vor allem »die Bescheidung zur Wahrheit, die Ablehnung der Illusionen«.[29] Der hierbei zugrunde gelegte Wahrheitsbegriff, der auf eine Übereinstimmung der Hypothesen und Aussagen mit der Realität hinaus will, wird von Freud nicht weiter expliziert. Es darf angenommen werden, dass Freud eine wissenschaftliche Methode meint, die durch Übereinstimmung mit materialen, erfahrbaren und artikulierbaren Tatsachen und mit bereits akzeptierten Theorien gekennzeichnet ist und empirischer Überprüfung standhält. Auf Spekulationen soll nicht generell, aber doch soweit sie durch empirische Tatsachen nicht gestützt werden können, verzichtet werden. Für eine Wissenschaft vom Menschen ist dies von so großer Bedeutung, weil das Wissen über den Menschen zwar seinen Sinn und Zweck in der alltäglichen Praxis hat, aber die untergründige Beeinflussung durch Wünsche und Hoffnungen, die zu illusionären Verzerrungen der theoretischen Aussagen führen, (selbst-)kritisch vermieden werden soll.

Die Bezugnahme auf die Negativität als Betonung des Realitätsprinzips und die Kritik illusionärer Ideologien als unvermittelter Totalisierungen des Lustprinzips sind die charakteristischen Tendenzen der ethischen Bemerkungen Freuds. Im Folgenden soll dies an drei Problembereichen dargestellt werden: Die Dialektik von Lust- und Realitätsprinzip, die in einem *vermittelten Primat* des Lustprinzips mündet, beherrscht Freuds Kritik der Theorien der Lebensweisheit und seine Auseinandersetzung mit dem Begriff des Glücks als Zweck menschlichen Lebens. Dabei betont Freud besonders Negativität und existentielle Endlichkeit des Menschen. Mit diesem Ergebnis ist nach der ethischen Relevanz psychoanalytischer Kulturkritik zu fragen; kann damit überhaupt neben der Moralphilosophie ein Beitrag zur Handlungsorientierung geleistet werden? Eine konkrete Anwendung finden die psychologischen und anthropologischen Erkenntnisse der Psychoanalyse in der Kritik der – insbesondere religiösen, allgemein repressiven – Sexualmoral.

29 | S. Freud: *Neue Folge der Vorlesungen zur Einführung in die Psychoanalyse*, S. 197.

Lustprinzip und Realitätsprinzip

In *Das Unbehagen in der Kultur* entfaltet Freud seine Kritik des Glücksbegriffs. Im Anschluss an seine Religionskritik in *Die Zukunft einer Illusion* versucht er, den Beitrag der Psychoanalyse zu kulturellen Fragestellungen zu erweitern. Ausgehend von der Frage, ob und wie menschliches Glück unter kulturellen Bedingungen überhaupt möglich ist, wendet er sich dabei dem gesellschaftlichen Umgang mit menschlicher Sexualität und Aggression zu. Das begriffliche Instrumentarium für diesen Zugriff wird durch das psychoanalytische Begriffspaar von *Lust-* und *Realitätsprinzip* bereitgestellt. Darunter versteht Freud die zwei Grundprinzipien, die das psychische Geschehen beherrschen: Das *unbedingte* Streben nach Lustgewinn und Unlustvermeidung und die Modifikation dieser Triebwünsche durch eine Anpassung der Bedürfnisbefriedigung an die Bedingungen der ›Außenwelt‹ – worunter die Gesamtheit der naturhaft-gegenständlich und sozial-kommunikativ konstituierten alltäglichen Lebenswelt verstanden werden kann. Die Möglichkeit des Glücks macht Freud von einem erfolgreich bewirkten Ausgleich dieser beiden Prinzipien abhängig.

Zwar ist anderen Interpreten zum Teil darin zuzustimmen, dass Freud in dieser Schrift bisweilen unübersichtlich argumentiert und dabei in theoretischer Hinsicht nicht eben viel Neues bringt.[30] Doch das hat Freud freilich selbst an seinem Versuch bemängelt: Mehrfach äußert er die Befürchtung, dass er in ungelenker Form nur allgemein Bekanntes und Selbstverständliches wiederhole.[31] Dieser Essay ist jedoch zum einen wichtig als kulturkritischer und skeptischer Ausblick auf die Frage nach dem gesellschaftlichen Umgang mit individuellen und kollektiven Aggressionen.[32] Zum anderen bezieht Freud hier einmalig, im einleitenden Teil, explizit Stellung zur Frage des menschlichen Glücks. Da Freud jenseits metaphysisch-weltanschaulichen Trostes nach Formen gelingender menschlicher Praxis sucht, sind seine Überlegungen aus dem *Unbehagen in der Kultur* für die Thematik des guten Lebens unverzichtbar. Im Anschluss an die oben geleistete Rekonstruktion der moralkritischen Programmatik Freuds ist im Folgenden zu fragen, ob Freuds Moralkritik hier insofern fortgesetzt wird, als er vielleicht *auf Kosten der Moral* eine ›Technik des Glücks‹ entwickelt, mit der vorgeblich das Problem des Glücksstrebens *prinzipiell* gelöst werden soll. Damit würde Freud in die Nähe derjenigen ›Lebensweisheiten‹ rücken, deren kritische Bespre-

30 | Vgl. Th. Köhler: *Freuds Schriften zu Kultur, Religion und Gesellschaft*, S. 88.

31 | Vgl. S. Freud: *Das Unbehagen in der Kultur*, S. 444, 476, 493.

32 | Vgl. P. Imbusch: *Moderne und Gewalt. Zivilisationstheoretische Perspektiven auf das 20. Jahrhundert*, S. 87–162.

chung einen wesentlichen Teil seines Essays ausmacht. Die systematischen Kernfragen, mit deren Beantwortung der psychoanalytische Glücksbegriff verständlich wird, müssen demnach lauten: Welche individuellen Bedingungen und Möglichkeiten einer Realisierung des Glücks behauptet Freud? Und: Welche entsprechenden kulturellen Gegebenheiten kritisiert er? Welche Reformen schlägt er vor?

›Allgemein Bekanntes‹ über das Glück

Freud beginnt seine Abhandlung über das *Unbehagen in der Kultur*[33] mit der rhetorischen Frage nach dem »Zweck des menschlichen Lebens«[34] und antwortet selbst polemisch, diese Frage könne mit gutem Recht abgelehnt werden: »Es ist [...] nur die Religion, die die Frage nach einem Zweck des Lebens zu beantworten weiß. Man wird kaum irren zu entscheiden, daß die Idee eines Lebenszweckes mit dem religiösen System steht und fällt«.[35] Allerdings verwirft Freud daraufhin nicht etwa die Problematik an sich, nämlich dass Menschen mit ihrem Dasein einen Sinn (›Zweck‹) verbinden und ihr Verhalten an situationsübergreifenden Konzepten orientieren. Er wendet sich lediglich gegen die Idee einer *einzigen*, allgemeinen, positiv formulierbaren und theologisch und transzendent begründeten *Antwort* auf die Frage nach dem ›Sinn des Lebens‹.

Genau genommen teilt Freud in seinem Essay sogar ein Grundanliegen der Religion: *die Auseinandersetzung mit der problematischen Situation des Menschen in der Welt und die Reflexion auf Vorstellungen des guten Lebens.* Er kritisiert aber aus der Perspektive der ›wissenschaftlichen Weltanschauung‹ die religiöse Weltanschauung als dogmatische *Lösung* dieser existentiellen Probleme als:

»System von Lehren und Verheißungen, das ihm [dem Menschen, MV] einerseits

33 | Freud wollte seiner Schrift anfangs den Titel ›Das Unglück in der Kultur‹ geben, entschloss sich dann aber schließlich für ›Unbehagen‹ (vgl. P. Gay, *Freud*, S. 611). Obwohl das Buch Freuds ›düsterstes‹ ist, ist es doch kein pessimistisches, eher ein skeptisches. ›Glück‹ in einer beliebigen menschlichen Kultur für unrealisierbar zu halten (›*Unglück* in der Kultur‹) steht für eine gänzlich andere Perspektive, als die, die jeweiligen sozialen und kulturellen Bedingungen auf diesen Zweck hin als mehr oder weniger angemessen zu beurteilen. Ein ›Unbehagen‹ verweist auf einen affektiven Zustand, der intellektuell beurteilt, verarbeitet und zum Teil überwunden werden kann. Der Glaube an eine mögliche Änderung mag dann – in Abhängigkeit von den aktuellen gesellschaftspolitischen Verhältnissen – eher optimistisch *oder* pessimistisch ausfallen. Es handelt sich also um den Unterschied zwischen einem metaphysischen und mithin apolitischen Pessimismus und einer kritischen, realitätsorientierten Skepsis. Für Freud wird hier die letztgenannte Haltung angenommen.

34 | S. Freud: *Das Unbehagen in der Kultur* S. 433.

35 | Ebd.

die Rätsel dieser Welt mit beneidenswerter Vollständigkeit aufklärt, anderseits ihm zusichert, daß eine sorgsame Vorsehung über sein Leben wachen und etwaige Versagungen in einer jenseitigen Existenz gutmachen wird. [...] Das Ganze ist so offenkundig infantil, so wirklichkeitsfremd, daß es einer menschenfreundlichen Gesinnung schmerzlich wird zu denken, die große Mehrheit der Sterblichen werde sich niemals über diese Auffassung des Lebens erheben können«.[36]

Freud entzieht diese existentielle Fragestellung daher der religiösen Dogmatik und stellt sie auf der Ebene der alltäglich beobachtbaren sozialen Praxis neu. Diesen Ebenenwechsel vollzieht er mit vorgeblicher Bescheidenheit: »Wir wenden uns [...] der anspruchsloseren Frage zu, was die Menschen selbst durch ihr Verhalten als Zweck und Absicht ihres Lebens erkennen lassen, was sie vom Leben fordern, in ihm erreichen wollen«.[37] Diese Beobachterperspektive ist nur eine Umschreibung dafür, dass Freud zu Beginn der Untersuchung normative Vorurteile weitestgehend suspendieren will. Dass Menschen mit ihrem Handeln Ziele verfolgen, bleibt unbestritten. Sollen diese Zwecke menschlichen Strebens unter einen Begriff gebracht werden, schlägt Freud an dieser Stelle eine an die Aristotelische Ethik angelehnte Formulierung vor: Die Menschen »streben nach dem Glück, sie wollen glücklich werden und so bleiben«.[38]

Dieser Ausgangspunkt der Aristotelischen Ethik blieb bekanntlich in der Geschichte der Philosophie nicht unkommentiert. Besonders Kant rückte den *moralischen* Wert einer situationsübergreifenden Handlungsorientierung in den Vordergrund ethischer Reflexion und stellte (wie im ersten Teil dieser Arbeit gezeigt) die Orientierung am Glück unter die einschränkende Bedingung der Moralität des Handelns. Allein auf der Grundlage einer Orientierung am Glück lässt sich nach Kant die Moralität menschlichen Handelns nicht begründen. Nichtsdestoweniger geht auch die Kantische Ethik von einem anthropologischen Faktum der Selbstliebe, von einem ganz natürlichen Hang zur Glückseligkeit (und damit auch zum möglicherweise Unmoralischen und zum Bösen) aus. Das Streben nach Glück wird von Kant zwar aus dem Bereich *moralischer* Begründung mit Recht ausgeschlossen; wohl aber reicht die Pro-

36 | Ebd., S. 431.

37 | Ebd., S. 433.

38 | Ebd.; vgl. Aristoteles: »Glückseligkeit stellt sich dar als ein Vollendetes und sich selbst Genügendes, da sie das Endziel allen Handelns ist« (ders.: *Nikomachische Ethik*, 1097b) und: »Was hindert uns demnach, als glückselig zu bezeichnen denjenigen, der gemäß vollendeter Tugend tätig ist und dabei mit den äußeren Gütern wohl ausgestattet ist, *und das nicht bloß kurze Zeit, sondern ein ganzes, volles Leben lang*« (ebd., 1101a (Hervorh. von mir, MV)), sowie: »Nahezu jedem liegt privat und öffentlich ein Ziel vor Augen, welches zu erreichen sein Streben und Meiden bestimmt. Das sind hauptsächlich die Glückseligkeit und ihre Bestandteile« (ders.: *Rhetorik*, 1360b).

blematik des Glücks bis in die Kernbereiche auch der Kantischen Ethik hinein, wenn nicht die Glückseligkeit selbst, aber doch die »Glückswürdigkeit«[39] zum Ergebnis des guten Handelns erklärt wird.

Es erscheint nun gerade als Vorteil des Essays zum psychischen *Unbehagen in der Kultur*, dass Freud trotz seiner sonst gepflegten vorgeblichen Distanz zur Philosophie, Ethik und Metaphysik Themen behandelt, die nicht nur in den Bereich ethischer Diskussion fallen, sondern dass er sich dabei auch dezidiert und kritisch auf das alltägliche humane Selbst- und Weltverhältnis bezieht. Wenn Freud bemerkt, dass er nicht umhin komme, allgemein bekanntes Wissen zu wiederholen, so ist weder der Aspekt des ›Allgemeinen‹ oder Alltäglichen verwunderlich – denn wo soll die kritische Betrachtung des kulturell getragenen Selbstverständnisses des Menschen ihren Gegenstand finden, wenn nicht in den Produkten lebensweltlicher Kommunikation und Sinnkonstruktion selbst? Noch sollte man Freuds Bedauern all zu ernst nehmen, diese Ansichten bloß zu *wiederholen*. Es wird hingegen die Aufgabe der folgenden Rekonstruktionen sein, zu zeigen, dass Freud, dem selbst geäußerten Anschein zum Trotze, etwas anderes unternimmt, als nur kulturelle Vorurteile zu wiederholen ohne diese einem bestimmten systematischen Zweck folgend kritisch zu reflektieren und zu beurteilen.

Die beiden in der Einleitung angesprochenen Aspekte: der (unausgesprochene) Bezug auf die Aristotelische Ethik und die Kritik des metaphysischen (religiösen/philosophischen) Dogmatismus begegnen am Ende des zweiten Kapitels des *Unbehagens in der Kultur* wieder und bilden die argumentative Klammer eines Abschnittes, in dem Freud verschiedene Lösungsansätze vorstellt, die Ratschläge zur grundlegenden Orientierungen für das Streben nach Glückseligkeit erteilen. Ein Verständnisproblem, auf das noch zurückzukommen sein wird (vgl. unten S. 184ff.), ergibt sich daraus, dass sich die von Freud vertretene Lehre mit den kritisierten Methoden inhaltlich zum Teil überschneidet oder zumindest an einigen Stellen nicht ausreichend davon unterschieden wird. Doch bevor diese Lösungsvorschläge diskutiert werden, erläutert Freud den Glücksbegriff selbst und entwirft ein Bild der existentiellen menschlichen Situation, in der sich die Frage nach dem Glück stellt.

Zu Beginn seiner Untersuchung klärt Freud, was unter Glück überhaupt zu verstehen sei. Er entfaltet in einem ersten Schritt die nähere Beschreibung des Glücksstrebens in zwei Richtungen:

»Dies Streben hat zwei Seiten, ein positives und ein negatives Ziel, es will einerseits die Abwesenheit von Schmerz und Unlust, anderseits das Erleben starker Lustgefühle. Im engeren Wortsinne wird ›Glück‹ nur auf das letztere bezogen. Entsprechend dieser

39 | I. Kant: *Grundlegung zur Metaphysik der Sitten*, S. 450.

Zweiteilung der Ziele entfaltet sich die Tätigkeit der Menschen nach zwei Richtungen, je nachdem sie das eine oder das andere dieser Ziele – vorwiegend oder selbst ausschließlich – zu verwirklichen sucht«.[40]

In dieser Beschreibung verwendet Freud zunächst einen *episodischen Glücksbegriff.* Glück ist danach *im engeren Sinne* eine zeitlich begrenzte, sinnlich-lustvolle Erfahrung. Die größtmögliche körperliche Lust schreibt Freud sexuellen Handlungen zu.[41] Darüber hinaus wird von Freud unter Glück in einem weiteren Sinne aber auch die durchschnittliche Zufriedenheit, die sich aus der aktuellen Abwesenheit von Schmerz und Unlust ergibt, verstanden.

Diese Annahmen zu den zwei Seiten des Glücksstrebens implizieren, dass die Problematik des Glücks über das episodische Erleben von Lustgefühlen – also Glück im engeren Sinne – immer schon hinaus weist. Gemäß seiner zeitlichen und von kontingenten Ereignissen bedrohten Existenz ist dem Menschen auch daran gelegen, glücklich zu *bleiben.* Die Fähigkeit zur Antizipation einer möglichen Zukunft lässt es unumgänglich werden, das eigene Handeln in die Zukunft zu entwerfen und die eigenen habituellen Verhaltensgrundsätze an antizipierten Folgen zu orientieren. Diese Perspektive kann auf das Leben *als ganzes* erweitert werden und dazu führen, dass auch der vorweggenommene Blick zurück auf das eigene Leben und die generelle Bewertung des eigenen Handelns oder der eigenen Grundsätze des Handelns bedeutsam wird.

Die Frage nach dem Glück bewegt sich also von Beginn an in einem Spannungsfeld episodischer Erfahrung und der Perspektive des ganzen Lebens. Dieser zuletzt angesprochene Punkt wird zwar von Freud nicht weiter erörtert, aber die Antizipation zukünftiger Verhaltensweisen und eine auf die Zukunft entworfene Orientierung ist mit der Behauptung ausgesprochen, dass die Tätigkeit des Menschen vorrangig auf Lustgewinn oder Unlustvermeidung abzielt. Dass dabei eine habituelle Kontinuität der Orientierung vorausgesetzt scheint, deuten die Worte an, dass diese Strategien ›vorwiegend oder selbst ausschließlich‹ realisiert werden. Mit diesem dem Text immanenten Problempotential kann auch der Bezug zu Aristoteles wieder hergestellt werden: Das Streben nach dem Glück bleibt natürlich auch in der *Nikoma-*

40 | S. Freud: *Das Unbehagen in der Kultur*, S. 434.

41 | Ebd., S. 441. Dabei könnte sich Freud übrigens auf Kant berufen: »Die Geschlechtsneigung wird auch *Liebe* (in der engsten Bedeutung des Wortes) genannt und ist in der That die größte Sinnenlust, die an einem Gegenstande möglich ist; – nicht blos *sinnliche* Lust, wie an Gegenständen, die in der bloßen Reflexion über sie gefallen (da die Empfänglichkeit für sie Geschmack heißt), sondern die Lust aus dem *Genusse* einer anderen Person, die also zum *Begehrungsvermögen* und zwar der höchsten Stufe desselben, der Leidenschaft, gehört« (I. Kant: *Die Metaphysik der Sitten*, S. 426).

chischen Ethik keinesfalls auf Lusterlebnisse beschränkt, sondern rückt das gesellschaftliche Leben in der Polis, die Problematik des rechten Handelns und vor allem die Konfrontation mit dem Unglück in den Vordergrund. Letztlich gesteht aber auch Aristoteles ein, die Frage, ob der Mensch unabhängig von allen Schicksalsschlägen oder seinem gesellschaftlichen Status glücklich werden kann, nicht positiv beantworten zu können.[42]

Neben dieser zeitlichen Perspektive, die eine bloß ›lineare‹ Zeitauffassung sprengt, weil sie auf der einen Seite diskrete Erlebnisse umfasst, auf der anderen jedoch Sinnzusammenhänge, die auf die Totalität des menschlichen Daseins verweisen, stellt sich natürlich noch die Frage der Kontrollierbarkeit und Verfügbarkeit des Glücks (im engeren Sinne) oder der Glückseligkeit (des Glücks im weiteren Sinn). Diese Frage ist ebenso irreduzibel und konstitutiv für das menschliche Selbstverständnis. Sie soll als Kernthema des Freudschen Textes im Folgenden behandelt werden.

Sicherlich stellt Freud die Möglichkeiten zukünftiger Entwürfe und Orientierungen durch dieses ›Entweder/Oder‹ sehr verkürzt dar. Es wird aber deutlich, dass er damit nur ganz bestimmte ›Lösungen‹ der Glücksproblematik meint; er selbst kritisiert nämlich die »*ausschließend* gewählte[...] Lebenstechnik«.[43] Freud macht es Interpreten gerade in diesem Text nicht immer leicht, herauszufinden, ob er seine eigene Theorie vorstellt oder aber auf kulturelle Diskurse zurückgreift und diese als scheinbar gemeingültiges und akzeptiertes Wissen ausgibt. In diesem Falle jedoch schließt er die psychoanalytische Perspektive gleich an:

> »Es ist, wie man merkt, einfach das Programm des Lustprinzips, das den Lebenszweck setzt. Dieses Prinzip beherrscht die Leistung des seelischen Apparates von Anfang an; an seiner Zweckdienlichkeit kann kein Zweifel sein, und doch ist sein Programm im Hader mit der ganzen Welt, mit dem Makrokosmos ebensowohl wie mit dem Mikrokosmos. Es ist überhaupt nicht durchführbar, alle Einrichtungen des Alls widerstreben ihm; man möchte sagen, die Absicht, daß der Mensch ›glücklich‹ sei, ist im Plan der ›Schöpfung‹ nicht enthalten«.[44]

Diese Charakterisierung ist noch längst nicht Freuds letztes Wort zum Thema

42 | Es kann »der Glückselige zwar niemals ganz unglücklich werden, aber freilich auch nicht vollkommen glücklich sein, wenn ihm das Los eines Priamus beschieden ist. [...] Denn einerseits wird er seiner Glückseligkeit nicht leicht und nicht durch die ersten besten Unfälle, sondern nur durch schwere und zahlreiche Schicksalsschläge verlustig gehen, andererseits wird er aber auch nach solchen Heimsuchungen nicht in kurzer Zeit wieder glückselig werden können, sondern, *wenn überhaupt*, erst nach langer und geraumer Zeit, wenn er in derselben großer Güter teilhaftig geworden ist« (Aristoteles: *Nikomachische Ethik*, 1101a (Hervorh. von mir, MV)).

43 | S. Freud: *Das Unbehagen in der Kultur*, S. 443 (Hervorh. von mir, MV).

44 | Ebd., S. 434.

des Glücksstrebens; er versucht jedoch an dieser Stelle eine ›anthropologische‹ Grundsituation, nämlich das *Realitätsprinzip,* bildhaft zu erläutern. Das ›Programm des Lustprinzips‹ ist grundlegend für das menschlichen Lebewesen, das von Beginn an nach Lustgewinn und Unlustvermeidung strebt. Die Vorstellung eines Zustandes, in dem dieses Programm ständig erfolgreich realisiert würde, wäre insofern als biologische Funktion ›zweckdienlich‹, weil sich der Organismus optimal am Leben erhalten könnte. Allerdings ist ein solcher Zustand für den Menschen gar nicht vorstellbar. Allein schon deswegen, weil er nicht nur instinktiv bestimmte Reize zu verstärken oder zu vermeiden sucht, sondern das Erleben von Glück an *individuelle Erfüllungsvorstellungen* – Wünsche, Hoffnungen, Neigungen – gebunden ist, die zwar als Gefühle eine leibliche Basis haben, aber als Entwurfsgestalten auch spontan neu gebildet oder verändert werden können (so wie etwa in der Darstellung der Psychoanalyse das Primärobjekt Dispositionen festlegt, die den Typus des späteren Liebesobjekts vorgeben, ohne die Wahl aber völlig zu determinieren). Eine kontinuierliche und uneingeschränkte Erfüllung der Ansprüche des Lustprinzips, also sämtlicher Wünsche des Menschen, ist undenkbar.[45] Freud merkt hier polemisch an: Wenn sich der Mensch mit einem ihm angeborenen und dem Sinn seines Daseins (›Mikrokosmos‹) förderlichen Glücksstreben (›Programm‹) in einer auf seine Bedürfnisse und seine Lebenssinnsuche hin

45 | Ralf Zwiebel behauptet in seinem Aufsatz zum Freudschen Glücksbegriff, dass für Freud »das Streben nach Glück und das Vermeiden von Unglück der wesentliche Antrieb des Menschen sei, dass seine Aussicht, Glück zu erreichen, jedoch als ziemlich gering einzuschätzen sei« (ders.: »Freud und das Glück. Eine psychoanalytische Perspektive«, S. 25). Die hier vorgelegte Interpretation argumentiert dafür, dass Freud überhaupt nicht skeptisch in Bezug auf die Erreichbarkeit von glücklichen Zuständen ist, sondern gegenüber der Vorstellung, das Lustprinzip ließe sich *unabhängig vom Realitätsprinzip* durchsetzen. Insofern hält Freud keinesfalls das Streben nach Glück für vergeblich, sondern das unreflektierte Streben nach Glück, dass sich über grundsätzliche Bedingungen und Möglichkeiten der Erfüllung täuscht. Ein ›pessimistisches‹ Moment läge nur in dem Vorurteil Freuds, dass eine solche reflektierte Einstellung zu dieser existentiellen Problematik zu vielen Menschen fehle; dieser Pessimismus lässt sich immerhin argumentativ und empirisch bestreiten oder stützen.

Dass Leben wesentlich Leiden ist, trifft dagegen für die Weltanschauung Schopenhauers zu, wie der Aufsatz von Konstantin Broese zeigt, nach dessen Meinung sich Schopenhauer allerdings damit gerade als Realist erweist (vgl. ders.: »›Glück‹ im Horizont der Willensmetaphysik Schopenhauers«, S. 77). Ein Unterschied zwischen den Positionen Freuds und Schopenhauers besteht folglich darin, dass Freud mit seinem Aufweis der Bedingungen und Möglichkeiten des Glücks auf die faktische existentiale Negativität aufmerksam macht – und diese Analysen unabhängig davon Bestand haben, wie Freud sich persönlich zur Wahrscheinlichkeit der wirklich stattfindendenden Reflexion verhält; während Schopenhauer seine *negativistische* Weltanschauung als positive und normative Bestimmung voraussetzt. Freuds ›Pessimismus‹ ließe sich immerhin begründen, der von Schopenhauer ist als metaphysisches Dogma immun gegen Kritik, mithin indiskutabel.

konzipierten (›Schöpfung‹) und geordneten Welt (›Makrokosmos‹) *befände*, müsste die umfassende Glückseligkeit der Normalfall sein. So paradiesisch verhält es sich allerdings nicht mit der menschlichen Welt.

Betrachtet man den positiven Aspekt des Glücks (im engeren Sinne), nämlich die Fähigkeit, Lust zu empfinden, so ist der Mensch schon konstitutionell nur zu episodischem Erleben von Glück fähig: Lustempfindungen sind nur von begrenzter Dauer oder an Kontrasterlebnisse gebunden. Die Möglichkeit des Erlebens von Glückszuständen ist folglich bereits von der leiblichen Konstitution des Menschen her beschränkt. Das Lustprinzip verweist von sich aus schon auf die Abwesenheit der Lust und darüber hinaus natürlich auf eine mögliche Anwesenheit von Unlust und Schmerz.

Neben der Abwesenheit von Lust drohen dem Menschen auch die manifesten Widerfahrnisse von Unlust und Leid. Doch nicht nur im engeren Sinne des Schmerzempfindens ist Unlust zu befürchten, Freud nennt noch weitere Quellen des Leidens:

»Von drei Seiten droht das Leiden, vom eigenen Körper her, der, zu Verfall und Auflösung bestimmt, sogar Schmerz und Angst als Warnungssignale nicht entbehren kann, von der Außenwelt, die mit übermächtigen, unerbittlichen, zerstörenden Kräften gegen uns wüten kann, und endlich aus den Beziehungen zu anderen Menschen«.[46]

Mit Blick auf das ›Programm des Lustprinzips‹, die begrenzt realisierbare und episodische Erfahrbarkeit von Lust und die mannigfachen Quellen des Leids erscheint Freud die Vorstellung eines geordneten Kosmos, der auf den im Mittelpunkt der Schöpfung stehenden Menschen ›zugeschnitten‹ sei, als eine aus dem Lustprinzip abgeleitete Wunschphantasie. Für die *Erziehung zur Realität* bedarf es dagegen des Kontrastes ›ent-täuschender‹ Worte, die die faktische Negativität des menschlichen Lebens artikulieren: Freud kommentiert diesen Gegensatz zwischen Wunsch und Realität mit der eindringlichen Formel: »Das Leben, wie es uns auferlegt ist, ist zu schwer für uns, es bringt uns zuviel Schmerzen, Enttäuschungen, unlösbare Aufgaben«.[47]

Freuds Hinweis, dass das – streng genommen: unerbittlich fordernde – unbedingte Programm des Lustprinzips in Opposition zur *conditio humana* eine nicht zu realisierende Charakterisierung der existentiellen Situation des Menschen darstellt und keine praktikable Orientierung für sein Selbstverständnis ist, findet eine Parallele in der Kantischen Moralphilosophie. Auch für Kant ist eine bloß triebhaft auf Befriedigung angelegte Existenz des Menschen nicht nur moralisch verwerflich, sondern von vornherein aus einer anthropologischen Perspektive durch das Faktum verunmöglicht, dass der

46 | S. Freud: *Das Unbehagen in der Kultur*, S. 434.
47 | Ebd., S. 432.

Mensch ein *vernunftfähiges* sinnliches Lebewesen ist. Die Vernunft ist insofern auch eine *Begrenzung* der menschlichen Möglichkeiten, als sie einem ›Rückfall‹ (psychoanalytisch: Regression) in unmittelbar instinktgesteuertes Verhalten im Wege steht:

»Wäre nun an einem Wesen, das Vernunft und einen Willen hat, seine *Erhaltung*, sein *Wohlergehen*, mit einem Worte seine *Glückseligkeit*, der eigentliche Zweck der Natur, so hätte sie ihre Veranstaltung dazu sehr schlecht getroffen, sich die Vernunft des Geschöpfs zur Ausrichterin dieser ihrer Absicht zu ersehen. Denn alle Handlungen, die es in dieser Absicht auszuüben hat, und die ganze Regel seines Verhaltens würden ihm weit genauer durch Instinct vorgezeichnet und jener Zweck weit sicherer dadurch haben erhalten werden können, als es jemals durch Vernunft geschehen kann«.[48]

Angesichts des theoretisch weder zu beweisenden noch zu widerlegenden Faktums der menschlichen Freiheit ist die Vernunft allenfalls fähig, sich für die Bestimmung der Handlungsgründe auf triebhafte Neigungen zu *berufen*. Zwar ist die Kantische Äußerung einerseits Teil einer moralphilosophischen Diskussion und andererseits eines teleologischen Arguments, das philosophisch fragwürdig erscheinen mag (für das Kant in der *Kritik der Urteilskraft* allerdings ausführlicher argumentiert). Aber der Tenor der Freudschen wie der Kantischen Bemerkung trifft die menschliche Situation gleichermaßen: Das bloße Lustprinzip beziehungsweise das Streben nach Lust oder Glück (im engeren Sinne) kann weder hinreichender Grund noch alleiniges Ziel menschlichen Handelns sein. Die humane Welt ist kein Ort der unmittelbaren Realisierung des Lustprinzips; sie ist kein Paradies; sie folgt unverfügbaren kausalen Gesetzen, auch wenn intelligiblen Gesetzen folgend neue Ereignisketten *begonnen* werden können. Die Wirklichkeit, in der der Mensch lebt, kann ohne die Auseinandersetzung mit ihren faktischen und gerade den negativen Bedingungen nicht bewältigt werden. Während Kant sich allerdings mit der moralischen Bewertung von Handlungen beschäftigt und die eigene, subjektive ›Glückseligkeit‹ berechtigterweise nicht als Kriterium zur Beurteilung der Moralität von Handlungen akzeptiert, ist es Freuds erklärtes Ziel, die Möglichkeiten und Bedingungen in der menschlichen Kultur auszuloten, unter denen sich Glück erfahren und ein *glücklicheres* Leben führen lässt.

Das Streben nach Glück im Sinne von lustvoller Erfahrung bleibt für den Menschen existentiell nicht weniger wichtig, auch wenn er akzeptieren muss, dass die Ermöglichung von Lustempfindungen oder – Kantisch – Glückseligkeit nicht über den moralischen Wert von Handlungen entscheidet. Das Streben nach Glück findet dabei in einer Welt statt, in der dieses Glück in

48 | I. Kant: *Grundlegung zur Metaphysik der Sitten*, S. 395.

vielen Fällen gegen widrige Bedingungen durchgesetzt oder erst mühevoll erreicht werden muss, ganz zu schweigen von der für die psychoanalytische Therapie so zentralen Tatsache, dass die Fähigkeit, Glück oder Lust selbst unter günstigen Bedingungen überhaupt empfinden zu können, schwer gestört sein oder gar fehlen kann. Nicht nur ist die Welt nicht für das ›Programm des Lustprinzips‹ eingerichtet, diese Lust kann ausschließlich unter den Bedingungen dieser Wirklichkeit, sie mögen widrig oder günstig sein, realisiert werden. Daraus ergibt sich, dass es für eine glückliche Existenz unabdingbar ist, die Welt unter Berücksichtigung des ›Realitätsprinzips‹ zu vergegenwärtigen und Bewältigungsstrategien zu erfinden – mag die individuelle Perspektive auch anfangs noch gar nicht auf das Leben im Ganzen (das ›gelungene‹, ›gute‹ Leben) gerichtet sein, sondern vorerst nur auf das ›enge‹ Verständnis wiederholbaren Lustempfindens.

Die vorbereitenden Untersuchungen haben gezeigt, dass Freud zumindest zwei wichtige methodische Vorüberlegungen anstellt:

1. Die fragliche Problematik ist die des menschlichen Glücks, psychoanalytisch fundiert im anthropologischen Faktum des Lustprinzips. Damit gemeint sind im weitesten Sinne positiv bewertete Erfahrungen – die Spanne reicht vom spontanen Genuss episodischer Lusterlebnisse bis hin zur Beurteilung des eigenen Lebens an Maßstäben gelungener menschlicher Praxis (antizipierend oder retrospektiv). Freud beteiligt sich damit an einem Diskurs über das gute Leben, an dessen Beginn philosophische Fragen, etwa die Aristotelischen Erörterungen des guten Lebens stehen.
2. Freuds Herangehensweise ist eine explikativ-kritische: Er bezieht sich auf alltäglich-pragmatische Erfahrungen und kulturelle Sinnkonstruktionen, die sich mit der Thematik des Glücks als Sinn des menschlichen Lebens beschäftigen und dazu auf die gesamte menschliche Wirklichkeit rekurrieren, wozu auch die gesellschaftlichen Existenz des Menschen und die ständige Bedrohtheit seiner Handlungs- und Sinnentwürfe zählt. Freuds Kritik richtet sich von Anfang an gegen einseitig dogmatische Theorien des Glücks und Lebenssinns (Weltanschauungen).

Quellen des Leids

Als drei Quellen möglichen Leids nimmt Freud (1) die körperliche Existenz des Menschen und die damit verbundenen, organisch bedingten Alterserscheinungen sowie dessen Endlichkeit (Sterblichkeit) an. Daneben nennt er (2) die Fragilität des durch äußere Einflüsse gefährdeten menschlichen

Körpers, sowie (3) das Leiden gesellschaftlichen Ursprungs, mit anderen Worten die »gesellschaftlichen Leiden und das Leiden an der Gesellschaft«.[49] Neben der Rede vom Lustprinzip des seelischen Apparates, mit der Freud die grundsätzliche menschliche Situation anfangs gekennzeichnet hatte und die einen in seinen Texten ständig mitschwingenden biologischen Bezug markiert, hebt Freud ausdrücklich die Relevanz des dritten Punktes hervor, des *sozialen* Ursprungs menschlichen Leidens:

»Das Leiden, das aus dieser Quelle [den Beziehungen zu anderen Menschen, MV] stammt, empfinden wir vielleicht schmerzlicher als jedes andere; wir sind geneigt, es als eine gewissermaßen überflüssige Zutat anzusehen, obwohl es nicht weniger schicksalsmäßig unabwendbar sein dürfte als das Leiden anderer Herkunft«.[50]

Das soziale Leiden als ›überflüssige Zutat‹ einzuschätzen, zeigt eine Haltung an, die das Pendant zur von Freud später noch untersuchten ›Kulturfeindlichkeit‹ darstellt. Die gesellschaftlichen Bedingungen (gemeint sind nicht die konkreten Produktionsverhältnisse, sondern ganz allgemein die Existenzweise des Menschen als vergesellschaftetes Naturwesen, als ζῷον πολιτικόν) und die soziale Natur des Menschen werden in dieser Einstellung nicht durchschaut. Doch das Leid, das innerhalb der sozialen Praxis der Menschen erzeugt werden kann, erweist sich letztlich als intensive Erfahrung. Der Begriff der Unlust umfasst nicht nur körperliche Schmerzen, Unwohlsein oder die Abwesenheit von Lustempfindungen, sondern ist auf die ganze menschliche Existenz und Erfahrung bezogen. Gerade Schmerzempfindungen, die als leibliche Empfindungen und Manifestationen materiell-körperlicher Prozesse als greifbarste und ›objektive‹ Beispiele für Leiden gelten, können sich (psychisch) viel weniger belastend auswirken, als leidvolle Erfahrungen der familiären, beruflichen oder gesellschaftlichen Sphäre. Die Schwere des Leidens erweist sich somit erst in der *Bedeutung für den Menschen*, für den die Stärke körperlicher Schmerzen durchaus erträglicher sein kann als ein persönlicher Verlust oder eine erniedrigende Behandlung. Der Tod eines geliebten Menschen; das verzweifelte Gefühl der Einsamkeit, des Verlassenseins nach einer Trennung; durch soziale Isolation begünstigte depressive Erkrankungen; durch Stigmatisierung angegriffene Selbstbilder – die Vielfalt sozial erzeugten Leidens ist unüberschaubar und zeigt eine dramatische existentielle Dimension an, die durch die Aufzählung bloß biologischer, körperlicher

49 | So der Titel einer soziologischen Studie von Hans Peter Dreitzel: *Die gesellschaftlichen Leiden und das Leiden an der Gesellschaft. Vorstudien zu einer Pathologie des Rollenverhaltens.*

50 | S. Freud: *Das Unbehagen in der Kultur*, S. 434f.

Störfaktoren nicht eingeholt werden kann (oder allenfalls wieder vor einem Hintergrund, bei dem psychische, somatische und psychosomatische Leiden in sozialen Beziehungen eine Rolle spielen).

Ausgehend von dem auf das Lustprinzip festgelegten psychischen Apparat[51] verweisen Negativität und Endlichkeit des menschlichen Daseins bereits darauf, dass glückliche Erlebnisse episodischer Natur sein müssen, weil weder die Erlebnisse selbst unendlich dauern noch Unterbrechungen durch leidvolle Erfahrungen ausgeschlossen werden können. Zudem zeigt bereits die Varianzbreite möglichen Leidens, dass der Bereich der biologischen Konstitution des Organismus keine adäquate Beschreibung zulässt und dass hinsichtlich des menschlich erfahrbaren Leids die Dimension der leiblichen Existenz in einer sozial konstituierten Wirklichkeit (und damit Faktoren dieser gesellschaftlichen Realität selbst) in eine entsprechende Betrachtung mit einzubeziehen ist. Das Erklärungspotential der *bloß* biologischen Dimension ist zwar grundlegend, aber nicht hinreichend. Diese faktisch negative Dimension des Leidens, des Unglücks, der Schmerzen und Unlust ist für die menschliche Wirklichkeit und das menschliche Selbstverständnis von solch außerordentlicher Bedeutung, dass eine Analyse des Glücks und der positiven Erfüllungsgestalten ohne eine Vermittlung mit diesen negativen Aspekten unvollständig bleiben muss. Nicht umsonst nimmt die Freudsche Analyse des Glücks ihren Anfang bei den Quellen der Unlust.

51 | Freuds Rede vom ›psychischen Apparat‹ wird hier nicht als positivistisches Abbild eines existierenden Gegenstandes, also nicht als Abbild, sondern als ein Modell – eine Fiktion – verstanden, das die Wirkungsweise verschiedener anzunehmender psychischer Prozesse veranschaulichen soll. Bereits in der *Traumdeutung* schreibt Freud: »Wir wollen ganz beiseite lassen, daß der seelische Apparat, um den es sich hier handelt, uns auch als anatomisches Präparat [d.i. das Gehirn, MV] bekannt ist, und wollen der Versuchung sorgfältig aus dem Wege gehen, die psychische Lokalität etwa anatomisch zu bestimmen. Wir bleiben auf psychologischem Boden und gedenken nur der Aufforderung zu folgen, daß wir uns das Instrument, welches den Seelenleistungen dient, vorstellen wie etwa ein zusammengesetztes Mikroskop, einen photographischen Apparat u.dgl. Die psychische Lokalität entspricht dann einem Orte innerhalb eines Apparats, an dem eine der Vorstufen des Bildes zustande kommt. Beim Mikroskop und Fernrohr sind dies bekanntlich zum Teil ideelle Örtlichkeiten, Gegenden, in denen kein greifbarer Bestandteil des Apparats gelegen ist. Für die Unvollkommenheiten *dieser und aller ähnlichen Bilder* Entschuldigung zu erbitten, halte ich für überflüssig. Diese *Gleichnisse* sollen uns nur bei einem Versuch unterstützen, der es unternimmt, uns die *Komplikation der psychischen Leistung verständlich zu machen*, indem wir diese Leistung zerlegen, und die Einzelleistung den einzelnen Bestandteilen des Apparats zuweisen. [...] Ich meine, wir dürfen unseren Vermutungen freien Lauf lassen, wenn wir dabei nur unser kühles Urteil bewahren, das Gerüste nicht für den Bau halten. Da wir nichts anderes benötigen als *Hilfsvorstellungen zur ersten Annäherung an ein Unbekanntes*, so werden wir die rohesten und greifbarsten Annahmen zunächst allen anderen vorziehen« (ders.: *Die Traumdeutung* S. 541 (alle Hervorh. von mir, MV)).

Wenn sich für die Dimension des Leidens ergeben hat, dass die Objektivität der sozialen Realität dem Menschen schmerzlich bewusst werden kann, dass also seine naturhafte Sozialität für ihn nicht weniger bestimmend und real ist als seine fragile und endliche körperliche Existenz, sollte dies wohl auch für das Glück gelten. Tatsächlich schreibt Freud:

»Kein Wunder, wenn unter dem Druck dieser Leidensmöglichkeiten die Menschen ihren Glücksanspruch zu ermäßigen pflegen, wie ja auch das Lustprinzip selbst sich unter dem Einfluß der Außenwelt zum bescheideneren Realitätsprinzip umbildete, wenn man sich bereits glücklich preist, dem Unglück entgangen zu sein, das Leiden überstanden zu haben, wenn ganz allgemein die Aufgabe der Leidvermeidung die der Lustgewinnung in den Hintergrund drängt«.[52]

Freud der räumt der Leidvermeidung Priorität ein und nimmt zwei grundsätzliche und tiefer liegende (anthropologische) Unterscheidungen vor: (1) Das Prinzip des unbedingten Strebens nach andauernder Lust wird notwendig und unausbleiblich mit den Ansprüchen der ›Außenwelt‹ (im philosophischen, postempiristischen und holistisch orientierten Kontext sprechen wir heute – mit Husserl und später Habermas – von *Lebenswelt*) konfrontiert und kann als ›Programm‹ nicht umgesetzt werden. Die ›Außenwelt‹ steht hier noch gar nicht für konkrete gesellschaftliche Verhältnisse[53], sondern für die existentielle Bedingung, nach der der Mensch sich in einer gegenständlichen Welt befindet, deren Sachverhalte gewissen unabänderlichen Gesetzmäßigkeiten unterliegen und in der Mitmenschen eigene, teils konträre Intentionen verfolgen.

Seine Ansprüche auf Befriedigung kann der Mensch nirgends anders verwirklichen als in dieser Welt, unter den gegebenen Bedingungen, unter Rücksichtnahme auf die Verwendungszusammenhänge des innerweltlich Gegebenen und der Mitmenschen und im Einvernehmen mit oder auch gegen die Interessen anderer Menschen – stets aber in kommunikativen, lebensweltlichen Zusammenhängen. Hier ist noch nicht die Rede davon, dass konkrete soziale Gegebenheiten mit gutem Grund als gerecht oder ungerecht beschrieben werden können (oder sollten), dass diese Bedingungen verändert werden können (oder sollten) oder dass Urteile über gesellschaftliche Verhältnisse mehr oder weniger gut begründet und informiert oder ideologisch verzerrt (als intendierte Manipulation oder als unreflektiert übernommener, naiver Glaube) sein können. Wichtig ist: Die vom Lustprinzip geforderte Befriedigung kann nur über die Vermittlung mit der Wirklichkeit überhaupt erreicht

52 | Ders.: *Das Unbehagen in der Kultur*, S. 435.

53 | Etwa für die kapitalistischen Produktionsverhältnisse, die Marcuse an dieser Stelle einträgt (vgl. oben S. 129).

werden. Ohne eine angemessene Selbst- und Welterkenntnis ist auch ein Mindestmaß an Befriedigung nicht erreichbar.

Freuds scheinbar pessimistisches Statement lässt sich – wie so oft bei ihm – als ›Ent-täuschung‹ und nachdrückliche Warnung davor verstehen, dass der Kontrast zwischen Glück und Leid eine unhintergehbare Dialektik enthält: Alle auf Glück ausgerichteten Wünsche beinhalten Erfüllungsgestalten, die nur vor dem Hintergrund der faktischen existentiellen Endlichkeit und dem jederzeit möglichem Scheitern sowie der begrenzten Verfügbarkeit ihren Wert gewinnen und deren Realisierung nur in einer Wirklichkeit geschehen kann, die eben nicht ›von sich aus‹ ein dieser Wunscherfüllung förderlicher Ort ist. Ein bloßer Wunsch, der weder die wahren persönlichen Bedürfnisse angemessen artikuliert, noch die Bedingungen des Gelingens und die Möglichkeiten des Scheiterns berücksichtigt, ist nur der illusorische, diffuse Ausdruck des unbestimmten Lustprinzips – und kann in dieser unbegriffenen Form nur zu Frustration oder im ungünstigsten Falle zu pathologischen Symptomen führen.

Auf dem Vorangegangenen beruht, dass sich (2) aus der bloßen Annahme eines Lustprinzips als Programm des Strebens nach Lust *allein* noch kein informatives Wissen über das Glück, nach dem der Mensch strebt, ableiten lässt. Glück als Bedürfnisbefriedigung ist ausschließlich über eine geleistete Vermittlung mit der Realität erreichbar und ist somit immer nur als eine irgend *vermittelte* Erfüllungsgestalt denkbar. Keine Form der Bedürfnisbefriedigung – dies trifft gerade auch für die Sexualität zu – ist als bloßes Lusterlebnis bar jeder Bedeutung beschreibbar, sondern immer schon in einen lebensweltlichen Kontext eingebettet und wird durch praktische Interexistentiale ermöglicht und aktualisiert.[54] Jedes Begehren hat seine Geschichte, sein Objekt, mögliche Mittel zur Erfüllung, wenngleich die Reflexion darüber, wie es um diese Dinge genau bestellt ist, nicht an ein Ende, eine letzte Auflösung kommen kann. Um noch einmal auf das Freudsche Zitat zurückzukommen: Glück, in seiner allgemeinsten Form, ist nicht ein bloßes, isoliertes Lusterlebnis, sondern immer schon an eine individuelle Formulierung des ›Glücksanspruchs‹ gebunden. Es existiert kein biologisch beschreibbares Faktum, mit dem menschliches Glück hinreichend definiert werden könnte: Welche Ab- oder Anwesenheit von Lust oder Unlust als Glück ›geschätzt‹ wird, welche Lust- oder Schmerzempfindungen für einen Menschen (un-)glücklich machende Bedeutung haben, ist bestimmt durch individuelle Erfahrungen und die eigene Biographie.

Das von Freud erwähnte Lustprinzip stellt die Problematik auf den ersten

54 | Vgl. Th. Rentsch: *Die Konstitution der Moralität*, §§ 20–22.

Blick recht vereinfacht als ›Programm‹ dar. Für das menschliche Glück gilt allerdings schon im engen Verständnis (als episodisches Lustempfinden), dass es abhängig vom Selbstverständnis bleibt und nur im Kontext der lebensweltlichen Praxis möglich ist und den Bedingungen der materiellen Existenz und der sozialen Wirklichkeit unterworfen bleibt. Weil Glück nicht ein bloßes *Empfinden*, sondern eine lustvolle *Erfahrung* bedeutet und diese nicht nur als zufälliges Widerfahrnis erlebt wird, sondern zumeist auch als Ergebnis zielgerichteter Bemühungen eintritt[55], haben so genannte Lebensweisheiten oder Weisheitslehren sich mit Ratschlägen der Lebensführung befasst. Freud unterzieht die Bedingungen, Strategien und Ziele solcher Lehren einer eingehenden systematischen Kritik, bevor er seine eigenen Erläuterungen anschließt.

Kritik der der Lebensweisheit

Hedonismus und Askese

Im zweiten Kapitel von *Das Unbehagen in der Kultur* bespricht Freud verschiedene ›Techniken‹, die von verschiedenen Weisheits- und Lebensklugheitslehren vorgeschlagen wurden, um das Programm des Lustprinzips durchzusetzen; das heißt, diese Lehren versprechen bei konsequenter Durchführung eine glückliche Existenz. Sie geben vor, die existentielle Aufgabe, glücklich zu werden, *lösen* zu können. Da die Überlegungen Freuds der Aristotelischen Lehre nahe stehen, indem sie das Streben nach Glück zum Wesen des Menschen erklären, ist zu fragen, inwieweit sich Freud an der Mesoteslehre orientiert. Tatsächlich scheint auch er verschiedenen ›extremen‹ Verhaltensweisen ein ›rechtes Maß‹ der Mitte entgegenzusetzen:

»Die Überlegung lehrt, daß man die Lösung dieser Aufgabe auf sehr verschiedenen Wegen versuchen kann; alle diese Wege sind von den einzelnen Schulen der Lebensweisheit empfohlen und von den Menschen begangen worden. Uneingeschränkte Befriedigung aller Bedürfnisse drängt sich als die verlockendste Art der Lebensführung vor, aber das heißt den Genuß vor die Vorsicht setzen und straft sich nach kurzem Betrieb«.[56]

55 | Martin Seel unterscheidet als Formen des Glücks die Wunscherfüllung, den erfüllten Augenblick und das Glück als (übergreifende) Selbstbestimmung, die als authentische Erfahrungen mit einer gelingende Welterschließung verbunden sein müssen. Dieser weite und differenzierte Glücksbegriff ist ebenso offen für verschiedene Zeiträume (episodisch – ganzes Leben), wie für passive Momente der Empfänglichkeit für Glücksempfindungen oder das aktive Erfüllen von Wünschen (vgl. ders: »Glück« sowie ausführlicher in: *Versuch über die Form des Glücks. Studien zur Ethik*).

56 | S. Freud: *Das Unbehagen in der Kultur*, S. 435.

Die Idee eines absoluten Hedonismus, der den Lustgewinn zum einzigen Handlungsprinzip erhebt und dabei keinerlei Aufschub der Befriedigung duldet und keinerlei Abwandlung seiner Ziele und sonstige Kompromisse zulässt, scheint undurchführbar. In dieser Einschätzung wiederholt Freud seinen Befund, nachdem das *Programm* des Lustprinzips als Handlungsprinzip nicht realisierbar ist. Der Hedonismus tritt auf als Versuch der unvermittelten Übertragung des Lustprinzips auf die Realität. Allerdings mit unrealistischen Voraussetzungen: In der idealen Forderung eines absoluten Hedonismus wird der tendenzielle Wunsch erkennbar, einen negativen Aspekt der Wirklichkeit – die Widerständigkeit der ›Dinge‹ wie der Mitmenschen gegenüber den triebhaften Forderungen des Subjekts – auszublenden oder zu beseitigen. In seiner einseitigen Rücksichtslosigkeit kann dem hedonistische Imperativ unmöglich kontinuierlich entsprochen werden. Als Anweisung für ein glückliches Leben sieht ein bedingungsloser Hedonismus ab von der Materialität und Negativität der Wirklichkeit und den potentiell widersprechenden Ansprüchen der anderen Menschen als autonomer Personen. Die Lehre einer strikt hedonistischen Orientierung bleibt – nicht nur als moralisches Kriterium, sondern auch als ›Glückstechnik‹ – in jedem Falle ungenügend. Da die Befriedigung des Lustprinzips nur unter den Bedingungen der Realität verwirklicht werden kann, steht die im hedonistischen Imperativ implizierte Negation wesentlicher Bedingungen der Realität gerade ihrem eigenen Programm entgegen. Der absolute Hedonismus ist selbstwidersprüchlich, obwohl sein Ziel – die Befriedigung aller Bedürfnisse – durchaus dem menschlichen Wesen zu entsprechen scheint.

Das Schema einer Gegenüberstellung von Verhaltensweisen der Handlungsorientierung (oder besser: Maximen), deren eine Seite durch das Extrem des unbedingten Lustgewinns bezeichnet ist, vervollständigt Freud daraufhin mit der gegensätzlichen Strategie der *Leidvermeidung*:

»Die anderen Methoden, bei denen die Vermeidung von Unlust die vorwiegende Absicht ist, scheiden sich je nach der Unlustquelle, der sie die größere Aufmerksamkeit zuwenden. Es gibt da extreme und gemäßigte Verfahren, einseitige und solche, die zugleich an mehreren Stellen angreifen«.[57]

Als ›vereinseitigendes‹ Verfahren drängt sich zunächst die Strategie auf, den Möglichkeiten sozialen Leidens durch eine selbst auferlegte Isolation zu entfliehen:

»Gewollte Vereinsamung, Fernhaltung von den anderen ist der nächstliegende Schutz gegen das Leid, das einem aus menschlichen Beziehungen erwachsen kann. Man

57 | Ebd.

versteht: das Glück, das man auf diesem Weg erreichen kann, ist das der Ruhe. Gegen die gefürchtete Außenwelt kann man sich nicht anders als durch irgendeine Art der Abwendung verteidigen, wenn man diese Aufgabe für sich allein lösen will«.[58]

Dies bedeutet eine tendenzielle Flucht vor einem Aspekt der Wirklichkeit, demzufolge die menschliche Welt primär sozial konstituiert ist. Das Denken und Handeln der Mitmenschen ist dabei der subjektiv-willkürlichen Verfügung und Kontrolle grundsätzlich entzogen. Insofern jeder Mensch bei der Realisierung seiner Wünsche auf Mitmenschen als ›Objekte‹ (entsprechend der Freudschen Terminologie) angewiesen ist und ihnen gegenüber selbst diese Rolle einnimmt, können subjektive Intentionen ständig scheitern. Kommunikation kann misslingen und es gibt keinerlei Sicherheit dafür, dass Menschen, auf die ich in irgendeiner Weise angewiesen bin, auch zukünftig für mich da sein werden. Auch wenn Menschen – durch Ausnutzung von Macht- und Abhängigkeits- oder gar Gewaltverhältnissen – Mitmenschen ausschließlich und auch gegen deren Willen zu Mitteln ihrer Zwecke machen können[59], sind diesen Instrumentalisierungsbestrebungen prinzipiell Grenzen gesetzt, da die Reichweite solcher Möglichkeiten sich räumlich und zeitlich erschöpft.[60] Hier zeigt sich also ein weiterer Aspekt der Negativität der menschlichen Wirklichkeit, insofern soziale Interaktionen auch stets durch Unverfügbarkeiten gekennzeichnet sind. Sicherlich sollen informelle (Versprechen und Verzeihen) und formelle Institutionen (Vertrag) diese Kontingenz mindern und Stabilität erzeugen; aber die prinzipielle Unsicherheit des sozialen Bereichs ist sinnkonstitutiv und irreduzibel.

In der Strategie der weitestgehenden Vermeidung oder des Verbots sozialer Kontakte erkennt Freud die Wiederkehr infantiler Fluchtreflexe in veränderter Form. Indem die soziale Wirklichkeit als Ort möglichen Leids geflohen wird, können die auf Befriedigung drängenden Ziele des Lustprinzips nicht

58 | Ebd.

59 | Es handelt sich dabei um *die* ›klassische‹ unmoralische Handlung nach Kant. Es muss betont werden, dass Kant aus der Perspektive moralischer Beurteilung es nicht ausschließt, andere Menschen als Mittel zur Erfüllung subjektiver Zwecke ›zu verwenden‹ (Dienstleistung) – es ist die *ausschließliche* Instrumentalisierung, die Kant als unmoralisch kennzeichnet. Insofern der Andere *überhaupt nicht mehr* als Selbstzweck in meiner Kalkulationen vorkommt, indem ich ihn als solchen nicht anerkenne, missbrauche ich ihn. Ein dafür klassisches Beispiel – allerdings aus dem sozioökonomischen Bereich – ist die von Marx beschrieben Ausbeutung des Proletariats, dessen ›Verkauf der Arbeitskraft‹ nur ein Euphemismus dafür ist, dass die Regeneration ›der Hände‹ unter biologischen Minimalbedingungen gewährleistet sein muss, weil sie sonst nicht mehr produzieren und ausgebeutet werden können.

60 | Damit wird natürlich nicht die historische Tatsache geleugnet, dass sich Herrschafts- und Gewaltverhältnisse für unterdrückte Gruppen als faktisch nicht überwindbar erweisen können.

verwirklicht werden, da deren Realisierung an die Realität gebunden bleibt. Die menschliche ›Glücksbefriedigung‹ kann aber nicht einfach aufgegeben werden:

»Wir sollten uns nicht so weit überheben, daß wir das ursprünglich Animalische unserer Natur völlig vernachlässigen, dürfen auch nicht vergessen, daß die Glücksbefriedigung des einzelnen nicht aus den Zielen unserer Kultur gestrichen werden kann. [...] [D]en Sexualtrieb in seinem ganzen Energieausmaß seinen eigentlichen Zwecken zu entfremden [...] kann nicht gelingen, und wenn die Einschränkung der Sexualität zu weit getrieben werden soll, muß es alle Schädigungen eines Raubbaues mit sich bringen«.[61]

Wo dieses, wie in der asketischen Lebensform, versucht wird, bleibt ein nur sekundäres ›Glück der Ruhe‹: die Abwesenheit von Leid, die durch die Abwesenheit von Glück erkauft und erst durch den Verzicht auf ›volle‹ Befriedigung erreicht wird.

Weltflucht und Intoxikation

Gemäß der anfangs genannten drei Quellen möglicher Leiderfahrungen betrifft ein weiterer Aspekt, der geflohen oder verdrängt werden kann, die körperliche Existenz des Menschen. Freud begrenzt diese Möglichkeiten der Leidabwehr nicht nur auf die Bekämpfung und Vermeidung körperlicher Schmerzen:

»Die interessantesten Methoden zur Leidverhütung sind aber die, die den eigenen Organismus zu beeinflussen versuchen. Endlich ist alles Leid nur Empfindung, es besteht nur, insofern wir es verspüren, und wir verspüren es nur infolge gewisser Einrichtungen unseres Organismus. Die roheste, aber auch wirksamste Methode solcher Beeinflussung ist die chemische, die Intoxikation. [...] Die Leistungen der Rauschmittel im Kampf um das Glück und zur Fernhaltung des Elends wird so sehr als Wohltat geschätzt, daß Individuen wie Völker ihnen eine feste Stellung in ihrer Libidoökonomie eingeräumt haben«.[62]

Hier zeigt sich, dass die Unterscheidungen zwischen den verschiedenen Quellen des Leids nicht so scharf verstanden werden kann, wie sie begrifflich zu ziehen ist: Das Leiden des Menschen – und auch sein Leiden an der Gesellschaft – ist zugleich ein körperlich empfundenes, oder besser: ein leiblich realisiertes. Rauschzustände können ein funktionales Pendant zur gerade beschriebenen sozialen Isolation sein:

61 | S. Freud: *Über Psychoanalyse*, S. 59.
62 | Ders.: *Das Unbehagen in der Kultur*, S. 435f.

»Man dankt ihnen [den Drogen, MV] nicht nur den unmittelbaren Lustgewinn, sondern auch ein heiß ersehntes Stück Unabhängigkeit von der Außenwelt. Man weiß doch, daß man mit Hilfe des ›Sorgenbrechers‹ sich jederzeit dem Druck der Realität entziehen und in einer eigenen Welt mit besseren Empfindungsbedingungen Zuflucht finden kann. Es ist bekannt, daß gerade diese Eigenschaft der Rauschmittel auch ihre Gefahr und Schädlichkeit bedingt. Sie tragen unter Umständen die Schuld daran, daß große Energiebeträge, die zur Verbesserung des menschlichen Loses verwendet werden könnten, nutzlos verloren gehen«.[63]

Ohne dass Freud wertend die lustbringenden und unlusvermeidenden Potentiale von Rauschmitteln unterschätzen oder herabsetzen würde, ist es doch gerade die zur ›Glückstechnik‹ des habituellen Gebrauchs aufgestiegene Form des ›Sorgenbrechers‹, die er als Abwehr der Anforderungen der Realität kritisiert. Aufgrund der biochemischen Konstitution seines natürlichen Körpers ist der Mensch für chemische Intoxikation mit all ihren psychischen Folgen anfällig. Dass diese Folgen kulturell unterschiedlich bewertet werden, sei hierbei vorausgesetzt. Bekanntlich wird in vielen Gesellschaften selbst ein Vollrausch am passenden Ort, zur rechten Zeit und mit legalen Rauschmitteln akzeptiert, gar erwartet und ritualisiert vollzogen (nahe liegendes Beispiel: *Oktoberfest*), während andere Rauschmittel mit vergleichbarem Wirkungsgrad negativ sanktioniert werden. In wieder anderen sozialen Gruppen oder Gesellschaften ist der Rausch als solcher geächtet.

An der Möglichkeit des gewohnheitsmäßigen Drogengebrauchs zeigt sich hingegen dieselbe Tendenz, wie sie Freud bei der vorher besprochenen Leidvermeidungsstrategie aufzeigt: Sie gleicht einer Flucht vor der Wirklichkeit. Der Druck der Realität führt zur Flucht in eine ›eigene Welt‹ und damit tendenziell auch in einen Zustand, in dem den Anforderungen aber auch Glücksmöglichkeiten der öffentlichen, sozialen Umwelt aus dem Weg gegangen wird. Schon die Metapher des ›Sorgen*brechers*‹ verrät, dass Probleme nicht ›durchgearbeitet‹, sondern ›destruiert‹ oder abgewehrt, auf eine unvermittelte Weise negiert werden. Durch die betäubende Unterdrückung existentieller Sorgen scheint eine ›Lösung‹ des Glücksproblems durch wirksame Mittel *verfügbar* geworden zu sein, da als Nebeneffekt ›verbesserte Empfindungsbedingungen‹ erreicht werden können und somit trotz Weltflucht Lustempfinden ermöglicht wird. Doch wie jeder Versuch einer Lösung des Problems des Programms des Lustprinzips werden auch hierbei die Anforderungen der Realität gemieden und über kurz oder lang wird in der Entfremdung von der wirklichen Welt die Erfüllung der einfachsten Anforderungen und schließlich jede ›volle‹ Glücksbefriedigung unmöglich.

63 | Ebd., S. 436f.

Neben dem Rückzug und der chronischen Betäubung sieht Freud noch eine weitere Methode für tendenziell Leid abwehrendes Verhalten:

»Wie Triebbefriedigung Glück ist, so wird es Ursache schweren Leidens, wenn die Außenwelt uns darben läßt, die Sättigung unserer Bedürfnisse verweigert. Man kann also hoffen, durch Einwirkung auf diese Triebregungen von einem Teil des Leidens frei zu werden. Diese Art der Leidabwehr [...] sucht der inneren Quellen der Bedürfnisse Herr zu werden. In extremer Weise geschieht dies, indem man die Triebe ertötet, wie die orientalische Lebensweisheit lehrt und die Yogapraxis ausführt. Gelingt es, so hat man damit freilich auch alle andere Tätigkeit aufgegeben (das Leben geopfert), auf anderem Wege wieder nur das Glück der Ruhe erworben«.[64]

Gemäß Freuds Interpretation wird bei dieser Technik nicht die *Außenwelt* geflohen, sondern, um mit einer Freudschen Metapher zu sprechen: das ›innere Ausland‹. Die eigenen Gefühle, Wünsche und Triebregungen werden unterdrückt, um mögliche Konfliktsituationen von vornherein auszuschließen. Konzentration auf Unlustvermeidung führt aber auch hier wieder nur zum ›Glück der Ruhe‹, mithin zum Fehlen voller Befriedigung.

Sublimierung

Neben diesen ausschließlich an Unlustvermeidung orientierten Methoden nennt Freud schließlich noch solche, die sich einer *Verschiebung der Triebziele* bedienen. Freud sieht, dass lustvolle Befriedigung auch in intellektueller Betätigung oder im Kreieren oder Konsumieren von Kunstwerken, also ästhetischen Praxisformen, erreicht werden kann. Die biopsychische Voraussetzung dafür bezeichnet er als *Sublimierung* und beschreibt sie als Fähigkeit, libidinöse Energie von ihrem eigentlichen (nämlich sexuellen) Triebziel auf andere Objekte umzulenken, die ersatzhaft libidinös besetzt werden. Der Sexualtrieb stellt auf diese Weise

»der Kulturarbeit außerordentlich große Kraftmengen zur Verfügung, und dies zwar infolge der bei ihm besonders ausgeprägten Eigentümlichkeit, sein Ziel verschieben zu können, ohne wesentlich an Intensität abzunehmen. Man nennt diese Fähigkeit, das ursprüngliche sexuelle Ziel gegen ein anderes, nicht mehr sexuelles, aber psychisch mit ihm verwandtes, zu vertauschen, die Fähigkeit zur *Sublimierung*«.[65]

Den Vorteil sublimierter Triebbefriedigung sieht Freud darin, dass ihre Ziele nicht so leicht von der Versagung durch die Außenwelt betroffen sind wie

64 | Ebd., S. 437.
65 | Ders.: *Die »kulturelle« Sexualmoral und die moderne Nervosität*, S. 150.

sexuelle oder gar ›perverse‹ Wünsche.[66] Triebziele der Sublimierung sind in den meisten Fällen nicht von derart rigiden sittlichen Normen betroffen, wie die Sexualität.[67] Es stehen vielfältigere Möglichkeiten der Befriedigung zur Wahl. Zudem sind wir dabei weniger der Abhängigkeit von geliebten Objekten ausgeliefert, die uns ihre Zuneigung (auch endgültig) versagen können.

Doch auch wenn Freud die intellektuelle Arbeit besonders auszeichnet, gar meint, das Schicksal könne einem zur Sublimierung Fähigen wenig anhaben[68], sieht er doch, dass einerseits die sozialen Bedingungen diese Lebensweise nicht für jeden Menschen ermöglichen und dass andererseits damit dem möglichen Leid, welches aus der Endlichkeit und Fragilität des menschlichen Körpers resultiert, wenig entgegengesetzt werden kann. Zudem teilt die intellektuelle Befriedigung mit der dem Realitätsprinzip enthobenen Phantasiebefriedigung der Kunst den Nachteil, dass es den ›feineren und höheren‹ sublimierten Genüssen gegenüber den ›ungehemmten‹, ›ungebändigten‹, ›wilden‹ Trieben an der Intensität des Erlebens mangelt. Der letzte Umstand betrifft im Übrigen auch angepasste Verhaltensweisen, bei denen die individuellen Triebziele der gesellschaftlichen Sexualmoral weitestgehend unterworfen werden. Die subjektiven Genussmöglichkeiten werden dadurch unweigerlich herabgesetzt – und der Anreiz perverser Impulse steige, so Freud, ins Unwiderstehliche.[69] Eine *ausschließliche* Orientierung an der Sublimierung der libidinösen Energie in Arbeit und Kunstgenuss, gerade

66 | Man kann sich des Eindrucks schlecht erwehren, dass Freud Wissenschaft und Kunst hierbei verklärt und tendenziell der gerade beschriebenen Intoxikation annähert, indem er diese Praxisformen als subjektiv selbstgenügsame beschreibt. Dem wäre entgegenzuhalten, dass sowohl Wissenschaft als auch Kunst hochgradig differenzierte und anspruchsvolle kommunikative Praxen darstellen und das Bild des einsam und selbstgenügsam Schaffenden oder Bewundernden diese soziale Ebene verdeckt. Indes kann natürlich nicht bestritten werden, dass sowohl intellektuelle Arbeit als auch die Rezeption von Kunst lustvoll sein können, auch wenn dieser Umstand nur einen Aspekt darstellt. Insofern lässt sich für das Konzept der Sublimierung (im Übrigen ein selbst bei Freud nicht ausreichend geklärter Begriff, vgl. J. Laplanche; J.-B. Pontalis: *Das Vokabular der Psychoanalyse*, S. 479) nur kritisch bemerken, dass auch dabei der Unabhängigkeit von der Außenwelt Grenzen gesetzt sind. Für eine umfassende Darstellung des Sublimierungskonzepts vgl. E. Goebel: *Jenseits des Unbehagens. »Sublimierung« von Goethe bis Lacan.*

67 | Bekanntlich kann aber jeder Bereich der menschlichen Tätigkeit ideologisch angegriffen und mit passend konstruierten ›moralischen‹ Argumenten diskriminiert werden; schreckliches Musterbeispiel hinsichtlich der rassistischen Entwertung moderner Kunst ist deren nationalsozialistische Diffamierung als so genannte ›Entartete Kunst‹; wobei der Begriff der Entartung im 19. Jahrhundert vielfach in medizinischen und psychologischen Theorien gebraucht wurde. Wir hatten bereits gesehen, dass Freud sich dagegen wendete, Homosexualität als ›Degeneration‹ zu diskriminieren (vgl. oben S. 140).

68 | Vgl. S. Freud: *Das Unbehagen in der Kultur*, S. 437.

69 | Ebd., S. 437f.

wenn diese noch mit sexueller Enthaltsamkeit einhergeht, ist auch für Freud nicht der gesuchte Mittelweg zwischen Hedonismus und Askese, sondern ersetzt deren Flucht- und Vermeidungsstrategien nur durch einen gewissen Umweg, der, als absoluter und hinreichender Zweck gesetzt, keine praktikable Lösung der Glücksfrage zulässt, weil er nie zum Ziel führt.

Ein ›ausgezeichneter Weg‹

Nachdem Freud bis zu diesem Punkt seiner Untersuchung verschiedenste Methoden vorgestellt hat und so unterschiedliche Kandidaten wie Hedonismus, Askese, Drogenkonsum, Yogapraxis und Ästhetizismus um den Rang einer ausgezeichneten *Glückstechnik* streiten ließ, merkt er schließlich an:

»Ich glaube nicht, daß diese Aufzählung der Methoden, wie die Menschen das Glück zu gewinnen und das Leiden fernzuhalten bemüht sind, vollständig ist, weiß auch, daß der Stoff andere Anordnungen zuläßt. Eines dieser Verfahren habe ich noch nicht angeführt; nicht daß ich daran vergessen hätte, sondern weil es uns noch in anderem Zusammenhange beschäftigen wird. Wie wäre es auch möglich, gerade diese Technik der Lebenskunst zu vergessen!«[70]

Sollte Freud in dem Hiatus zwischen Luststreben und Unlustvermeidung die ›rechte Mitte‹ gefunden zu haben? Es handelt sich um folgende Methode:

»Sie zeichnet sich durch die merkwürdigste Vereinigung von charakteristischen Zügen aus. Sie strebt natürlich auch die Unabhängigkeit vom Schicksal – so nennen wir es am besten – an und verlegt in dieser Absicht die Befriedigung in innere seelische Vorgänge, bedient sich dabei der vorhin erwähnten Verschiebbarkeit der Libido, aber sie wendet sich nicht von der Außenwelt ab, klammert sich im Gegenteil an deren Objekte und gewinnt das Glück aus einer Gefühlsbeziehung zu ihnen. Sie gibt sich dabei auch nicht mit dem gleichsam müde resignierenden Ziel der Unlustvermeidung zufrieden, eher geht sie achtlos an diesem vorbei und hält am ursprünglichen, leidenschaftlichen Streben nach positiver Glückserfüllung fest. Vielleicht kommt sie diesem Ziele wirklich näher als jede andere Methode. Ich meine natürlich jene Richtung des Lebens, welche *die Liebe zum Mittelpunkt nimmt, alle Befriedigung aus dem Lieben und Geliebtwerden erwartet*«.[71]

Dass an dieser exponierten Stelle die monogame Objektbeziehung als Idealfall einer glücklichen Existenz gesetzt wird, überrascht eigentlich nur dadurch,

70 | Ebd., S. 440.
71 | Ebd., S. 440f. (Hervorh. von mir, MV).

dass dies kein besonders überraschendes Ergebnis ist.[72] Freud schlägt etwas alltäglich Vertrautes vor: Soll diese »auf den Glückswert der Liebe gegründete Lebenstechnik«[73] die gesuchte Praxis sein, der gegenüber alle anderen Methoden als einseitige oder illusionäre Fehlformen zurückbleiben?

Zunächst mag diese ›Technik‹ nichts Spektakuläres an sich haben, doch die Übereinstimmung mit psychoanalytischen Grundannahmen ist natürlich gegeben. Hinsichtlich des Triebschicksals sieht der psychoanalytische Idealfall vor, das inzestuöse Primärobjekt (z.B. die Mutter) durch ein sekundäres zu ersetzen; so deutet es auch die weitere Erläuterung an, die dem sexuellen Verkehr einen hohen Stellenwert einräumt:

> »Eine solche psychische Einstellung liegt uns allen nahe genug; eine der Erscheinungsformen der Liebe, die geschlechtliche Liebe, hat uns die stärkste Erfahrung einer überwältigenden Lustempfindung vermittelt und so das Vorbild für unser Glücksstreben gegeben. Was ist natürlicher, als daß wir dabei beharren, das Glück auf dem selben Wege zu suchen, auf dem wir es zuerst begegnet haben [sic!]«.[74]

Freud verschweigt an dieser Stelle, vielleicht der Popularität seines Essays geschuldet, die explizite psychoanalytische Herleitung: Glück kann es nach Freudscher Sicht nur als Erfüllung eines Kinderwunsches geben.[75] Das Begehren des Primärobjektes ist ein solcher Wunsch – allerdings ist das Triebziel

72 | Zwar lässt sich bereits hier gegen Freud einwenden, dass damit der Einfluss weiter reichender sozialer Faktoren, die über diesen Mikrobereich hinaus gehen, unbeachtet bleiben (Bildung, Einkommen usw.). Doch Freud gibt ja auch gar nicht vor, die Probleme aus einer anderen Perspektive als der des Psychologen zu betrachten. Soziologische und ökonomische Analysen werden damit nicht ersetzt.
Fragwürdig mutet demgegenüber der zeitgenössische Versuch an, mit dem durch psychoanalytisch-ökologische ›Aufklärung‹ erreichten Zuwachs an gelungenen Paarbeziehungen weiter reichende sozialpolitische Hoffnungen zu verbinden. Dabei wird die ökonomische bzw. politische Sphäre nämlich tatsächlich unterbestimmt und – etwa im Rahmen der sog. ökologischen Psychologie von Hans-Joachim Busch – psychologisiert: »Je höher der Grad sexueller Erfüllung ist, umso mehr schwindet die Gefahr von Umweltzerstörung« (H.-J. Busch: »Was heißt ›Unbehagen in der Kultur‹ heute bzw. was kann es im Rahmen einer kritischen Politischen Psychologie heißen?«, S. 317). Wenn Busch sich gegen einen »technisch-industriell geführten Krieg gegen die natürlichen Lebensgrundlagen der Gattung« (ebd. S. 303f.) wendet, übersieht er meines Erachtens, dass Umweltzerstörung keine irrational motivierte und direkt gegen die Natur gerichtete Aggression ist, sondern der ›Kollateralschaden‹ einer Produktionsweise, die der kapitalistischen Verwertungslogik folgt. Welche Wandlungsmöglichkeiten zu einer vernünftigen Produktionsweise und Gesellschaftsform man dem Kapitalismus auch immer zuschreiben oder absprechen mag, es kann doch kein Zweifel daran bestehen, dass Umweltzerstörung *primär* ein Fall für den Gesetzgeber, nicht aber den Paartherapeuten ist.

73 | S. Freud: *Das Unbehagen in der Kultur*, S. 441.

74 | Ebd.

75 | Damit ist neben der Plastizität der Triebe auf deren Fixiertheit auf die infantilen Besetzungen hingewiesen. Die Rede vom Glück als Erfüllung eines Kinderwunsches

dieses ursprünglichen Wunsches nicht Geschlechtsverkehr, der gar nicht realisiert werden kann und damit auch nicht zum Vorbild für das Glücksstreben werden kann. Wenn sich Freud hier auf die Erfahrung der geschlechtlichen Liebe als Vorbild bezieht, so ist damit entweder gemeint, dass die erste Erinnerung an tatsächlich vollzogene sexuelle Handlungen aus den ursprünglichen Wunschbesetzungen seine libidinöse Erlebnisintensität bezieht. Oder Freud spielt auf frühe Wünsche und Phantasien an; dann kann allerdings von sexuellen Erlebnissen (›geschlechtlicher Liebe‹) nur in einem sehr weiten Sinn – Lusterlebnisse bei der Nahrungsaufnahme (Saugen), Reizung der erogenen Zonen bei der Körperhygiene, Autoerotik – die Rede sein, nicht im engeren Sinne genitaler Sexualität.[76]

Abgesehen von dieser fragwürdigen Formulierung wird aber deutlich, dass auf dem von Freud so hervorgehobenen Weg der sexuellen Praxis ein bedeutendes Triebziel und ein bedeutendes Triebobjekt zusammenfinden können – es ist diese Vereinigung, die Freud als beglückendes Ziel auszeichnet.

Eine Durchschnittslösung

Auf der Basis der bisher geschilderten Textlage scheint es nahe liegend, die Freudschen Überlegungen zur Glücksproblematik in einem recht einfachen Schema zusammenzufassen, das in etwa so aussehen könnte: Unbedingtes Luststreben und rigorose Leidvermeidung bilden die zwei Extreme eines Kontinuums von Möglichkeiten, Glück zu realisieren.[77] Beide scheitern in ihrem Anspruch an der Realität und sind nicht geeignet, diesen Zweck des menschlichen Lebens zu erfüllen. Das unbedingte Luststreben vereinseitigt die Ansprüche des Lustprinzips und ist auf Dauer nicht fähig, diese mit den Ansprüchen und Forderungen der Realität zu vermitteln. Die ausschließliche Leidvermeidung findet auf ihrem Umweg, den Konflikt zwischen Lust- und Realitätsprinzip zu vermeiden, nicht wieder zu den Forderungen des Lustprinzips zurück. Indem die Leidvermeidung bestimmte Aspekte der Realität (vorrangig die objektbezogene libidinöse Befriedigung) zu fliehen, zu verleugnen oder zu unterdrücken versucht, reduziert sie nicht nur Konfliktpotentiale,

verwendet Freud bereits 1899 in einem Brief an Fließ (Brief vom 9.6. 1899, in: S. Freud: *Aus den Anfängen der Psychoanalyse*, S. 242).

76 | Vgl. dazu den Abschnitt »Die infantile Sexualität« in ders.: *Drei Abhandlungen zur Sexualtheorie*, S. 73–107.

77 | Michael Düe versucht, die jeweilige Akzentverschiebung bei der Betonung von asketischen und ekstatischen Momenten in den verschiedenen Entwicklungsstadien der Freudschen Theoriebildung herauszuarbeiten (vgl. ders.: »Askese und Ekstase bei Freud«).

sondern auch Erfüllungsgestalten. Statt Glück wird nur Leidlosigkeit, eine betäubte Ruhe erreicht.[78]

Haben wir so die konträren Pole dieses Kontinuums markiert, bietet sich, um beim einfachen Schema zu bleiben, mit geometrischer Sicherheit ein Mittelpunkt zwischen diesen Extremen an. Wird die Ausschließlichkeit der Tendenzen der Lustansprüche und der Leidvermeidung jeweils vermindert, ergäbe sich als positiv bestimmbare Mitte ein durchschnittliches, mittelmäßiges Konzept: die heterosexuelle Monogamie, bei der die sexuellen Wünsche in einer sozial legitimierten Form unter Ausschluss aller anderen möglichen Objekte und abweichenden (›perversen‹) Triebziele erfüllt werden können. Was an Triebüberschuss dabei nicht abgeführt werden kann, wird rational kanalisiert und sublimiert: in Arbeit, intellektuelle Betätigung und Kunstgenuss. Dieser Vorschlag würde auch von einer *möglichen* Interpretation der Aristotelischen Ethik bestätigt werden, nach der die beste Handlungsoption in der ›geometrischen‹ Mitte zwischen zwei Extremen liegt.

Der scheinbare Vorteil eines solchen Ansatzes ist, dass er den Ansprüchen genügt, ein formalisiertes, empirisch einigermaßen gestütztes Modell zu liefern, das auch inhaltlich bestimmt ist. Als Methode des Glücks empföhle sich demgemäß die Anpassung an eine durchaus geläufige, durchschnittliche Vorstellung von bürgerlicher Existenz und an das damit verbundene sittliche Verständnis von (sexualmoralischer) Normativität, das von seinen Befürwortern gern quasi-biologisch begründet wird. Den Vorwurf, therapeutisch genau diese Anpassung an eine im Kern ideologisch begründete Vorstellung von Normalität zu bezwecken, wurde Freud denn auch im Nachhinein oft gemacht. Er lässt aber das kritische Potential der Freudschen Texte weitgehend ungenutzt.

Der außerordentliche Nachteil dieser Lesart ist, dass der Freudsche (wie im Übrigen auch der Aristotelische) Ansatz weitaus differenziertere Annahmen, Argumentationsebenen und Bewertungskriterien enthält, die eine solche *eindimensionale Schematisierung als formalistische Reduktion und unterkomplexe Vereinseitigung der menschlichen Situation zurückweisen.* Die Interpretation der ›Durchschnittslösung‹ wird deswegen hier verworfen. Doch wie lässt sich Freuds ›ausgezeichneter Weg‹ anders rekonstruieren als in der Durchschnittslösung?

78 | Im Platonischen *Gorgias* kritisiert Kallikles die anspruchslose, besonnene Lebensweise, die er als asketische (miss-)versteht: »Da wären ja die Steine und die Toten am glücklichsten« (Platon: *Gorgias*, 492e).

Das Konzept der ›positiven Glückserfüllung‹

Zugegebenermaßen verhält es sich tatsächlich so, dass Freud die ›Lebenstechnik der Liebe‹ gegenüber anderen Orientierungen auszeichnet. Doch er begründet diese Hervorhebung nicht etwa moralisch wertend, sondern damit, dass hierbei am »ursprünglichen, leidenschaftlichen Streben nach positiver Glückserfüllung«[79] festgehalten werde. Nun sind die möglichen Ziele einer solchen Glückserfüllung, die sich an ursprünglichen Wünschen orientiert, ja individuell verschieden, und es ist entsprechend unzulässig, anzunehmen, dass etwa der positiv bestimmte Entwurf der heterosexuellen Paarbeziehung oder der bürgerlichen Kleinfamilie nach Freud für jede individuelle Vorstellung persönlichen Glücks *verbindlich* sei. Vielmehr zeichnet Freud den Entschluss aus, trotz widriger Bedingungen der Realität an dem ursprünglichen Streben nach Glück festzuhalten, es aber unter den Bedingungen der Realität zu verwirklichen; das heißt, ohne diese Bedingungen zu verdrängen, illusionär zu verklären oder gar zu fliehen. Das bedeutet, dass es gerade die faktischen Bedingungen der Wirklichkeit sind – welche sich gegenüber den Intentionen des Menschen als negative Bestimmungen geltend machen können –, die in einem angemessenen Lebensentwurf berücksichtigt werden müssen. Wenn dem so ist, wenn also die Bedingungen der Realität letztlich unverfügbar bleiben und deswegen Negativität sinnkonstitutiv für alle Entwürfe bleiben muss, dürfte Freud aus systematischen Gründen nicht die Meinung vertreten, dass der Entwurf der ›Lebenstechnik der Liebe‹ die Erfüllung des Strebens nach Glück *garantiere*. Dies behauptet er aber auch nicht – im Gegenteil:

> »Die schwache Seite dieser Lebenstechnik liegt klar zu Tage; sonst wäre es auch keinem Menschen eingefallen, diesen Weg zum Glück für einen anderen zu verlassen. Niemals sind wir ungeschützter gegen das Leiden, als wenn wir lieben, niemals hilfloser unglücklich, als wenn wir das geliebte Objekt oder seine Liebe verloren haben. Aber die auf den Glückswert der Liebe gegründete Lebenstechnik ist damit nicht erledigt, es ist viel mehr darüber zu sagen«.[80]

Damit finden wir uns aber wiederum mit der ursprünglichen Frage nach der Möglichkeit einer Technik des Glücks konfrontiert. Es wurden Methoden vorgestellt, die dieses Ziel verfolgen, aber bereits im Ansatz die Möglichkeit einer praktikablen Erfüllungsgestalt verfehlen und im besten Fall zu einer Art Stilllegung der existentialen Dialektik führen (Hedonismus, Askese, ausschließliche Sublimierung). Diesen Glückstechniken und Weisheitslehren stellt Freud eine Methode entgegen, die – entgegen dem ersten Verdacht,

79 | S. Freud: *Das Unbehagen in der Kultur*, S. 441.
80 | Ebd.

Freud propagiere eine ›Durchschnittslösung‹ – nicht auf einen positiven, inhaltlich bestimmbaren Lebensentwurf, etwa der bloßen Anpassung an eine konventionalistische Auffassung von Normalität, reduziert werden kann, aber auch nicht bei den unvermittelten und einseitigen, hedonistischen oder asketischen Einstellungen verharrt.

Freud schlägt dagegen eine weitestgehende Bedürfnisbefriedigung vor, die auf einer (nötigenfalls therapeutisch ermöglichten) aufrichtigen Selbstreflexion gründet und zu einer selbständigen Orientierung führen soll. Damit ist nicht nur ein ›Mittelweg‹ zwischen Bedürfnislosigkeit auf der einen und Bedürfnis- und Befriedigungsmaximierung auf der anderen Seite gemeint. Die ›besonnene‹ Lebensweise, die Freud vorschlägt, weist einen generellen Verzicht auf Befriedigung zurück, denn damit würde das Programm des Lustprinzips gänzlich aufgegeben. Aber um unter den Bedingungen der Realität ausreichende Befriedigung erreichen zu können, darf dieses Ziel nicht als willkürliche und bedingungslose Steigerung aller beliebigen Bedürfnisse und Ansprüche missverstanden werden. Dauerhafte, wiederholte und beglückende Befriedigung ist weder als individualistisches noch als konformistisches Extrem zu erreichen, sondern erst im Anschluss einer Reflexion auf die subjektiven Bedingungen und Wünsche der eigenen Person und der betreffenden Mitmenschen sowie der sozialen Gegebenheiten und Anforderungen. Dabei soll der Einfluss sozialer Normen und Sanktionen, individueller Ängste und Hemmungen, negativer Aspekte, existentieller Bedrohungen und die Möglichkeit des Scheiterns bedeutsamer Entwürfe weder geleugnet, noch beseitigt oder geflohen werden. Diese Risiken sollen vielmehr als Sachverhalte des Realitätsprinzips in die bewusste Umsetzung der am Lustprinzip orientierten Wünsche und Bedürfnisse einbezogen werden.

Generell geht es Freud also weder um einen inhaltlich bestimmten Lebensentwurf oder eine vorgegebene Identität, der sich das Subjekt anzugleichen hätte und eben auch nicht um eine Technik der Flucht vor der Realität und ihrer möglichen Unlustpotentiale, noch redet er einer unmittelbaren und ebenso bedingungs- wie skrupellosen, ausschließlichen Orientierung am Lustprinzip das Wort. Freud betont vielmehr die Notwendigkeit, die *Dialektik von Lust- und Realitätsprinzip nicht zu umgehen*, sondern sich das Wissen um diese Bedingungen anzueignen und aktiv an der Bewältigung der negativen Aspekte zu arbeiten. Der Primat des Lustprinzips, das Streben nach Glück, bleibt erhalten, aber nur in Verbindung mit der bewussten Anerkennung des ›Umwegs‹ über das Realitätsprinzip. Dieser Umweg ist indes nicht als Kompromiss oder Ersatz eines eigentlichen und direkten Wegs zu sehen, sondern er ist *der* ausgezeichnete Weg, vor dem sich die Phantasien einer direkten, unmittelbaren und absoluten Erfüllung als getäuschte, unaufgeklärte

Illusionen erweisen. Und so zieht Freud nach der Aufzählung aller von ihm angeführten ›Lebenstechniken‹ ein vorläufiges Resümee:

»Das Programm, welches uns das Lustprinzip aufdrängt, glücklich zu werden, ist nicht zu erfüllen, doch darf man – nein, kann man – die Bemühungen, es irgendwie der Erfüllung näherzubringen, nicht aufgeben. Man kann sehr verschiedene Wege dahin einschlagen, entweder den positiven Inhalt des Ziels, den Lustgewinn, oder den negativen, die Unlustvermeidung, voranstellen. Auf keinem dieser Wege können wir alles, was wir begehren, erreichen. Das *Glück in jenem ermäßigten Sinn, in dem es als möglich erkannt wird,* ist ein *Problem der individuellen Libidoökonomie.* Es gibt hier keinen Rat, der für alle taugt; ein jeder muß selbst versuchen, auf welche besondere Fasson er selig werden kann«.[81]

Freud gesteht den kritisierten Methoden zwar zu, für eine ausgeglichene Libidioökonomie von Bedeutung zu sein – sie taugen jedoch nicht als ausschließliche Glückstechniken. Das systematische Surplus ist in den zwei wichtigen Anmerkungen enthalten, die das oben (vgl. S. 183) konstruierte eindimensionale Schema aufbrechen und der Frage nach dem Glück eine neue Qualität verleihen: Es geht Freud nunmehr um Glück in einem ›ermäßigten Sinn‹ und darum, dass diese Frage überhaupt nur auf dem Boden der individuellen Lebensgeschichte geklärt werden kann, die der Ort der Genese der ›individuellen Libidoökonomie‹ ist.

Der Fehler der anfangs von Freud beschriebenen Glückstechniken liegt nicht so sehr darin, dass sie überhaupt bestimmte Wege des Glücksstrebens und der Vermeidung von Leid und Unlust einschlagen; er liegt vielmehr in der *Verallgemeinerung* der ausgewählten und positiv bestimmten Ziele.[82] Genau diese Verabsolutierung, die die individuellen Bedürfnisse und Konstitutionsbedingungen nicht berücksichtigt, macht Freud ›der‹ Religion (desgleichen den weltanschaulichen Lebensklugheits- und Weisheitslehren) zum Vorwurf:

»Die Religion beeinträchtigt dieses Spiel der Auswahl und Anpassung, indem sie ihren Weg zum Glückserwerb und Leidensschutz allen in gleicher Weise aufdrängt. Ihre Technik besteht darin, den Wert des Lebens herabzudrücken und das Bild der

81 | Ebd., S. 442 (Hervorh. von mir, MV). Ähnlich: »Das Glück ist aber etwas durchaus Subjektives« (ebd., S. 448).

82 | Dies steht in Übereinstimmung mit der Kantischen Bestimmung des Glücks, wonach wir nicht über einen *bestimmten* Begriff dessen verfügen, was uns glücklich machen kann, sodass angesichts des Glücks und des guten Lebens wir nicht auf prinzipielle Gesetze hoffen können, sondern uns mit Ratschlägen der Klugheit ›begnügen‹ müssen: »Die *Rathgebung* enthält zwar Nothwendigkeit, die aber bloß unter subjectiver zufälliger Bedingung, ob dieser oder jener Mensch dieses oder jenes zu seiner Glückseligkeit zähle, gelten kann« (I. Kant: *Grundlegung zur Metaphysik der Sitten*, S. 416).

realen Welt wahnhaft zu entstellen, was die Einschüchterung der Intelligenz zur Voraussetzung hat«.[83]

Mit der Metapher des Spiels ist angedeutet, dass mögliche Regeln für individuelles Glücksstreben sich erst aus den Lern-, Erfahrungs- und Gestaltungsprozessen der eigenen Lebensgeschichte entwickeln können, also vor einem Horizont noch unbestimmten Sinnes und stets in Auseinandersetzung mit den bedingenden materiellen und sozialen Verhältnissen. Aus diesem Grund können allgemeine Verhaltensgrundsätze – auf das Glück, nicht auf die Moral bezogen – nicht die Form von gültigen Gesetzen haben, deren Einhaltung unter Abstraktion von allen subjektiven, sozialen und materiellen Bedingungen notwendig Glückseligkeit garantieren könnte. Wie lässt sich dann mit Freud ein angemessenes Verständnis von ›Glückstechniken‹ entwickeln, das einerseits die nur relative Geltung dieser Strategien beachtet, andererseits die Frage des Glücks nicht ganz aus der ethischen Beurteilung verbannt und außerdem methodisch über den Gegenstand reflektiert?

Maßvolles Glück

Mit seinen Untersuchungen hebt Freud die Frage nach dem Glück auf eine komplexere Ebene: *Wie* Glück zu erreichen ist, lässt sich Freud zufolge weder durch eine simple Strategie des Mehr oder Weniger an Lust oder Unlust beantworten, noch durch eine Distanzierung von der Außenwelt oder von den eigenen Triebansprüchen, noch durch ein für alle Menschen gleich gültiges, präskriptives Modell erfüllten Lebens. Dogmatische Lehren, so Freuds Kritik, die dies zu leisten vorgeben, neigen nicht zufällig dazu, sich allwissende Weisheit oder ein Wissen um jenseitige Sphären zuzuschreiben. Sie treten damit strategisch die Nachfolge der väterlichen Autorität an und spekulieren von vornherein auf regressive Tendenzen der vom Leben geplagten Sinnsucher, die darauf vertrauen, dass es für ihre Probleme und ›Sinnkrisen‹ abseits eigener Reflexionsleistungen letztgültige Antworten gäbe, über welche die jeweiligen Autoritäten verfügten.

Eine mögliche akzeptable ›Glückstechnik‹ muss, systematisch betrachtet, über eine positiv bestimmte beziehungsweise normierende Regulierung von Lustgewinn und Leidvermeidung hinausgehen. Solche lediglich quantitativ verfassten Grundsätze wollen Triebregungen auf eine einheitliche Weise beeinflussen – also Lust maximieren oder auch Lust minimieren – um so das Unlustniveau möglichst gering zu halten. Diese quantitative Dimension wird von Freud in eine Dialektik von Lust- und Realitätsprinzip überführt.

83 | S. Freud: *Das Unbehagen in der Kultur*, S. 443.

Das Realitätsprinzip steht dabei dem Lustprinzip nicht einfach nur entgegen. Es behält das Ziel des Lustprinzips unter den Bedingungen der Außenwelt bei, ist also eine ›aufgehobene‹, transformierte Form des ursprünglichen Lustprinzips. Recht verstanden bedeuten die nach dem Realitätsprinzip erforderlichen Umwege und Aufschübe bezüglich der Triebbefriedigung, dass mit diesen Leistungen die Vermittlung der ›inneren‹ und ›äußeren‹ Realität – des individuellen Begehrens und der sozialen Mitwelt – als konstitutiv für die Triebbefriedigung verstanden wird. Mit der Forderung einer Vermittlung von Lust- und Realitätsprinzip empfiehlt Freud weder, die lustvolle Befriedigung der individuellen Bedürfnisse der Anpassung an bestimmte Vorstellungen von Normalität unterzuordnen, noch ruft er zu rein egoistischer Bedürfnisbefriedigung auf. Vielmehr richtet sich Freud gegen eine durch Hemmungen, Ängste, überkommene sittliche Ressentiments oder illusionäre Hoffnungen verzerrte Sicht auf die menschliche Triebbefriedigung.

Aus der Perspektive einer Dialektik von Lust- und Realitätsprinzip ist diese ›Ermäßigung‹ keine bloße Mäßigung im Sinne quantitativer Verminderung, sondern im Sinne eines am Lustgewinn festhaltenden *je erst zu bestimmenden Maßhaltens.* Diese Angemessenheit wird von Freuds psychoanalytischen Ratschlägen nicht inhaltlich bestimmt, sondern um Rahmenbedingungen ergänzt, die beachtet werden müssen, aber oft übersehen werden. Das zu erreichende Maß kann dabei weder als eine für alle Menschen gültige Norm gedacht werden, noch als eine ›geometrische‹ Mitte zwischen Lustgewinn und Leidvermeidung, die etwa nur ein bestimmtes Quantum an Lust zuließe. Dass das Lustprinzip nur über den Umweg einer Realisierung unter den Bedingungen das Realitätsprinzips sein ursprüngliches Ziel durchzusetzen in der Lage ist, heißt vielmehr, dass eine Angemessenheit der Libidoökonomie nicht ohne Rücksicht auf die subjektive Natur und die Bedingungen der ›äußeren‹ Realität erreicht werden kann. Das Lustprinzip bedarf einer Realisierungsstrategie, die sich an den Bedingungen und Möglichkeiten der gegebenen Wirklichkeit orientiert. Lust- und Realitätsprinzip können nicht als unvermittelte Gegensätze voneinander getrennt werden. Die faktische Widerständigkeit der Realität ist vielmehr die Bedingung dafür, dass ein Wunsch überhaupt erst seine motivationsleitende Kraft entfaltet und die Bedingungen der Erfüllung oder des Scheiterns problematisiert und artikuliert werden können.

Damit ist nicht gemeint, dass jede einzelne Triebbefriedigung bedacht, geplant oder reflexiv eingeholt werden sollte; genauso wenig ist eine derart ›angemessene‹ Strategie eine Garantie für Erfolg und Glück. Der Faktor ›Außenwelt‹ (dazu zählen in der Freudschen Terminologie auch alle ›Objekte‹, also Mitmenschen) ist nicht annähernd *vollständig* kontrollierbar, sondern durch unsere in dieser Welt vollzogenen Handlungen nur mehr oder weniger rational beeinflussbar. Rationalität meint in diesem Zusammenhang nicht nur so etwas wie ›berechnendes‹ oder erfolgsorientiertes, strategisches Denken, sondern umfasst kommunikative und zwischenmenschliche, also im weitesten Sinne soziale Kompetenzen, sowie die Fähigkeit zur vernünftigen Selbstreflexion.

Die Dialektik von Lust- und Realitätsprinzip lässt sich als Bestandteil der anthropologischen Grundsituation verstehen: Da die natürliche, sozial verfasste, alltägliche Lebenswelt der Ort menschlicher Handlungen ist, können Triebbefriedigungen und Wunscherfüllungen überhaupt nur unter den gegebenen Bedingungen, etwa in Abhängigkeit von der leiblichen Konstitution, den äußeren Bedingungen, im Zusammenspiel und in Auseinandersetzung mit anderen Menschen erreicht werden.[84]

Diese Realität kann auf zweierlei Weise beschrieben werden: Zum einen können die konkreten historischen Gegebenheiten (ökonomische Bedingungen, Produktionsverhältnisse, soziale Normensysteme) analysiert und kritisiert werden. Zum anderen lassen sich transzendentale Bedingungen (Invarianzen variierender historischer Bedingungen) des menschlichen Weltverhältnisses anzeigen.[85] Den ersten Weg schlägt zum Beispiel Marcuse ein, wenn er den sozioökonomischen Hintergrund des kapitalistischen Wirtschaftssystems als übermäßig repressives Prinzip darstellt und Freud vorhält, dessen ›Realitätsprinzip‹ sei zu abstrakt und blind gegenüber konkreten historischen und sozioökonomischen Konstellationen. Den zweiten Weg, so lautet die hier vertretene These, geht Freud, wenn er invariante Bedingungen des menschlichen Weltbezuges kennzeichnet.

Nun hat Marcuse Freud für dessen Konzept eines Realitätsprinzips scharf kritisiert und es ist in der Tat fraglich, wie sich eine solche ›überzeitliche‹, transzendental-anthropologische Konstante rechtfertigen lässt. Die Antwort, auf der die hier gelieferte Interpretation basiert, ist: Die konstituierenden Faktoren sind im wesentlichen *negative Bestimmungen*. Mit ihnen werden Unmöglichkeiten und Unverfügbarkeiten als konstituierende Möglichkeitsbedingungen menschlichen Handelns und damit als Grundbedingungen des

84 | Gérard Raulet versteht Freud dagegen weniger transzendental-anthropologisch, sondern so, dass für Freud die wahren Bedürfnisse mit der Lebensnot (Ananke) *übereinstimmten*. Raulet stellt Freud damit stärker in die Nähe stoischer Ethik und utilitaristischer Ökonomie und Methodologie (vgl. ders.: »Freuds Psychoanalyse: eine Metaphysik der politischen Ökonomie?«, S. 166f.).

85 | Dies versucht Thomas Rentsch in seiner Heidegger und Wittgenstein aufeinander beziehenden Studie mit dem Aufweis transzendental-anthropologischer Existentialien (vgl. ders.: *Heidegger und Wittgenstein: Existential- und Sprachanalysen zu den Grundlagen philosophischer Anthropologie*).

Selbst- und Weltverständnisses hervorgehoben.[86] Auch für Freuds Untersuchungen zum Glück lässt sich diese Perspektive aufzeigen: Das Bewusstsein von Negativität soll sich als das Fundament erweisen, von dem aus erst ein authentisches Verständnis menschlichen Glücks erreicht werden kann. Auch wenn die Sprache, der sich Freud zur Diskussion der Dialektik von Lust- und Realitätsprinzip bedient, oft ›szientifisch‹ (insbesondere biologisch) gefärbt ist, steht die Bedeutung der Durcharbeitung der existentiellen Negativität für das menschliche Selbstverständnis im Zentrum seiner Überlegungen.

Realitätsprinzip und Negativität

Freud hält eine *ausschließlich* an der einseitigen Regulierung von Lust und Unlust orientierte Glückstechnik für unzureichend. Insbesondere deshalb, weil damit eine Allgemeingültigkeit suggeriert wird, die die individuellen Differenzen des menschlichen Triebhaushalts normativ auf ein für alle Menschen angeblich zuträgliches Maß reduziert und weil damit nicht nur von den individuellen Verschiedenheiten der Triebschicksale abstrahiert wird, sondern auch die biologische Bedingtheit und historisch-soziale Situiertheit unberücksichtigt bleibt. Diesen tendenziell nur an der einseitigen Kontrolle des Lustprinzips ansetzenden Techniken setzt Freud eine methodische Dialektik von Lust- und Realitätsprinzip entgegen. Die Rolle der Realität wird dabei als *begrenzend und ermöglichend* betrachtet.[87] Erst auf diesen, das menschliche Weltverhältnis formal kennzeichnenden Voraussetzungen können konkrete Überlegungen und Entwürfe aufbauen.

Hieraus ergeben sich ideologiekritische und moralphilosophische Anschlussfragen:

1. Individuelle Entwürfe können von einer ›Theorie des Glücks‹ nur hinsichtlich ihrer Voraussetzungen kritisiert werden, insofern sie etwa ein realistisches oder illusionär verzerrtes Weltverhältnis implizieren. Die inhaltliche Selbstbestimmung des Glücks ist Aufgabe individueller Selbstbestimmung. Von welchen Voraussetzungen für eine vernünftige Glücksorientierung geht Freud aus?
2. Das Glück betreffende Entwürfe sind wesentlich unterschieden von

86 | Vgl. G. Gamm: *Nicht nichts. Studien zu einer Semantik des Unbestimmten* und Th. Rentsch: *Negativität und praktische Vernunft.*

87 | Das gilt natürlich auch für den Kulturbegriff. Gunzelin Schmid Noerr hält es für nötig, den bei Freud angelegten »kulturtheoretischen Individualismus aufzusprengen« (ders.: »Zur Kritik des Freudschen Kulturbegriffs«, S. 328) und versucht die Einsicht in den »Nutzen einer sozialen Gemeinschaft« (ebd., S. 329) und den Gedanken der kulturellen Prägung der Triebe zu stärken. Ähnlich wie Waibl sieht Schmid Noerr bei Freud einen methodologischen Hobbesianismus angelegt.

moralischen Überlegungen, die allgemeine normative Geltungsansprüche betreffen. Der Wert der Freudschen Überlegungen für die Philosophie besteht in der Rehabilitierung von Aspekten wie Lust, Trieb und Wunsch für die menschliche Orientierung, die in systematischer Absicht von moralphilosophischen Reflexionen unterschieden werden müssen.[88] Wie kann also die Orientierung am Glück mit der Sphäre der moralischen Geltung zusammen gedacht werden?

Selbstbestimmung als Bedingung für Glück

In seinen die Überlegungen über das Glück im *Unbehagen in der Kultur* abschließenden Bemerkungen hatte Freud gemeint: »Das Programm, welches uns das Lustprinzip aufdrängt, glücklich zu werden, ist nicht zu erfüllen, doch darf man – nein, kann man – die Bemühungen, es irgendwie der Erfüllung näherzubringen, nicht aufgeben«.[89] Damit ist in einfachen Worten die Dialektik von Lust- und Realitätsprinzip ausgesprochen. Unbeschränkter Genuss und absolute Freiheit von Leid vertragen sich natürlich auf den ersten Blick mit der Vorstellung von einem biologisch begründeten Lustprinzip, doch sobald wir diese Vorstellung auf die menschliche Wirklichkeit anwenden, zeigt sich, dass es dafür keineswegs eine Entsprechung gibt. Aus konstitutionellen Gründen sind wir nicht in der Lage, einen solchen Zustand überhaupt erreichen zu können. Das bloße Lustprinzip taugt nicht zur Orientierung unseres Handelns – für ein im engen Sinne *moralisches* Handeln sowieso nicht –, doch auch nicht für die Bedürfnisbefriedigung im weitesten Sinne. Allerdings hat sich mit diesem Befund das Streben nach Lust und nach Glück nicht erledigt, sondern es wurde eine der Bedingungen gefunden, unter denen wir nach Glück streben: Wir können uns gar nicht in dem Bild eines ausschließlich Lust maximierenden Lebewesens wiedererkennen. Sollte unbedingte Bedürfnis- und Lustmaximierung unserem Begriff von Glück entsprechen, könnten wir weder glücklich sein noch werden. Sinnvollerweise muss Glück für uns etwas anderes bedeuten. In unserem Verständnis von Glück muss die gesamte menschliche Wirklichkeit bedacht werden:

88 | Lebenspraktisch bleiben diese Dimensionen natürlich immer mehr oder weniger aufeinander bezogen. Aus diesem Spannungsverhältnis resultieren Konflikte, beispielsweise zwischen Selbstverwirklichung und moralischen Anforderungen; ganz ähnlich wie es der Konflikt des klassischen Dramas zwischen moralischen Ansprüchen und gesellschaftlich-rechtlichen Forderungen schildert. In philosophischen Klärungsversuchen müssen die lebenspraktisch verbundenen Dimensionen unterschieden werden, um ihre Beziehungen erst einmal erscheinen zu lassen. Die Ergebnisse anschließender Reflexionsarbeit sollen dann innerhalb der ganzen, aber in ihren Differenzierungen nun reflektierten Lebenspraxis zur Grundlage von Handlungen werden.

89 | S. Freud: *Das Unbehagen in der Kultur*, S. 442.

1. Wir wissen um die zeitliche Begrenztheit der Lusterfahrungen: sie setzen sich von Momenten der durchschnittlichen Alltäglichkeit, der Ruhe, der Langeweile, des Schmerzes oder der Trauer ab.
2. Damit, dass sich Momente und Situationen des Genusses mit weniger lustvollen Stimmungen oder auch schmerzhaften Erfahrungen abwechseln, ist der Gedanke verbunden, dass wir das Wort ›Glück‹ einerseits für diese episodischen Erlebnisse gebrauchen können. Andererseits können wir aber eine lebensgeschichtliche Perspektive einnehmen, in der wir uns unter anderem anhand der Häufigkeit und Qualität der lustvollen Erfahrungen und der Abwesenheit von Schmerz, also insgesamt der subjektiven Befriedigung aber auch der moralischen Bewertung als ›im Großen und Ganzen‹ mehr oder weniger glückliche Menschen einschätzen können. Die moralische Dimension steht dafür, dass wir uns – ohne uns der Bedürfnisbefriedigung in irgend einer Weise schämen zu müssen – stets fragen können, ob wir mit der Befriedigung unserer subjektiven Wünsche auch berechtigte Ansprüche uns nahe oder fern stehender Mitmenschen anerkannt oder verletzt haben.
3. Dass das ›Programm des Lustprinzips‹ nicht erfüllt werden kann, ändert nichts an der Tatsache, dass wir faktisch nach Lust und Glück streben und Unlust und Leiden vermeiden wollen. Darin liegt es begründet, dass unser Verhältnis zur Welt primär eines ist, in dem wir uns um unser Dasein sorgen.[90] In philosophischer Terminologie ausgedrückt: Unser Weltverhältnis findet in pragmatisch verfassten Situationen statt und ist intentional gerichtet, das heißt, wir verfolgen handelnd und verstehend bestimmte Absichten.
4. Daraus folgt, dass eine bloße Orientierung am Lustprinzip bereits ein grundlegendes Selbstmissverständnis darstellt: Wünsche beziehen sich von Anfang an auf die ›Außenwelt‹, und ihre Erfüllungsgestalt bleibt auf die Wirklichkeit bezogen. Was immer wir auch von unseren Wünschen umsetzen mögen: All dies findet unter den Bedingungen der Realität statt. Unser Handeln stößt unter den Bedingungen der Wirklichkeit allenthalben auf externe und interne Grenzen. Nicht nur mögen uns Objekte nicht oder schwer oder nur teilweise erreichbar sein, sondern wir bemerken überall auch eine Begrenztheit unserer ›Verfügungsgewalt‹. Wir finden uns auf Handlungen und Reaktionen anderer Menschen angewiesen und wir merken, dass wir selbst mit minutiöser, auf unsere Wünsche abgestimmter Planung und bei günstigem Verlauf

90 | So lautet eine der Grundeinsichten Martin Heideggers (vgl. ders.: *Sein und Zeit*, § 48).

letztlich nicht einmal darüber verfügen können, ob uns der äußerlich erfolgreiche Ausgang unserer Bemühungen wirklich glücklich macht.[91] Es sind solche Aspekte von Endlichkeit und Negativität, die Freud am Anfang seiner Suche nach einem angemessenen Begriff von Glück herausstellt und die von den zu abstrakt verfahrenden ›Schulen der Lebensweisheit‹ übersprungen werden. Es ist nachvollziehbar, dass Freud dabei meint, allseits Bekanntes zu wiederholen – tatsächlich betreffen diese Grenzen ja alle Aspekte des menschlichen Lebens und erscheinen in ihrer Aufzählung vielleicht trivial. Man kann jedoch Heideggers Diktum, nachdem das ontisch Nächste das ontologisch Fernste sei, auf diese Bereiche übertragen: Die strenge Reflexion der alltagspraktischen und lebensweltlichen Grundlagen der humanen normativen Orientierung ist für die vernünftige Selbsterkenntnis von größerer Bedeutung als empirische entwicklungspsychologische Statistiken, die konventionelle Vorurteile über kohortenspezifische Normen zu abstrakten und scheinbar objektiven (nichtnormativen) wissenschaftlichen Erkenntnissen stilisieren. Die von Freud gewählten alltagspraktischen Beispiele zeigen, dass eine vollständige Erfüllung des Lustprinzips notwendig als unmöglich erkannt wird – doch die Anerkennung dieses existentiellen Faktums scheint wiederum nicht sehr weit verbreitet zu sein, worauf die bis heute ungebrochene Attraktivität illusionärer und dogmatischer Ideologien hindeutet.[92]

In unmittelbarer Nähe zum vorher zitierten Satz (nach dem das ›Programm‹ des Lustprinzips nicht durchsetzbar ist) wies Freud darauf hin, dass das Glück »in jenem ermäßigten Sinn, in dem es als möglich erkannt wird, [...] ein Problem der individuellen Libidoökonomie«[93] sei. Eine Lebenstechnik des Glücks darf sich nach Freud weder in einer einseitigen Orientierung an

91 | In psychoanalytischer Sicht können sich hier noch weitere ambivalente Probleme anschließen, wie Freud zum ›Scheitern am Erfolg‹ bemerkt (vgl. ders.: »Einige Charaktertypen aus der psychoanalytischen Arbeit«, S. 370–389).

92 | Heutzutage treten diese Ideologien häufig in der Form konfuser Amalgame von (möglichst exotischer) Religiosität und Spiritualität, *wellness* und *lifestyle*, Esoterik und Okkultismus, nicht selten auch in bemüht populärwissenschaftlichen Stil auf. Die Strategie ist natürlich immer dieselbe: Lang überliefertes ›Geheimwissen‹ wird ›wissenschaftlich‹ aufbereitet und kann in dieser Form konsumiert werden. Das heißt, das jeweilige Produkt wird als Technik verkauft, die völlig unabhängig von Zeit und historischer Situation wirksam ist, die nicht durch eigene Überlegung gewonnen oder kritisiert, sondern nur geglaubt werden kann und die Verfügungsgewalt durch Übereinstimmung mit (am besten: quantenphysikalischen) Naturgesetzen garantiert. Als Ergebnis solcher Ideologien ist im Allgemeinen eine Steigerung des Wohlbefindens zu erwarten, die zusammen geht mit einer Zunahme der Fähigkeit, das, was sowieso schon moralischer und gesellschaftlicher (oder politischer) *common sense* ist, noch ungefragter zu affirmieren. Es ist zu bezweifeln, dass diese Art emotional harmonisierender Disziplinierung dem Wohlbefinden von Menschen auf Dauer zuträglich ist.

93 | S. Freud: *Das Unbehagen in der Kultur*, S. 442.

Lustgewinn noch an Leidvermeidung erschöpfen. Sie muss bereits mit einer grundlegenderen Erkenntnis einsetzen, nämlich der Auseinandersetzung mit den Bedingungen der Realität. Freud bestimmt hier mittelbar auch die Verwendung des Begriffes ›Technik‹ näher. Er meint damit zwar erlernbare praktische Regeln, aber der Status dieser Technik bleibt doch begrenzt: Einerseits vermittelt sie keine ›magische‹ Verfügungsgewalt über die Dinge und Mitmenschen – es besteht keine Erfolgsgarantie. Andererseits ist, anders als bei einem *Programm*, das Ergebnis der Anwendung dieser Regeln nicht vorherbestimmt. Freuds Rede von der individuellen Libidoökonomie verweist auf habituelle Dispositionen, die ein Ergebnis der persönlichen Lebensgeschichte sind. Für die in Frage stehenden Regeln bedeutet dies, dass ihre gültige Formulierung letztlich ein Akt der authentischen Selbstbestimmung des Subjekts ist. In dieser Einschätzung erscheint die bewusste Reflexion auf die Erfolgschancen und Risiken menschlichen Handelns in der Welt vereint mit dem Wissen um die Fallibilität aller Entwürfe.

Damit einher geht die Einsicht in eine prinzipielle externe und interne Unverfügbarkeit: Mit unserem Handeln können wir andere Sachverhalte, andere Menschen oder auch uns selbst mehr oder weniger stark *beeinflussen*, aber – und gerade mit Blick auf soziale Handlungen wie Lieben und Vertrauen – nicht nach Belieben manipulieren oder umprogrammieren. Welche Regeln ich ›erfinde‹, um glücklich zu werden, obliegt nicht ausschließlich meiner eigenen Willkür, sondern ist von mir unverfügbaren ›äußeren‹, historisch-sozialen Lebensformen und den sich in deren Aneignung und Aktualisierung gebildeten ›inneren‹, habituellen Präferenzen abhängig. Aber letztlich bin ich die einzige Instanz, die die Autorität besitzt, solche für mich zutreffenden Entwürfe überhaupt zu formulieren und anzuerkennen: Die gesuchte Glückstechnik ist also in jedem Fall ein authentischer Entwurf. Es ist natürlich möglich, dass solche Regeln von vielen Menschen gleichzeitig anerkannt werden, und es ist auch nicht ausgeschlossen, dass diese Orientierung durch Erfahrungen modifiziert werden kann. Aber eine authentische ›Glückstechnik‹ ist stets nur eine, die als solche individuell begründet werden kann und persönlich anerkannt wird.

Dadurch, dass Freud das Glück an die individuelle Libidoökonomie und die Bewusstmachung der eigenen Wünsche bindet (was als Authentizität des Glücksstrebens bezeichnet werden könnte), erfahren die anfangs erwähnten Glückstechniken und Schulen der Lebensweisheit eine relative Rehabilitierung. Doch müssen äußere Verhältnisse und psychische Konstitution erst einmal (selbst-)kritisch durchgearbeitet und berücksichtigt werden, bevor solche Entwürfe eine individuelle Geltung beanspruchen können:

»Der vorwiegend erotische Mensch wird die Gefühlsbeziehungen zu anderen Personen voranstellen, der eher selbstgenügsame Narzißtische die wesentlichen Befriedigungen in seinen inneren seelischen Vorgängen suchen, der Tatenmensch von der Außenwelt nicht ablassen, an der er seine Kraft erproben kann. Für den mittleren dieser Typen wird die Art seiner Begabung und das Ausmaß der ihm möglichen Triebsublimierung dafür bestimmend werden, wohin er seine Interessen verlegen soll. Jede extreme Entscheidung wird sich dadurch strafen, daß sie das Individuum den Gefahren aussetzt, die die Unzulänglichkeit der ausschließend gewählten Lebenstechnik mit sich bringt«.[94]

Er fügt hinzu, die ›Lebensweisheit‹ rate, das Glück und die Befriedigung nicht durch die ausschließliche Konzentration auf *eine* Lebenstechnik zu suchen, sondern mehrere Momente auszunützen. Wenn dies mit der Bedingung der Authentizität in Verbindung gebracht wird, ergibt sich folgendes Bild: Das Postulat einer einzigen, allgemein gültigen Lebenstechnik – einer normativ aufgeladenen Weltanschauung – kann kein Glück garantieren. Eine solche Weltanschauung ist schon von vornherein verfehlt, weil sie eine Verfügbarkeit des Glücks suggeriert und eine allgemeine, ausschließliche Geltung der spezifischen, an die jeweilige Weltanschauung gebundenen Glücks- und Lebenstechnik beansprucht. Dagegen behauptet Freud, dass nur unter der Voraussetzung der Erkenntnis der eigenen Vorlieben und Wünsche über Sinn und Unsinn dieser Techniken befunden werden kann.

In einem authentischen Entwurf sind die geeigneten Techniken nur Mittel zum Zweck, niemals Selbstzweck, wobei sie einen Erfolg nicht garantieren können, dafür aber mit Frustrationen umzugehen versuchen. In den dogmatischen Ideologien werden diese Techniken zu allgemein gültigen, scheinbar das Glück garantierenden Anweisungen. Und da mit diesen zu Weltanschauungen geronnenen normativen Dogmen ein authentischer Entwurf gar nicht möglich ist, gerät letzten Endes das Mittel an die Stelle des eigentlichen Zwecks. In Hinsicht auf das Glück als Ziel menschlichen Strebens wird durch dieses Überspringen der Reflexion auf die subjektiven und natürlich-sozialen Bedingungen die Möglichkeit einer authentischen Lebensform versperrt.

Arbeit am Negativen

Mit Versprechen über die Wirksamkeit oder die Erfolgsaussichten hält Freud sich nicht lange auf. Bestimmte Strategien, Lust zu erreichen und Unlust zu vermeiden, erweisen sich als besonders praktikabel in Abhängigkeit von und bedingt durch die eigene Konstitution und die faktischen Gegebenheiten.

94 | Ebd., S. 442f.

Freud rät weder zu einer einzigen, sicheren Strategie noch zu einer unbedingten Anpassung an die Umwelt, sondern zu einer praktischen Klugheit, die in Kenntnis der eigenen Wünsche nach realisierbaren Möglichkeiten und gegebenenfalls Kompromissen der Befriedigung sucht:

»Der Erfolg ist niemals sicher, er hängt vom Zusammentreffen vieler Momente ab, von keinem vielleicht mehr als von der Fähigkeit der psychischen Konstitution, ihre Funktion der Umwelt anzupassen und diese für Lustgewinn auszunützen«.[95]

Freud hält es nicht für sinnvoll, nach Wegen zu suchen, die Möglichkeiten des Scheiterns und Leidens auszuschließen. Entweder wird diese grundlegende Negativität anerkannt, oder man ist bereits dabei, sich über sie illusorisch hinwegzutäuschen. Es wäre also falsch formuliert, wollte man sagen, der Mensch müsse *trotz* dieser Bedingungen nach Glück streben – vielmehr *sind dies* die Bedingungen, unter denen er nach Glück strebt. Es ist ja gerade das erklärte therapeutische Ziel der Psychoanalyse, die vergessenen und verdrängten Bedingungen bewusst zu machen, unter denen der Mensch ›Arbeits- und Genussfähigkeit‹ besitzt, ohne diese Bedingungen ›wahnhaft‹ oder illusorisch zu unterlaufen.

Der ständigen Möglichkeit des Scheiterns unserer Entwürfe können wir nicht durch noch so ausgefeilte Absicherungsstrategien entgehen, sondern wir müssen unter solchen Bedingungen handeln und mit Scheitern und Leiden umgehen können. Dies meint Freud mit dem Begriff der ›Trauerarbeit‹. In diesem Zusammenhang ist es wichtig, dass Freud die Trauer, etwa den Verlust einer geliebten Person, zwar als Einbruch einer leidvollen Erfahrung in das alltägliche Leben ansieht, aber nicht etwa als pathologisches Symptom kennzeichnet; er nennt sie vielmehr »Normalaffekt der Trauer«[96] und stellt sie dem pathologischen Extrem der Melancholie gegenüber. Trauer, als leidvolle Erfahrung und ›schmerzliche‹ Gestimmtheit, ist eine selbstverständliche Reaktion auf existentielle Widerfahrnisse des Lebens, die als solche nicht ›behoben‹ oder ›gelöst‹ werden können:

»Es ist [...] sehr bemerkenswert, daß es uns niemals einfällt, die Trauer als einen krankhaften Zustand zu betrachten und dem Arzt zur Behandlung zu übergeben, obwohl sie schwere Abweichungen vom normalen Lebensverhalten mit sich bringt. Wir vertrauen darauf, daß sie nach einem gewissen Zeitraum überwunden sein wird, und halten eine Störung derselben für unzweckmäßig, selbst für schädlich«.[97]

95 | S. Freud: *Das Unbehagen in der Kultur*, S. 443.

96 | Vgl. ders.: »Trauer und Melancholie«, S. 428

97 | Ebd., S. 429. Eine produktive Weiterentwicklung dieses Gedankens versucht Burkhard Liebsch, der zwischen den beiden Extremen des bloßen (›normalen‹) *Vergessens* der trauernden Erinnerung vom Anderen und der *pathologischen Verstrickung* in chroni-

Ein therapeutisch-technischer Eingriff in die Trauerarbeit wäre demnach kontraproduktiv. Die Trauerarbeit lässt sich als kontinuierliche Rückkehr zur Realität verstehen, die schrittweise den Verlust des geliebten Objekts anerkennt und die libidinösen Besetzungen aufhebt. Das heißt natürlich nicht, dass Freud ein Auslöschen oder Vergessen sämtlicher Erinnerungen für gesund hält, sondern dass die erarbeitete *Akzeptanz* des Verlustes eine Rückkehr ›in die Welt‹ möglich macht und so neue Beziehungen geknüpft und Objekte besetzt werden können:

»Das Normale ist, daß der Respekt vor der Realität den Sieg behält. Doch kann ihr Auftrag nicht sofort erfüllt werden. Er wird nun im einzelnen unter großem Aufwand von Zeit und Besetzungsenergie durchgeführt [...]. Tatsächlich wird aber das Ich nach der Vollendung der Trauerarbeit wieder frei und ungehemmt«.[98]

Therapeutische Maßnahmen wären im Fall der Trauer unangemessen, weil der Verlust des ›Objektes‹ ja nicht rückgängig gemacht werden und das Durcharbeiten der schmerzvollen Erfahrung durch keinen möglichen ›Eingriff‹ ersetzt werden kann. Das gleiche gilt für andere Abwehrversuche[99] der Leidensmöglichkeiten, wie Freud sagt: der

»großen Reihe jener Methoden, die das menschliche Seelenleben ausgebildet hat, um sich dem Zwang des Leidens zu entziehen, einer Reihe, die mit der Neurose anhebt, im Wahnsinn gipfelt, und in die der Rausch, die Selbstversenkung, die Ekstase einbezogen sind«.[100]

Diese sind Versuche, am Realitätsprinzip und der bewussten Verarbeitung vorbei gegen den ›Normalaffekt‹ der Trauer zu immunisieren oder diesen zu beseitigen. Therapeutische Maßnahmen hält Freud indes erst dann für nötig, wenn diese Rückkehr zur Normalität überhaupt nicht mehr geleistet werden kann, wenn also die Befähigung zur Trauerarbeit selbst gestört ist.

In diesem Sinne ist Freuds generelles therapeutisches Anliegen zu verstehen, wenn er das Ziel der psychoanalytischen Therapie darin sieht, neurotische Symptome in gewöhnliches Unglück umzuwandeln. ›Normales‹ Leiden hat seinen bestimmbaren Ort in der menschlichen Welt und seinen Grund in der Art und Weise der menschlichen Existenz, während neurotische Zwänge

sche Trauer ein *Denken des Abschieds vom Anderen* entwirft (vgl. ders.: »Das Selbst im Zeichen des Abschieds vom Anderen. Jenseits normaler und pathologischer Trauer«; zur *pathologischen* Trauer vgl. die differentialdiagnostische Beispielstudie von Th. Charlier: »Über pathologische Trauer«).

98 | S. Freud: »Trauer und Melancholie«, S. 430.

99 | Abwehr wird hierbei als regressive Fluchttendenz im Gegensatz zum am Realitätsprinzip orientierten Durcharbeiten betrachtet.

100 | Ders.: »Der Humor«, S. 385f.

dem Handeln und Denken des Subjekts fremd und unbestimmbar bleiben – darin liegt das Dämonische dieses Leidens.

Unter Glück sollte nicht ausschließlich ein episodisches lustvolles Erleben verstanden werden. ›Glücklich‹ verläuft eine selbstbestimmte Existenz, in der wir eigenen Entwürfen gemäß zu Genuss und Arbeit, zu Liebe und kommunikativem Handeln befähigt sind, unser Streben nach Befriedigung handelnd zu verwirklichen versuchen und dies auch angesichts frustrierender Erfahrungen nicht aufgeben. Dabei ist es gleich, ob wir die befriedigenden, glücklichen Erlebnisse spontan und zielgerichtet herbeigeführt haben oder als unverhofftes, beglückendes Ereignis ›passiv‹ erleben können. Auch diese Offenheit oder Rezeptivität will gelernt sein. So erweisen sich die Authentizität des Entwurfs und die Anerkennung der Negativität als entscheidende Merkmale, nach Glück streben zu können. Die *Authentizität* als Bedingung des Glücks impliziert, dass es keine für alle Menschen gültigen Entwürfe geben kann. Allgemein verfasste und dabei inhaltlich bestimmte Lehren und Techniken können keine verbindliche Geltung beanspruchen, sondern allenfalls Orientierung *anbieten*. Verbindlichkeit erhalten solche Entwürfe erst durch die subjektive Aneignung und sich an ihnen orientierende Praxis. Hinsichtlich der Entwürfe eines glücklichen Lebens erweist sich der Mensch auch hierin als autonom.

Die *Negativität* kennzeichnet die faktischen Bedingungen, unter denen diese autonomen Entwürfe realisiert werden können. Autonomie ist folglich nicht als absolut freies, willkürliches und garantiertes Verfügen über innerweltliche Möglichkeiten und andere Personen verstehbar, sondern entspricht einem Handeln in der Welt, das von einem kritisch-reflektierten Selbst- und Weltverhältnis ausgeht. Der authentische Entwurf gewinnt seinen Wert nicht durch die endgültige Lösung der Problematik von Gelingen und Scheitern, sondern erst als ein *auf Gelingen ausgerichtetes Handeln, das um die ständige Möglichkeit des Scheiterns weiß.*

Es ist insofern von systematischer Notwendigkeit, wenn Freud betont, dass nicht nur der Erfolg unserer Entwürfe niemals gesichert ist, sondern dass gerade die authentischen Entwürfe die prinzipielle Schwäche besitzen, dass wir uns damit relativ ungeschützt möglichen Leiden aussetzen.[101] Für die ›Lebenstechnik der Liebe‹ bedeutet dies beispielsweise: Wir können einen nahen Menschen durch dessen Tod verlieren; wir können aber auch von einem geliebten Partner verlassen werden. Doch die Negativität manifestiert sich nicht nur in diesen offensichtlichen Fällen (wie dem Tod eines geliebten Menschen oder der Beendigung einer Beziehung). Sie ist viel weitreichender –

101 | Vgl. das obige Zitat S. 185.

um bei der Beziehung zu bleiben: Wenn wir daran denken, dass nach der psychoanalytischen Theorie auch in jedem ›normalen‹, oder besser: geglückten Falle einer Liebesbeziehung von ambivalenten Gefühlen ausgegangen werden muss, heißt dies schon für den Alltag einer dauerhaften Beziehung, dass immer wieder vor dem Hintergrund einer veränderlichen, mehr oder weniger stabilen emotionalen Basis der Fortbestand dieses Entwurfes einer Partnerschaft ›ausgehandelt‹ werden muss. Das heißt, dass eine Partnerschaft nicht allein auf Liebe basiert, sondern dass Liebe genau genommen erst durch das gemeinsame Handeln und durch kommunikative Leistungen, insbesondere höherstufige zwischenmenschliche Praxisformen, wie Versprechen und Vertrauen, konstituiert wird. Insofern erschöpft sich auch Liebe nie in bloßen Lustgefühlen.

Mit dem Hinweis auf die Negativität kritisiert Freud naiv konzipierte Vorstellungen menschlichen Glücks. Die psychoanalytische ›Ent-täuschung‹ ist dabei auch in diesem Falle nicht einfach auf eine pessimistische Grundhaltung zurückzuführen. Mit dem Aufweis dieser faktischen Endlichkeit formuliert Freud vielmehr eine irreduzible Bedingung für authentische Entwürfe überhaupt. Am soeben gewählten Beispiel der Liebesbeziehung ließe sich etwa verdeutlichen, dass eine solche humane Praxis auf Dauer nicht ohne eine kommunikative Verarbeitung emotionaler Instabilitäten auskommen wird. Der authentische, gemeinsame Lebensentwurf wird sich gerade im ›Konfliktmanagement‹, also im Durcharbeiten von Problemen bewähren – eine Leistung, die durch bloße Anpassung an gesellschaftliche Normen und Konventionen gar nicht zu erreichen ist. Der psychoanalytische Begriff des Glücks ›im ermäßigten Sinn‹ erweist sich mit Blick auf die angestrebte Vermittlung von Lust- und Realitätsprinzip als anspruchsvolles Konzept individuellen Maßhaltens, das für Techniken der Luststeigerung wie Leidvermeidung gleichermaßen offen bleibt und repressive Zumutungen zurückweist, ohne sich dabei moralisch zu disqualifizieren.

Glück und Moral

Freuds Kritiken der Moralphilosophie und der ›Schulen der Lebensweisheit‹ sollen in diesem abschließenden Kapitel systematisch aufeinander bezogen und erneut zusammen mit Kantischen Überlegungen diskutiert werden. Die im ersten Kapitel erwähnte *eigentliche* Funktion der psychoanalytischen Moralkritik wird wieder aufgegriffen: Am Beispiel der Kritik der Sexualmoral wird herausgearbeitet, wie die Kritik an gesellschaftlichen Vorstellungen von Sittlichkeit unter Rekurs auf die Perspektive des subjektiven Glücksstrebens durchgeführt werden kann. Es soll gezeigt werden, dass die psychoanalytische Position selbst moralisch zu reformulieren ist und in ihrer kritischen Initiative eine nötige Reflexion über die moralische Begründbarkeit von Konventionen angestoßen hat.

Die definitorische Gleichsetzung von Glück und Lust, die Freud zu Beginn von *Das Unbehagen in der Kultur* vornimmt, wird im Laufe seiner Untersuchung erweitert. Angefangen bei der Einsicht, dass auch ein kurzzeitiges Lustgefühl als Glück bezeichnet werden kann, dass aber Glück schon in der Leidvermeidung bestehen kann und dass mittels Techniken und Weisheitslehren versucht wird, glücklich zu werden und es zu bleiben, zeigt sich, was unter Glück verstanden werden kann. Sobald die soziale Welt als ›äußere Realität‹ in das Streben des Einzelnen nach dem Glück ›einbricht‹, wird deutlich, dass Glück im Zusammenhang mit Orientierungen und Entwürfen steht. Gerade weil sowohl das spontane Erleben von Glück als auch die Freude an der Erfüllung eigener Wünsche immer zeitlich begrenzt sind und episodischen Charakter haben, gewinnt die Wiederholbarkeit solcher Erlebnisse und ihre Einordnung in die Lebensgeschichte an Bedeutung. Aus diesem Grunde wurden auch für Freud Weisheitslehren und Glückstechniken interessant. Auch sie verweisen bereits auf die Perspektive der Totalität des eigenen Lebens.

Freud enthält sich der vorschnellen Auszeichnung einer dieser Lehren mit dem Hinweis, dass hier keine allgemein gültigen Schlussfolgerungen zu treffen seien: Das individuelle Erleben von Glück hänge von der Konstitution des Einzelnen ab, ist also durch die je individuelle Geschichte und Erfahrung bedingt. Diese Geschichte selbst kann bis hinter das subjektiv Erfahrbare, bis hin zu frühkindlichen Lernprozessen zurückreichen und als solche manchmal gar nicht oder doch nur sehr fragmentarisch und oft nur mittels Erzählungen vergegenwärtigt werden. Hier helfen Glückstechniken nur dann weiter, wenn sie den dispositionellen Anlagen der eigenen Triebstruktur auch entsprechen. Gegen verallgemeinerte Dogmen setzt Freud die Selbstbestimmung des Subjekts, selbst herausfinden und entscheiden zu müssen, wie das eigene Glück realisiert werden kann. Dies ist natürlich nur die eine Seite der Medaille. Wenn Freud die Allgemeinheit der Glückstechniken bestreitet, so hält er doch eine andere universale Sphäre für nicht weniger wichtig: die faktisch erfahrbare und handlungskonstitutive Negativität, die er als Realitätsprinzip bezeichnet. Die menschliche Welt ist Ort und Bedingung der Realisierung der Glück erstrebenden Entwürfe, und das menschliche Dasein ist bestimmt durch seine leibliche Existenz, die faktisch wiederum durch Fragilität und Mortalität gekennzeichnet ist, durch die Widerständigkeit und Eigengesetzlichkeit der den Menschen umgebenden natürlichen, gegenständlichen Umwelt und durch die Geltung von handungsleitenden sozialen Institutionen und Konventionen.

Freud trägt dem Lustprinzip Rechnung, wenn er gegen dogmatische Weisheitslehren das selbstbestimmte Streben nach Glück hervorhebt und indem er gegen ein aussichtsloses Streben nach unbedingter und unbedachter Selbstverwirklichung die Realisierungsmöglichkeiten an ein die ›Realität prüfendes‹ Selbst- und Weltverhältnis bindet. Ein solcher Ansatz könnte den Nachteil bergen, dass Freuds Betonung der Selbstbestimmung bei aller begründeten Skepsis gegen konventionelle Sitten auch die moralische Dimension unterbestimmt. Es ist jedoch Freud in seinen Überlegungen besonders an einer Distanzierung von unrealistischen Glücksverständnissen und ›Glückstechniken‹ gelegen. Vor diesem Hintergrund gewinnt er allererst einen bestimmten Begriff des Glücks, der auf eine Vermittlung von Lust- und Realitätsprinzip hinausläuft. Der Begriff des Glücks wird dabei nicht inhaltlich positiv bestimmt. Wie gezeigt wurde ist aber auch ein absoluter Hedonismus mit den Freudschen Ergebnissen nicht vereinbar.[1]

Die Frage des Verhältnisses von Glück und Moral bleibt bei Freud offen, da Freud keinen inhaltlich bestimmten Begriff von Moralität entwickelt. Eine mögliche Sicht auf dieses Verhältnis soll abschließend unter Bezugnahme auf Kantische Überlegungen noch einmal thematisiert werden.

1 | Der offensichtlich ideologisch motivierte Vorwurf des so genannten ›Pansexualismus‹ muss hier nicht erörtert werden (für eine Kritik vgl. B. Nitzschke: »Liebe – Verzicht und Versöhnung. Das Ethos der Entsagung im Werk des Goethepreisträgers Sigmund Freud«).

Bedürfnisbefriedigung und moralische Autonomie

Das selbstbestimmte Streben nach Glück, das Freud als ›Zweck des menschlichen Lebens‹ bezeichnet, richtet sich auf die Erfüllung des Lustprinzips. Mit der dadurch ermöglichten Orientierung wird eine kritische Reflexion auf die eigene Triebstruktur und die Möglichkeiten der Realisierung von Wünschen erstrebt, die gerade die Grenzen und Bedingungen des Machbaren in das Streben nach Lust und Glück einbezieht. Es wurde gezeigt, dass Freud die Erfüllung des Lustprinzips unter den Bedingungen der Realität gerade nicht als bloße Orientierung an der individuellen Lust versteht. So transzendiert das von Freud hervorgehobene ›Glück der Liebe‹ bloße Lustmaximierung und ist nur als zwischenmenschliche Praxis richtig verstanden, die mit der Ambivalenz der Emotionen, mit erotischen und aggressiven Tendenzen produktiv umzugehen vermag.

Freuds psychoanalytische ›Nacherziehung‹ bezweckt primär den Abbau von Illusionen – nicht zuletzt der Illusion, es gäbe eine verbindliche und allgemeine Form der menschlichen Befriedigung. Dieses Verständnis von an Befriedigung orientierter Selbstbestimmung kann nicht zuletzt gegen zwei moralistische Vorstellungen gewendet werden: gegen (1) die Annahme, dass eine Ethik des guten Lebens *ausschließlich* auf die Moralität des Verhaltens gegründet werden könne (weil entweder die Orientierung an so etwas wie ›Glück‹ von vornherein schlecht wäre oder weil aus der Moralität bereits Glück oder Zufriedenheit folgen würden) und gegen (2) sinnesfeindliche, repressive und diskriminierende Ausprägungen normativer Systeme. Es lässt sich zeigen, dass einerseits die Kantische Moralphilosophie nicht die Konsequenz zieht, dass Selbstliebe *an sich* verwerflich ist und dass auch Ratschläge der Klugheit sinnvolle Orientierung bieten können, die nicht durch moralische Sätze *ersetzt* werden können. Und es sollte sich zeigen lassen, dass in der Kritik moralistischer, sinnesfeindlicher Normen gerade der berechtigte Kern der Freudschen Moralkritik zu finden ist und nicht etwa in der generellen Ablehnung der Moral als solcher.

Nun ist es so, dass ›Glück‹ entweder eine extrem unbestimmte oder sehr unzureichende Charakterisierung des menschlichen Lebensziels ist. Niemand wird bei dem Versuch der Beurteilung des eigenen Lebens ausschließlich die Anlässe der Lustempfindungen zusammenaddieren; schon gar nicht werden wir das Leben eines anderen Menschen danach beurteilen können. Vielmehr werden wir mit einbeziehen, welche Entscheidungen in wichtigen Situationen getroffen wurden, inwieweit dieser Mensch aufrichtig oder verlässlich handelt (oder gehandelt hat), und oft genug kommt es angesichts des Ausgangs existentiell problematischer Situationen gar nicht darauf an, inwiefern

Lust- oder Unlustmomente unter den vielfältig beschreibbaren Konsequenzen zu finden sind. Die Vorstellung von selbstbestimmter Triebbefriedigung, die Freud als ideales Therapieziel anstrebt, beschreibt auch in einem weiten Verständnis nur einen Teil dessen, was unter einem selbstbestimmten Dasein zu verstehen ist. In Kants Worten: »Macht, Reichthum, Ehre, selbst Gesundheit und das ganze Wohlbefinden und Zufriedenheit mit seinem Zustande unter dem Namen der *Glückseligkeit*«[2] stellen nur *eine* mögliche und näherhin subjektiv bedingte Perspektive dar, in der wir uns und andere beurteilen. In vielen, wohl sogar den meisten alltäglichen Situationen ist es moralisch weder verpflichtend noch verboten, etwas Angenehmes zu bewirken. Oft wollen wir etwas Angenehmes oder Nützliches für uns oder andere verwirklichen und die Alternativen, zwischen denen wir uns entscheiden müssen, sind moralisch indifferent. Wir kommen dann gar nicht in die Verlegenheit, unser Handeln moralisch bewerten zu müssen, weil wir die Ansprüche anderer Personen überhaupt nicht bedrohen. Andererseits gibt es Situationen, in denen diese Gefahr besteht, in denen wir also genötigt sind, unser Handeln nach moralischen Bewertungskriterien abzuwägen, die unseren subjektiven Neigungen entzogen sind und uns möglicherweise einen Befriedigungsverzicht oder -aufschub oder eine Modifikation unserer Ziele oder sogar eine unseren Neigungen widersprechende, Unlust erzeugende Handlung abverlangen. Ob wir unser Leben gut und gelingend führen, werden wir nicht zuletzt danach beurteilen, ob wir diese Unterscheidung überhaupt treffen können.

Wer von sich und anderen mit ›moralischen‹ Begründungen verlangt, die Befriedigung aller Neigungen möglichst zu versagen oder diese Befriedigungserlebnisse auf einem absoluten Minimum zu halten, wird Schwierigkeiten haben, ein glückliches, erfülltes Leben zu leben. Mehr noch: Wer dies anderen abverlangt, vertritt die moralisch nicht zu rechtfertigende Position des Asketismus. Wer dagegen die Maximierung der Bedürfnisse und deren größtmögliche Erfüllung zum ersten Prinzip erhebt und dies als Recht des von Natur aus Stärksten ausgibt, verstößt gegen eine Minimalforderung der Moralität. Es wird sich kein vernünftiger Mensch finden, der hier noch von einem guten Lebensentwurf sprechen würde – und sofern der Betreffende selbst darüber nachdenkt, kann er über seinen naturalistischen Fehlschluss nicht anders urteilen.

Ebenso wichtig, wie die moralischen Geltungsansprüche klar zu explizieren und philosophisch zu begründen, scheint es zu sein, das Verhältnis von Moral und Glück richtig zu bestimmen und jedem Bereich seinen Ort und seine Grenzen zuzuweisen. Lustfeindliche Hypermoral und dogmati-

2 | I. Kant: *Grundlegung zur Metaphysik der Sitten*, S. 393.

scher Konventionalismus verzerren dieses Verhältnis durch Übertreibung der moralischen Geltungsansprüche; der antimoralische Hedonismus dagegen verfehlt ein akzeptables Verständnis des guten Lebens.[3] Wie also kann eine Lust und Sinnlichkeit affirmierende Selbstbestimmung[4] mit der moralischen Autonomie zusammen gedacht werden, ohne in Hedonismus oder Moralismus umzuschlagen? Wie lassen sich die konstruktiven und kritischen Ansätze von Kant und Freud sinnvoll aufeinander beziehen?

In seiner Moralphilosophie besteht Kant darauf, dass die Bestimmungsgründe moralisch wertvollen (also: guten) Handelns nicht pathologischer Natur sein können. Die praktische Vernunft soll moralische Urteile unabhängig von pathologischen Affektionen[5] fällen. Das bedeutet, dass persönliche Neigungen, das Streben nach Glück und die Selbstliebe prinzipiell nicht zur Begründung und Beurteilung der Moralität von Handlungen taugen. Das heißt aber darüber hinaus auch, dass Affekte wie Furcht, Angst, Mitleid aber auch unreflektierte Ressentiments ungeeignet sind, moralische Urteile zu begründen.

Für moralische Urteilsfindungen kann damit die negative Forderung erhoben werden: Aus dem bloßen Vorhandensein von Affekten, Emotionen und Neigungen lässt sich keine Handlungsnorm ableiten. Überhaupt ist diese methodologische Entscheidung geeignet, oberflächliche *Ableitungen* ethischer Bewertungsmaßstäbe aus vorgeblichen Tatsachen als Ideologien zu entlarven. Ethische Normen sind nicht unabhängig von menschlicher Praxis in

3 | Auch hier werden in gewisser Weise die ›Fußnoten zur Platonischen Philosophie‹ (Whitehead) weiter geschrieben: Der Sokratischen Intention, dass (nur) ein tugendhaftes Leben ein glückliches sein kann, steht der – Nietzsche in Ansätzen vorwegnehmende – Antimoralismus des Kallikles im *Gorgias* gegenüber. (Es sind natürlich mehrere Interpretationen der Sokratischen Position möglich; so lässt sich über eine generelle Abwertung der Lust beim Platonischen Sokrates sicherlich streiten, und auch der Glücksbegriff impliziert ein erweitertes Verständnis und lässt sich gerade nicht auf die Lust und das Angenehme reduzieren). Die vorliegende Arbeit betont dagegen die Kantische und Freudsche Kritik, nach der sich Glück weder durch moralische Prinzipien noch durch Weisheitslehren *garantieren* lässt. Darüber hinaus folgt sie der Kantischen Idee der ›Glückswürdigkeit‹, nach der ein gutes, gelingendes Leben nicht ohne moralische Verantwortung zu denken ist und der Vorstellung Freuds, nach der ein glückliches Leben auch nicht ohne die Auseinandersetzung mit dem eigenen Triebleben und der Realisierung von nach Lust und Liebe strebenden Wünschen gelingen kann.

4 | Gemeint ist damit nicht eine hedonistische Orientierung, die moralisch nicht qualifiziert werden kann, sondern eine positive Einstellung zu Sinnlichkeit und Lusterfahrungen, die moralische Ansprüche gelten lässt.

5 | Im Kantischen Sprachgebrauch bedeutet ›pathologisch affiziert‹ zu sein nur, Neigungen oder Gefühle zu spüren, was an sich nicht negativ bewertet wird. In Handlungen ›aus Mitleid‹, ›aus Rachegelüsten‹ oder ›aus Eifersucht‹ werden diese Neigungen und Affekte jedoch zu handlungsbestimmenden Triebfedern; dies ist nicht etwa krank, sondern unmoralisch.

der Welt ›vorhanden‹ und lassen sich auch nicht mithilfe hoch spezialisierter Beobachtungs- oder Bildgebungsverfahren an evolutionären Errungenschaften, genetischem Erbgut, neuronalen Aktivitäten, statistischen Erhebungen oder eben persönlichen Befindlichkeiten ablesen oder davon ableiten. Normative Maßstäbe sind nicht deswegen objektiv, weil sie beobachtbar sind, sondern weil normative Geltungsansprüche das menschliche Handeln fundieren und die Möglichkeit einer moralischen Handlungsorientierung eröffnen.

Wendet sich Kant aber damit, dass er die *Begründung* moralischer Bewertung von empirischen Gegebenheiten und persönlichen Befindlichkeiten abkoppelt, gegen das menschliche Glück? Opfert er die menschlichen Empfindungen einer totalitären Vorstellung von Vernunft? Schließt Kant das menschliche Glück, die Lust oder die Angst aus der Ethik aus, um die Vorstellung einer absolut gesicherten moralischen Position für den zum reinen Vernunftwesen erhobenen Menschen dogmatisch festzulegen? Eine solche idealistische Position vertritt Kant nicht. Er will zwar die Orientierung an Glück, Lust und Neigungen aus den Begründungszusammenhängen ausschließen, er verkennt aber nicht die positive Rolle dieser Elemente in Bezug auf die menschliche Situation.

Zunächst einmal ist zu bedenken, dass Kant, wie angesprochen, das Glück und die pathologischen Affektionen nur aus dem engeren Kreis der *moralphilosophisch relevanten Begründungsprinzipien* ausschließt. Natürlich bleibt die Befriedigung vielfältiger Bedürfnisse und das Streben nach Wohlergehen für jeden Menschen relevant. In der *Metaphysik der Sitten* spricht Kant auch von »Pflichten der Selbstliebe und Nächstenliebe«[6]. Als Zwecke, die zugleich Pflichten sind, bestimmt er »[e]igene Vollkommenheit – fremde Glückseligkeit«[7], also zum einen die Pflicht der *moralischen Vervollkommnung* gegenüber sich selbst, die wir rekonstruieren können als Streben nach Authentizität, das heißt, konsequent so zu handeln, wie ich es vernünftigerweise – nicht willkürlich – für richtig halte. Und zum anderen die Pflicht, die *Glückseligkeit anderer* zu befördern. Das Glück ist also in der Kantischen Ethik nur insofern ausgeschlossen, als subjektive Neigungen die Konsequenz der ersten Pflicht gegen sich selbst nicht kontaminieren sollen. Trotzdem bleibt die Ermöglichung der Glückseligkeit, ein gutes Leben führen zu können, auch für Kant eine Pflicht gegenüber den anderen, die ich darin als Personen achte und eben nicht zur Beförderung meines privaten Glücks und meiner Neigungen instrumentalisiere.

Kant unterscheidet in dieser Hinsicht hypothetische von kategorischen

6 | I. Kant: *Die Metaphysik der Sitten*, S. 410.
7 | Ebd., S. 385.

Imperativen. Hypothetische Imperative sind Regeln der technischen oder pragmatischen Anwendung von Mitteln zu bestimmten vorausgesetzten Zwecken. In Bezug auf technische Verfahren wird dadurch Geschicklichkeit in der Ausübung gewisser Verfahren bewiesen, während pragmatisches Handeln sich an klugen Ratschlägen orientiert. Technische Vorschriften treffen selbst keine Aussagen über die moralische Bewertung der Zwecke, zu denen sie führen. Die Regeln zur Dosierung von Medikamenten und zur Dosierung von Gift verbürgen lediglich den funktionalen Erfolg: nämlich Heilung oder Tod der Person, die diese Stoffe verabreicht bekommt. Diese Regeln sagen nichts darüber aus, wer etwa bei begrenzten Ressourcen von Medikamenten den Vorzug bekommen soll oder ob der Giftmord eines Tyrannen geboten sei. Diese Regeln bieten sich nur als notwendig zu ergreifende Mittel für die rational vorgehende Realisierung im Voraus gesetzter Zwecke an. Insofern als der gesetzte Zweck auch die entsprechenden Mittel erfordert, werden diese technischen Imperative analytische genannt. Diese Zwecke selbst sind nur *mögliche* Zwecke; inwiefern sie als zur Diskussion stehende auch gerechtfertigt werden können und damit als Mittel *geboten* (und in praktischer Hinsicht notwendig) sind, kann nur ein moralisches Urteil begründen.[8]

Ähnliches, aber systematisch betrachtet Verschiedenes gilt nach Kant für die von ihm so genannten Regeln der Klugheit (pragmatische Imperative). Darunter fasst er Regeln, die sich auf die »Wahl der Mittel zur eigenen Glückseligkeit«[9] beziehen. Hier trifft Kant nun allerdings eine folgenschwere Entscheidung, wenn er »alle Elemente, die zum Begriff der Glückseligkeit gehören«[10] als *empirische* kennzeichnet. Er fordert entsprechend, dass zur »Idee der Glückseligkeit ein absolutes Ganze[s], ein Maximum des Wohlbefindens, in meinem gegenwärtigen und jedem zukünftigen Zustande erforderlich ist«.[11] Dies mutet wie eine idealistisch überspitzte begriffliche Fassung der Glückseligkeit an, und tatsächlich versteht Kant unter der Glückseligkeit die Idee, in der *alle Neigungen* zu einer Summe vereinigt werden.[12] Hier ist also gerade nicht von einem ›gelungenen Leben‹ die Rede, das auch moralische Ansprüche berücksichtigt, da moralische Werte *ausschließlich* als sittliche Pflichten gefasst werden.

Kants Idee des Glücks lässt sich aber durchaus als ›philosophische‹ Variante des Freudschen Gedankens lesen, nach dem die Menschen glücklich werden und es bleiben wollen. Aus der Differenz zwischen empirischen Erfahrungsgehalten und dem Ideal der Glückseligkeit ergibt sich aber ein praktisches

8 | Vgl. ders.: *Grundlegung zur Metaphysik der Sitten*, S. 415.
9 | Ebd., S. 416.
10 | Ebd., S. 418.
11 | Ebd.
12 | Vgl. ebd., S. 399.

Problem der lebensweltlichen Orientierung: So sind wir zwar in der Lage, empirisch fundierte hypothetische Imperative für bestimmte Zwecke zu bilden, aber ob diese Zwecke auch den Endzweck – die Glückseligkeit – herbeiführen, ist nicht absehbar. Kant bringt verschiedene Beispiele:

»Will er Reichthum, wie viel Sorge, Neid und Nachstellung könnte er sich dadurch nicht auf den Hals ziehen! Will er viel Erkenntniß und Einsicht, vielleicht könnte das ein nur um desto schärferes Auge werden, um die Übel, die sich für ihn jetzt noch verbergen und doch nicht vermieden werden können, ihm nur um desto schrecklicher zu zeigen, oder seinen Begierden, die ihm schon genug zu schaffen machen, noch mehr Bedürfnisse aufzubürden. Will er ein langes Leben, wer steht ihm dafür, daß es nicht ein langes Elend sein würde?«[13]

Damit thematisiert Kant eine ähnliche Problematik wie die, auf die Freud im Zuge seiner Kritik der ›Schulen der Lebensweisheit‹ stößt. Und Kant kommt zu vergleichbaren Ergebnissen, mit denen sich ein ähnlich kritischer Gehalt verbinden lässt, insofern es unmöglich sei, »daß das einsehendste und zugleich allervermögendste, aber doch endliche Wesen sich einen bestimmten Begriff von dem mache, was er hier eigentlich wolle«.[14] Der Mensch als zwar vernünftiges, aber konstitutiv endliches und zeitliches Lebewesen ist »nicht vermögend, nach irgend einem Grundsatze, mit völliger Gewissheit zu bestimmen, was ihn wahrhaftig glücklich machen werde, darum, weil hiezu Allwissenheit erforderlich sein würde«. Daraus folgert Kant:

»Man kann also nicht nach bestimmten Principien handeln, um glücklich zu sein, sondern nur nach empirischen Rathschlägen, z.B. der Diät, der Sparsamkeit, der Höflichkeit, der Zurückhaltung u.s.w., von welchen die Erfahrung lehrt, daß sie das Wohlbefinden im Durchschnitt am meisten befördern. Hieraus folgt, daß die Imperativen der Klugheit, genau zu reden, gar nicht gebieten, d.i. Handlungen objectiv als praktisch-*nothwendig* darstellen, können, daß sie eher für Anrathungen (*consilia*) als Gebote (*praecepta*) der Vernunft zu halten sind«.[15]

Kant will darauf hinaus, dass nur *den* Maximen, die unseren Handlungen zugrunde liegen und die der allgemeinen Form des kategorischen Imperatives entsprechen, ein moralischer Wert zukommt. Das bedeutet, dass die generellen Orientierungen, an denen wir unsere konkreten Entscheidungen (und Handlungsregeln) ausrichten, von uns als verallgemeinerbare Grundsätze sittlichen Zusammenlebens gedacht und gewollt werden müssen. Dies schließt generelle Implikationen ein, nach denen moralische Grundsätze

13 | Ebd., S. 418.
14 | Ebd.
15 | Ebd.

universalisierbar (und nicht bloß partikular) sein müssen, oder dass wir andere Vernunftwesen (Menschen) nicht als Mittel für unsere privaten Zwecke *missbrauchen* sollen.

Zwar lässt sich den am Glück orientierten Handlungen, insofern sie sich nicht von Vornherein als unmoralisch disqualifizieren, allenfalls eine Nützlichkeit mit Blick auf die Befriedigung von Neigungen zuschreiben. Aber auch für Kant ist das Streben nach der Sicherung der Glückseligkeit eine *indirekte Pflicht*, weil ohne diese Basis einer zufriedenen Existenz die Gefahr der unsittlichen Verfehlungen wächst:

»Seine eigene Glückseligkeit sichern, ist Pflicht (wenigstens indirect), denn der Mangel der Zufriedenheit mit seinem Zustande in einem Gedränge von vielen Sorgen und mitten unter unbefriedigten Bedürfnissen könnte leicht eine große *Versuchung zu Übertretung der Pflichten* werden«.[16]

Kant sieht diese Tendenz im Prinzip der Selbstliebe mit dem Ziel der Glückseligkeit im Menschen bereits angelegt und meint nicht, diese ›Sorge um sich‹ ließe sich moralisch direkt fordern. Allerdings ist hier schon ein potentielles Argument angelegt, nach dem moralisch ungerechtfertigte sittliche Konventionen kritisiert werden können: *Eine übertriebene Einschränkung der menschlichen Neigungen und Bedürfnisbefriedigung, die über das moralisch Erwart- und Begründbare hinaus geht, verstößt danach selbst wieder gegen eine indirekte Pflicht.* Auch Kant ›verdammt‹ also die ›Selbstliebe‹ als Handlungsmotivation nicht vollständig, sondern nur, insofern diese moralischen Anforderungen widerspricht. Er wendet sich allerdings gegen einen subjektivistischen »Eigendünkel«.[17]

Die Endlichkeit, die Kant in der Orientierung an Moral und Glückseligkeit herausarbeitet, ist jedoch noch tiefgreifender. Zum einen geht Kant davon aus, dass die Folgen unserer Handlungen niemals ganz allein in unserer Macht stehen, weil wir in der gegenständlichen, empirisch erfahrbaren Welt nur so tätig werden können, dass die Folgen unserer Eingriffe den kausalen (physikalischen) Gesetzen unterliegen. Deswegen sind auch etwaige beabsichtige Konsequenzen gerade *nicht* zur Begründung einer Handlung ausreichend; auch wenn natürlich die *Wahrhaftigkeit*, die beabsichtigten Folgen auch wirklich herbeiführen zu wollen, nicht fehlen darf. Zur Begründung eignen sich nur die den Handlungen zugrunde liegenden Maximen, und davon natürlich nur jene, die als sittliches Gesetz universalisierbar sind.

Aber auch eine gute Handlung kann nicht alle ihr Folgen vorhersehen oder garantieren. Das gilt sogar für die Gründe selbst der moralischen Handlung,

16 | Vgl. ebd., S. 399.
17 | Ders.: *Kritik der praktischen Vernunft*, S. 73.

denn auch bei der »schärfsten Selbstprüfung« können wir nicht mit Sicherheit schließen,

»daß wirklich gar kein geheimer Antrieb der Selbstliebe unter der bloßen Vorspiegelung jener Idee [des Guten, MV] die eigentliche bestimmende Ursache des Willens gewesen sei, dafür wir denn gerne uns mit einem uns fälschlich angemaßten edlern Bewegungsgrunde schmeicheln«.[18]

Für Kant sind diese negativen Aspekte der Ursachen und Folgen einer Handlung nur ein weiterer Punkt, der die unbedingte Pflichtgemäßheit der Handlung als einzige Möglichkeit der Moralität übrig lässt.

Zum anderen zeigt Kant, wie bereits erwähnt, dass wir hinsichtlich der Befriedigung unserer Bedürfnisse streng genommen gar keine *verallgemeinerbaren* Grundsätze erwarten dürfen. Durch diese Unzulänglichkeit taugen nach Kant von vornherein alle praktischen Weltweisheiten nicht zur prinzipiellen, gesetzmäßigen Handlungsorientierung und mithin nicht zur moralphilosophischen Begründung. Darin liegt der Kern der Kantischen Kritik an dem von ihm so genannten ›Eudämonismus‹, den er als praktischen Egoismus versteht.[19] Somit erweist sich auch in zweifacher Hinsicht die ideologische Form der Weisheitslehren, die ja einerseits *allgemeine* Handlungsregeln vorschreiben und sich damit in unberechtigte Konkurrenz zur Moralphilosophie setzen und die andererseits prinzipielle Mittel und Wege der Bedürfnisbefriedigung propagieren und mithin die ›Verfügbarkeit von Glück‹ suggerieren. Damit überstrapazieren sie die möglichen Geltungsansprüche von Ratschlägen der Klugheit. Aber auch hypermoralische Systeme, die das Glück generell aus dem weiten Bereich ethischer Fragestellungen, nicht nur aus dem engeren der Moralphilosophie ausschließen wollen, widerstreiten der menschlichen Natur und sind nicht geeignet, eine stabile Grundlage für moralische Redlichkeit zu schaffen.

Für die Realisierung des Glücks unter den Bedingungen der Moralität gilt: *Hinsichtlich der moralischen Bewertung unserer Handlungen tragen wir die Verantwortung der praktischen Beurteilung unseres Handelns. Und hinsichtlich des Strebens nach Glück tragen wir die Verantwortung, dabei nicht gegen unsere moralischen Überzeugungen zu handeln.* Zusätzlich bleibt uns die Einsicht in die Begrenztheit der Kontrollierbarkeit der Konsequenzen unseres Handelns zugemutet.

Gerade mit Blick auf das Streben nach Glück lassen sich die Ausführungen Freuds an die Kantische Moralphilosophie vertiefend anschließen. Obwohl

18 | Ders.: *Grundlegung zur Metaphysik der Sitten*, S. 407.
19 | Vgl. ders.: *Anthropologie in pragmatischer Hinsicht*, S. 130; *Metaphysik der Sitten*, S. 377.

Kant, dessen Untersuchung auf die moralphilosophische Perspektive beschränkt bleibt, dabei mit Recht eine Begründungsfunktion von Neigungen zurückweist, sind doch mit seinen moralphilosophischen Einsichten – um es mit dem Wittgenstein des *Tractatus* zu sagen – andere wesentliche Lebensprobleme der Ethik noch lange nicht gelöst, denn nicht alle problematischen Entscheidungen, von denen unser ›Glück‹ abhängen kann, sind moralischer Natur.

Bezüglich der Kantischen Philosophie stellt sich auch noch ein weiteres Problem, das von den folgenden Untersuchungen betroffen ist. So radikal und kritisch Kant in seiner Moralphilosophie auch verfährt, zeigt er doch in seiner Rechts- und Tugendlehre innerhalb der *Metaphysik der Sitten* den Hang zu einer ganz und gar rückständigen Sexualethik: Geschlechtsverkehr sei danach streng an einen Vertrag (die Ehe) gebunden und Masturbation wird als »wohllüstige[...] Selbstschändung«[20] abgelehnt, da sie eine eklatante Verletzung der Pflichten gegen sich selbst darstelle. Die Geschlechtsliebe sei von Natur aus »zur Erhaltung der Art bestimmt« und sie der »bloßen thierischen Lust zu widmen« sei schändlich und unnatürlich.[21] Das Verbot der Masturbation begründet Kant damit, »daß der Mensch seine Persönlichkeit dadurch (wegwerfend) aufgiebt, indem er sich blos zum Mittel der Befriedigung thierischer Triebe braucht«.[22]

An dieser Stelle kann eine psychoanalytisch informierte Kritik einsetzen, nach der die Kultur zu viel an Triebverzicht fordere. Der Kantische ›Rückfall‹ in den Dualismus lässt sich umgehen, indem man den Menschen als vernunftfähiges sinnliches Lebewesen betrachtet, ohne um den animalischen Teil seiner Natur zu kürzen. Damit wird nicht bestritten, dass Lust und Neigung in der *moralischen* Beurteilungspraxis keine Geltungsansprüche begründen können – es wird nur die moralistische Position zurückgewiesen (die Kant sonst selbst nicht teilt), dass die Notwendigkeit formaler moralischer Beurteilung auf *moralisch indifferente* Bereiche des menschlichen Lebens und Glücksstrebens ausgeweitet wird.

Die Aufgabe besteht gerade darin, die produktive Moralkritik der Psychoanalyse in diesem Punkt gegen eine moralistische Abwertung der Lust in Stellung zu bringen. Diese Korrektivfunktion ist dazu geeignet, die radikale Selbstreflexion der Moralphilosophie konsequent weiterzuführen. Ohne diesen Impuls aus der klinischen und therapeutischen Praxis liefe eine gegen empirische Kritik sich immunisierende, ungeschichtliche Moralphilosophie Gefahr, ihr kritisches Potential aufzugeben und hätte in der Folge selbst De-

20 | Ders.: *Die Metaphysik Sitten*, S. 424.
21 | Ebd.
22 | Ebd, S. 425.

fekte am Naturwesen Mensch mit zu verantworten. Die kritischen Einsichten der Kantischen Moralphilosophie können – angesichts der sachlich berechtigten Freudsche Moralkritik – gegen die unkritischen Momente der Kantischen Tugendlehre verwendet werden.

Kritik der Aufhebung der Sexualmoral

Ein vernünftiges Verständnis von *Autonomie*, das die Anerkennung moralischer Geltungsansprüche und des Lustprinzips der menschlichen Natur einschließt, muss die negativen Aspekte dieser (unserem Kenntnisstand nach) nur Menschen möglichen Lebensform kritisch erarbeiten und berücksichtigen – oder andernfalls der Dialektik einer unreflektierten, in ihrem Anspruch gescheiterten Aufklärung erliegen. Recht verstanden artikuliert der Begriff der Autonomie die *Notwendigkeit* eines praktischen, vernünftigen Selbstverständnisses, mit dem begründbare Handlungsorientierungen unlösbar verbunden sind. Autonomie ist nicht die selbstherrliche Bezeichnung einer von Menschen immer schon realisierten absoluten Freiheit, ist nicht eine Legitimierung egoistischen Willkürhandelns, sondern die Kennzeichnung einer Menschen stets offenen Perspektive vernünftiger moralischer Selbstbestimmung.[23] Diese Möglichkeit kann durch gesellschaftliche Verhältnisse, Normen und Institutionen systematisch befördert oder behindert werden; sie kann in Grenzsituationen problematisch werden und beeinträchtigt oder verunmöglicht sein. Ebenso kann Autonomie durch ein ideologisch verzerrtes, durch ein unreflektiert-naives oder durch ein pathologisch beschädigtes Selbstverständnis verfehlt werden.

Freuds Studien zum Glücksbegriff wurden zum Anlass für die Behauptung genommen, dass auch ein reflektiertes Verständnis von *moralischer* Autonomie die menschliche Situation noch nicht ausreichend beschreibt. Angesichts der von Kant als ›populäre praktische Weltweisheit‹ und Freud als ›Schulen der Lebensweisheit‹ kritisierten Weisheits- und Lebenskunstlehren zeigt sich, dass diese Systeme keineswegs die Geltungsansprüchen einer Moralphilosophie übernehmen können und dass sie in ihrer generalisierenden Tendenz dazu neigen, in Ideologie umzuschlagen. Darüber hinaus lässt sich aber feststellen, dass in diesen Lehren berechtigte humane Ansprüche auf lustvolle Bedürfnisbefriedigung beziehungsweise Leidvermeidung artikuliert werden, die wiederum eine kritische Funktion gegenüber faktischen – wenn-

23 | In seiner Studie zur Moral bei Freud belegt Antonio Lambertino an Beispielen, dass Freud trotz seiner vorgeblichen deterministischen Grundhaltung implizit annimmt bzw. voraussetzt, dass der Mensch hinreichend frei ist, um sein Handeln in einer authentischen Weise selbst zu bestimmen (vgl. ders.: *Psychoanalyse und Moral bei Freud*, S. 351–389).

gleich problematischen – sittlichen und moralischen Geltungsansprüchen entfalten und deren Legitimation in Frage stellen können. Die menschlichen Bedürfnisse und Glücksansprüche zeigen eine materiale Dimension der Selbstbestimmung an, die moralisch indifferent sein kann, die also moralische Geltungsansprüche weder verletzt, noch der spezifisch moralischer Regulierung bedarf. Die Frage nach dem guten glücklichen Leben kann zwar keineswegs vollständig von moralischen Ansprüchen losgelöst werden; es ist jedoch vor einer hypermoralischen Ideologie zu warnen, die *sämtliche* Aspekte von Lust und Befriedigung der bloß scheinbar ›moralischen‹ Verallgemeinerung unterwerfen will.

Ein gutes Leben lässt sich nicht auf das Streben nach Befriedigung oder die Erfüllung des Prinzips der Selbstliebe reduzieren. Es erschöpft sich aber auch nicht in dem Bestreben, moralischen Ansprüchen zu genügen. Einerseits sollen wir dazu in der Lage sein, unsere Handlungen, wo es vernünftigerweise gefordert ist, moralisch zu rechtfertigen. Moralische Urteile können bestimmte Wege, die zu unseren subjektiven Zwecken führen erlauben oder verbieten; einige Zwecke müssen aus moralischen Gründen vollständig ausgeschlossen werden. Andererseits erfordert eine solche Beurteilung immer auch ein wohl begründetes moralisches Urteil und nicht den bloßen Verweis auf faktische durchschnittlich-alltägliche Meinungen, Sitten und Konventionen.

Auf viele Fragen einer guten Lebensführung lassen sich weder generalisierbare Antworten geben, noch sind sie allein durch moralische Überlegungen zu entscheiden. Wer das gute Leben oder die gelingende Lebensführung allein an das Glück oder die Lust (Hedonismus) oder die Moral (Moralismus) bindet, entschärft die existentielle Problematik dieses Bereichs. Es geht vielmehr darum, die Realisierung der eigenen Wünsche und die moralische Autonomie in ihrer Bezogenheit aufeinander als unhintergehbar zu erkennen. Autonomie lässt sich, das sieht Kant, nicht durch bloße Legalität der Handlungen, das heißt dem bloß äußerlichen Befolgen von Normen, erreichen. Autonomie, so muss ergänzt werden, lässt sich aber auch nicht in der bloßen Minimierung von Lust und weitgehender Kontrolle oder Unterdrückung aller Neigungen erreichen. Ein gutes Leben erfordert ebenso ein Selbstverhältnis, das persönliche Neigungen akzeptieren und bejahen kann und diese zu befriedigen versucht, ohne moralische Grundsätze zu verletzen.

Reform der Sexualmoral

Dass die Moralkritik Freuds ihrer eigentlichen Funktion nach keinen *grundsätzlich antimoralischen* Entwurf darstellt, sondern konkret auf eine Kritik der zu Freuds Zeit verbreiteten sexuellen Moralvorstellungen abzielt, dafür wurde bereits vorbereitend argumentiert (vgl. oben S. 128–136). Diese Kritik Freuds an der Sexualmoral seiner Zeit soll an dieser Stelle eingehender betrachtet werden, um zu zeigen, dass eine solche empirisch gestützte Form der Moralkritik, die Themen wie Glück und Befriedigung in die ethische Reflexion einholen will, einen genuinen Beitrag zur Geltungsreflexion moralischer Ansprüche leistet.

Moralische Sätze erheben Anspruch auf unbedingte, universale Geltung. Trotzdem, so zeigen die Kantischen Überlegungen zur Autonomie, ist diese Geltung nicht schon mit dem faktischen Bestehen gemeinhin akzeptierter Normen eingelöst. Weder religiöse, noch gesellschaftliche, noch gruppenspezifische Normen können wir *allein* aufgrund der von ihnen beanspruchten Autorität auch schon als verbindliche Normen anerkennen. Werden sie einmal in Frage gestellt, *erweisen* sie ihre Legitimität erst mittels Vernunftansprüchen genügender diskursiver Begründung. Ihre Geltung besteht nicht unabhängig von ihrer Begründbarkeit, sondern *beruht* darauf. Insofern ist die Kritik moralisch-sittlicher Geltungsansprüche kein ›Angriff‹ auf die guten Sitten, sondern eine unverzichtbare *Möglichkeitsbedingung* wahrhaft sittlicher Praxis. Dies hat ganz verschiedene Folgen, wie ein paar Beispiele verdeutlichen sollen:

1. *Kritische Rekonstruktion normativer Gehalte:* Religiöse Normen können – im wörtlichen Sinne verstanden – unpraktikable, irrationale Handlungsanweisungen (Freud) darstellen. Die religions- und moralphilosophische Reflexion kann allerdings vernünftig begründbare Geltungsansprüche freilegen und etwa als das normativ nicht relativierbare Recht auf unbedingte Anerkennung der Person reformulieren. Damit wird einerseits dem naiv-unmittelbaren wörtlichen Verständnis widersprochen, das auch Freud am Beispiel des Nächstenliebegebots kritisiert, weil auf dieser Ebene noch keine Begründung vollzogen wird. Als, wie Kant erläutert, praktisches Vernunftgebot, Menschen niemals nur als Mittel für unsere privaten Zwecke zu gebrauchen, verlangt dieses Sittengesetz von uns unter anderem, uns nicht willkürlich gewalttätig gegenüber Menschen zu verhalten, gegen die wir im konkreten Falle Abneigungen verspüren oder die uns gar ein Unrecht getan haben.
2. *Legitimation sittlicher Gebote:* Gemeinhin anerkannte konventionelle Grundsätze, wie etwa die Aufforderung, sich aufrichtig zu verhalten und nicht zu lügen, haben einen verallgemeinerbaren praktischen Gehalt, der moralphilosophisch begründet und dabei Tendenzen seiner Relativierung entgegengesetzt werden kann.
3. *Legitimation institutionalisierter Normen:* Gesetzlich fixierte Normen, wie etwa das grundsätzliche Verbot sexuellen Missbrauchs oder das

Verbot der Pädophilie, lassen sich moralisch gegen individuelle Ansprüche auf das Recht des Strebens nach lustvoller Erfüllung von Wünschen verteidigen. Damit lassen sich diese Normen unabhängig von einer bloß affektiven Einstellung gegenüber solchen sexuellen Einstellungen begründen. Ähnlich lässt sich auch familiäre Gewalt gegen Kinder beurteilen, ganz unabhängig von durchaus verbreiteten Meinungen, nach denen dies allein die Sache der Erziehungsberechtigten sei oder auch ›noch niemandem geschadet‹ habe.

4. *Kritik institutionalisierter Normen und sittlicher Konventionen:* Ebenso kann es der Fall sein, dass gesellschaftlich akzeptierte Normen selbst zum Gegenstand der Kritik werden, die deren rationale Begründbarkeit in Frage stellt. Diese Kritik mag sich selbst den Anschein der ›Umwertung *aller* Werte‹ geben. Hinter solchen Absolutheitsansprüchen verbirgt sich aber letzten Endes nicht selten die Motivation, zu etablierten Normen geronnenen, nur äußerlich moralischen Selbstzuschreibungen unter Verweis auf die tatsächliche Praxis eine bloß ideologische Funktion nachzuweisen. Solche Versuche können den *radikalisierten moralischen Anspruch* besitzen, mit Geltungsansprüchen dort Ernst zu machen, wo eine im strengen Sinne nicht zu rechtfertigende Praxis ideologisch stabilisiert und verschleiert wird, um diese eigentlich nicht zu rechtfertigende Praxis zu erhalten.

Der letzte Punkt spielt natürlich auch auf die Psychoanalyse an, denn entsprechende Unternehmungen finden sich seit Beginn des 20. Jahrhunderts implizit oder explizit in den meisten Schriften Freuds, der ständig bemüht ist, auf theoretischer Ebene die Wissenschaftlichkeit der methodischen Erforschung des Unbewussten zu verteidigen und auf einer praktischen Ebene illusionäre Weltbilder und falsche Werturteile zu kritisieren. Doch obgleich die entsprechenden Schriften oft religions- oder kulturkritische Aufsätze in einem sehr weit gefassten Sinne darstellen, tritt Freud in seinem Aufsatz »Die ›kulturelle‹ Sexualmoral und die moderne Nervosität« (1908) als Kritiker konkreter moralischer Normen auf. Dieses Werk ist in vielerlei Hinsicht interessant.

Es handelt sich dabei – wie auch schon beim späteren *Das Unbehagen in der Kultur* – um einen Text mit allgemein verständlichem, aufklärendem Charakter und nicht um einen psychoanalytischen Fachartikel.[24] Gerade hier zeigt sich das produktiv-kritische Potential der psychoanalytischen Forschung. Freud richtet sich nicht gegen ›die‹ moderne Kultur oder ›die‹ moder-

24 | Der Aufsatz erschien zuerst 1908 in der Zeitschrift *Sexualprobleme*, die sich nicht vorrangig an ein Fachpublikum richtete (vgl. U. Hock: »Die ›kulturelle‹ Sexualmoral und die moderne Nervosität (1908)«, S. 150).

ne Moral (wie einige der Schriftsteller, die er eingangs zitiert), sondern sehr bestimmt gegen die *›kulturelle‹ Sexualmoral* seiner Zeit. Freud versucht also, für einen eng begrenzten Bereich der Moral eine fundierte Kritik zu liefern. Das heißt nichts weniger, als dass Freud genuin kritische *und* moralische Intentionen hegt und eigentlich auch dagegen anschreibt, dass nicht etwa eine ›moralische‹ oder normative Orientierung überhaupt das Problem darstellt, sondern eine unvernünftige, in illusionären Idealforderungen sich ausagierende hyper- und folglich pseudo-moralische Normierung der menschlichen Sexualität. Dieser Position wird vorgeworfen, in Unkenntnis der menschlichen Natur Forderungen zu stellen, die eine soziale Wirklichkeit schaffen, die einen Großteil der Menschen in pathologische Zwänge und neurotisches Leiden treibt.

Drei Stufen der ›kulturellen‹ Sexualmoral

Zu Beginn seiner Studie über die ›kulturelle‹ Sexualmoral zitiert Freud Autoren, die sich ebenfalls kritisch zu diesem Thema geäußert haben.[25] Freud erwähnt unter anderem Christian von Ehrenfels[26] – einen Schüler von Brentano[27] und Alexius Meinong – der 1907 eine *Sexualethik* veröffentlicht, aber auch zur Gestaltpsychologie gearbeitet hat[28] und Richard von Krafft-Ebing, den Autor der berühmten *Psychopathia sexualis* (1886).[29] Hauptstreitpunkt dieser Autoren war die *Monogamie* gewesen: von Ehrenfels lehnte diese aus ›biologischen‹ Gründen ab, da sie den Mann ›femininen‹ Anforderungen unterwerfe und »die vitale Auslese bei den Kulturvölkern durch Humanität und Hygiene auf ein Minimum«[30] herabdrücke. Von Krafft-Ebing beklagt die ›antihygienischen‹ Momente, die das moderne Leben den Menschen auf-

25 | Für einen umfangreichen Überblick über die *Geschichte der Sexualwissenschaft* verweise ich auf das kürzlich erschienene Buch gleichen Titels von Volkmar Sigusch bzw. seinen Aufsatz »Freud und die Sexualwissenschaft seiner Zeit«.

26 | Freud war mit von Ehrenfels befreundet, der sich ebenfalls als »Sexualprotestant« verstand (S. Freud und O. Pfister, *Briefe*, S. 15). Für eine Untersuchung der Ethik von von Ehrenfels vgl. S. Lalla: *Zwischen Psychologie und Metaphysik. Philosophische Ethik in Österreich (1875–1915)*, S. 182–252; diese Studie geht auch näher auf Brentano (vgl. ebd., S. 31–74) und die Auswirkungen der Kantischen Ethik auf die österreichische Philosophie und Psychologie überhaupt ein.

27 | Auch Freud hatte in seiner Studienzeit Vorlesungen von Brentano besucht und nach eigenem Bekunden sogar kurzzeitig überlegt, zur Philosophie zu wechseln (vgl. H.-P. Brauns; A. Schöpf: »Freud und Brentano. Der Medizinstudent und der Philosoph«, S. 61).

28 | Vgl. Ch. von Ehrenfels: »Über Gestaltqualitäten«.

29 | Freud zitiert Krafft-Ebing aus dessen Text: »Nervosität und neurasthenische Zustände«.

30 | Zit. nach S. Freud: »Die ›kulturelle‹ Sexualmoral und die moderne Nervosität«, S. 144.

erlege, worunter die ›Spannkraft‹ ihres Nervensystems leide. Insofern, als sich in diesen Beiträgen diffuse Ängste und Ressentiments mit patriarchalen Wunschphantasien und biologistischen Beschreibungsformen vermengen, sind diese Arbeiten wohl nur von wissenschafts- oder ideologiegeschichtlichem Interesse. Das gilt allerdings gerade nicht für den Beitrag Freuds.

Zunächst einmal stellt Freud die grundlegende Annahme der Psychoanalyse vor, nach der Psychoneurosen (also Neurosen überwiegend psychogenen Ursprungs) ätiologisch unbefriedigenden Sexualbedürfnissen zugeschrieben werden. Sie werden als psychodynamische Kompromissbildungen verstanden und stellen sozusagen Ersatzbefriedigungen dar. Nun sieht Freud in der Triebunterdrückung einen wesentlichen Aspekt von Kultur (in späteren Schriften legt Freud, wie wir sehen konnten, das Augenmerk mehr auf den *Aufschub* von Befriedigung). Dieses »Triebopfer« werde von ›der‹ Religion sanktioniert. Wer es nicht leisten könne, stünde der Gesellschaft als »*outlaw*« oder – im Falle einer günstigen sozialen Machtposition – als »Held«[31] gegenüber. Dass sich die Sexualtriebe[32] überhaupt, anders als beim instinktgebundenen Tier, unterdrücken, aufschieben oder verschieben (Sublimierung oder Neurose) lassen, kennzeichnet die Kulturfähigkeit des Menschen.

Im Folgenden wiederholt Freud grob die psychoanalytische Grundthese der ontogenetischen Entwicklungsstufen der Sexualität: Vom Autoerotismus ausgehend, dessen Triebziel gar nicht die Fortpflanzung, sondern der pure Lustgewinn ist, welcher an einer Vielzahl erogener Zonen erreicht werden kann, entwickelt das Individuum die Fähigkeit zur (im besten Falle: vollen) Objektliebe und zum Primat der genitalen Sexualität. ›Überschüssige‹ Sexualenergie (Libido), vor allem auf ›perverse‹ Triebziele gerichtete, wird, so dieses Unterfangen glückt, sublimiert und so der ›Kulturarbeit‹ zugeführt.[33]

Von dieser sexuellen Ontogenese ausgehend beschreibt Freud drei Kategorien oder Stufen der Sexualmoral:

»Eine erste [›Kulturstufe‹, MV], auf welcher die Betätigung des Sexualtriebes auch über die Ziele der Fortpflanzung hinaus frei ist; eine zweite, auf welcher alles am Sexualtrieb unterdrückt ist, bis auf das, was der Fortpflanzung dient, und eine dritte, auf welcher nur die legitime Fortpflanzung als Sexualziel zugelassen wird. Dieser dritten Stufe entspricht unsere gegenwärtige ›kulturelle‹ Sexualmoral«.[34]

31 | S. Freud: »Die ›kulturelle‹ Sexualmoral und die moderne Nervosität«, S. 150.

32 | Der Vorstellung eines einheitlichen Sexualtriebes zieht Freud die Annahme verschiedener Komponenten und Partialtriebe vor.

33 | ›Pervers‹ ist hierbei vorrangig als deskriptive und nicht normative Bezeichnung jeglicher vom genitalen Sexualziel abweichenden sexuellen Praxis gemeint.

34 | Ebd., S. 152.

Freud lässt unbestimmt, ob diese ›Stufen‹ als kulturgeschichtliches Modell der sexuellen Normierung zu verstehen sind oder ob er damit lediglich drei formale Kriterien anbietet, nach denen verschiedene sexualmoralische Normensysteme eingeteilt werden können. Sicherlich legt die Metaphorik der ›Stufen‹ es nahe, hier von einer Art Fortschrittsmodell auszugehen, an dessen Anfang ein ›Urzustand‹ der sexuellen Willkürfreiheit stünde. Bei einer solchen Interpretation würde sich die Frage nach der historischen und sittengeschichtlichen Plausibilität des Modells stellen. Moralphilosophisch relevant wäre zudem, dass in einer kritischen Perspektive der ›Fortschritt‹ nicht von der ersten zur dritten Stufe sondern eher umgekehrt verwirklicht werden würde.

Da in diesem Kapitel exemplarisch untersucht werden soll, wie die Freudsche Moralkritik auf moralphilosophische Probleme angewendet werden kann, wird Freuds Stufenmodell hier *systematisch* rekonstruiert und als Kategorisierung verschiedener Formen sexualmoralischer Normenparadigmen gelesen. Anschließend wird der Text Freuds daraufhin befragt, für welche dieser Positionen er tendenziell argumentiert.

1. *Permissive Sexualmoral:* Die erste der von Freud erwähnten Stufen, so sie nicht als fragwürdige historische Konstruktion, sondern als normativer Gehalt verstanden wird, bindet die Sexualität nicht an die Fortpflanzung und emanzipiert sich so von biologistischen Ansätzen. Erlaubt ist nach dieser liberalen Position, was gefällt. Der Unterscheidung zwischen normaler und ›perverser‹ Sexualität kommt dabei keine *normative* Bedeutung zu; die Stigmatisierung ›perverser‹ Sexualpraktiken wird selbst als unzulässiger Eingriff in die individuelle Selbstbestimmung und Handlungsfreiheit kritisiert.[35] In diesem Verständnis ist Homosexualität ebenso ›normal‹ (im Sinne von normativ akzeptabler Praxis) wie Heterosexualität; ist eine sexuell erfüllte, beständige Partnerschaft ebenso grundsätzlich akzeptiert, wie promiskuitive Lebensentwürfe. Deutlich wird hier die Parallele zur ersten Stufe der sexuellen Ontogenese (nach Freud): Sexuelle Handlungen sind nicht primär am Ziel der Fortpflanzung oder an der genitalen Sexualität überhaupt interessiert, sondern am *Lustgewinn*.[36]

35 | Das soll nicht heißen, dass *jede* beliebige Handlung erlaubt sei, solange sie zur Befriedigung sexueller Wünsche führt. Selbstverständlich gibt es sexuelle Handlungen, die unter Umständen verboten sind, zum Beispiel wenn sie die Handlungsfreiheit anderer ohne deren Zustimmung einschränken, also andere gegen deren Willen oder gar unter Gewaltanwendung zum Mittel für die eigene sexuelle Befriedigung machen. Es hier wird lediglich bestritten, dass ein moralisches Urteil unabhängig von den Umständen *nur nach der sexuellen Orientierung* erfolgen könne.

36 | Entsprechend bezeichnet Peter Passett in seiner Relektüre der *Drei Abhandlun-*

Insofern lässt sich die Ansicht vertreten, dass hier eine an Selbstbestimmung in sexuellen Belangen interessierte Bewertung vertreten wird. Damit können moralisch zu kritisierende Verhaltensweisen in einem von ›sexualmoralischen‹ Vorurteilen entkoppelten Bereich verhandelt werden. Hörigkeit und Ausbeutung, Gewalt und Chauvinismus sowie sexueller Missbrauch lassen sich tatsächlich als *unmoralische* Vergehen beschreiben, die jedoch als solche *unabhängig* von sexuellen Vorlieben der Betroffenen verurteilt werden müssen. Recht eigentlich hebt dieser Standpunkt eine ›Sexualmoral‹ als *eigenständigen* Bereich der Moral auf, da es nicht sexuelle Praktiken selbst sind, die normativ beurteilt werden, sondern die Art und Weise zwischenmenschlicher Beziehungen, unter denen sexuelle Handlungen stattfinden.

Folgt man dieser Position, so stellen sich ethische und moralische Probleme völlig unabhängig von der sexuellen Orientierung der Beteiligten: Sexueller Missbrauch lässt sich beispielsweise nicht damit rechtfertigen, dass dabei nach heterosexueller Objektwahl verfahren wird. Und ›deviante‹ sexuelle Vorlieben machen es nicht wahrscheinlicher, dass sie zu Missbrauchshandlungen führen werden. Vorurteile, die Sexualität je nach Triebobjekten oder Triebzielen moralisch erlauben oder verbieten, neigen zu einer Doppelmoral, die Formen alltäglicher Gewalt mit ›normaler‹ sexueller Orientierung gegenüber ›spektakulären‹ Verurteilungen ›perversen‹ Verhaltens herunterspielt. Den diskriminierenden und pejorativen Implikationen der Unterscheidung zwischen ›normaler‹ und ›perverser‹ Sexualität würde damit in moralischen Belangen widersprochen. Schon bei Freud wird diese Differenz nurmehr deskriptiv verwendet, wobei beide Tendenzen lebensweltlich gar nicht absolut voneinander zu trennen sind.

2. *Repressive Sexualmoral:* Die zweite Stufe stellt bereits eine ausgeprägt sexualmoralische Position dar. Sexuelle Bedürfnisbefriedigung wird dabei angesichts ihrer Triebziele und -objekte moralisch bewertet. Allgemein erlaubt ist ausschließlich *diejenige Form* sexueller Befriedigung, die auch der Fortpflanzung dient. Das heißt, der Primat der heterosexuellen genitalen Sexualität wird gefordert – immerhin unabhängig

gen zur Sexualtheorie die menschliche Sexualität als *wesentlich* heterogen, fundamental pervers und infantil (vgl. ders.: »Ein psychoanalytisches Wiederlesen der ›Drei Abhandlungen‹«, S. 37, sowie weiterführend die anderen Beiträge in I. Quindeau; V. Sigusch: *Freud und das Sexuelle. Neue psychoanalytische und sexualwissenschaftliche Perspektiven*). Die Frage »What Is Sex?« versucht versucht Jonathan Lear in seiner Freud-Interpretation mit der Betonung der Differenzen zwischen Instinkt, Trieb und Liebe zu beantworten (vgl. ders.: *Love and Its Place in Nature. A Philosophical Interpretation of Freudian Psychoanalysis*, S. 120–155).

davon, ob um der Fortpflanzung willen oder nicht. Sexualität wird jedoch grundsätzlich der Normierung unterworfen. Sie bleibt als triebbefriedigende Praxis zwar noch dem Lustgewinn verbunden, die sexuelle Handlung selbst muss aber nicht nur moralisch erlaubt sein (das heißt, andere Personen dürfen nicht gegen ihren Willen gezwungen werden), sondern er muss auch sexualmoralischen Anforderungen genügen. Sexuelle Handlungen, sobald sie nicht dem Primat der genitalen Sexualität gehorchen, sind verboten, auch wenn die sie Vollziehenden eine abweichende Form sexueller Praxis wünschen.

Es ist zu beachten, dass auch diese Erhebung der Sexualmoral in den Bereich moralischer Beurteilung einem Biologismus Vorschub leistet, zumindest jedoch gegen das Prinzip moralischer Autonomie verstößt. Ein moralisches Urteil, lehrt Kant, muss der Forderung der Begründbarkeit genügen. Eine rationale Begründung kann jedoch nicht von bestehenden (oder fehlenden) Neigungen abgeleitet werden. Persönliche Neigungen und Affektionen mögen ein Urteil begleiten, sie können und sollen es jedoch nicht *begründen*. Das gilt auch im umgekehrten Fall: Ein moralisches Urteil muss der Minimalbedingung genügen, dass vernünftig und *unabhängig* von Neigungen geurteilt wird. Das schließt gerade aus, dass *prinzipiell* Neigungen an sich oder zumindest bestimmte sexuelle Neigungen negativ sanktioniert oder verboten werden.

Das sexualmoralische Argument verbietet allerdings prinzipiell bestimmte Formen sexueller Handlungen, nämlich die, die nicht unter dem Primat der genitalen Sexualität stehen, völlig unabhängig vom Willen der beteiligten Subjekte. Zu einer Begründung kann sich dieses Verbot nur auf die rational nicht weiter begründbare metaphysisch-dogmatische Intention stützen, diese Handlungen widersprächen ›der‹ Naturordnung oder dem Willen einer metaphysischen Instanz.

Diese Argumentation leistet jedoch keine akzeptable moralische Begründung. Es geht bei moralischen Urteilen nicht darum, bestimmte Formen von Lust oder Neigung vorzuschreiben oder zu verbieten. Es geht auch nicht darum, bestimmte Vorlieben oder Aversionen mit Verweis auf ›die Natur‹ zu rechtfertigen, sondern darum, unabhängig von pathologischen Affektionen in Frage stehende Normen vernünftig zu begründen oder Geltungsansprüche abzuweisen. Eine nach vernünftigen Maßstäben akzeptable Begründung muss die Verallgemeinerbarkeit der mit den Normen erhobenen Geltungsansprüche erweisen. Dabei soll sicher gestellt werden, dass diese Normen – im Hinblick auf das normativ regulative Ideal eines ›Reiches der Zwecke‹, also einer moralisch konstituierten humanen Lebenswelt – grundsätzlich die persönliche Autonomie befördern und diese nicht Partikularinteressen opfern. Moralisch lassen sich *Neigungen* gar nicht kritisieren[37], sondern nur Handlungen und deren übergeordnete Handlungsprinzipien. Das ideologisch, weil biologistisch begründete Verbot ›abweichender‹ sexueller Verhaltensweisen kann sich durch die Berufung auf eine menschliche ›Natur‹ oder auf evolutionäre Funktionen nicht rechtfertigen, weil sich keine moralische Bewertung auf solch reduktivem Wege vernünftig durchführen lässt. Sinn, Zweck und Beschaffenheit der Natur selbst sind letztlich im weitesten Sinne kulturelle Zuschreibungen und niemals ›an sich‹ erkennbar.

Letztlich verfährt also auch diese Form der Sexualmoral nur diskriminierend, da sie die Form moralischer Urteile imitiert, vernünftigen moralischen Ansprüchen aber nicht genügen kann und damit selbst unmoralisch verfährt.

3. *Dogmatisch-prohibitive Sexualmoral:* Die im vorigen Abschnitt vorgebrachte Kritik trifft umso mehr auf die dritte, radikalisierte Stufe der Sexualmoral zu, die Freud eigentlich mit seinem Text kritisieren will. Die zweite Position verfährt zwar nicht generell lustfeindlich, aber immer noch diskriminierend, indem sie ›perverse‹ Sexualität aus verschiedenen Gründen verbietet. Die dritte Position jedoch bringt das Wesen der Sexualmoral auf den Punkt: Lust als Selbstzweck wird absolut entwertet und als unsittlich verboten. Welche soziokulturellen Intentionen solche Verbote auch immer motivieren mögen, Freud selbst bewertet das religiös legitimierte Triebopfer als Versuch, eine kulturelle Ordnung überhaupt zu stabilisieren: Ihre moralische Argumentation erschöpft sich darin, Lust als Selbstzweck dogmatisch zu tabuisieren. Ob dieses Dogma mit dem Hinweis auf Widernatürlichkeit oder eine Heilige Schrift festgeschrieben wird, spielt dabei keine Rolle. Fakt ist, über eine Bewertung der Lust lässt sich nach diesem Dogma nicht streiten. Dies widerspricht von vornherein allen kritischen Bemühungen einer aufklärenden Moralphilosophie, die gerade die freie, mit Gründen argumentierende Urteilskraft auf den Begriff bringen und mit dieser Anleitung zur methodischen Selbstreflexion befördern will.

Welche Position nimmt nun Freud zu diesen Stufen der Sexualmoral ein?

37 | Dieses Problem wird allenfalls in der Moralphilosophie des *moral sense* diskutiert, weil dort das Problem entsteht, wie es denn dazu kommen kann, dass Menschen gerade nicht das Gefühl des Wohlwollens für andere empfinden, das wiederum für die moralische Beurteilung naturgemäß als normal und richtig vorausgesetzt wird.

Was kritisiert er, und wie begründet er seine Kritik? Welchen Beitrag zu einer ethischen Diskussion der Sexualität leistet er mit seiner Argumentation?

Freuds sexualmoralische Position

Eine Bewertung von Freuds Leistung auf diesem Gebiet fällt nicht leicht – ganz gleich, ob man Freud als radikalen Aufklärer oder als von diskriminierenden (biologistischen) Vorurteilen selbst nicht völlig freien Psychologen zu verstehen geneigt ist. Die Stärke des hier behandelten Textes, um damit zu beginnen, liegt in jedem Falle darin, dass Freud sich ebenso unerschrocken wie wohl begründet gegen sexualmoralische Vorstellungen richtet, die er als *common sense* seiner Zeit betrachtet.[38] Tendenziell sieht er die Gefahr, dass sexualmoralische Vorstellungen der dritten Stufe (also der prohibitiven, dogmatischen Sexualmoral) gesellschaftlich immer mehr an Einfluss gewinnen könnten. Nach diesen sollte es so etwas wie ›normale‹, befriedigende Sexualität eigentlich nicht geben. Erlaubt sind sexuelle Handlungen ausschließlich als notwendige Mittel zum Zwecke der Fortpflanzung. Zwar glaubt Freud nicht, dass diese dogmatische Sexualmoral die gängige gesellschaftliche Praxis seiner Zeit widerspiegeln würde, für deren Beschreibung hält er eher die zweite Stufe für angemessen.[39] Er betrachtet aber diese restriktive und asketistische Sexualmoral als eine Vorgabe, die verdächtig hoch im Kurs stünde, fürchtet die Anpassung der kulturellen Normen an eben dieses Ideal und stellt die Fragen:

»1.) welche Aufgabe die Kulturforderung der dritten Stufe an den einzelnen stellt, 2.) ob die zugelassene legitime Sexualbefriedigung eine annehmbare Entschädigung für den sonstigen Verzicht zu bieten vermag, 3.) in welchem Verhältnisse die etwaigen Schädigungen durch diesen Verzicht zu dessen kulturellen Ausnützungen stehen«.[40]

Die Beantwortung der ersten Frage steht unstrittig fest:

»Was unsere dritte Kulturstufe von dem einzelnen fordert, ist die Abstinenz bis zur Ehe für beide Geschlechter, die lebenslange Abstinenz für solche, die keine legitime Ehe eingehen. Die allen Autoritäten genehme Behauptung, die sexuelle Abstinenz

---

38 | Freud bezieht sich vorrangig auf die katholische Sexualmoral. Bis heute finden kritische moralphilosophische Untersuchungen in den moralischen Direktiven der großen Religionen und ihrem Verhältnis zur Homosexualität einen bevorzugten Gegenstand (für ein Beispiel vgl. J. Schälike: »Religion und Toleranz. Moralphilosophische und skeptizistische Argumente gegen den politischen Rekurs auf religiösen Glauben«).

39 | S. Freud: »Die ›kulturelle‹ Sexualmoral und die moderne Nervosität«, S. 152.

40 | Ebd., S. 155.

sei nicht schädlich und nicht gar schwer durchzuführen, ist vielfach auch von Ärzten vertreten worden«.[41]

Freud hält dagegen, dass die dauerhafte Bewältigung der Unterdrückung oder Sublimierung eines derart mächtigen und allen Menschen gemeinen Triebes, wenn überhaupt, so nur wenigen ›starken‹ Naturen gelingen kann. Die Mehrzahl der Menschen sei zu der erwarteten Abstinenz konstitutionell nicht fähig. Nur Wenigen sei die gesellschaftliche Macht oder individuelle Stärke gegeben, diese Forderungen offen oder heimlich zu umgehen, die große Mehrheit aber müsste den Verzicht erleiden und im schlimmsten – psychoanalytisch leicht vorhersehbaren Fall – neurotisch erkranken: »auch diejenigen, welche bei den Anforderungen der zweiten Kulturstufe gesund geblieben wären, werden nun in großer Anzahl der Neurose zugeführt«.[42]

Bei der Beantwortung der zweiten Frage erinnert Freud nochmals daran, dass auch die ›legitime‹ Sexualität innerhalb der Ehe an die Fortpflanzungsfunktion gebunden bleibt, dass nämlich die prohibitive Sexualmoral

»den sexuellen Verkehr in der Ehe selbst beschränkt, indem sie den Eheleuten den Zwang auferlegt, sich mit einer meist sehr geringen Anzahl von Kinderzeugungen zu begnügen. Infolge dieser Rücksicht gibt es befriedigenden Sexualverkehr in der Ehe nur durch einige Jahre [...]. [M]it der Angst vor den Folgen des Geschlechtsverkehrs schwindet zuerst die körperliche Zärtlichkeit der Ehegatten füreinander, in weiterer Folge meist auch die seelische Zuneigung, die bestimmt war, das Erbe der anfänglichen stürmischen Leidenschaft zu übernehmen«.[43]

Indem Freud die Folgen der unter diesem Ideal praktizierten Ehe als seelische Enttäuschung und körperliche Entbehrung beschreibt, möchte er zeigen, dass die kulturelle Institution der Ehe selbst in letzter Konsequenz durch sexualmoralische Normen bedroht wird. Werden überstiegene sexualmoralische Forderungen mit der Ehe verbunden, bliebe dieser gar kein Ausweg, als sich faktisch zu ihrem eigenen Widerspruch zu entwickeln und nur als oberflächliche Illusion fortzubestehen: Für den Mann gelte üblicherweise eine Doppelmoral hinsichtlich des unehelichen Verkehrs, nicht aber für die Frau, deren durch diese Form der Ehe bedingte neurotische Erkrankung ihr ein ›Heilmittel‹ (d.i. Untreue) noch mehr verunmöglicht: »Nichts anderes schützt ihre Tugend so sicher wie die Krankheit«.[44]

41 | Ebd., S. 156.
42 | Ebd.
43 | Ebd., S. 157.
44 | Ebd., S. 158.

Auch die zweite Frage ist damit gegen die restriktive Sexualmoral der dritten Stufe entschieden. Die Forderungen sexueller Enthaltsamkeit, die selbst für die Ehe weitgehend gelten soll, schneiden jeden Weg einer legitimen lustvollen sexuellen Befriedigung ab. Da dieser generelle Triebverzicht nicht ausgeglichen werden kann, bleibt nur die Wahl zwischen einer Übertretung dieser Normen, die wiederum soziale Sanktionen nach sich ziehen kann, oder dem Ertragen eines sexuell unbefriedigenden Daseins, das für Viele die Flucht in die neurotische Krankheit bedeutet.[45]

Schließlich fragt Freud, ob mit dieser restriktiven Normierung irgend ein gesellschaftlicher (kultureller) Nutzen erreicht werde, durch den die geschilderten Schäden gerechtfertigt werden könnten. Unter Verweis auf verschiedene Beobachtungen und Erfahrungen versucht Freud zu belegen, dass die asketischen Ideale soziale Fertigkeiten eher verkümmern lassen, als dass sie den Charakter stärken würden[46]:

»Im allgemeinen habe ich nicht den Eindruck gewonnen, daß die sexuelle Abstinenz energische, selbständige Männer der Tat oder originelle Denker, kühne Befreier und Reformer heranbilden helfe, weit häufiger brave Schwächlinge, welche später in die große Masse eintauchen, die den von starken Individuen gegebenen Impulsen widerstrebend zu folgen pflegt«.[47]

Die von Freud weiterhin gegebenen Beispiele, unter anderem auch die beiläufige Erwähnung, dass die viel gerühmte sexuelle Abstinenz zumeist nur durch Masturbation oder durch insgeheime Formen ›perverser‹ Sexualität durchgehalten werden kann, sind nicht so sehr als empirische Belege von Bedeutung, sondern durch den Rahmen, in dem Freud sie vorbringt. Thesen wie die, dass das »sexuelle Verhalten eines Menschen [...] *oft* vorbildlich [ist] für seine ganze sonstige Reaktionsweise in der Welt«[48], werden mit dem Hinweis auf die Institution der Ehe und die der alltäglichen Erziehungspraxis mit einer soziologischen Perspektive zusammengebracht. Dies ist von systematischer Bedeutung: Freud unternimmt hier nicht einfach eine Deduktion aus einem psychoanalytisch vorausgesetzten Primat des Sexuellen, sondern er versucht plausibel zu machen, inwiefern es die restriktive Sexualmoral

45 | Freud fügt später freilich noch die Möglichkeit hinzu, sich die Neurose durch die Teilnahme an einem kollektiven Wahn zu ersparen. Religiöser Fanatismus, vom ›Narzissmus der kleinen Differenzen‹ geprägte patriotische Massenveranstaltungen und dergleichen kämen in Frage; die Aktualität dieser und ähnlicher Veranstaltungen bleibt wohl auf absehbare Zeit ungebrochen.

46 | Vgl. ebd., S. 159.

47 | Ebd., S. 160.

48 | Ebd., S. 161.

begünstigt, dass sich Probleme der sexuellen Entwicklung und Befriedigung gesellschaftlich reproduzieren und verschärfen.

Die aus der restriktiven Sexualmoral resultierenden Schwierigkeiten, so ergänzt Freud, bleiben nicht auf die Ehepartner beschränkt, sondern wirken auf die nächste Generation fort:

»Es kommt da der Anschein einer erblichen Übertragung zustande, der sich bei schärferem Zusehen in die Wirkung mächtiger infantiler Eindrücke auflöst. Die von ihrem Manne unbefriedigte neurotische Frau ist als Mutter überzärtlich und überängstlich gegen das Kind, auf das sie ihr Liebesbedürfnis überträgt, und weckt in demselben die sexuelle Frühreife. Das schlechte Einverständnis zwischen den Eltern reizt dann das Gefühlsleben des Kindes auf, läßt es im zartesten Alter Liebe, Haß und Eifersucht intensiv empfinden. Die strenge Erziehung, die keinerlei Betätigung des so früh geweckten Sexuallebens duldet, stellt die unterdrückende Macht bei, und dieser Konflikt in diesem Alter enthält alles, was es zur Verursachung einer lebenslangen Neurose bedarf«.[49]

Es sind demnach die normativen Forderungen der Sexualmoral selbst, die erst die Bedingungen dafür schaffen, dass Schuldgefühle, sexuelle Störungen und individuelles Leiden in der Dynamik der sozialen Praxis generiert und reproduziert werden. Die ›kulturelle‹ Sexualmoral in ihrer restriktivsten Form lässt sich als Versuch beschreiben, Ordnung durch unbedingten Triebverzicht zu gewährleisten. Damit wird nichts weniger versucht, als auf einer sinnlich-leiblichen Ebene Bedürfnisse der menschlichen Natur weitestgehend zu unterdrücken und nach allgemeinen Prinzipien zu disziplinieren. Diese Disziplinierung betrifft aber andererseits auch die Selbstbestimmung in Fragen der Sexualität, die durch dogmatische Handlungsbestimmungen überformt wird, worunter die menschliche Urteilsfähigkeit als ganze Schaden zu nehmen droht. Anders, als die für ein moralisches Urteil benötigte Fähigkeit, Distanz zu den subjektiven Neigungen einzunehmen, soll diese dogmatische Disziplinierung eine sittliche Ordnung gänzlich auf Kosten und zum Schaden der Lust realisieren. Freud bezeichnet dies als eine Kulturanforderung, die individuelle Glücksbefriedigung völlig ausschließt. Wenn allerdings diese Idealforderungen die soziale Realität in einer Weise strukturieren, dass die objektiven Bedingungen der menschlichen Interaktion pathogene Wirkungen verursachen, ist damit die soziale Sphäre selbst bedroht. Es ist somit vernünftig, zu fragen, wodurch diese Anforderungen überhaupt gerechtfertigt sind.

Zwar ist es richtig, dass individuelles Glück nicht zum moralischen Prinzip

49 | Ebd., S. 165.

erhoben werden kann, doch wozu sollte es gut sein, den individuellen Anspruch auf Lustgewinn, der notwendig zu einem guten Leben gehört, sowie Genuss als *kulturelles* Ziel vollkommen zu ächten? Freuds Position ist klar: Zur Kultur als Prinzip des Trieb*aufschubs*, unter dem nach angemessenen Formen der Befriedigung gesucht wird, gibt es keine vernünftige Alternative. *Hinter* die kulturelle Existenz der Menschen zu einem bloßen Naturzustand zurückzukehren ist unmöglich und auch nicht wünschenswert. Darüber hinaus richtet sich die Orientierung am »Überguten«[50] und die damit verbundene Unterdrückung sexuellen Begehrens letztlich gegen die Idee der Kultur selbst, zumindest gegen eine Konzeption von Kultur, die dem humanen Anspruch einer erfüllten Existenz verbunden bleibt. Auf den Menschen bezogen sind beide Entwürfe verkürzt: Die naturalistische, kulturfeindliche Position übersieht, dass Menschen, so lange sie als sprachbegabte Lebewesen immer auch (potentielle) Vernunftwesen sind, in ihrer Lebenswelt und ihrem Selbstverständnis nach *unhintergehbar* sozial konstituiert sind. Die zweite, idealistische Position übersieht, dass die Vernunft eine Fähigkeit ist, mit der leiblich-natürliche Lebewesen ihr Selbst- und Weltverständnis artikulieren und kommunizieren können, um unter den faktischen Bedingungen ihres Daseins nach (intern und extern begrenzter) Möglichkeit praktisch tätig zu werden.

Unkritische Residuen in Freuds Argumentation

Es ist unbestreitbar, dass Freud – insbesondere in seinen für eine breitere Öffentlichkeit bestimmten Texten – eine kritische Position vertritt, die sich gegen rationalistische Ansätze in der Ethik und idealisierende Menschenbilder ebenso richtet, wie gegen biologistische Grundlagen der Wissenschaften vom Menschen. Um aber den Wert von Freuds Arbeiten für das philosophische Projekt der methodischen Selbsterkenntnis richtig einschätzen zu können, ist es wichtig, gerade jene Elemente genauer hervorzuheben, mit denen Freuds betont materialistischer Ansatz oder seine Orientierung am gesellschaftlichen *common sense* selbst eine Nähe zum Biologismus aufweisen. Solche Tendenzen dürfen in der Diskussion psychoanalytischer Theorien nicht übernommen werden. Des Weiteren gilt es, die ethisch motivierten Implikationen der Freudschen Argumentation näher zu bestimmen, um gegebenenfalls zu rechtfertigen, warum Freud als Autor der Aufklärung, als Denker von Emanzipation und Autonomie gelten kann, auch wenn (oder: gerade weil) in seinen Texten zum Teil gegen die philosophischen Intentionen von menschlicher Freiheit und Autonomie polemisiert wird. Diese beiden Aspekte sollen darge-

50 | Ebd., S. 166.

legt und um eine zusammenfassende Würdigung des kritischen Potentials der Psychoanalyse ergänzt werden.[51]

Nachdem Freud die drei Stufen der Sexualmoral vorgestellt hat, erläutert er, in welchem Zusammenhang diese Normen mit neurotischen Erkrankungen stehen. Wie wir gesehen haben, hält Freud die dritte Stufe der ›kulturellen‹ Sexualmoral für gänzlich verfehlt und unterstellt ihr, eine große Anzahl von Menschen entweder in die Devianz oder in die neurotische Krankheit zu treiben. Generell sei eine auf diesen moralischen Fundamenten errichtete Kultur dazu prädestiniert, unter dem Zeichen hoher und unerbittlich restriktiver Ideale im allerbesten Falle eine gesellschaftliche Praxis der Doppelmoral hervorzubringen.[52]

51 | Dass Freud gerade aus der Perspektive kritischer Ansätze, etwa des Feminismus, kein Autor ist, der zu *überwinden* wäre, sondern dessen Analysen es produktiv und kritisch *fortzuführen* gilt, zeigt beispielsweise diese Einschätzung Juliet Mitchells: »Die Psychoanalyse ist keine Verklärung der patriarchalischen Gesellschaft, sondern deren Analyse. Wer die Unterdrückung der Frau begreifen und wirksam bekämpfen will, kommt an der Psychoanalyse nicht vorbei« (dies.: *Psychoanalyse und Feminismus*, S. 12). Für einen Überblick über Ergebnisse, Probleme und Perspektiven der feministischen Philosophie vgl. H. Nagl-Docekal: *Feministische Philosophie*, vgl. dort zu Freud S. 75–90 u.ö.; einen umfassenden Überblick über die Weiterentwicklung der psychoanalytischen Theorie der Geschlechterdifferenz liefert Ch. Rohde-Dachser, »Über Hingabe, Tod und das Rätsel der Geschlechtlichkeit. Freuds Weiblichkeitstheorie aus heutiger Sicht«.

52 | »Die Rücksicht auf die natürliche Verschiedenheit der Geschlechter nötige dann allerdings dazu, Vergehungen des Mannes minder rigoros zu ahnden und somit tatsächlich eine *doppelte* Moral für den Mann zuzulassen. Eine Gesellschaft aber, die sich auf diese doppelte Moral einläßt, kann es in ›Wahrheitsliebe, Ehrlichkeit und Humanität‹ nicht über ein bestimmtes, eng begrenztes Maß hinausbringen, muß ihre Mitglieder zur Verhüllung der Wahrheit, zur Schönfärberei, zum Selbstbetruge wie zum Betrügen anderer anleiten« (S. Freud: »Die ›kulturelle‹ Sexualmoral und die moderne Nervosität«, S. 144).
Auch in der vorsokratischen Philosophie bzw. Sophistik war die kritische Denkfigur der Doppelmoral als äußerlicher Hypermoralität und heimlich praktizierter Abweichung bekannt und wurde mit religiösen Geboten in Verbindung gebracht. In seinem überlieferten Fragment des Dramas *Sisyphos* schreibt Kritias: »Es gab einmal eine Zeit, da war das Leben der Menschen jeder Ordnung bar, ähnlich dem Raubtiere, und es herrschte rohe Gewalt. Damals wurden die Guten nicht belohnt und die Bösen nicht bestraft. Und da scheinen mir die Menschen sich Gesetze als Zuchtmeister gegeben zu haben, auf daß das Recht in gleicher Weise über alle herrsche und den Frevel niederhalte. Wenn jemand ein Verbrechen beging, so wurde er nun gestraft. Als so die Gesetze hinderten, daß man offen Gewalttat verübte, und daher nur insgeheim gefrevelt wurde, da scheint mir zuerst ein schlauer und kluger Kopf die Furcht vor den Göttern für die Menschen erfunden zu haben, damit die Übeltäter sich fürchteten, auch wenn sie insgeheim etwas Böses täten oder sagten oder [...] dächten. – Er führte daher den Gottesglauben ein« (W. Capelle: *Die Vorsokratiker*, S. 378). Freud hat natürlich einerseits die Genese des durch religiöse Dogmen bestimmten Gewissens ganz anders beschrieben (als Wiederkehr eines verdrängten ambivalenten Konflikts), andererseits sieht er die von ihm kritisierten ›künstlichen‹ Moralgesetze nicht als eine begrüßenswerte Ordnung, sondern als Entstehungsbedingung psychischer Krankheiten. Die Beseitigung dieser künstlichen Moralgesetze soll bei Freud,

Doch auch die zweite Stufe der Sexualmoral, die insofern ›nachlässiger‹ urteilt, als Sexualität nicht streng auf die Fortpflanzungsfunktion reduziert wird, ist im Kern diskriminierend. Ihre Verbote richten sich nicht per se gegen die Lust, sondern gegen bestimmte Formen von Sexualität. ›Normal‹ und erlaubt sind nur heterosexuelle Handlungen, alle anderen Formen von Sexualität gelten als ›pervers‹ und unsittlich. Anders als die Freudsche Unterscheidung von ›normal‹ und ›pathologisch‹ ist diese dabei nicht nur deskriptiv, sondern soll normale, sittlich erlaubte Sexualität auf Heterosexualität beschränken und alle anderen Formen sozial ächten, die Betroffenen als unsittlich stigmatisieren und ihre ›Vergehen‹ negativ sanktionieren. Wir treffen hier zum wiederholten Male auf die Problematik der Unterscheidung zwischen ›normalem‹ und ›perversem‹ Verhalten. In den *Drei Abhandlungen zur Sexualtheorie* spricht Freud von ›pathologischen‹ Zuständen erst dort, wo die Genussfähigkeit eingeschränkt und ein Zustand individuell als schweres Leiden empfunden wird. Damit verlagert Freud die Benennungsmacht, etwas als ›krank‹ oder ›normal‹ zu bezeichnen, von der Zuschreibung des klassifizierenden Arztes oder Wissenschaftlers hin zum betreffenden Subjekt selbst.

In »Die ›kulturelle‹ Sexualmoral und die moderne Nervosität« bezieht sich Freud allerdings auf abweichenden Formen der Sexualität als Perversion, bei der ein vorläufiges Sexualziel »das Primat der Fortpflanzungsfunktion aufgehalten hat« und auf »Inversion«, bei der »das Sexualziel vom entgegengesetzten Geschlecht abgelenkt worden ist«.[53] In diesem Zusammenhang spricht Freud auch von der »Schädlichkeit dieser beiden Arten von Entwicklungsstörungen«[54], die allerdings bei Homosexuellen geringer ausfiele, weil sich entsprechende Sexualtriebe häufig in besonderer Weise zu kultureller Sublimierung eignen würden. Es fällt an dieser Stelle allerdings schwer, diese Beschreibung der vom Primat der genitalen Heterosexualität abweichenden Sexualität in den Begriffen von ›Entwicklungsstörung‹ und ›Schädlichkeit‹ allein auf das Leiden des Subjekts zu beziehen. Freud scheint die Konstruktion der ›normalen‹ Form der Sexualität affirmativ festzuschreiben. Dieser Eindruck wird von der darauf folgenden Passage bestätigt:

»Stärkere und zumal exklusive Ausbildungen der Perversionen und der Homosexualität machen allerdings deren Träger *sozial unbrauchbar* und unglücklich, so daß

---

dem Anhänger des ›Gottes Logos‹, keineswegs in eine ›natürliche Ordnung‹ Zustand des Sieges des Stärkeren über die Schwächeren ausarten, sondern in eine kulturelle Ordnung münden. Das bei Kritias ausgeschlossene Dritte zwischen Naturzustand und staatlich-tyrannischer Ordnung sieht Freud in der rational geleiteten Verständigung über die kulturellen Anforderungen einer an Gerechtigkeit orientierten Gesellschaft.

53 | S. Freud: »Die ›kulturelle‹ Sexualmoral und die moderne Nervosität«, S. 152.

54 | Ebd.

selbst die Kulturanforderungen der zweiten Stufe als eine Quelle des Leidens für einen gewissen Anteil der Menschheit anerkannt werden müssen«.[55]

Nehmen wir Freud an dieser Stelle einmal beim Wort, so vertritt er folgende Argumentation: Den Forderungen einer generell prohibitiven Sexualmoral und dem dabei implizierten Biologismus tritt Freud entschieden entgegen. Die Sexualmoral kritisiert er von einer Position aus, die die Reduktion der Sexualität auf die Fortpflanzungsfunktion leugnet, auf die vielgestaltigen Formen menschlicher Sexualität verweist und dabei das menschliche Recht der Befriedigung sexueller Wünsche mit Blick auf die Natur des Menschen verteidigt. In den gerade zitierten Sätzen und bezogen auf eine heterosexuell restriktive Sexualmoral, fällt Freud zwar nicht in einen Biologismus zurück, aber das soziale Moment der Konstruktion der Bewertung von Sexualität wird nicht ausreichend reflektiert. Die Annahme, dass die gesellschaftliche Ächtung einer Form von Sexualität bei den von dieser Diskriminierung Betroffenen Leiden bewirkt (sei es das Leiden an der Diskriminierung oder das Leiden an sich selbst, wenn eine Identifikation mit der abwertenden Zuschreibung erfolgt), kann sicher nicht bestritten werden. Aber die Behauptung, dass diese sexuelle Orientierung ›deren Träger sozial unbrauchbar‹ machen würde, setzt eine allgemein gültige Definition von Gesellschaft und angemessener Bedingungen von ›Brauchbarkeit‹ voraus. Freud geht dabei von der faktischen Geltung sozialer Normen und Werturteile aus, ohne auch nur anzudeuten, dass deren Geltung aus der Perspektive der Wissenschaft und der philosophischen Reflexion angezweifelt und auch bestritten werden kann. Entsprechende Wertungen ungeprüft *vorauszusetzen*, heißt einfach, ihre Geltungsansprüche unkritisch und unreflektiert zu übernehmen und damit praktisch anzuerkennen. Mit der zitierten Formulierung – welche Relevanz im Freudschen Œuvre ihr auch immer zukommen mag – kommt Freud die nötige kritische Distanz abhanden.

Dagegen ist hinsichtlich des Themas der sozialen Devianz kritisch einzuwenden: Wann Menschen für eine Gesellschaft ›unbrauchbar‹ werden, lässt sich nicht a priori aus ihrer sexuellen Orientierung ableiten. Vielmehr weist diese Wertung schon im Ansatz eine krasse Form von Biologismus auf, wenn versucht wird, Gesellschaften als soziale Gebilde zu beschreiben, deren Individuen Wert in erster Linie entsprechend ihrer Fähigkeit zur Fortpflanzung zuerkannt wird. Selbst wenn man Freud so verstehen würde, dass das Leiden an der sozialen Exklusion und Stigmatisierung die Ursache für die ›Unbrauchbarkeit‹ sei: Schon die Annahme, die ›Brauchbarkeit‹ – etwa Nützlichkeit – eines Menschen begründe seinen ›Wert‹ und davon hinge sein Anspruch auf

55 | Ebd., S. 153. (Hervorh. von mir, MV)

Anerkennung als Teil der Gesellschaft ab, widerspricht dem fundamentalen und moralisch unverzichtbaren Geltungsanspruch des unbedingt verbindlichen, unendlichen Wertes der Person. Die Würde der Person anders als universal gültig zu bestimmen, widerspricht der einzig vernünftigen moralischen Begründungsmöglichkeit.

Wie die moralphilosophische Überlegungen zeigten, gibt es für Freuds Intention einer ›Aufhebung der Sexualmoral‹[56] vernünftige Gründe. Umso mehr fällt der Reflexion an dieser Stelle die Aufgabe zu, kritische Intentionen auch dort zu artikulieren, wo Freud selbst unbestimmt oder auch mehrdeutig bleibt. Angesichts der Vorstellung von der ›Brauchbarkeit‹ einzelner Individuen für die Gesellschaft bedeutet dies, dass die Idee einer normativen Ordnung jenseits von Biologismen und Sozialdarwinismus sich in erster Linie an einem moralisch begründbaren Konzept von Sittlichkeit orientieren muss, um nicht schon auf der begrifflichen Ebene ideologisch verzerrt zu argumentieren. Die vernünftige Reflexion führt zu der Idee, dass eine nach sittlichen Prinzipien gestaltete Gesellschaft keiner Ideologie der ›Brauchbarkeit‹ oder ›Nützlichkeit‹ ihrer Mitglieder folgen darf. Auf diese Weise werden verdinglichend Personen zu Mitteln herabgewürdigt und entsprechende Typisierungen – etwa Geschlechterrollen oder Bilder des Menschen (Stichwort ›Humankapital‹) – institutionalisiert.[57]

---

56 | In dieser Arbeit wird dafür argumentiert, dass genau diese eingeschränkte Moralkritik Freuds kulturkritischer Intention entspricht. Der Eindruck einer »Aufhebung der Moral« (Th. Rentsch: *Negativität und praktische Vernunft*, S. 65–68) *als ganzer*, wird Freud wohl nicht gerecht. Dagegen lässt sich durchaus kritisieren, dass er sich – wie so viele Kritiker – auf das Gebiet der ›Pathologie der Moral‹ beschränkt und die ›normale‹, lebensweltliche Moral als selbstverständlich voraussetzt (wie das von Freud häufig benutzte Zitat von Vischer zeigt, vgl. oben S. 81). Dass Freud die ›Selbstverständlichkeit‹ der Ethik überhaupt nicht abwertend meint, sondern diese als ›kulturelle‹ Kompetenz versteht, die freilich sehr schwer zu erreichen ist, kann ein Auszug aus der Korrespondenz Freuds mit Pfister verdeutlichen: »mir liegt Ethik ferne [...]. Ich zerbreche mir nicht viel den Kopf über Gut und Böse, aber ich habe an den Menschen durchschnittlich wenig ›Gutes‹ gefunden. Die meisten sind nach meinen Erfahrungen Gesindel, ob sie sich laut zu dieser, jener oder keiner ethischen Lehre bekennen. [...] Wenn schon von Ethik die Rede sein soll, so bekenne ich mich zu einem hohen Ideal, von dem die mir bekannt gewordenen nun meist sehr betrüblich abweichen« (S. Freud an O. Pfister, 9. Oktober 1918, in: dies.: *Briefe*, S. 62). Das Problem bleibt natürlich bestehen, dass, indem Freud sich hier auf Ethik als anspruchsvolle Praxis bezieht, er in einem privaten Brief über etwas schreibt, das in dieser Form in seinem veröffentlichten Werk so gut wie nicht auftaucht. Zudem bleibt bei dieser persönlichen Offenbarung gegenüber dem befreundeten Pfarrer ja völlig unklar, *worin* denn das ›hohe Ideal‹ bestehen soll – und gerade diese Frage *ist* doch *das* Problem der Moralphilosophie.

57 | *Der Spiegel* (Heft 39/2008) titelt entsprechend: »Biologie des Erfolgs. Warum Frauen nach Glück streben – und Männer nach Geld«. Der weit über diese Zeitschrift hinausreichende Trend, moralphilosophische Probleme ebenso wie Fragen nach dem

Vernünftige Prinzipien einer sittlichen Ordnung lassen sich zwar nicht unabhängig von historischen Bedingungen überzeitlich inhaltlich bestimmen, sie müssen jedoch formalen Kriterien genügen, um Legitimität beanspruchen zu können und sollen etwa Autonomie (im Sinne vernünftiger Selbstbestimmung, nicht beliebiger Willkürfreiheit) befördern, statt sie einzuschränken. Die Idee einer sittlich-normativen Orientierung lässt sich nicht damit vereinbaren, die ›Brauchbarkeit‹ von Individuen nach ihrer konstitutiven Eignung zur Erfüllung der Fortpflanzungsfunktion zu bewerten.

Neben dieser Kritik soll aber darauf hingewiesen werden, dass Freud das Potential aufweist und auch teilweise einlöst, seine unkritische Bemerkung selbst zu überwinden. Die Gefahr pathologischer Folgen, die sich aus der generell restriktiven Sexualmoral für viele Menschen ergeben, bleiben natürlich für alle bestehen, die unter den Sanktionen der heterosexuell-restriktiven Sexualmoral zur Askese gezwungen sind. Für diejenigen, denen eine Unterdrückung ›perverser‹ Triebe nicht gelingt und die deswegen neurotisch erkranken, gilt nach Freud, dass die Folgen dieser Unterdrückung »für das Individuum ebenso schädlich sind und es für die Gesellschaft ebenso unbrauchbar machen wie die unveränderte Befriedigung jener unterdrückten Triebe«.[58]

Freud weiß natürlich selbst, dass die ›schädlichen Folgen‹ für das Individuum gar nicht in der sexuellen Orientierung *per se* liegen, sondern in der sozialen Sanktionierung und Stigmatisierung und dass sie demzufolge als ein soziales Leid zu charakterisieren sind. Freud beschreibt wenige Zeilen später eine Möglichkeit abweichenden sexuellen Verhaltens, das zwar nicht mit der Sexualmoral (der zweiten und dritten Stufe) zu vereinbaren ist (aus deren Perspektive also ›schlecht‹ wäre), das aber durchaus begrüßenswerte Folgen hätte:

> »Die Erfahrung lehrt, daß es für die meisten Menschen eine Grenze gibt, über die hinaus ihre Konstitution der Kulturanforderung nicht folgen kann. Alle, die edler sein wollen, als ihre Konstitution es ihnen gestattet, verfallen der Neurose; sie hätten sich wohler befunden, wenn es ihnen möglich geblieben wäre, schlechter zu sein«.[59]

Meint Freud, dass dieses abweichende Verhalten nur in Relation zu bestimm-

guten und glücklichen Leben auf vermeintlich wissenschaftliche Basistheorien zu gründen, ist das gegenwärtig auffälligste Beispiel dafür, wie bornierte, bereits im Ansatz gegenaufklärerischen Stereotypen auf die Ebene des vom *common sense* Unbezweifelbaren erhoben werden. Dergleichen ›Thesen‹ können schlecht anders behandelt werden, als im Modus philosophischer und ideologiekritischer Destruktion dieser Art von ›Dialektik der Aufklärung›.

58 | S. Freud: »Die ›kulturelle‹ Sexualmoral und die moderne Nervosität«, S. 153f.

59 | Ebd., S. 154.

ten moralischen Normensystemen ›schlecht‹ ist, dass aber auch eine ›moderne Kultur‹ diese Formen sozial integrieren könnte, ja sollte? Es gibt Indizien dafür, dass Freud diese Position vertritt und sich damit gegen restriktive Formen der Sexualmoral richtet. Der folgende Absatz legt dies nahe:

»Es ist eine der *offenkundigen sozialen Ungerechtigkeiten*, wenn der kulturelle Standard von allen Personen die nämliche Führung des Sexuallebens fordert, die den einen dank ihrer Organisation mühelos gelingt, während sie den anderen die schwersten psychischen Opfer auferlegt, eine Ungerechtigkeit freilich, die zumeist durch Nichtbefolgung der Moralvorschriften vereitelt wird«.[60]

Es ist bemerkenswert, dass sich Freud an dieser Stelle aus einer ethischen Perspektive heraus unter Bezugnahme auf Gerechtigkeit wertend äußert. Einen weiten Begriff von ›Gerechtigkeit‹ vorausgesetzt, lässt sich dies aus moralphilosophischer Sicht auch begründen: Was die Normen der Sexualmoral sanktionieren, sind nicht Handlungsabsichten oder Maximen, sondern bestimmte Ausprägungen menschlicher Sexualität.[61] Diese Wertungen sind folglich moralphilosophisch nicht vernünftig zu begründen. Eine soziale Ordnung, die sich an diesen ideologischen Moralvorschriften orientiert, benachteiligt Menschen aufgrund ihrer Neigungen und verfährt darin, wie Freud sagt, ungerecht. Im Übrigen schließt Freud noch eine Bemerkung an, nach der die Praxis selbst zeige, dass die Nichtbefolgung dieser Moralvorschriften vielleicht das ›Anstandsgefühl‹ einiger Sittenwächter alarmieren mag, die Gesellschaft selbst dadurch faktisch nicht bedroht werde. Das Gegenteil ist der Fall: Gefährlich sind moralische Verbote, deren ›Begründung‹ *allein* auf subjektiven und affektiven Vorurteilen basiert.

Freuds Argumentation enthält also genügend kritisches Potential, um – selbst in seiner noch vorsichtig gehaltenen Kritik der für eine breitere Öffentlichkeit bestimmten Schriften – die Problematik der Sexualmoral auf den bereits vorgeschlagenen Punkt zu bringen: Hinter den normativen Geltungsansprüchen, mit denen die ›kulturelle‹ Sexualmoral in verschiedenen Ausprägungen auftritt, verbergen sich nur affektiv besetzte Vorurteile, die wiederum psychoanalytisch betrachtet das Ergebnis einer übertrieben strengen Sexualerziehung sind. Die Vorschriften einer solchen Sexualmoral geben jedoch nur das ideologische Zerrbild einer vernünftig begründbaren moralischen Norm wieder. Als Substitut einer solchen Begründung werden Rationalisierungen

60 | Ebd., S. 155 (Hervorh. von mir, MV).

61 | Inwiefern diese sexuellen Präferenzen als ›angeboren‹ oder ›erworben‹ vorgestellt werden, steht dabei nicht zur Debatte. Die Freudsche Psychoanalyse votiert gegen *eine* einzige, reduktive Erklärung.

herangezogen, die wissenschaftliche oder religiöse Autorität suggerieren, etwa sexualhygienische oder biologistische Theorien oder fundamentalistische religiöse Dogmen. Bewirkt wird damit aber die Diskriminierung von Menschen aufgrund sexueller Orientierungen. Darin verfahren die sexualmoralischen Dogmen *beider* Stufen restriktiv: Verboten werden entweder alle Formen sexueller Befriedigung, die von einer engen Definition ›normaler‹ Sexualität abweichen (zweite Stufe) oder die sexuelle Befriedigung an sich. In diesem Falle ist die Fortpflanzung geboten, Lust aber negativ besetzt. Beide Formen der Sexualmoral sind mit vernünftigen Konzepten von Moral und Gerechtigkeit unvereinbar. Beide legen damit das Fundament für eine auf weite Bereiche der gesellschaftlichen Wirklichkeit wirkende Pathologisierung menschlichen Verhaltens, indem ihre strukturelle Ungerechtigkeit Herrschafts- und Gewaltverhältnisse errichtet und/oder ideologisch legitimiert.

Freuds Text fordert in letzter Konsequenz, wie gezeigt werden sollte, eine radikale Kritik und Aufhebung der Sexualmoral.[62] Die Probleme, die innerhalb des Bereiches der menschlichen Sexualität aufgeworfen werden, lassen sich nicht auf bestimmte Spielarten sexueller Praxis eingrenzen; diese Probleme sind allgemein moralischer Natur – und als solche unabhängig von sexuellen Neigungen zu beurteilen. Das heißt, mit der Aufhebung der Sexualmoral können sich die mit ihr verbundenen ethischen Probleme erst angemessen formulieren und diskutieren lassen. Nur so kann über sexuelle Ausbeutung, Nötigung und Gewalt unabhängig von sexualmoralischen Befangenheiten und affektiven Abwehrreaktionen und Ressentiments geurteilt werden.

Der Beitrag Freuds zu dieser moralphilosophischen Kritik an der Sexualmoral liegt folglich darin, Themen, die in der Philosophie eher am Rande behandelt oder gar tabuisiert wurden und werden, in die Diskussion einzubringen, um Residuen affektbedingter, ideologisch verzerrter Urteile auf dem Gebiet der philosophischen Praxis selbst aufzuweisen. Es macht keinen Sinn, Freud dort zu folgen, wo er die Moralphilosophie *per se* als Symptom einer restriktiven Sexualmoral verdächtigt. Allerdings zeigt liefert die Psychoanalyse genügend Anlass zu der Erkenntnis, dass nicht alle, die sich als ›Hüter von Ordnung und Moral‹ präsentieren, moralphilosophisch akzeptabel argumentieren. Vor dem Hintergrund der Freudschen Kritik ist eine an Vernunft und Allgemeinheit orientierte Moralphilosophie allerdings aufgefordert, diese Kritik selbst systematisch aufzunehmen und konsequent fortzuführen.

---

62 | Selbst wenn der Interpretation widersprochen werden kann, dass eine solche Position in dieser Radikalität bei Freud angelegt ist, ist der moralphilosophische Geltungsanspruch einer Kritik der restriktiven Sexualmoral aufrechtzuerhalten. Freud kann in jedem Falle als einer der wichtigsten Wegbereiter einer solchen Kritik angesehen werden.

Nach alledem lässt sich die Frage neu stellen, wie sich Freuds These, nach der Kultur auf Triebunterdrückung beruht, zu der Idee einer Sexualmoral der ersten Stufe – die als liberale Position bereits eine Kritik der Sexualmoral der zweiten und dritten Stufe impliziert – verhält.

Vom Triebverzicht zum kulturellen Triebaufschub

Die vorangehende Argumentation versuchte, Tendenzen in Freuds Kritik der ›kulturellen‹ Sexualmoral zu betonen, die nicht nur eine Ablehnung der generell lustfeindlichen prohibitiven Sexualmoral nahe legen, sondern auch eine Ablehnung der abgeschwächten, weniger repressiven Form. Diese zweite Stufe, so wurde argumentiert, konstruiert einen eng begrenzten Begriff der Sexualität und macht diesen zur Grundlage einer Beschreibung von Normalität und normaler Sexualität. Auf diese Weise wird die negative Sanktionierung devianten Sexualverhaltens und eine Diskriminierung der betroffenen Personen legitimiert. Diese Legitimation gründet sich allerdings auf einen biologistischen Begriff von Sexualität, der unreflektiert bleibt.

Ergibt sich aus der Lektüre von Freuds frühem Aufsatz zur Sexualmoral, dass er die Sexualmoral auf das Niveau der ersten Stufe zu beschränken rät, »auf welcher die Betätigung des Sexualtriebes auch über die Ziele der Fortpflanzung hinaus frei ist«?[63] Gegen Ende des Textes fragt er:

> »ob unsere ›kulturelle‹ Sexualmoral der Opfer wert ist, welche sie uns auferlegt, zumal, wenn man sich vom Hedonismus nicht genug frei gemacht hat, um nicht ein gewisses Maß von individueller Glücksbefriedigung unter die Ziele unserer Kulturentwicklung aufzunehmen. Es ist gewiß nicht Sache des Arztes, selbst mit Reformvorschlägen hervorzutreten; ich meinte aber, ich könnte die Dringlichkeit solcher unterstützen«.[64]

Obwohl es Freud nicht für die Aufgabe der psychoanalytischen Theorie hält, politische Programme zu erstellen[65], lässt sich doch nachvollziehen, welche Haltungen mit seinen Thesen vereinbar sind und welche nicht. Eine Sexualmoral der dritten Stufe ist es zumindest *nicht*. Dass es eine der zweiten Stufe sein könnte, darüber lässt sich streiten. Weitaus wichtiger wäre aber, zu klären, unter welchen Bedingungen es sich plausibel machen ließe, dass Freud

63 | S. Freud: »Die ›kulturelle‹ Sexualmoral und die moderne Nervosität«, S. 152.

64 | Ebd., S. 167.

65 | Diese Haltung Freuds wird bis heute oft – aber sicherlich nicht in jedem Falle zu recht – kritisiert. Sie führte denn auch im Kreis der Psychoanalytiker zu Kontroversen. Otto Groß, der den Einsatz für Sozialreformen forderte, wurde ›verstoßen‹. Nicht anders erging es später Wilhelm Reich, der allerdings zur gleichen Zeit auch aus der Kommunistischen Partei ausgeschlossen wurde.

eine liberale, von einem nichtreduktionistischen Standpunkt einzig akzeptable Sexualmoral der ersten Stufe bevorzugen könnte. Dies entspräche einer Kritik und Abwehr jeglicher diskriminierender sexualmoralischer Dogmen und einer Aufhebung der Sexualmoral überhaupt in dem Sinne, dass eine prinzipiell gegen jede oder bestimmte Formen sexueller Lust ausgerichtete Moral abgelehnt würde. Die mit sexuellen Praktiken verbundenen möglichen Probleme würden hingegen in den Bereich allgemeiner moralischer Reflexion gehoben, um Abhängigkeits- und Gewaltverhältnisse oder auch Pathologien unabhängig von den überkommenen und *normativ besetzten* Basiskategorien der Hetero- und Homosexualität zu beurteilen.

Kehren wir noch einmal zu den drei von Freud angeführten Stufen der Sexualmoral zurück. Freud hatte diese Stufen mit »Bezug auf [die] Entwicklungsgeschichte des Sexualtriebes«[66] – also der Ontogenese der Triebstruktur des Subjekts – unterschieden. Wenn wir diese drei Stufen doch einmal *probehalber* und entgegen der oben (vgl. S. 218) geäußerten Intention als historisch-kulturelle Entwicklungsstufen verstehen[67], führt das allerdings zu unplausiblen Konsequenzen. In diesem Fall würde Kulturentwicklung als ein Fortschritt erscheinen, der mit Triebunterdrückung einhergeht und der darüber hinaus *wesentlich* auf dieser beruhte und durch ihr Vorhandensein definiert wäre. Würde Freud dann als Vertreter der Forderung nach einer Sexualmoral der ersten Stufe verstanden werden, müsste seine Position in einem *kulturfeindlichen* ›Zurück-zur-Natur‹ kulminieren, der es vordergründig um die vulgär-romantische Phantasie der Beseitigung aller Hemmungen und um ungehinderte Befriedigung ginge. Eine solche Position liegt Freud allerdings völlig fern. Im *Unbehagen in der Kultur* polemisiert er gerade die kulturfeindliche Meinung, die sich sämtlicher kultureller Anforderungen als bloß äußerlicher ›Zwänge‹ entledigen möchte.[68] Freud beharrt dagegen darauf, dass es zur kulturellen Existenz der Menschen gar keine vernünftige

66 | Ebd., S. 152.

67 | Etwa so, wie es Norbert Elias in seinen sozio- und psychogenetischen Untersuchungen über den *Prozess der Zivilisation* als Zunahme von Scham und steigender Rationalisierung beschreibt. Diesem ›Mythos‹ widerspricht Hans Peter Dürr mit großem Aufwand und mit einigem Recht (vgl. ders.: *Nacktheit und Scham. Der Mythos vom Zivilisationsprozeß*). Bezogen auf die Behauptung von Dürr, dass Scham eine anthropologische Konstante darstellt, lassen sich bei Freud eher Argumente für Dürr finden (was angesichts der stillschweigenden Anleihen von Elias am Vokabular und – in frei vereinfachter Form – an Konzepten der Psychoanalyse zu denken geben sollte): »Über den heute lebenden Primitiven haben wir durch sorgfältige Erkundung erfahren, daß sein Triebleben keineswegs ob seiner Freiheit beneidet werden darf; es unterliegt Einschränkungen von anderer Art, aber vielleicht von größerer Strenge als das des modernen Kulturmenschen« (S. Freud: *Das Unbehagen in der Kultur*, S. 475).

68 | Vgl. Freud: *Das Unbehagen in der Kultur*, S. 444ff. u.ö.

Alternative gibt. Er schlägt vor, den Menschen als naturhaft-soziales Lebewesen mit erotischen und aggressiven Trieben anzuerkennen. Nur so ist es überhaupt denkbar, die Triebwünsche nicht vollständig abzuweisen und zu tabuisieren, sondern kulturelle Formen zu etablieren, die genussvolle Befriedigung, Sublimierung oder bewussten Verzicht zulassen. Freud verliert nie aus den Augen, dass kulturelle Anforderungen menschliches Begehren nicht nur verhindern, sondern auch dessen Erfüllungsgestalten konstitutieren und dass (gerechte) kulturelle Institutionen nicht nur willkürliche Befriedigung eindämmen, sondern auch die Möglichkeiten der Bedürfnisbefriedigung regulieren und damit zugleich bewahren sollen.

Freud bezieht mit seiner Kritik an der asketistischen und diskriminierenden Sexualmoral keine *kulturfeindliche* Position, aus der sich die Hoffnung einer utopischen Rückkehr zu einem optimalen und harmonischen Naturzustand ableiten ließe. Es ist nicht so, dass Freud etwa dem Mann eine ›orgastische Potenz‹ (Wilhelm Reich) verspräche, mit der die gesellschaftlichen Probleme in eins gelöst wären. Freud kritisiert vielmehr die kulturellen Verheerungen, die eine unbedingte Triebunterdrückung und die Ungerechtigkeit, die eine sexuelle Diskriminierung bewirkt. Und er kritisiert dies, um kulturbedrohende Schäden abzuwehren, weil seine Analysen zeigen, dass rigoroser Moralismus in illusionäre Ideologie umschlägt, die aggressive (destruktive) statt erotische (kommunikative, solidarische) soziale Tendenzen stärkt.

Freuds Position muss also – gemäß den Überlegungen zur Dialektik von Lust- und Realitätsprinzip – jenseits der Forderung nach unmittelbarer, unvermittelter, ›natürlicher‹ willkürlicher Triebbefriedigung (absoluter Hedonismus), aber auch *jenseits einer bloßen Gleichsetzung der Begriffe von Kultur und Triebunterdrückung* liegen, die implizieren würde, dass der höchste Stand der Kultur mit unausgesetzter Triebunterdrückung identisch wäre. Freud steht zwischen den Extremen des absoluten Hedonismus und des hypermoralischen Asketismus.

Wenn Freuds Argumentation nun so rekonstruiert wird, dass sie auch mit der Sexualmoral der ersten Stufe übereinstimmt, darf der Satz, nachdem die Sexualität nicht an die Fortpflanzung gebunden werden soll, nicht als Aufforderung zur ›Rückkehr‹ zum unbedingten und kompromisslosen Ausleben *animalischer Lust* verstanden werden. Mit der Befreiung der Sexualität von der ideologischen Reduktion auf die Fortpflanzungsfunktion wird es erst möglich, Sexualität in ihren vielen möglichen Formen anzuerkennen und unter kulturellen Bedingungen – etwa der unbedingten gegenseitigen Anerkennung als Personen – auszuleben. Die moralische Reflexion muss die Kultur dort kritisieren, wo sie Diskriminierung strukturell verfestigt –

auch im Hinblick auf Sexualität. Und: Die sexuelle Praxis selbst muss sich in problematischen Einzelfällen, wie jede menschliche Tätigkeit, moralisch rechtfertigen lassen, nur dass moralische Legitimation eben nicht nach der grundsätzlichen sexuellen Orientierung urteilt.

Freuds Einschätzung, »[u]nsere Kultur ist ganz allgemein auf der Unterdrückung von Trieben aufgebaut«[69], weist auf die Fähigkeit hin, sich zu Triebwünschen verhalten zu können, ihre Erfüllung aufzuschieben, bestimmte Triebziele auszuschließen oder zu modifizieren. Die Forderung nach Triebverzicht ist eine Bedingung für Kultur, die den Schutz ihrer Mitglieder über die Regelung sozialer Beziehungen zu leisten vermag. Gefordert ist nicht die unbedingte Negation aller Triebe, sondern ein vernünftiger (damit ist nicht gemeint: rationalistischer) Umgang mit diesen, der ein aufgeklärtes Selbstverhältnis des Menschen voraussetzt, dementsprechend er sich als ein von Trieben affiziertes Vernunftwesen erkennt. Der selbstbestimmte Umgang mit Sexualität kann als Emanzipation von der Reduktion auf die biologische Funktion der Fortpflanzung nicht in einem bedingungslosen Ausleben animalischer Sexualität bestehen, sondern muss auf einer enttabuisierten, authentischen Einstellung zur Sexualität gründen, die die Rechte und Ansprüche anderer Personen achtet. Ein dem Konzept der Autonomie entsprechender Begriff findet sich bei Freud nicht explizit, implizit enthalten ist er in der Vorstellung, dass die Einschränkung der »individuellen Freiheit«[70] (besser: der individuellen Willkür) zu *akzeptieren* sei. Sexualität ist wesentlicher Aspekt des menschlichen Daseins uns Handelns und als solcher keinen ausschließlich für sie geltenden moralischen Sondernormen unterworfen, so als ob auf dem Gebiet der Sexualität Diskriminierung oder Biologismus ausnahmsweise erlaubt wären oder zur Beschreibung ›normaler‹ Sexualität auf dogmatische, gegen Kritik immune Texte verwiesen werden könnte. Freud bringt es im *Unbehagen in der Kultur* auf den Punkt:

»Durch die Kulturentwicklung erfährt sie [d.i. die individuelle Freiheit, MV] Einschränkungen und die Gerechtigkeit fordert, daß *keinem* diese Einschränkungen erspart werden. Was sich in einer menschlichen Gemeinschaft als Freiheitsdrang rührt, kann Auflehnung gegen eine bestehende Ungerechtigkeit sein und so einer weiteren Entwicklung der Kultur günstig werden, mit der Kultur verträglich bleiben. Es kann aber auch dem Rest der ursprünglichen, von der Kultur ungebändigten Persönlichkeit entstammen und so Grundlage der Kulturfeindseligkeit werden. *Der Freiheitsdrang richtet sich also gegen bestimmte Formen und Ansprüche der Kultur oder gegen Kultur überhaupt*«.[71]

Die Idee der Befreiung – in diesem Falle Emanzipation der Sexualität von

69 | Ders.: »Die ›kulturelle‹ Sexualmoral und die moderne Nervosität«, S. 149.
70 | Ders.: *Das Unbehagen in der Kultur*, S. 455.
71 | Ebd. (Hervorh. von mir, MV).

dogmatischer Sexualmoral – erscheint nur berechtigt als begründete Kritik an bestehenden ungerechten und irrationalen Verhältnissen. Befreiung als romantische Idee, insofern sie die Entledigung von kulturellen Zwängen überhaupt und die Rückkehr zu einem angeblich ursprünglichen Naturzustand fordert, ist dagegen nur die Kehrseite der repressiven Ideologie. Die prohibitive Sexualmoral, die dem Menschen von den ›Zwängen‹ seiner Lust ›befreien‹ will, aber auch die Ideologie der sexuellen ›Befreiung‹, die sexuelle Willkür zur Lösung aller gesellschaftlichen und ökonomischen Probleme hypostasiert[72] – beide suggerieren, dass sich die Dialektik von Lust- und Realitätsprinzip einseitig auflösen ließe. Und zwar entweder durch weitgehende Disziplinierung und Eliminierung der Lust oder durch rücksichtslose und willkürliche Enthemmung unter Missachtung jeglicher kultureller Vermittlungsformen und Persönlichkeitsrechte.

Obwohl Freud keinen programmatischen Entwurf erarbeitet hat, mahnt er doch bereits in seinem frühen Text zur Sexualmoral *Reformbedarf* an. Ähnlich äußert er sich noch viel später, wenn er es als die Aufgabe der Kultur überhaupt ansieht, einen Kompromiss zwischen individueller Freiheit und sozialer Ordnung zu finden, den er so charakterisiert:

»Ein gut Teil des Ringens der Menschheit staut sich um die eine Aufgabe, einen zweckmäßigen, d.h. beglückenden Ausgleich zwischen [den] individuellen und den kulturellen Massenansprüchen zu finden, es ist eines ihrer Schicksalsprobleme, ob dieser Ausgleich durch eine bestimmte Gestaltung der Kultur erreichbar oder ob der Konflikt unversöhnlich ist«.[73]

Der ›Zweck‹ einer Gesellschaftsordnung wird nicht im bloßen Bestehen einer Ordnung im Sinne eines Funktionalismus gesehen, sondern in der Möglichkeit eines *beglückenden Ausgleichs zwischen individuellen Wünschen und kulturellen Normen.* Freud hat bereits gezeigt, welche Gefahren und Schäden zu erwarten sind, wenn die sexuellen Normen an im Kern biologistische Dogmen gebunden werden, die sich äußerlich den Anschein sittlichen Anstands geben.

72 | Damit sind *keinesfalls* emanzipative Anstrengungen, wie etwa die der Schwulen- und Lesbenbewegungen gemeint, die ja mit Recht die Aufhebung der sexuellen Diskriminierung fordern, sondern weltanschauliche Gegenstücke zum vorher bereits kritisierten absoluten Hedonismus. Ansätze, nach denen ungerechte gesellschaftliche Strukturen durch gelungene Paarbeziehungen revolutioniert werden sollen (vgl. Fußn. oben S. 182), zählen zwar nicht direkt zu der kritisierten zweiten Position, teilen mit ihr jedoch die ideologiekritische Naivität, als wäre etwa der ›Raubbau an der Natur‹ nur ein Problem individueller Befindlichkeiten und nicht der Struktur konkreter sozio-ökonomischer Produktionsverhältnisse und deren Verwertungslogik geschuldet.

73 | Ebd., S. 456.

Die menschlichen Triebe sind zwar körperlich manifestiert, aber wesentlich das Ergebnis der sozial vermittelten ontogenetischen Entwicklung jeder einzelnen Person. Es lässt sich weder ein für alle Menschen gültiges und dabei befriedigendes Triebziel formulieren, noch lässt sich in normativen Fragen, die Regeln für die soziale Praxis legitimieren sollen, auf naturalistische Begründungen zurückgreifen. Sexualität kann und darf nicht auf Fortpflanzung reduziert werden, genauso wenig wie etwa die soziale Institutionen der Familie auf ›Brutpflege‹ oder die Rolle der Frau auf ›Mutterschaft‹. Die kulturelle Ordnung muss vielmehr, der von Freud ihr zugeschriebenen Schutzfunktion entsprechend, sicherstellen, dass auch sexuelle Bedürfnisse gegen restriktive Verbote geschützt werden, um die Möglichkeit individuellen Glücks nicht unangemessen zu behindern. Die Formen sexueller Befriedigung werden dadurch liberalisiert, ohne dass die sittlichen Anforderungen geringer würden. Die Befreiung sexueller Lust von pseudomoralischen Dogmen und die Transformation der Sexualmoral in die Verantwortung autonomer Personen bleibt selbstverständlich an die Anforderungen der Moralität gebunden; ansonsten wäre das Konzept der Autonomie verkehrt als eines der individuellen Willkürfreiheit verstanden. So lässt sich auch die Bestimmung Freuds verstehen, nach der der Drang nach Befreiung (der Sexualität) entweder als Kulturkritik artikuliert wird oder aber die kulturelle Ordnung als solche zu beseitigen vorgibt.

Theoriegeschichtlich gelangen wir mit diesem Gedanken an die viel diskutierte Frage nach dem Verhältnis der Theorien von Freud und Marx, zu der hier abschließend eine kurze Anmerkung erlaubt sei. Es ist wohl weder so, dass beide Ansätze einander ausschließen, noch so, dass einer von beiden durch den anderen vollständig erklärt oder ersetzt werden kann. Wenn von beiden Theorien gesagt werden kann, dass sie einander nicht widersprechen oder auch teilweise ergänzen, so doch sicherlich nur, weil sie in ähnlich kritischer Hinsicht bestimmte – aber eben jeweils spezifische – Aspekte der menschlichen Praxis untersuchen. Wenn Freud davon redet, dass eine Kultur oder eine Gesellschaft den Zweck hat, die Menschen zu schützen und den Ausgleich individuellen Glücks und sozialer Ordnung zu befördern, so bezieht er sich offensichtlich auf bestimmte normative und rechtliche Normen, deren Legitimität er kritisiert und für deren Änderung er aus bestimmten, psychoanalytisch erforschten Gründen eintritt. Neben verstreuten und sehr allgemein gehaltenen Forderungen nach einer gerechten Verteilung gesellschaftlichen Reichtums findet sich bei Freud dagegen kein Gedanke dazu, wie die ökonomischen Grundlagen für eine kulturelle Ordnung beschaffen sein müssten oder ob etwa bestimmte Wirtschaftssysteme an ganz spezifische Wertmuster gebunden seien.[74]

Marx kritisiert die klassische politische Ökonomie und leitet aus dieser Kritik Vorschläge für eine seiner Ansicht nach vernünftige Wirtschaftspolitik ab, mit der er zugleich einen gerechten Ausgleich der Verteilung des gesellschaftlich produzierten Reichtums verbindet. Während Marx die Ideologie als Verschleierung der wirtschaftlichen Interessen des Kapitals zu entlarven sucht und ihnen eine angemessene Beschreibung der objektiven kapitalistischen Realität entgegenzuhalten bestrebt ist, untersucht Freud, warum bestimmte Ideologien – wie die repressive Sexualmoral oder die massenwirksame Ideologie[75] – überhaupt den Anschein von Legitimität erzeugen und behalten können; warum sich Menschen mit ihnen identifizieren, sie auf die Wirklichkeit projizieren und ihr Handeln daran orientieren. Während Freud also den Ausgang von familiären, intersubjektiven Verhältnissen nimmt, die den Boden für die Inkorporierung von Ideologien bilden, versucht Marx die gesellschaftliche Bedingtheit und Funktion dieser Ideologien begrifflich zu fassen. Obwohl beide kritisch-emanzipative Perspektiven aufeinander bezogen bleiben und sogar idealerweise aneinander anschließen, kann doch keine die andere aufheben oder integrieren.

---

74 | Freud gesteht selbst zu, den Gesellschaftsentwurf des Kommunismus keiner »wirtschaftlichen Kritik« unterziehen zu können und bemerkt: »Wer in seinen eigenen jungen Jahren das Elend der Armut verkostet, die Gleichgiltigkeit und den Hochmut der Besitzenden erfahren hat, sollte vor dem Verdacht geschützt sein, daß er kein Verständnis und kein Wohlwollen für die Bestrebungen hat, die Besitzungleichheit der Menschen und was sich aus ihr ableitet, zu bekämpfen« (S. Freud: *Das Unbehagen in der Kultur*, S. 472.). Er kritisiert deshalb auch *aus rein psychologischer Perspektive*, dass es eine »haltlose Illusion« sei, mit der Abschaffung des Privateigentums die menschliche »Aggressionslust« (ebd., S. 473) beseitigen zu wollen. Damit ist freilich die Marxsche Vorstellung der Vergesellschaftung der privaten *Produktionsmittel* äußerst missverständlich wiedergegeben. Da Freud nach eigener Aussage über keine Kenntnisse der Kritik der politischen Ökonomie verfügt, ist davon auszugehen, dass er sich an populären ›marxistischen‹ Ideologien orientiert. Philosophie und Soziologie des 20. Jahrhundert sind allerdings, wie die materialreiche Studie von Christoph Henning zeigt, gekennzeichnet durch krasse Fehlrezeptionen der Marxschen Theorie, da sie dazu tendieren, ökonomische Argumente in spekulativere Gefilde zu verlagern (vgl. Ch. Henning: *Philosophie nach Marx. 100 Jahre Marxrezeption und die normative Sozialphilosophie der Gegenwart in der Kritik*). Diese Schieflage der Rezeption wird nun auch in den Bemerkungen Freuds deutlich; darüber hinaus bleibt Freuds Kritik natürlich wiederum berechtigt als *Ideologiekritik* angesichts der vulgärmarxistischen, sich aus fehlgeleitetem Verständnis legitimierenden politischen und ideologischen Zerrformen des Marxismus, die das Reflexionsniveau der Vorlage verfehlen.

75 | Freuds massenpsychologische Untersuchungsobjekte sind schließlich ›Heer und Kirche‹ (S. Freud: *Massenpsychologie und Ich-Analyse*, S. 139).

Fazit

Der Ertrag dieser Arbeit besteht mit Sicherheit nicht in einer ›Lösung‹ des Problems des Verhältnisses zwischen Moral und Glück, insofern darunter etwa die Frage verstanden wird, ob moralisches Handeln glücklich macht.[1] Was dagegen geleistet wurde, ist die paradigmatische Gegenüberstellung von zwei sehr verschiedenen Ansätzen und Perspektiven, die jedoch mit Bezug auf das menschliche Selbst- und Weltverhältnis und die ethische Frage nach der Möglichkeit eines *guten Lebens* einander teils bestätigend, teils korrigierend aufeinander bezogen werden können.

Im ersten Kapitel wurde die unhintergehbare Notwendigkeit moralischer Reflexion und Begründung für eine *vernünftige* Handlungsorientierung betont. Die Kantische Moralphilosophie und das Konzept des kategorischen Imperativs artikulieren die begrifflichen Bedingungen und Kriterien dafür, welche Form eine vernünftige moralische Urteilspraxis aufweisen muss, die sich als solche auch richtig versteht. Zwei Konsequenzen dieses Ansatzes sind: Wir können (und brauchen) die Form moralischer Urteile nicht noch einmal außerhalb der reinen praktischen Vernunft aus empirisch-wissenschaftlicher Forschung, religiöser Offenbarung, einem ›inneren‹ Sinn oder spiritueller Erfahrung ableiten, um zusätzliche Sicherheit darin zu gewinnen. Und wir können nicht erwarten, durch moralisches Handeln unser persönliches Glück zu sichern. Die authentische Motivation liegt einzig und allein in der praktischen Realisierung unserer Autonomie, durch die wir uns als Vernunftwesen angemessen begreifen.

Es wäre allerdings ein Irrtum, zu glauben, dass wir mit diesem Ergebnis der Berücksichtigung empirischer Forschung enthoben seien. Zwar wurde die These der Freudschen psychoanalytischen Theorie zurückgewiesen, dass mit der Genese des Gewissens als endopsychischer Über-Ich-Instanz der kategorische Imperativ als direkter Erbe des archaischen Tabus *identifiziert* sei; doch die klinisch beobachtbaren Defekte pathologisch verzerrter Selbst-

1 | Allenfalls lässt sich mit Otfried Höffe sagen: »Während der tugendlose Weg leicht in den Abgrund des Scheiterns führt, schützt die Tugend zwar nicht vor jedem Ungemach, mit ihrer Hilfe wird aber das geglückte Leben hochwahrscheinlich« (ders.: »Macht Tugend glücklich?«, S. 355). Dies gilt allerdings nur unter entsprechend günstigen gesellschaftlichen Bedingungen und wird schon im Falle der von Freud kritisierten ›Doppelmoral‹ unwahrscheinlicher.

verhältnisse, die sich als Beobachtungswahn und in der qualvollen Erfahrung übersteigerter Schuldgefühle äußern, sind nicht als rein moralisches Problem zu therapieren. Hierbei geht die Freudsche Moralkritik als vorgebliche *Destruktion* der Moral zwar zu weit, aber als *Kritik* der moralischen Praxis fordert sie völlig zu Recht eine radikale Reflexion auf die Legitimierbarkeit moralischer Geltungsansprüche, insbesondere auf dem Gebiet der Sexualmoral. Es ließ sich zeigen, dass Freud selbst einen *normativen* Kulturbegriff verwendet, seine therapeutische Praxis die Emanzipation zu einem reflektierten Selbstverhältnis bezweckt und seine Kritik eigentlich eine wesentlich unmoralische ›Doppelmoral‹ als Effekt einer sich als sittliche Normativität falsch verstehenden ›kulturellen‹ Sexualmoral betrifft.

Hier zeigt sich ein weiterer problematischer Aspekt des Verhältnisses zwischen Glück und Moral. Kant hat das Glück aus der moralischen Begründung ausgeschlossen. Das ist gerechtfertigt, insofern seine Intention dabei vorrangig gegen subjektivistische Verständnisse der Moral gerichtet ist. Aber Freud macht mit dem gleichen Recht geltend, dass die faktische normative Praxis der konventionellen ›guten Sitten‹ das Streben nach Glück und Befriedigung nicht übermäßig einschränken oder gar repressiv sanktionieren darf. Dies ist der Fall, wenn ›moralistische‹ Tendenzen des Verbots auf Bereiche des menschlichen Handelns zuzugreifen versuchen, für die ein moralisches Verbot gar nicht vernünftig begründet werden kann.

Es entsteht dann jedoch hinsichtlich des Glücksbegriffs noch der Bedarf systematischer Klärung: Kant macht geltend, dass für das Glücksstreben gar keine prinzipiellen Handlungsanweisungen aufgestellt werden können. Im zweiten Kapitel dieser Arbeit musste deshalb der Verdacht untersucht werden, ob Freud nicht vielleicht einen inhaltlich positiv bestimmten Begriff des Glücks verwendet und dadurch selbst diesen Bereich humaner Praxis normativistisch einschränkt. Dieser Verdacht bestätigte sich allerdings nicht: Freud weist vielmehr verschiedenen Weisheits- und Lebenskunstlehren im Einzelnen nach, dass sie das dialektische Verhältnis von Lust- und Realitätsprinzip vereinseitigen und dadurch zu Scheinlösungen gelangen, die als weltanschauliche Dogmen dem menschlichen Streben nach Glück gerade nicht gerecht werden. Freud versucht, die Dialektik von individuellem Begehren und den normativen Anforderungen der sozialen Wirklichkeit vor der Stilllegung in einseitigen Hypostasierungen zu bewahren, wie sie Lehren des subjektivistisch-willkürlichen Hedonismus, der weltflüchtigen Askese und des bloßen Konventionalismus anbieten. Seine psychoanalytischen Reflexionen über einen *befriedigenden Ausgleich* der Ansprüche von Lust- und Realitätsprinzip verfallen nicht in einen unkritischen Dogmatismus, weil dem Primat des Lustprinzips nur unter der Bedingung der Anerkennung des Realitätsprinzips entsprochen werden kann und Freud als unerlässlich dafür die Auseinandersetzung mit den negativen Aspekten des menschlichen Daseins hervorhebt. Nur die Anerkennung und Durcharbeitung der fundamentalen menschlichen Endlichkeit in allen Bereichen des Lebens und der Kultur schafft überhaupt die Voraussetzung für einen möglichen Erfolg des Glücksstrebens und eine selbstbestimmte Genuss- und Arbeitsfähigkeit.

Moralische Autonomie und selbstbestimmte Triebbefriedigung sind Voraussetzungen eines guten Lebens, die *beide* eine Emanzipation von heteronomen Zwängen erfordern, um individuell gewählte Erfüllungsgestalten überhaupt verwirklichen zu können. Eine ›Glückstechnik‹, welche *Verfügbarkeit* über ein gutes, glückliches Leben im Ganzen gewährleisten könnte, ist allerdings undenkbar. Eine solche Vorstellung wird sowohl von Kant als auch von Freud als zu überwindende Illusion zurückgewiesen. ›Ratschläge der Klugheit‹ (Kant) als empirisch bewährte Regeln und ›Erinnern, Durcharbeiten, Wiederholen‹ (Freud) als langwieriger, auch schmerzhafter, vor allem aber dialogischer Prozess der Selbstreflexion – dies sind die anspruchsvollen methodisch-kritischen Hilfsmittel, auf die beide Autoren jeweils verweisen.

Mit dieser Grenzziehung werden hinsichtlich der Moral, aber auch des Glücks ideologische Verzerrungen und illusionäre Missverständnisse identifizierbar. Darüber hinaus wurde im Schlusskapitel gezeigt, dass die Freudsche Moralkritik ein wichtiges Korrektiv darstellt. Als generelle ›Aufhebung der Moral‹ ist die psychoanalytische Kritik und insbesondere die Interpretation der Kantischen Moralphilosophie nicht haltbar. Aber als Forderung der Aufhebung der repressiven Sexualmoral ist Freuds Kulturkritik der Ursprung einer bis heute andauernden Aktualisierung und Radikalisierung des kritischen und emanzipativen Potentials der (Moralphilosophie der) Aufklärung. Unter Hinweis auf das pathologische Leiden der durch konventionalistische und moralistische Sitten deformierten Subjektivität wird der Anspruch auf eine Liberalisierung der sexuellen Praxis erhoben. Damit mobilisiert eine am individuell spezifischen Glück der Genuss- und Arbeitsfähigkeit orientierte, therapeutisch motivierte und gegenüber sittlichen Konventionen kritische Perspektive die eingehende Reflexion auf die normativen Grundlagen der gesellschaftlichen Praxis. Dass im Bereich des Sexuellen, wie in anderen Bereichen der humanen Praxis, Ansprüche auf Achtung und Anerkennung der Person nicht beschädigt werden dürfen, lässt sich rational begründen. Gegen eine normativ diskriminierende, repressive Unterdrückung bestimmter sexueller Präferenzen lässt sich strikt moralisch argumentieren. In der Freudschen Terminologie lässt sich ›perverse‹, von der heterosexuellen ›Norm‹ abweichende Sexualität nicht generell als pathologisch oder gar ›degeneriert‹ bezeichnen; vielmehr gehören diese Aspekte nach Freud zu normalen Phänomenen und Spielarten sexueller Praxis. Die Unterdrückung und Pathologisierung Einzelner steht nach Freud in keinem Verhältnis zu irgendwelchen zu befürchtenden sozialen Schäden, und eine restriktive Sexualmoral ist als ungerechtfertigt und überholt zurückzuweisen. Die normativen Geltungsansprüche der Moralkritik treten in dieser Form klar hervor.

Es bleiben, wie könnte es anders sein, viele Vertiefungs- und Anschlussmöglichkeiten, was die einzelnen Autoren, ihre (geistes-)geschichtliche Wirkung, die systematischen Überlegungen zur Philosophie des guten Lebens und die Übergänge zu anderen emanzipativen und ideologiekritischen Theorien betrifft. Einige dieser Weiterführungen wurden im Verlauf der Diskussion erwähnt, von denen es wiederum einige zu kritisieren, andere produktiv aufzunehmen gilt. Kant wurde stets als ein Moralphilosoph gelesen, dessen Ansatz keinesfalls auf eine sinnenfeindliche rigorose Moral reduziert werden kann, obgleich sich sexualmoralische Tendenzen in seiner Rechts- und Tugendlehre finden. Diese können wiederum, angeregt durch die psychoanalytischen Kritik, mittels Kants eigener Morallehre korrigiert werden.

Dass auch die Freudsche Psychoanalyse nicht gänzlich frei von konventionalistischen Vorurteilen ist, wurde diskutiert, und auch hier ließen sich Korrekturen im Anschluss an Überlegungen Freuds durchführen. Zur *Geschichte* der psychoanalytischen Theorie nach Freud gibt es bereits eine Vielzahl von (zum Teil erwähnten) Einzeluntersuchungen, welche die ›Revisionen‹ und unkritischen Verflachungen der verschiedenen Folgeunternehmen im Anschluss an Freud nachzeichnen und kritisieren und darüber hinaus produktive Verbindungen mit der sozialwissenschaftlichen und ideologiekritischen Forschung eingehen.

Um schließlich noch einmal auf das aufklärerische Projekt methodischer Selbst- und Welterkenntnis zurückzukommen: Ein Bereich, in dem die vorliegende Untersuchung kritisch-philosophische Wirkung entfalten möchte, sind zeitgenössische Diskurse über das gute Leben. Tagtäglich werden in ihren Geltungsansprüchen unreflektierte ›Forschungsergebnisse‹ in populäre mediale Diskurse eingespeist, deren Wahrheitsanspruch sich nicht selten in der konfusen Legierung von statistischer Wahrscheinlichkeit, fachwissenschaftlichen Daten und borniert-biederen – oft gerade darin gefährlichen, weil sexistischen oder rassistischen – Gemeinplätzen erschöpft. Diese in ihrer ideologischen Funktion zu destruieren, ist kein Ausdruck von Fortschrittspessimismus oder Wissenschaftsfeindlichkeit, sondern als Geltungsreflexion von Wahrheitsansprüchen ein unverzichtbarer und wesentlicher Teil der wissenschaftlichen Praxis und der gesellschaftlichen Selbstverständigung. Die Reflexion über das gute Leben bedarf indes einer begrifflichen Strenge und einer emanzipativen Anstrengung, die nicht durch einen Glauben an weltanschauliche Weisheitslehren oder zu erwartende Letztbegründungen populärer Spezialwissenschaften ersetzbar sind. Die philosophische Ethik muss sich der Anforderung stellen, im Diskurs mit anderen ideologiekritischen Theorien und Reflexionsansätzen an der kontinuierlichen Bestimmung und Ermöglichung der menschlichen Autonomie zu arbeiten.

Literatur

Zur Zitierweise: Im Text werden Zitate unter Angabe des Autornamens und Titels ausgewiesen. Im Literaturverzeichnis werden die Titel in alphabetischer Reihenfolge aufgeführt.

Sämtliche Zitate werden unverändert wiedergegeben, wobei alle Hervorhebungen übernommen wurden und kursiv gesetzt sind (auch wenn sie im Original etwa fett oder gesperrt erscheinen). Eigene Hervorhebungen sind als solche gekennzeichnet. Alle Veränderungen oder Ergänzungen von Zitaten erfolgen in eckigen Klammern.

Kants Schriften werden zitiert nach: *Kant's Gesammelte Schriften*, Abt. 1: *Werke*, hrsg. von der Königlich Preußischen Akademie der Wissenschaften: Berlin 1910ff. (im Literaturverzeichnis abgekürzt als *Akad.-A.*). Die *Kritik der reinen Vernunft* wird nach der zweiten Auflage von 1787 (B) zitiert.

Freuds Schriften werden zitiert nach: *Gesammelte Werke*, hrsg. von Anna Freud u.a., Frankfurt/Main: Fischer 1999 (im Literaturverzeichnis abgekürzt als *GW*).

Adorno, Theodor W.: »Die revidierte Psychoanalyse«, in: *Gesammelte Schriften*, Bd. 8: *Soziologische Schriften*, Bd. 1, Frankfurt/Main, 1990, S. 20–41.

Aristoteles: *Nikomachische Ethik*, in: *Philosophische Schriften*, Bd. 3, nach der Übers. von Eugen Rolfes bearb. von Günther Bien, Hamburg: Meiner 1995.

– *Rhetorik*, Stuttgart: Reclam 2007.

Bernfeld, Siegfried und Cassirer Bernfeld, Suzanne: *Bausteine der Freud-Biographik*, Frankfurt/Main: Suhrkamp 1988.

Blumenberg, Yigal: »Freud – ein ›gottloser Jude‹? Zur Frage der jüdischen Wurzeln der Psychoanalyse«, in: *Luzifer-Amor. Zeitschrift zur Geschichte der Psychoanalyse* 19 (1997), S. 107–122.

Boehme, Tim Caspar: *Ethik und Genießen*, Wien: Turia & Kant 2005.

Brauns, Horst-Peter und Schöpf, Alfred: »Freud und Brentano. Der Medizinstudent und der Philosoph«, in: Nitzschke, B.: *Freud und die akademische Psychologie*, S. 40–79.

Broese, Konstantin: »›Glück‹ im Horizont der Willensmetaphysik Schopenhauers«, in: Hoyer, T.: *Vom Glück und glücklichen Leben*, S. 61–78.

Brook, Andrew: »Freud and Kant«, URL: http://http-server.carleton.ca/~abrook/KTFRDJAP.htm (aufgerufen am 06.06. 2008).

Brumlik, Micha: *Sigmund Freud. Der Denker des 20. Jahrhunderts*, Weinheim; Basel: Beltz 2006.

Busch, Hans-Joachim: »Was heißt ›Unbehagen in der Kultur‹ heute bzw. was kann es im Rahmen einer kritischen Politischen Psychologie heißen?«, in: *Psyche – Zeitschrift für Psychoanalyse und ihre Anwendungen* 47 (1993), Nr. 4, S. 303–324.

Busche, Hubertus: »Was ist Kultur? Erster Teil: Die vier historischen Grundbedeutungen«, in: *Dialektik. Zeitschrift für Kulturphilosophie* 1 (2001), S. 69–90.

Capelle, Wilhelm (Hrsg.): *Die Vorsokratiker. Die Fragmente und Quellenberichte*, Stuttgart: Kröner 1968.

Castoriadis, Cornelius: »Die Psychoanalyse als Projekt und Aufklärung. Das ›Schicksal‹ der Analyse und die Verantwortung der Analytiker«, in: ders.: *Durchs Labyrinth*, S. 59–106.

– *Durchs Labyrinth. Seele – Vernunft – Gesellschaft*, Frankfurt/Main: Suhrkamp 1983.

– »Psychoanalyse und Politik«, in: *Psyche – Zeitschrift für Psychoanalyse und ihre Anwendungen* 50 (1996), S. 902–915.

– »Technik«, in: ders.: *Durchs Labyrinth*, S. 195–219.

Cavell, Stanley: »Psychoanalysis and Cinema: The Melodrama of the Unknown Woman«, in: Vetter, H.; Nagl, L.: *Die Philosophen und Freud*, S. 199–226.

Charlier, Thomas: »Über pathologische Trauer«, in: *Psyche – Zeitschrift für Psychoanalyse und ihre Anwendungen* 41 (1987), S. 865–882.

Clark, Ronald W.: *Sigmund Freud. Leben und Werk*, Frankfurt/Main: Fischer 1985.

Cremerius, Johannes (Hrsg.): *Die Rezeption der Psychoanalyse in der Soziologie, Psychologie und Theologie im deutschsprachigen Raum bis 1940*, Frankfurt/Main: Suhrkamp 1981.

Dahmer, Helmut: *Libido und Gesellschaft. Studien über Freud und die Freudsche Linke*, Frankfurt/Main: Suhrkamp 1982.

– *Pseudonatur und Kritik. Freud, Marx und die Gegenwart*, Frankfurt/Main: Suhrkamp 1999.

– und Heinz, Rudolf: »Psychoanalyse und Kantianismus. Ein Beitrag zur Theoriegeschichte«, in: dies. und Elrod, Norman (Hrsg.): *Der Wolf im Schafspelz. Erikson, die Ich-Psychologie und das Anpassungsproblem*, Frankfurt/Main; New York: Campus 1978, S. 127–167.

DiCenso, James: »Kant, Freud, and the Ethical Critique of Religion«, in:

International Journal for Philosophy of Religion 61 (2007), Nr. 3, S. 161–179.

Dimitrov, Christo T.: »A. Schopenhauer und S. Freud«, in: *Zeitschrift für Psychosomatische Medizin und Psychoanalyse* 17 (1971), S. 68–83.

Dönt, Eugen: »Heinrich Gomperz, Karl Popper und die österreichischen Philosophie«, in: Seiler, Martin und Stadler, Friedrich (Hrsg.): *Heinrich Gomperz, Karl Popper und die österreichischen Philosophie*, Amsterdam: Rodopi 1994, S. 69–81.

Dorer, Maria: *Historische Grundlagen der Psychoanalyse*, Leipzig: Meiner 1932.

Dornes, Martin: *Der kompetente Säugling. Die präverbale Entwicklung des Menschen*, Frankfurt/Main: Fischer 1993.

– »Infantile Sexualität und Säuglingsforschung«, in: Quindeau, I., Sigusch, V.: *Freud und das Sexuelle*, S. 112–132.

Ebrecht, Angelika und Wöll, Andreas (Hrsg.): *Psychoanalyse, Politik und Moral*, Tübingen: Edition Diskord 1998.

Dreitzel, Hans Peter: *Die gesellschaftlichen Leiden und das Leiden an der Gesellschaft. Vorstudien zu einer Pathologie des Rollenverhaltens*, München: Deutscher Taschenbuch Verlag 1972.

Düe, Michael: »Askese und Ekstase bei Freud«, in: *Psyche – Zeitschrift für Psychoanalyse und ihre Anwendung* 47 (1993), Nr. 5, S. 407–424.

Duerr, Hans Peter: *Nacktheit und Scham. Der Mythos vom Zivilisationsprozeß*, Frankfurt/Main: Suhrkamp 1994.

Elias, Norbert: *Über den Prozeß der Zivilisation. Soziogenetische und psychogenetische Untersuchungen*, 2 Bde., Frankfurt/Main: Suhrkamp 1997.

Ellenberger, Henri F.: *Die Entdeckung des Unbewußten. Geschichte und Entwicklung der dynamischen Psychiatrie von den Anfängen bis zu Janet, Freud, Adler und Jung*, Zürich: Diogenes 2005.

Fenner, Dagmar: *Das gute Leben*, Berlin; New York: de Gruyter 2007.

Flader, Dieter: »Metaphern in Freuds Theorien«, in: *Psyche – Zeitschrift für Psychoanalyse und ihre Anwendungen* 54 (2000), S. 354–389.

– *Psychoanalyse im Fokus von Handeln und Sprache. Vorschläge für eine handlungstheoretische Revision und Weiterentwicklung von Theoriemodellen Freuds*, Frankfurt/Main: Suhrkamp 1995.

Freud, Sigmund: *Abriss der Psychoanalyse*, in: *GW*, Bd. XVII, S. 67–138.

– »Antwort auf eine Rundfrage. Vom Lesen und von guten Büchern (1906)«, in: *GW*, Nachtragsband, S. 662–664.

– *Aus den Anfängen der Psychoanalyse. Briefe an Wilhelm Fließ: Abhandlungen und Notizen aus den Jahren 1887–1902*, Frankfurt/Main: Fischer 1962.

– *Das Ich und das Es*, in: *GW*, Bd. XIII, S. 237–289.
– »Das ökonomische Problem des Masochismus«, in: *GW*, Bd. XIII, S. 369–391.
– *Das Unbehagen in der Kultur*, in: *GW*, Bd. XIV, S. 421–506.
– »Das Unbewusste«, in: *GW*, Bd. X, S. 264–303.
– »Der Humor«, in: *GW*, Bd. XIV, S. 383–389.
– *Der Witz und seine Beziehung zum Unbewußten*, *GW*, Bd. VI.
– »Die ›kulturelle‹ Sexualmoral und die moderne Nervosität«, in: *GW*, Bd. VII, S. 143–167.
– »Die endliche und die unendliche Analyse«, in: *GW*, Bd. XVI, S. 59–99.
– *Die Frage der Laienanalyse. Unterredungen mit einem Unparteiischen*, in: *GW*, Bd. XIV, S. 209–296.
– *Die Traumdeutung*, *GW*, Bd. I/II.
– »Die Widerstände gegen die Psychoanalyse«, in: *GW*, Bd. XIV, S. 99–110.
– *Die Zukunft einer Illusion*, in: *GW*, Bd. XIV, S. 325–380.
– *Drei Abhandlungen zur Sexualtheorie*, in: *GW*, Bd. V, S. 29–145.
– »Eine Schwierigkeit der Psychoanalyse«, in: *GW*, Bd. XII, S. 3–12.
– »Einige Charaktertypen aus der psychoanalytischen Arbeit«, in: *GW*, Bd. X, S. 365–391.
– »Ergebnisse, Ideen, Probleme (London, Juni 1938)«, in: *GW*, Bd. XVII, S. 149–152.
– »Formulierungen über die zwei Prinzipien des psychischen Geschehens«, in: *GW*, Bd. VIII, S. 230–238.
– *Hemmung, Symptom und Angst*, in: *GW*, Bd. XIV, S. 111–205.
– *Jenseits des Lustprinzips*, in: *GW*, Bd. XIII, S. 3–69.
– *Massenpsychologie und Ich-Analyse*, in: *GW*, Bd. XIII, S. 71–161.
– *Neue Folge der Vorlesungen zur Einführung in die Psychoanalyse*, in: *GW*, Bd. XV, S. 3–197.
– »Psychoanalytische Bemerkungen über einen autobiographisch beschriebenen Fall von Paranoia (dementia paranoides)«, in: *GW*, Bd. VIII, S. 239–320.
– »›Selbstdarstellung‹«, in: *GW*, Bd. XIV, S. 33–96.
– »Some Elementary Lessons in Psycho-Analysis«, in: *GW*, Bd. XVII, S. 141–147.
– *Totem und Tabu*, *GW*, Bd. IX.
– »Trauer und Melancholie«, in: *GW*, Bd. X, S. 428–446.
– »Über Psychotherapie«, in: *GW*, Bd. V, S. 13–26.
– *Über Psychoanalyse. Fünf Vorlesungen, gehalten zur zwanzigjährigen Gründungsfeier der Clark University in Worcester, Mass., September 1909*, in: *GW*, Bd. VIII, S. 3–60.

– *Vorlesungen zur Einführung in die Psychoanalyse*, *GW*, Bd. XI.
– »Warum Krieg?«, in: *GW*, Bd. XVI, S. 13–27.
– »Zeitgemäßes über Krieg und Tod«, in: *GW*, Bd. X, S. 324–355.
– »Zur Einführung des Narzißmus«, in: *GW*, Bd. X, S. 138–170.
– *Zur Geschichte der psychoanalytischen Bewegung*, in: *GW*, Bd. X, S. 44–113.
– und Pfister, Oskar: *Briefe 1909–1939*, Frankfurt/Main: Fischer 1963.
Friebe, Cord: »Der Kategorische Imperativ bei Kant und Freud«, in: Baumgarten, Hans-Ulrich und Held, Carsten (Hrsg.): *Systematische Ethik mit Kant*, Freiburg/München: Alber 2001, S. 192–210.
– *Theorie des Unbewussten*, Würzburg: Königshausen & Neumann 2005.
Früh, Friedl: »Warum wird die infantile Sexualität sexuell genannt?«, in: Quindeau, I.; Sigusch, V.: *Freud und das Sexuelle*, S. 97-111.
Fuchs, Albert: *Geistige Strömungen in Österreich 1867–1918*, Nachdr., Wien: Buchgem. Donauland Kremayr & Scheriau 1984.
Gamm, Gerhard: *Nicht nichts. Studien zu einer Semantik des Unbestimmten*, Frankfurt/Main: Suhrkamp 2000.
Gasser, Reinhard: *Nietzsche und Freud*, Berlin; New York: de Gruyter 1997.
Gay, Peter: *»Ein gottloser Jude«. Sigmund Freuds Atheismus und die Entwicklung der Psychoanalyse*, Frankfurt/Main: Fischer 1999.
– *Freud. Eine Biographie für unsere Zeit*, Frankfurt/Main: Fischer 1989.
– »Freud und der Mann aus Stratford«, in: ders.: *Freud entziffern. Essays*, Frankfurt/Main: Fischer 1992, S. 17–64.
Girard, René: *Das Heilige und die Gewalt*, 3. Aufl., Frankfurt/Main: Fischer 1999.
Gisteren, Ludger van: »Zur Genealogie der Moral bei Habermas und Freud«, in: Ebrecht, A.; Wöll, A.: *Psychoanalyse, Politik und Moral*, S. 49–64.
Goebel, Eckart: *Jenseits des Unbehagens. »Sublimierung« von Goethe bis Lacan*, Bielefeld: Transcript 2009.
Gödde, Günter: »Freud und seine Epoche. Philosophischer Kontext«, in: Lohmann, H.-M.: *Freud-Handbuch*, S. 10–25.
– »Schopenhauer als Vordenker der Freudschen Metapsychologie«, in: Lohmann, Hans-Martin (Hrsg.): *Hundert Jahre Psychoanalyse. Bausteine und Materialien zu ihrer Geschichte*, Stuttgart: Verlag Internationale Psychoanalyse 1996, S. 15–60.
Goeppert, Sebastian: »Die Funktion der Sprache in Freuds ›Zur Auffassung der Aphasien‹«, in: Eissler, Kurt R. (Hrsg.): *Aus Freuds Sprachwelt und andere Beiträge*, Bd. 2 (= *Jahrbuch der Psychoanalyse*, Beiheft), Bern: Huber 1974, S. 7–38.
Gomperz, Theodor: *Griechische Denker. Eine Geschichte der antiken Philosophie*, 3 Bde., 4. Aufl., Eichborn 1996.

Gondek, Hans-Dieter und Widmer, Peter (Hrsg.): *Ethik und Psychoanalyse. Vom kategorischen Imperativ zum Gesetz des Begehrens: Kant und Lacan*, Frankfurt/Main: Fischer 1994.

Grünbaum, Adolf: *Die Grundlagen der Psychoanalyse. Eine philosophische Kritik*, Stuttgart: Reclam 1999.

– »Is Psychoanalysis a Pseudo-Science? Karl Popper versus Sigmund Freud (I)«, in: *Zeitschrift für philosophische Forschung* 31 (1977), Nr. 3, S. 333–353.

– *Psychoanalyse in wissenschaftstheoretischer Sicht. Zum Werk Sigmund Freuds und seiner Rezeption*, Konstanz: Universitätsverlag 1987.

Habermas, Jürgen: *Erkenntnis und Interesse*, um neues Nachw. erw. Aufl., Frankfurt/Main: Suhrkamp 1973.

– »Wahrheitstheorien«, in: ders.: *Vorstudien und Ergänzungen zur Theorie des kommunikativen Handelns*, Frankfurt/Main: Suhrkamp 1995, S. 127–183.

Hadot, Pierre: *Philosophie als Lebensform. Antike und moderne Exerzitien der Weisheit*, 2. Aufl., Frankfurt/Main: Fischer 2002.

Hegel, Georg Wilhelm Friedrich: *Enzyklopädie der philosophischen Wissenschaften im Grundrisse*, Hamburg: Meiner 1991.

Henning, Christoph: *Philosophie nach Marx. 100 Jahre Marxrezeption und die normative Sozialphilosophie der Gegenwart in der Kritik*, Bielefeld: Transcript 2005.

Heidegger, Martin: *Sein und Zeit*, 18. Aufl., Tübingen: Niemeyer 2001.

Heinz, Rudolf: »Das Geschlecht des ›Kategorischen Imperativs‹ Kants. Vorüberlegungen zu den Verfehlungen von Ethik und Psychoanalyse«, in: Gondek, H.-D.; Widmer, P.: *Ethik und Psychoanalyse*, S. 207–214.

– *Psychoanalyse und Kantianismus*, Würzburg: Königshausen & Neumann 1981.

Hock, Udo: Art. »Die ›kulturelle‹ Sexualmoral und die moderne Nervosität (1908)«, in: Lohmann, H.-M.: *Freud-Handbuch*, S. 149–151.

Höffe, Otfried: »Ethik ohne und mit Metaphysik. Zum Beispiel Aristoteles und Kant«, in: *Zeitschrift für philosophische Forschung* 61 (2007), Nr. 4, S. 405-422.

– *Lebenskunst und Moral. Oder: Macht Tugend glücklich?*, München: Beck 2007.

– »Macht Tugend glücklich?«, in: Kersting, W.; Langbehn, C.: *Kritik der Lebenskunst*, S. 342–355.

– »Recht und Moral. Ein kantischer Problemaufriss«, *Neue Hefte für Philosophie* 17 (1979), S. 1–36.

Hoffmann, Sören: »Gewissen als praktische Apperzeption. Zur Lehre vom

Gewissen in Kants Ethik-Vorlesungen«, in: *Kant-Studien* 93 (2002), Nr. 4, S. 424–443.

Horn, Christoph: *Antike Lebenskunst. Glück und Moral von Sokrates bis zu den Neuplatonikern*, München: Beck 1998.

Hoyer, Timo (Hrsg.): *Vom Glück und glücklichen Leben. Sozial- und geisteswissenschaftliche Zugänge*, Göttingen: Vandenhoeck & Ruprecht 2007.

Hume, David: *Eine Untersuchung über die Prinzipien der Moral*, 2., rev. Aufl., Stuttgart: Reclam 1996.

Hutcheson, Francis: *Erläuterungen zum moralischen Sinn*, Stuttgart: Reclam 1984.

Imbusch, Peter: *Moderne und Gewalt. Zivilisationstheoretische Perspektiven auf das 20. Jahrhundert*, Wiesbaden: VS 2005.

Jones, Ernest: *Sigmund Freud. Leben und Werk*, 3 Bde., München: Deutscher Taschenbuch Verlag 1984.

Kaiser-El-Safti, Margret: *Der Nachdenker. Die Entstehung der Metapsychologie Freuds in ihrer Abhängigkeit von Schopenhauer und Nietzsche*, Bonn: Bouvier 1987.

Kambartel, Friedrich: *Philosophie der humanen Welt. Abhandlungen*, Frankfurt/Main: Suhrkamp 1989.

Kanitscheider, Bernulf: *Kosmologie. Geschichte und Systematik in philosophischer Perspektive*, Stuttgart 1984.

Kant, Immanuel: *Anthropologie in pragmatischer Hinsicht*, in: *Akad.-A.*, Bd. 7: *Der Streit der Fakultäten/Anthropologie in pragmatischer Hinsicht*, Berlin 1917, S. 119–333.

– *Die Metaphysik der Sitten*, in: *Akad.-A.*, Bd. 6: *Die Religion innerhalb der Grenzen der bloßen Vernunft/Die Metaphysik der Sitten*, Berlin 1914, S. 205–493.

– *Die Religion innerhalb der Grenzen der bloßen Vernunft*, in: *Akad.-A.*, Bd. 6: *Die Religion innerhalb der Grenzen der bloßen Vernunft/Die Metaphysik der Sitten*, Berlin 1914, S. 13–197.

– *Grundlegung zur Metaphysik der Sitten*, in: *Akad.-A.*, Bd. 4: *Kritik der reinen Vernunft* (1. Aufl.) / *Prolegomena. Grundlegung zur Metaphysik der Sitten/Metaphysische Anfangsgründe der Naturwissenschaft*, Berlin 1911, S. 387–463.

– *Kritik der praktischen Vernunft*, in: *Akad.-A.*, Bd. 5: *Kritik der praktischen Vernunft/Kritik der Urtheilskraft*, Berlin 1913, S. 3–163.

– *Kritik der reinen Vernunft*, 2. Aufl., Riga 1787, zit. nach: *Werkausgabe*, Bde. 3–4, hrsg. von Wilhelm Weischedel, Frankfurt am Main: Suhrkamp 1974.

– *Kritik der Urteilskraft*, in: *Akad.-A.*, Bd. 5: *Kritik der praktischen Vernunft/Kritik der Urtheilskraft*, Berlin 1913, S. 167–485.

– *Logik*, in: *Akad.-A.*, Bd. 9: *Logik/Physische Geographie/Pädagogik*, Berlin 1923, S. 11–150.

– »Über ein vermeintes Recht aus Menschenliebe zu lügen«, in: *Akad.-A.*, Bd. 8: *Abhandlungen nach 1781*, Berlin 1912, S. 425–430.

Kersting, Wolfgang: »Einleitung. Die Gegenwart der Lebenskunst«, in: ders.; Langbehn, C.: *Kritik der Lebenskunst*, S. 10–88.

– und Langbehn, Claus (Hrsg.): *Kritik der Lebenskunst*, Frankfurt/Main: Suhrkamp 2007.

Köhler, Thomas: *Abwege der Psychoanalyse-Kritik. Zur Unwissenschaftlichkeit der Anti-Freud-Literatur*, Frankfurt am Main: Fischer 1989.

– *Freuds Schriften zu Kultur, Religion und Gesellschaft. Eine Darstellung und inhaltskritische Bewertung*, Gießen: Psychosozial-Verlag 2006.

Lacan, Jacques: *Das Seminar von Jacques Lacan*, Buch II (1954–1955): *Das Ich in der Theorie Freuds und in der Technik der Psychoanalyse*, Olten; Freiburg im Breisgau: Walter 1978.

Lagache, Daniel: »La psychanalyse et la structure de la personnalité«, in: ders.: *La Psychanalyse*, Bd. VI, Paris: Presses Universitaires de France 1961, S. 12–13.

Lalla, Sebastian: *Zwischen Psychologie und Metaphysik. Philosophische Ethik in Österreich (1875–1915)*, Würzburg: Königshausen & Neumann 2009.

Lambertino, Antonio: *Psychoanalyse und Moral bei Freud*, Bonn: Bouvier 1994.

Laplanche, Jean und Pontalis, Jean-Bertrand: *Das Vokabular der Psychoanalyse*, 2 Bde., 2. Aufl., Frankfurt/Main: Suhrkamp 1975.

Lear, Jonathan: *Love and Its Place in Nature. A Philosophical Interpretation of Freudian Psychoanalysis*, reprint with a new preface, New Haven; London: Yale University Press 1998.

– »The Shrink is in (Prozac oder Psychoanalyse?)«, in: *Psyche – Zeitschrift für Psychoanalyse und ihre Anwendungen* 50 (1996), Nr. 7, S. 599–616.

Leary, David E.: »Psyche's Muse: The Role of Metaphor in the History of Psychology«, in: ders. (Hrsg.): *Metaphors in the History of Psychology*, Cambridge: University Press 1994, S. 1–78.

Le Rider, Jacques: *Freud – von der Akropolis zum Sinai. Die Rückwendung zur Antike in der Wiener Moderne*, Wien: Passagen 2004.

Liebsch, Burkhard: »Das Selbst im Zeichen des Abschieds vom Anderen. Jenseits normaler und pathologischer Trauer«, in: *Psyche – Zeitschrift für Psychoanalyse und ihre Anwendungen* 58 (2004), Nr. 9/10, S. 953–979.

Lipps, Theodor: *Komik und Humor. Eine psychologisch-ästhetische Untersuchung,* Hamburg; Leipzig: Voss 1898.

Lohmann, Hans-Martin und Pfeiffer, Joachim (Hrsg.): *Freud-Handbuch. Leben – Werk – Wirkung,* Stuttgart: Metzler 2006.

Marcus, Steven: »Das Normale und das Pathologische in der Psychoanalyse«, in: *Psyche – Zeitschrift für Psychoanalyse und ihre Anwendungen* 58 (2004), Nr. 5, S. 389–410.

Marcuse, Herbert: *Triebstruktur und Gesellschaft. Ein philosophischer Beitrag zu Sigmund Freud,* Frankfurt/Main: Suhrkamp 1987

Marquard, Odo: »Über einige Beziehungen zwischen Ästhetik und Therapeutik in der Philosophie des 19. Jahrhunderts«, in: Frank, Manfred und Kurz, Gerhard (Hrsg.): *Materialien zu Schellings philosophischen Anfängen,* Frankfurt/Main: Suhrkamp 1975, S. 341–378.

– *Transzendentaler Idealismus – Romantische Naturphilosophie – Psychoanalyse,* Köln: Verlag für Philosophie 1987.

Mitchell, Juliet: *Psychoanalyse und Feminismus. Freud, Reich, Laing und die Frauenbewegung,* Frankfurt/Main: Suhrkamp 1984.

Mladek, Klaus: »Es spukt. Im eigenen Haus. Unheimliches, Schuld und Gewissen. Zum Einbruch der ethischen Frage bei Kant, Freud und Heidegger«, in: Asmuth, Christoph; Glauner, Friedrich und Mojsisch, Burkhard (Hrsg.): *Die Grenzen der Sprache. Sprachimmanenz – Sprachtranszendenz,* Amsterdam; Philadelphia: Grüner 1989, S. 125–173.

Nagl, Ludwig: »Freud in der zeitgenössischen sprachanalytischen Philosophie und im Umfeld der Frankfurter Schule«, in: Vetter, H.; ders.: *Die Philosophen und Freud. Eine offene Debatte,* S. 119–133.

– ; Vetter, Helmuth und Leupold-Löwenthal, Harald (Hrsg.): *Philosophie und Psychoanalyse,* 2. Aufl., Gießen: Psychosozial-Verlag 1997.

Nagl-Docekal, Herta: *Feministische Philosophie. Ergebnisse, Probleme, Perspektiven,* Frankfurt/Main: Fischer 2000.

Nietzsche, Friedrich: *Die fröhliche Wissenschaft,* in: *Kritische Studienausgabe,* Bd. 3, hrsg. von Giorgio Colli u. Mazzino Montinari, München: Deutscher Taschenbuch Verlag 1999, S. 343–651.

Nietzsche, Friedrich: *Zur Genealogie der Moral,* in: *Kritische Studienausgabe,* Bd. 5, hrsg. von Giorgio Colli u. Mazzino Montinari, München: Deutscher Taschenbuch Verlag 1999, S. 247–412.

Nitzschke, Bernd: *Die reale Innenwelt. Anmerkungen zur psychischen Realität bei Freud und Schopenhauer,* München: Kindler 1978.

– (Hrsg.): *Freud und die akademische Psychologie. Beiträge zu einer historischen Kontroverse,* München: Psychologie Verlags-Union 1989.

– »Freud und die akademische Psychologie. Einleitende Bemerkungen zu einer historischen Kontroverse«, in: ders.: *Freud und die akademische Psychologie*, S. 2–21.

– »Liebe – Verzicht und Versöhnung. Das Ethos der Entsagung im Werk des Goethepreisträgers Sigmund Freud«, in: Pott, Hans-Georg (Hrsg.): *Liebe und Gesellschaft. Das Geschlecht der Musen*, München: Fink 1997, S. 139–153.

Platon: *Das Gastmahl*, in: *Sämtliche Dialoge*, Bd. III, übers. von Otto Apelt, Nachdr., Hamburg: Meiner 2004.

– *Gorgias*, in: *Sämtliche Dialoge*, Bd. I, übers. von Otto Apelt, Nachdr., Hamburg: Meiner 2004.

– *Phaidon*, in: *Sämtliche Dialoge*, Bd. II, übers. von Otto Apelt, Nachdr., Hamburg: Meiner 2004.

Quindeau, Ilka und Sigusch, Volkmar (Hrsg.): *Freud und das Sexuelle. Neue psychoanalytische und sexualwissenschaftliche Perspektiven*, Frankfurt/Main: Campus 2005.

Passett, Peter: »Ein psychoanalytisches Wiederlesen der ›Drei Abhandlungen‹«, in: Quindeau, I.; Sigusch, V.: *Freud und das Sexuelle*, S. 36–59).

Perpeet, Wilhelm: »Kulturphilosophie«, in: *Archiv für Begriffsgeschichte* 20 (1976), Nr. 1, S. 42–99.

Rapaport, David: »Dynamic Psychology and Kantian Epistemology«, in: ders.: *The Collected Papers of David Rapaport*, New York; London: Basic Books 1967, S. 289–298.

Raulet, Gérard: »Freuds Psychoanalyse: eine Metaphysik der politischen Ökonomie?«, in: Nagl, L.; Vetter, H. und Leupold-Löwenthal, H.: *Philosophie und Psychoanalyse*, S. 155–169.

Rawls, John: *Geschichte der Moralphilosophie. Hume, Leibniz, Kant, Hegel*, Frankfurt/Main: Suhrkamp 2004.

Rehbock, Theda: *Personsein in Grenzsituationen. Zur Kritik der Ethik medizinischen Handelns*, Paderborn: Mentis 2005.

Reiner, Hans: *Die philosophische Ethik. Ihre Fragen und Lehren in Geschichte und Gegenwart*, Heidelberg: Quelle & Meyer 1964.

– Art. »Eudämonismus (eudämonistisch, Eudämonist)«, in: *Historisches Wörterbuch der Philosophie*, Bd. 2, Sp. 819–823.

Rentsch, Thomas: »Aufhebung der Ethik«, in: ders.: *Negativität und praktische Vernunft*, S. 46–80.

– *Die Konstitution der Moralität*, Frankfurt/Main: Suhrkamp 1999.

– *Heidegger und Wittgenstein. Existential- und Sprachanalysen zu den Grundlagen philosophischer Anthropologie*, 2. Aufl., Stuttgart: Klett-Cotta 2003.

– *Negativität und praktische Vernunft*, Frankfurt/Main: Suhrkamp 2000.

– »Wie ist eine menschliche Welt überhaupt möglich? Philosophische Anthropologie als Konstitutionsanalyse der humanen Welt«, in: Demmerling, Christoph; Gabriel, Gottfried und ders. (Hrsg.): *Vernunft und Lebenspraxis. Philosophische Studien zu den Bedingungen einer rationalen Kultur*, Frankfurt/Main: Suhrkamp 1995, S. 192–214.

– und Vollmann, Morris: Art. »Zeigen«, in: *Historisches Wörterbuch der Philosophie*, Bd. 12, Sp. 1182–1186.

Ricœur, Paul: *Die Interpretation. Ein Versuch über Freud*, Frankfurt/Main: Suhrkamp 1974.

Rohbeck, Johannes: *Technologische Urteilskraft. Zu einer Ethik technischen Handelns*, Frankfurt/Main: Suhrkamp 1993.

Rohde-Dachser, Christa: »Über Hingabe, Tod und das Rätsel der Geschlechtlichkeit. Freuds Weiblichkeitstheorie aus heutiger Sicht«, in: *Psyche – Zeitschrift für Psychoanalyse und ihre Anwendungen* 60 (2006), Nr. 9/10, S. 938–977.

Rother, Ralf: »›Geruch ist gleichsam ein Geschmack in der Ferne‹«, in: ders.: *Gewalt und Strafe. Dekonstruktionen zum Recht auf Gewalt*, Würzburg: Königshausen & Neumann 2007, S. 110-117.

Schälike, Julius: »Religion und Toleranz. Moralphilosophische und skeptizistische Argumente gegen den politischen Rekurs auf religiösen Glauben«, *Zeitschrift für philosophische Forschung* 60 (2006), Nr. 2, S. 213–240.

Scheidt, Carl E.: *Die Rezeption der Psychoanalyse in der deutschsprachigen Philosophie vor 1940*, Frankfurt/Main: Suhrkamp 1986.

Schiller, Friedrich: *Gedichte in der Reihenfolge ihres Erscheinens 1776–1799, Werke*, Bd. 1, Nationalausgabe, Weimar: Böhlau 1943.

Schmid Noerr, Gunzelin: »Inwiefern sich das Moralische nicht von selbst versteht. Ethik und Psychoanalyse«, in: Ebrecht, A.; Wöll, A.: *Psychoanalyse, Politik und Moral*, S. 15–31.

– »Zur Kritik des Freudschen Kulturbegriffs«, in: *Psyche – Zeitschrift für Psychoanalyse und ihre Anwendungen* 47 (1993), S. 325–343.

Schopenhauer, Arthur: *Die Welt als Wille und Vorstellung* Bd. II, in: *Werke*, Bd. II, hrsg. von Lutker Lütkehaus, Zürich: Haffmanns 1988.

– *Parerga und Paralipomena. Kleine philosophische Schriften*, Bd. 2, in: *Werke*, Bd. V, hrsg. von Lutker Lütkehaus, Zürich: Haffmanns 1988.

Schöpf, Alfred: *Sigmund Freud und die Philosophie der Gegenwart*, erw. Neudr., Würzburg: Königshausen & Neumann 1998.

– »Vernunft und Motivation. Der Konflikt zwischen Psychoanalyse und Ethik«, in: Nagl, L.; Vetter, H. und Leupold-Löwenthal, H.: *Philosophie und Psychoanalyse*, S. 205–219.

Schorske, Carl E.: *Wien. Geist und Gesellschaft im Fin de Siècle*, Frankfurt/Main: Fischer 1982.

Schröder, Winfried: *Moralischer Nihilismus. Radikale Moralkritik von den Sophisten bis Nietzsche*, Stuttgart: Reclam 2005.

Seel, Martin: »Glück«, in: Hastedt, Heiner und Martens, Ekkehard (Hrsg.): *Ethik. Ein Grundkurs*, Reinbek bei Hamburg: Rowohlt 1994, S. 145–163.

– »Rhythmen des Lebens. Kant über erfüllte und leere Zeit«, in: Kersting, W.; Langbehn, C.: *Kritik der Lebenskunst*, S. 181–234.

– *Versuch über die Form des Glücks. Studien zur Ethik*, Frankfurt/Main: Suhrkamp 1995.

Sigusch, Volkmar: »Freud und die Sexualwissenschaft seiner Zeit«, in: Quindeau, I.; ders.: *Freud und das Sexuelle*, S. 15–35.

– *Geschichte der Sexualwissenschaft*, Frankfurt/Main; New York: Campus 2008.

Silber, John R.: »Die Analyse des Pflicht- und Schulderlebnisses bei Kant und Freud«, in: *Kant-Studien* 52 (1960), S. 295–309.

Smith, Adam: *Theorie der ethischen Gefühle*, übers. von Walther Eckstein, Hamburg: Meiner 2004.

Strotzka, Hans: »Freud und die Philosophie«, in: Vetter, H.; Nagl, L.: *Die Philosophen und Freud. Eine offene Debatte*, S. 81–99.

Sulloway, Frank J.: *Freud – Biologe der Seele. Jenseits der psychoanalytischen Legende*, Köln-Lövenich: Hohenheim 1982.

Theunissen, Michael: *Sein und Schein. Die kritische Funktion der Hegelschen Logik*, 2. Aufl., Frankfurt/Main: Suhrkamp 1994.

Tylor, Edward Burnett: *Die Anfänge der Cultur. Untersuchungen über die Entwicklung der Mythologie, Philosophie, Religion, Kunst und Sitte*, Bd. 1, Leipzig: Winter 1873.

Vetter, Helmuth und Nagl, Ludwig (Hrsg.): *Die Philosophen und Freud. Eine offene Debatte*, Wien; München: Oldenbourg 1988.

Vollmann, Morris: *Das Erhabene. Zum kritischen Potential einer ästhetischen Kategorie*, unveröffentl. Magisterarbeit, Technische Universität Dresden 2002.

– »›Jüdische Wissenschaft‹ – Psychoanalyse im Fokus von Fremdzuschreibung und Entstehungskontext«, in: Henning, Christoph und Barboza, Amalia (Hrsg.): *Deutsch-jüdische Wissenschaftsschicksale. Studien über Identitätskonstruktionen in der Sozialwissenschaft*, Bielefeld: Transcript 2006, S. 95–128.

– Art. »Psychoanalyse« in: Thomä, Dieter; Henning, Christoph und Mitscherlich, Olivia (Hrsg.): *Glück. Ein interdisziplinäres Handbuch*, Stuttgart; Weimar: Metzler 2010 (im Erscheinen).

Völmicke, Elke: *Das Unbewußte im deutschen Idealismus*, Würzburg: Königshausen & Neumann 2005.

von Ehrenfels, Christian: »Über Gestaltqualitäten«, in: *Vierteljahresschrift für wissenschaftliche Philosophie* 13 (1890), S. 249–292.

von Krafft-Ebing, Richard: »Nervosität und neurasthenische Zustände«, in: Nothnagel, Hermann (Hrsg.): *Handbuch der speciellen Pathologie und Therapie*, Bd. XII, Teil 2, Wien: Hölder 1895.

Waibl, Elmar: *Gesellschaft und Kultur bei Hobbes und Freud. Das gemeinsame Paradigma der Sozialität*, Wien: Löcker 1980.

Weber, Max: *Wirtschaft und Gesellschaft. Grundriß der verstehenden Soziologie*, 5., rev. Aufl., Studienausg., Tübingen: Mohr 1980.

Whitebook, Joel: »Ein Stückchen Selbständigkeit. Das Problem der Ich-Autonomie«, *Psyche – Zeitschrift für Psychoanalyse und ihre Anwendungen* 46 (1992), Nr. 1, S. 39–51.

Wittgenstein, Ludwig: *Tractatus logico-philosophicus*, in: *Werkausgabe*, Bd. 1, Frankfurt/Main: Suhrkamp 1984.

Wucherer-Huldenfeld, Augustinus Karl: »Zur Eigenständigkeit des Grundgedankens Freuds in der Rezeption der Philosophie Schopenhauers«, in: Nagl, L.; Vetter, H. und Leupold-Löwenthal, H.: *Philosophie und Psychoanalyse*, S. 91–119.

Žižek, Slavoj: »Der Todestrieb in philosophischer Sicht«, in: Nagl, L.; Vetter, H. und Leupold-Löwenthal, H.: *Philosophie und Psychoanalyse*, S. 245–255.

Zwiebel, Ralf: »Freud und das Glück. Eine psychoanalytische Perspektive«, in: Hoyer, T.: *Vom Glück und glücklichen Leben*, S. 15–36.

Edition Moderne Postmoderne

FRIEDRICH BALKE, MARC RÖLLI (HG.)
Philosophie und Nicht-Philosophie
Gilles Deleuze – Aktuelle Diskussionen

Juli 2010, ca. 350 Seiten, kart., ca. 29,80 €,
ISBN 978-3-8376-1085-7

RITA CASALE
Heideggers Nietzsche
Geschichte einer Obsession

September 2010, ca. 380 Seiten, kart., ca. 29,80 €,
ISBN 978-3-8376-1165-6

CHRISTIAN FILK
Günther Anders lesen
Der Ursprung der Medienphilosophie aus dem Geist der ›Negativen Anthropologie‹

Dezember 2010, ca. 150 Seiten, kart., ca. 16,80 €,
ISBN 978-3-89942-687-8

Leseproben, weitere Informationen und Bestellmöglichkeiten finden Sie unter www.transcript-verlag.de

Edition Moderne Postmoderne

Martin Gessmann
Wittgenstein als Moralist
Eine medienphilosophische Relektüre

2009, 218 Seiten, kart., 23,80 €,
ISBN 978-3-8376-1146-5

Claus Pias (Hg.)
Abwehr
Modelle – Strategien – Medien

2009, 212 Seiten, kart., 25,80 €,
ISBN 978-3-89942-876-6

Jörg Volbers
Selbsterkenntnis und Lebensform
Kritische Subjektivität nach Wittgenstein und Foucault

2009, 290 Seiten, kart., 29,80 €,
ISBN 978-3-89942-925-1

Leseproben, weitere Informationen und Bestellmöglichkeiten finden Sie unter www.transcript-verlag.de

Edition Moderne Postmoderne